Mike Steglich, Dieter Feige
Übungsbuch Logistik-Entscheidungen
De Gruyter Studium

Mike Steglich, Dieter Feige

Übungsbuch Logistik-Entscheidungen

DE GRUYTER
OLDENBOURG

ISBN 978-3-11-044033-1
e-ISBN (PDF) 978-3-11-043985-4
e-ISBN (EPUB) 978-3-11-043986-1

Library of Congress Cataloging-in-Publication Data
A CIP catalog record for this book has been applied for at the Library of Congress.

Bibliografische Information der Deutschen Nationalbibliothek
Die Deutsche Nationalbibliothek verzeichnet diese Publikation in der Deutschen National-
bibliografie; detaillierte bibliografische Daten sind im Internet über http://dnb.dnb.de abrufbar.

© 2017 Walter de Gruyter GmbH, Berlin/Boston
Einbandabbildung: Mike Steglich
Druck und Bindung: CPI books GmbH, Leck
♾ Gedruckt auf säurefreiem Papier
Printed in Germany

www.degruyter.com

Vorwort

Das *Übungsbuch Logistik-Entscheidungen* behandelt anhand einer Vielzahl von Übungsaufgaben und Fallstudien ausgewählte Transport-, Zuordnungs-, Routen-, Tourenplanungs- sowie Standortprobleme und vertieft die im Lehrbuch *Logistik-Entscheidungen* von MIKE STEGLICH, DIETER FEIGE und PETER KLAUS[1] erörterten theoretischen und praktischen Aspekte logistischer Entscheidungen.

Das Übungsbuch ist in einen Aufgaben- und einen Lösungsteil unterteilt, wobei beide Teile in Anlehnung an das Lehrbuch in die Abschnitte *Transportprobleme, Logistische Zuordnungsprobleme, Planung von Touren und Routen* sowie *Planung von Standorten für Logistikknoten* untergliedert sind.

Der Großteil der Übungsaufgaben und Fallstudien basiert auf Lehrveranstaltungen, die von DIETER FEIGE an der Friedrich-Alexander-Universität Erlangen-Nürnberg und von MIKE STEGLICH an der Technischen Hochschule in Wildau gehalten wurden bzw. werden. Weiterhin gingen Fallstudien der ersten Auflage des Lehrbuchs, die aus Platzgründen nicht in die zweite Auflage übernommen wurden, in dieses Übungsbuch ein.

Für jede der Aufgabenstellungen werden eine thematische Einordnung zu einem Themenkomplex logistischer Entscheidungen und ein Verweis zum entsprechenden Abschnitt im Lehrbuch gegeben, sodass die theoretischen und praktischen Grundlagen des Lehrbuchs zur Lösung genutzt werden können. Alle Lösungswege sind hinsichtlich der mathematischen Modellierung, der Lösung mit geeigneter Software und der Interpretation der Lösungen detailliert beschrieben. Alle Fallbeispiele können mit der Logistik-Software LogisticsLab und teilweise mit der in Excel integrierbaren Optimierungsumgebung SolverStudio/Cmpl nachvollzogen werden.

Abschließend möchten wir uns bei den Menschen bedanken, die uns bei der Erstellung dieses Übungsbuches unterstützt haben. Wie schon beim Lehrbuch erfuhren wir seitens des Verlages De Gruyter große Unterstützung durch Janine Conrad und Johannes Parche. Unser Dank geht auch an Ellen Deubler für das sicherlich nicht immer einfache Lektorieren des Übungsbuches. Weiterhin danken wir Thomas Sigl, der einen Teil der aus Nürnberg stammenden Fallstudien während seiner damaligen Tätigkeit als wissenschaftlicher Mitarbeiter bearbeitete.

Mike Steglich und Dieter Feige im Januar 2017

---

1 Mike Steglich, Dieter Feige und Peter Klaus: Logistik-Entscheidungen: Modellbasierte Entscheidungsunterstützung in der Logistik mit LogisticsLab, 2. aktualisierte und komplett überarbeitete Auflage, De Gruyter, Berlin und Boston 2016.

Hinweise zur verwendeten Software

Zur Lösung aller in diesem Buch vorgestellten logistischen Entscheidungsprobleme werden *LogisticsLab* und *SolverStudio/Cmpl* verwendet. Hinsichtlich beider frei verfügbarer Software-Pakete finden sich detaillierte Informationen zur Installation, der Lizenz und der Nutzung unter den folgenden Links:

> http://logisticsLab.org
> http://solverStudio.org

Weiterhin stehen den Lesern die Beispieldateien aller im Buch behandelten Probleme unter dem folgenden Link und den angegebenen Nutzerdaten zur Verfügung:

http://logisticsLab.org/uebungsbuch

Benutzername: EusLogistik2017
Passwort: UebungsBuchLogistik2017

Inhalt

Teil B: **Lösungen** —— **85**

Abbildungsverzeichnis

Teil A: Aufgaben

Teil B: Lösungen

Alle Abbildungen im Buch sind, sofern nicht anders gekennzeichnet, eigene Darstellungen.

Tabellenverzeichnis

Teil A: Aufgaben

Teil B: **Lösungen**

Alle Tabellen im Buch basieren, sofern nicht anders gekennzeichnet, auf eigenen Daten bzw. Berechnungen.

Teil A: **Aufgaben**

1 Transportprobleme

1.1 Klassische Transportprobleme und einfache Erweiterungen

Fallstudie 1.1

Einstufiges Transportproblem mit Sperrungen sowie ungleichen Angeboten und Bedarfen |i|
Vgl. Steglich et al. (2016), S. 73 ff. und 91 ff.

Beschreibung

Pepones Pizza betreibt drei kommerzielle Küchen (K1–K3), in denen die in vier dazugehörigen Restaurants (R1–R4) benötigten vorgekochten Mahlzeiten zubereitet werden. Die vorgekochten Mahlzeiten werden in speziellen Transportbehältern, die mehrere Mahlzeiten enthalten, zu den einzelnen Restaurants transportiert. Die Kosten des
Transportes eines Transportbehälters von einer Küche zu einem Restaurant sind neben den Kapazitäten der Küchen und den Bedarfen der Restaurants in Tab. 1.1 gegeben. Relationen ohne angegebene Transportkosten sind nicht zugelassen.

Tab. 1.1: Ausgangsdaten für Fallstudie 1.1

Küchen/Restaurants	Transportkosten je Transportbehälter [€/Stück]				Kapazität [Stück]
	R1	R2	R3	R4	
K1	5	-	7	8	750
K2	-	4	6	3	250
K3	2	9	7	-	1.400
Bedarf [Stück]	2.000	500	750	1.250	

Aufgaben

Welches Restaurant soll durch welche Küche beliefert werden? Beachten Sie, dass die
gesamten Transportkosten zu minimieren sind.

a) Formulieren Sie das Problem als lineares Optimierungsmodell.
b) Lösen Sie dieses Problem mit LogisticsLab/TPP.

Fallstudie 1.2

i Einstufiges Transportproblem mit Sperrungen
Vgl. Steglich et al. (2016), S. 73 ff. und 91 ff.

Beschreibung

Nach erfolgreichem Abschluss Ihres Studiums arbeiten Sie in einer namhaften Consulting-Firma, wo Sie Ihr Vorgesetzter mit dem folgenden Auftrag betraut.

Eine Agrargenossenschaft für biologische Landwirtschaft beliefert täglich von einem Depot (D) fünf Wochenmärkte (M1–M5) in den nächstgelegenen größeren Städten. Die Auslieferung erfolgt mit dem hauseigenen Fuhrpark, der auch für die Bewirtschaftung der Felder zur Verfügung steht. Die Wochenmärkte müssen täglich als Erstes beliefert werden, da die Stände bis spätestens 7:30 Uhr aufgebaut sein müssen. Damit kann ein Fahrzeug nur jeweils einen Markt in der geforderten Zeit bedienen. Die Märkte M1 und M2 in den beiden größten Städten Nürnberg und Bayreuth müssen aufgrund des Liefervolumens jeweils mit zwei Fahrzeugen beliefert werden. Für alle übrigen Märkte genügt je ein Fahrzeug.

Weiterhin werden diese Fahrzeuge genutzt, um das Leergut des Vortages an sechs Leergutsammelstellen (L1–L6) aufzunehmen und zum Depot (D) zurückzubringen. Dabei werden für die Sammelstellen L2 und L5 in Altdorf und Neustadt je zwei Fahrzeuge benötigt, während für alle übrigen Sammelstellen je ein Fahrzeug ausreichend ist.

Zusätzlich ist zu beachten, dass die Wochenmärkte M1 und M2 (Nürnberg und Bayreuth) mit einem anderen Fahrzeugtyp (größerer Wendekreis) als die übrigen Märkte beliefert werden. Die Leergutsammelstellen L3 und L5 in Grafenwöhr und Neustadt können aufgrund des engen Rangierbereichs im Verladehof von diesem Fahrzeugtyp nicht angefahren werden.

Bisher wurden jeden Morgen die Wochenmärkte auf Pendeltouren beliefert. Tagsüber standen die Fahrzeuge zur Bewirtschaftung der Felder in der Nähe des Depots zur Verfügung. Abends wurden die Leergutsammelstellen auf Pendeltouren angefahren. Um die Leerfahrten von den Märkten zurück zum Depot zu minimieren, überlegt die Geschäftsleitung, die Fahrzeuge anschließend zur Leergutrückführung einzusetzen. Die Geschäftsleitung erhofft sich durch die Umstellung der Fahrtenstruktur eine erhebliche Gesamtkilometer- und dadurch Kostenreduzierung.

Die Geschäftsleitung der Agrargenossenschaft wendet sich in dieser Situation an Ihre Consulting-Firma mit dem Auftrag, die Kombination von Belieferungs- und Leergutrückführungsaufträgen zu ermitteln, mit der die gesamte zu fahrende Distanz minimiert werden kann.

Als Ausgangsdaten liegen Ihnen die Ortsdaten in Tab. 1.2 vor. Zusätzlich wird angenommen, dass die zu fahrende Distanz zwischen zwei Orten dem 1,4-fachen der Luftliniendistanz entspricht.

Tab. 1.2: Ortsdaten für Fallstudie 1.2

Name	Kürzel	Breite	Länge
Nürnberg	M1	49,45	11,08
Bayreuth	M2	49,95	11,58
Amberg	M3	49,45	11,85
Bamberg	M4	49,90	10,88
Neumarkt	M5	49,28	11,47
Forchheim	L1	49,72	11,05
Altdorf	L2	49,38	11,35
Grafenwöhr	L3	49,72	11,90
Pegnitz	L4	49,75	11,55
Neustadt	L5	49,58	10,60
Kulmbach	L6	50,12	11,45
Simmelsdorf	D	49,60	11,33

Aufgaben

a) Ermitteln Sie die gefahrenen Gesamtkilometer in der Ist-Situation.
b) Bestimmen Sie die Kombination von Belieferungs- und Leergutrückführungsaufträgen, mit der die gesamte zu fahrende Distanz minimiert wird.

Fallstudie 1.3

Einstufiges Transportproblem mit zweiseitig beschränkten Angeboten
Vgl. Steglich et al. (2016), S. 102 ff.

Beschreibung

Die GemKo AG ist ein Unternehmen, das in mehreren Standorten (W1–W5) Gemüsekonserven produziert und eine Anzahl großer Handelsketten über zehn Distributionszentren (D1–D10) beliefert. Der Kostendruck seitens der Abnehmer ist im letzten Jahr stark gestiegen, sodass die Unternehmensführung nach Kosteneinsparungspotenzialen sucht, die sie vor allem im Bereich der Logistik vermutet. Daher sollen die Lieferbeziehungen untersucht werden, wobei auch Erweiterungen der Produktion an den bisherigen Standorten und Standortschließungen in die Untersuchungen einzubeziehen sind. Nach erfolgreichem Abschluss Ihres Studiums haben Sie als Assistent des Leiters der Abteilung Logistik des Unternehmens begonnen und werden in die Vorbereitung der Unternehmensentscheidung einbezogen. Als frischem Absolventen werden von Ihnen Kenntnisse in der Anwendung von Optimierungsverfahren erwartet, weshalb Ihnen die Modellierung und Berechnung optimaler Lieferbeziehungen übertragen wird.

In Tab. 1.3 und Tab. 1.4 stehen Ihnen alle relevanten Daten hinsichtlich der Werke und der Distributionszentren zur Verfügung. Weiterhin sind in Tab. 1.5 die Distanzen zwischen den Werken und den Distributionszentren und in Tab. 1.6 die mit den Transportdienstleistern ausgehandelten distanzabhängigen Transportkostensätze gegeben.

Tab. 1.3: Daten der Werke für Fallstudie 1.3

Bezeich-nung	Ort	Koordinaten [km]		Produktionskapazitäten [ME]			Produktionskosten [€/ME]
		X	Y	Ist	Min.	Max.	
W1	Bielefeld	400	490	150	0	150	150
W2	Mainz	380	260	200	0	250	200
W3	Ansbach	540	180	250	200	300	120
W4	Schwerin	590	660	80	0	200	100
W5	Gera	650	360	120	100	200	100

Tab. 1.4: Daten der Distributionszentren für Fallstudie 1.3

Bezeichnung	Ort	Koordinaten [km]		Bedarf [ME]
		X	Y	
D1	Dresden	760	380	40
D2	Berlin	730	540	120
D3	Hamburg	510	640	100
D4	Hannover	480	520	80
D5	Düsseldorf	280	400	90
D6	Köln	290	360	60
D7	Frankfurt/Main	410	270	70
D8	Stuttgart	440	120	50
D9	München	620	50	110
D10	Nürnberg	580	200	50

Tab. 1.5: Distanzmatrix in Kilometern für Fallstudie 1.3

	D1	D2	D3	D4	D5	D6	D7	D8	D9	D10
W1	482	427	238	109	192	218	282	476	630	437
W2	510	574	514	357	220	172	40	195	408	267
W3	381	521	590	442	436	394	202	149	195	57
W4	419	236	106	228	518	543	550	717	782	589
W5	143	252	401	299	476	461	328	408	399	224

Tab. 1.6: Distanzabhängige Transportkostensätze für Fallstudie 1.3

Distanz [km]	Transportkostensatz [€/ME]
≤ 160	30
≤ 300	50
≤ 550	70
> 500	80

Aufgaben

a) Bestimmen Sie die optimalen Transportbeziehungen bei gegebenen Kapazitäten, mit denen die Summe der Produktions- und Transportkosten minimiert werden kann.

b) Welche Einsparungen können durch Veränderung der Produktionskapazitäten innerhalb der in Tab. 1.3 gegebenen Unter- und Obergrenzen erzielt werden?

c) Untersuchen Sie, welche Effekte eine vollständige Freigabe der Obergrenzen der Kapazitäten der Werke auf die Produktions- und Transportkosten besitzen würde. In diesem Zusammenhang auftretende Fixkosteneffekte für die Erweiterung von Kapazitäten werden vereinfachend nicht beachtet.

1.2 Transportprobleme mit nicht-klassischen Zielfunktionen

Fallstudie 1.4

i Einstufiges Transportproblem mit sprungfixen Kosten
Vgl. Steglich et al. (2016), S. 111 ff.

Beschreibung

Die Turbobau AG betreibt aktuell zehn Großbaustellen (B1–B10) in Deutschland und bezieht den auf diesen Baustellen benötigten Sand von vier Großhändlern (G1–G4). Da die Turbobau AG momentan in einer branchenbedingten Krise steckt, versucht die Geschäftsleitung, verschiedene Kostensenkungspotenziale vor allem in den historisch gewachsenen Lieferbeziehungen zwischen den Großhändlern und den Großbaustellen aufzudecken. Als Leiter des Arbeitskreises Optimierung der Logistik wird Ihnen der Auftrag erteilt, die täglichen Lieferbeziehungen zu analysieren und Verbesserungsmöglichkeiten aufzuzeigen. Zur Lösung Ihrer Aufgabe erhalten Sie in Tab. 1.7 die Entfernungen zwischen den Großhändlern und den Baustellen, die täglichen Bedarfe der Baustellen, die täglichen Kapazitäten der Großhändler sowie die Kosten für die Kommissionierung und die Bereitstellung der Ware bei den Großhändlern.

Tab. 1.7: Ausgangsdaten für Fallstudie 1.4

	Entfernungen [km]				Bedarfe [m³]
	G1 Stuttgart	G2 München	G3 Frankfurt	G4 Braunschweig	
B1 Augsburg	160	65	360	575	300
B2 Karlsruhe	80	285	140	465	200
B3 Nürnberg	181	165	220	460	400
B4 Mannheim	135	350	84	405	150
B5 Saarbrücken	230	467	186	520	160
B6 Münster	560	690	325	235	200
B7 Kassel	376	470	190	150	600
B8 Essen	450	645	250	310	200
B9 Wuppertal	388	660	230	295	300
B10 Bielefeld	505	620	275	160	100
Kostensatz [€/m³]	5,10	5,40	4,90	5,20	
Kapazität [m³]	600	900	500	700	

Der Transport erfolgt durch eine Spedition, deren Transportkostensätze je Kubikmeter distanzabhängig sind (Tab. 1.8). Weiterhin steht Ihnen eine Karte mit der geografischen Lage der zehn Großbaustellen und der vier Großhändler zur Verfügung (Abb. 1.1).

Tab. 1.8: Distanzabhängige Transportkostensätze für Fallstudie 1.4

Distanzen [km]	Transportkostensatz [€/m³]
≤ 150	5,70
≤ 300	9,60
≤ 450	11,40
> 450	15,40

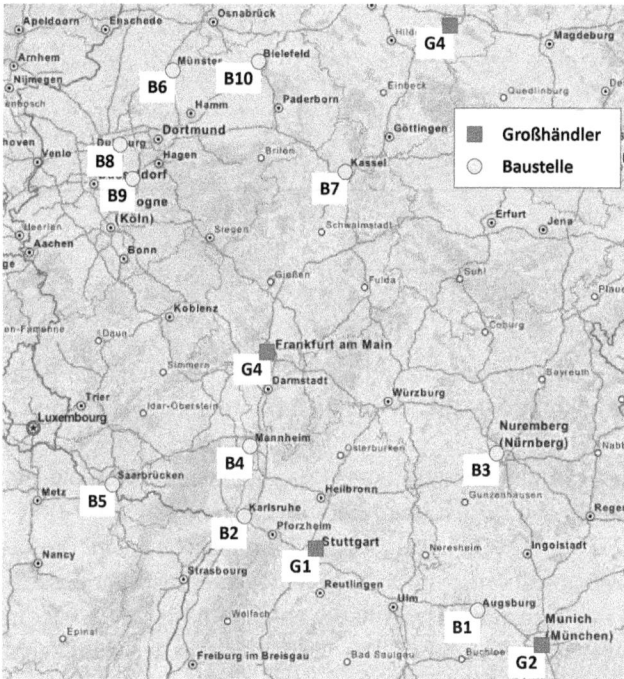

Abb. 1.1: Lage der Großhändler und der Großbaustellen für Fallstudie 1.4[1]

---

1 Quelle: OpenStreetmap (www.openstreetmap.org), eigene Bearbeitung.

Aufgaben

a) Bestimmen Sie, welcher Großhändler mit welcher Menge welche Baustelle beliefern soll, wobei die gesamten Transport- und Kommissionierungskosten zu minimieren sind.

b) In den gegenwärtigen Verhandlungen mit den Großhändlern steht eine mengenunabhängige Transaktionskostenpauschale pro Lieferbeziehung zwischen einem Großhändler und einer Baustelle in Höhe von 208 Euro pro Tag zur Diskussion. Wie sind die Transportbeziehungen unter Beachtung dieser zusätzlichen Kostenart optimal zu gestalten?

Bitte lösen Sie dieses Problem mit LogisticsLab/TPP, wobei zu beachten ist, dass LogisticsLab/TPP nur ganzzahlige Kostensätze akzeptiert. Die angegebenen Kostensätze müssen daher zur Berechnung mit dem Wert zehn multipliziert werden, was bei der Interpretation der Ergebnisse zu berücksichtigen ist. Bitte stellen Sie das Netzwerk geografisch korrekt dar, sodass die Ergebnisse in einer Karte nachvollzogen werden können.

Fallstudie 1.5

---
i Einstufiges Bottleneck-Transportproblem
Vgl. Steglich et al. (2016), S. 129 ff.

Beschreibung

Nach erfolgreichem Abschluss Ihres Studiums arbeiten Sie bei einem großen Beratungsunternehmen in der Abteilung Logistik, in der Sie Ihr Vorgesetzter mit dem folgenden Auftrag betraut.

Die Nordfisch AG ist ein in Hamburg ansässiges Unternehmen, das mit eigener Fangflotte frischen Fisch fängt und täglich über drei firmeneigene Kühllager (KL1–KL3) an acht Distributionszentren (D1–D8) einer großen Kaufhauskette liefert. Die Kapazitäten der Kühllager sowie die durchschnittliche Nachfrage der Distributionszentren sind fest vorgegeben. Der Transport von Hamburg zu den Kühllagern erfolgt in Kühlcontainern und ist daher nicht zeitkritisch. Die Verteilung von den Kühllagern zu den Distributionszentren der Kaufhauskette erfolgt in Isoliercontainern, was eine Verringerung der Qualität mit steigender Transportzeit impliziert.

Es häufen sich bei der Nordfisch AG die Beschwerden, dass in den Filialen der Kaufhauskette, die von den Distributionszentren D1 und D6 aus beliefert werden, die Qualität des Fisches nicht den vereinbarten Anforderungen entspricht. Die Geschäftsleitung der Nordfisch AG ist alarmiert und ordnet eine firmeninterne Überprüfung dieses Sachverhaltes an. Es stellt sich heraus, dass die Probleme seit der letzten Optimierung der Lieferbeziehungen mit einer Standardsoftware für das klassische Transportproblem auf Transportkostenbasis auftauchen.

Die Geschäftsleitung der Nordfisch AG wendet sich in dieser Situation an Ihr Beratungsunternehmen mit dem Auftrag, die Situation zu analysieren, Schwachstellen aufzudecken und Handlungsvorschläge zur Lösung zu unterbreiten.

Die zur Lösung des Problems notwendigen Daten der Logistikknoten stehen in Tab. 1.9 zur Verfügung. Weiterhin sind in Tab. 1.10 und Tab. 1.11 die Distanzen und die Fahrtzeiten zwischen den Logistikknoten und in Tab. 1.12 die distanzabhängigen Transportkostensätze der drei Kühllager gegeben.

Tab. 1.9: Daten der Logistikknoten für Fallstudie 1.5

Logistik-knoten	Ort	Koordinaten [km]		Kapazitäten [t]	Bedarfe [t]
		X	Y		
KL1	Hamburg	210	490	15	
KL2	Gera	295	300	22	
KL3	Köln	75	310	30	
D1	Berlin	345	420		8
D2	Bielefeld	140	380		6
D3	Kassel	180	330		7
D4	Braunschweig	230	400		5
D5	Essen	75	340		8
D6	Münster	100	380		8
D7	Frankfurt	140	250		7
D8	Nürnberg	255	200		9

Tab. 1.10: Distanzmatrix für Fallstudie 1.5 in Kilometern

	D1	D2	D3	D4	D5	D6	D7	D8
KL1	286	254	309	202	362	278	486	605
KL2	256	385	222	256	457	453	324	211
KL3	571	192	243	358	73	146	183	405

Tab. 1.11: Fahrtzeitmatrix für Fallstudie 1.5 in Minuten

	D1	D2	D3	D4	D5	D6	D7	D8
KL1	310	234	285	186	334	308	449	558
KL2	236	355	205	236	422	418	299	195
KL3	527	177	224	330	67	135	169	374

Tab. 1.12: Distanzabhängige Transportkostensätze für Fallstudie 1.5 in Euro je 100 Kilogramm

	Entfernungen [km]				
	≤ 150	≤ 300	≤ 450	≤ 600	> 600
KL1	4,30	5,10	7,10	8,20	8,60
KL2	4,70	5,00	7,80	9,00	9,50
KL3	5,20	6,10	8,50	9,80	10,30

Aufgaben

a) Überprüfen Sie die bisherige Transportstrategie anhand der vorgegebenen Daten und ermitteln Sie die Schwachstellen.
b) Berechnen Sie eine neue Transportstrategie zur maximalen Erhöhung der Qualität. Geben Sie dafür auch die Gesamttransportkosten an.
c) Bestimmen Sie den Transportplan, der einen Kompromiss zwischen der Minimierung der Transportkosten und der Minimierung der maximalen Transportzeit herstellt. Beide Kriterien sind gleichgewichtet zu beachten.

Fallstudie 1.6

Einstufiges Bottleneck-Transportproblem
Vgl. Steglich et al. (2016), S. 129 ff.

Beschreibung

Ein Dispatcher hat für den folgenden Tag den Expressversand eines homogenen, einzeln zu versendenden Gutes zwischen drei Versandstationen (S1–S3) und vier Kundenstandorten (D1–D4) zu planen. Die dazu notwendigen Daten sind in Tab. 1.13 gegeben.

Tab. 1.13: Ausgangsdaten für Fallstudie 1.6

	Transportzeit [h/Stück]				Kapazität [Stück]
	D1	D2	D3	D4	
S1	12	25	2	8	17
S2	20	12	12	9	16
S3	30	6	10	5	30
Bedarf [Stück]	15	20	15	10	

Aufgaben

a) Formulieren Sie das Problem als lineares Optimierungsmodell.
b) Welche Station soll welchen Kunden mit welcher Menge beliefern? Dabei ist vorrangig die maximale Lieferzeit pro Kunde und Stück und nachrangig die gesamte Transportzeit zu minimieren. Lösen Sie dieses Problem mit LogisticsLab/TPP.

1.3 Transportprobleme mit nicht-klassischen Lieferbeziehungen

Fallstudie 1.7

Einstufiges kapazitiertes Transportproblem
Vgl. Steglich et al. (2016), S. 149 ff.

Beschreibung

Es gelten weiterhin alle Informationen aus Fallstudie 1.1. Allerdings soll zusätzlich die Kapazitätssituation des vorhandenen Fuhrparks in die Bestimmung des optimalen Transportplans einbezogen werden.

Tab. 1.14: Ausgangsdaten für Fallstudie 1.7

	Kapazitäten je Transportrelation [Stück]			
Küchen/Restaurants	R1	R2	R3	R4
K1	500	-	500	500
K2	-	200	200	200
K3	750	750	750	-

Aufgaben

a) Formulieren Sie das Problem als lineares Optimierungsmodell.
b) Lösen Sie dieses Problem mit LogisticsLab/TPP.

Fallstudie 1.8

| i | Einstufiges Single-Source-Transportproblem
Vgl. Steglich et al. (2016), S. 159 ff. |

Beschreibung

Es werden drei Baustellen (B1–B3) betrachtet, die in drei Werken (P1–P3) produzierte Bauelemente benötigen. Aufgrund begrenzter Flächen für die Entladung der Fahrzeuge kann eine Baustelle jeweils nur von einem einzigen Werk beliefert werden. Die Transportkosten verhalten sich proportional zu den Distanzen zwischen den Werken und den Baustellen und der Anzahl der gelieferten Bauelemente. Die Distanzen, die Koordinaten, die Kapazitäten der Werke und die Bedarfe der Baustellen sind in Tab. 1.15 gegeben.

Tab. 1.15: Ausgangsdaten für Fallstudie 1.8

	X-Pos. [km]	Y-Pos. [km]	Distanzen [km]				Kapazitäten [Stück]
			B1	B2	B3	B4	
P1	17	32	57	29	77	143	35
P2	40	18	69	26	51	127	36
P3	99	63	81	83	48	33	39
X-Pos. [km]			36	39	77	117	
Y-Pos. [km]			72	38	33	81	
Bedarf [Stück]			15	35	32	18	

Aufgaben

Bestimmen Sie, welches Werk welche Baustelle beliefern soll, wobei die gesamten Transportkosten zu minimieren sind.

a) Formulieren Sie das Problem als lineares Optimierungsmodell.
b) Lösen Sie dieses Problem mit LogisticsLab/TPP.

Fallstudie 1.9

Einstufiges Single-Source-Transportproblem
Vgl. Steglich et al. (2016), S. 159 ff.

i

Beschreibung

Ein Serviceunternehmen für die Wartung von Computer- und Kommunikationsgeräten will sein Filialnetz neu ordnen. Das gesamte Servicegebiet ist in 14 Kundengebiete (B1–B14) eingeteilt. Für jedes Kundengebiet wurde die zu erwartende Anzahl von Kundenanforderungen pro Monat prognostiziert. Das Unternehmen betreibt vier Servicezentren (A1–A4), deren personelle und technische Ausstattung jeweils eine bestimmte Anzahl von Kundeneinsätzen pro Monat gestattet.

Das Unternehmen ist an einer dauerhaften Kundenbindung interessiert und möchte deshalb eine feste Zuordnung von Kundengebieten zu den Servicezentren erreichen.

Als Daten sind die Koordinaten der Servicezentren und der Kunden sowie deren Kapazitäten und Bedarfe an Wartungsvorgängen bekannt (Tab. 1.16).

Tab. 1.16: Koordinaten und Mengen der Servicezentren und Kunden für Fallstudie 1.9

Knoten	X-Pos. [km]	Y-Pos. [km]	Kapazität [Wartungen]	Bedarf [Wartungen]
A1	107	148	120	
A2	95	198	160	
A3	166	188	120	
A4	119	237	100	
B1	95	158		25
B2	166	257		52
B3	59	267		60
B4	154	267		31
B5	142	207		18
B6	178	207		5
B7	202	227		45
B8	214	257		50
B9	119	168		28
B10	130	138		36
B11	59	207		25
B12	59	158		48

Knoten	X-Pos. [km]	Y-Pos. [km]	Kapazität [Wartungen]	Bedarf [Wartungen]
B13	47	178		12
B14	154	158		15

Die Koordinaten wurden aus einer Karte als Abstände in X- bzw. Y-Richtung zu einem definierten Ursprung in Kilometern gemessen. Es wird angenommen, dass die reale Entfernung bei Benutzung des vorhandenen Straßennetzes dem 1,25-fachen der Luftlinienentfernung entspricht.

Aufgaben

a) Bestimmen Sie die Zuordnungen der Kundengebiete zu jeweils einem einzigen Servicezentrum, sodass die gesamten durch die Serviceteams zu fahrenden Distanzen minimal werden. Lösen Sie dieses Problem mit LogisticsLab/TPP.

b) Welcher Kosteneffekt ist auf die Beschränkung der Zuordnung eines Kundengebiets zu jeweils einem einzigen Servicezentrum im Vergleich zu einer möglichen Mehrfachzuordnung zurückzuführen?

Fallstudie 1.10

Mehrstufiges Transportproblem
Vgl. Steglich et al. (2016), S. 163 ff.

Beschreibung

Das betrachtete Unternehmen produziert in drei Werken (P1–P3) ein homogenes Gut, das über vier Vertriebszentren (D1–D4) am Absatzmarkt veräußert wird. Die Vertriebszentren werden allerdings nicht direkt von den Werken, sondern aus logistischen Gründen über zwei Umladeknoten (W1–W2) beliefert. Die täglichen Kapazitäten der Werke und die Bedarfe der Vertriebszentren sind in Abb. 1.2 gegeben. Weiterhin enthält diese Abbildung die Transportkosten je Stück auf den einzelnen Transportrelationen sowie die Mengen, die die beiden Umladeknoten täglich umsetzen können. Weiterhin ist bekannt, dass die Kapazität jeder Transportrelation aufgrund der genutzten Fahrzeuge auf 500 Stück beschränkt ist. Es ist der Transportplan zwischen den Werken, Umladeknoten und Vertriebszentren gesucht, der die gesamten Transportkosten minimiert.

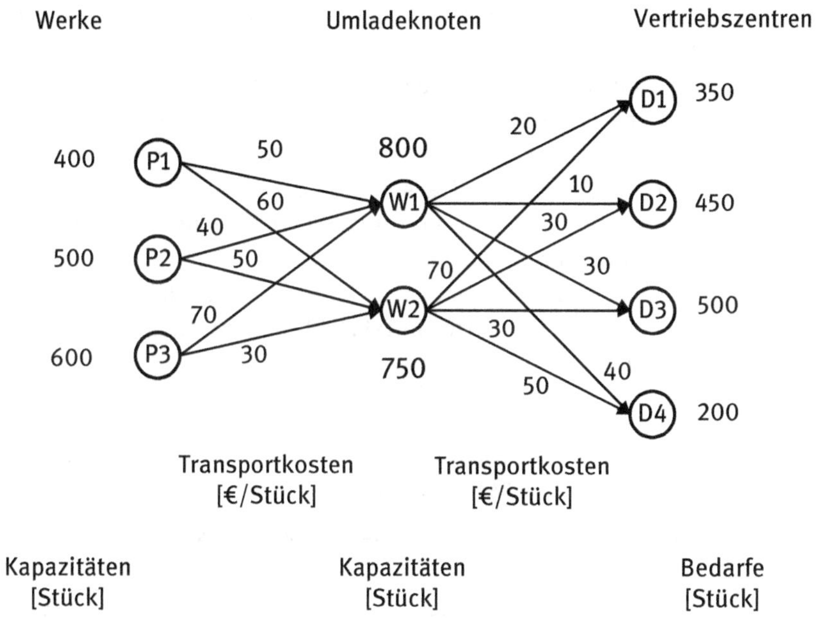

Werke　　　　　　　Umladeknoten　　　　　Vertriebszentren

Kapazitäten　　　　　　Kapazitäten　　　　　　Bedarfe
[Stück]　　　　　　　　[Stück]　　　　　　　[Stück]

Abb. 1.2: Lage und Daten der Werke, Umladeknoten und Vertriebszentren für Fallstudie 1.10

Aufgaben

a) Formulieren Sie das Problem als lineares Optimierungsmodell.
b) Lösen Sie dieses Problem mit LogisticsLab/NWF.

Fallstudie 1.11

Mehrstufiges Transportproblem
Vgl. Steglich et al. (2016), S. 163 ff.

Beschreibung

Ein mittelständisches metallverarbeitendes Unternehmen will seine wöchentliche deutschlandweite Distribution neu organisieren. Die Produktion des Hauptproduktes erfolgt in drei Werken (W1–W3). Weiterhin betreibt das Unternehmen zwei bestandslose Logistikzentren (L1, L2), die insgesamt zehn Kunden (K1–K10) mit dem Hauptprodukt beliefern. Der Durchsatz durch die Logistikzentren ist auf jeweils 700 Stück je Woche beschränkt. Die Werke W1 und W2 können beide Logistikzentren bedienen, während Werk W3 nur an das Logistikzentrum L2 liefert.

Die in Tab. 1.17 gegebenen wöchentlichen Bedarfe der zehn Kunden wurden aus Vergangenheitsdaten ermittelt und müssen vollständig befriedigt werden. Die Abfahrt an den Logistikzentren kann erst um 02:00 Uhr erfolgen. Um einen hohen Lieferservice zu gewährleisten, müssen die Transporte bis spätestens 09:00 Uhr die Kunden erreicht haben. Es ist bekannt, dass ein Fernverkehrsfahrzeug durchschnittlich 75 Kilometer in einer Stunde zurücklegen kann. Die eigentlichen Transporte werden durch einen Logistikdienstleister übernommen, dessen distanzabhängige Tarife in Tab. 1.18 und die dazugehörigen Distanzen in Tab. 1.19 gegeben sind.

Tab. 1.17: Kundenbedarfe für Fallstudie 1.11

Bedarfe [Stück]									
K1	K2	K3	K4	K5	K6	K7	K8	K9	K10
115	95	57	220	210	120	40	110	93	140

Tab. 1.18: Zonentarife für Fallstudie 1.11

Zone	≤ Entfernung [km]	Tarif [€/Stück]
1	100	150
2	125	190
3	150	250
4	175	310
5	200	370
6	225	410
7	250	450
8	275	480
9	300	510
10	350	550
11	400	590
12	450	630
13	500	670
14	550	710
15	600	730

Tab. 1.19: Distanzen im Distributionsnetz für Fallstudie 1.11

						Distanzen [km]						
	L1	L2	K1	K2	K3	K4	K5	K6	K7	K8	K9	K10
W1	177	398										
W2	310	201										
W3		489										
L1			304	107	210	320	177	293	293	513	557	574
L2			411	501	474	388	228	247	103	259	185	186

Da die Produktionskosten des Hauptproduktes in die Distributionsentscheidung einfließen sollen, sind sie gemeinsam mit den Mindestauslastungen und den Kapazitäten für die drei Werke in Tab. 1.20 angegeben.

Tab. 1.20: Daten der Werke für Fallstudie 1.11

	Produktionskosten [€/Stück]	Mindestauslastung [Stück]	Kapazität [Stück]
W1	1.180	150	600
W2	1.010	300	600
W3	950	100	450

In den beiden Logistikzentren fallen weitere Stückkosten für den Umschlag des betrachteten Produktes an, die in die Distributionsentscheidung einzubeziehen sind. Weiterhin ist zu beachten, dass auf der Basis einer historischen Managemententscheidung für beide Logistikzentren eine wöchentliche Mindestbelieferung zur Pufferung von Bedarfsschwankungen einzuhalten ist. Diese Mindestmengen sind auf die einzelnen Werken gleichmäßig zu verteilen. Die Daten der Logistikzentren sind in Tab. 1.21 angegeben.

Tab. 1.21: Daten der Logistikzentren für Fallstudie 1.11

	Umschlagkosten [€/Stück]	Mindestbelieferung [Stück]
L1	35	30
L2	50	60

Aufgaben

Es ist ein Transportplan zu ermitteln, der die gesamten Produktions- und Transportkosten minimiert und zugleich alle Angebots-, Bedarfs-, Kapazitäts- und Mindest-
mengenrestriktionen einhält.

a) Zeichnen Sie das Netzwerk für dieses Problem.
b) Welche Mengen sollen von welchen Werken über welches Logistikzentrum an
    welche Kunden geliefert werden? Lösen Sie dieses Problem mit LogisticsLab/
    NWF.
c) Welche gesamten Kosten würden minimal auftreten, wenn die historisch ge-
    wachsenen Mindestbelieferungen der beiden Logistikzentren nicht mehr beach-
    tet werden?

Fallstudie 1.12

i Mehrstufiges Transportproblem mit sprungfixen Kosten
Vgl. Steglich et al. (2016), S. 111 ff. und 163 ff.

Beschreibung

Ein Unternehmen betreibt im süddeutschen Raum ein Zentrallager (ZL) für Teile und
Materialien für Heizungsanlagen. Aus diesem Zentrallager werden Serviceunternehmen (G1, G2, K1–K5) beliefert, die Installationen von Heizungsanlagen und Reparatu-
ren bei Endkunden vornehmen. Damit die Serviceunternehmen schnell auf Kunden-
wünsche reagieren können, wurden in ihrer Nähe zwei Auslieferungslager (A1, A2)
eingerichtet, die über einen Bestand von häufig benötigten Teilen und Materialien
verfügen. Die Auslieferungslager werden regelmäßig aufgefüllt. Die dafür erforderlichen Transporte hat ein Transportunternehmen übernommen, das aufgrund der gu-
ten Auslastungen eine günstige Frachtrate anbietet. Diese sind für die Strecken
ZL → A1 und ZL → A2 in Tab. 1.22 angegeben.

Die Transporte von den Auslieferungslagern zu den Serviceunternehmen erfolgt
über Gebietsspediteure. Wie in Tab. 1.23 zu sehen, stehen dazu die Fahrzeugtypen L1
und L2 mit entweder vier oder acht Tonnen Ladekapazität zur Verfügung. Zu jedem
Serviceunternehmen muss eine Direktverbindung gefahren werden, d. h. Mitnahmen
für andere Kunden oder Mehrfachtouren sind nicht möglich.

Die Unternehmensleitung sieht die gegenwärtigen Transportkosten als zu hoch
an und strebt eine Reorganisation des Distributionsnetzes an. Es ist daher angedacht,
die Großabnehmer (G1 und G2) ggf. direkt aus dem Zentrallager durch die Gebietsspediteure mit größeren Fahrzeugen vom Typ L3 (Tab. 1.23) zu beliefern, die den gesamten Bedarf eines Abnehmers in einer Fahrt zustellen können. Die kleineren Serviceunternehmen sollen weiterhin aus den Auslieferungslagern beliefert werden.

Für die Transporte der Gebietsspediteure fallen neben den variablen Frachtkosten (Tab. 1.22) zusätzlich die in Tab. 1.23 angegebenen mengenunabhängigen Gebühren je Tour und Fahrzeugtyp an.

In Abb. 1.3 ist das Distributionsnetz inklusive der Kapazität des Zentrallagers und der Bedarfe der Großkunden und der Serviceunternehmen in Tonnen dargestellt.

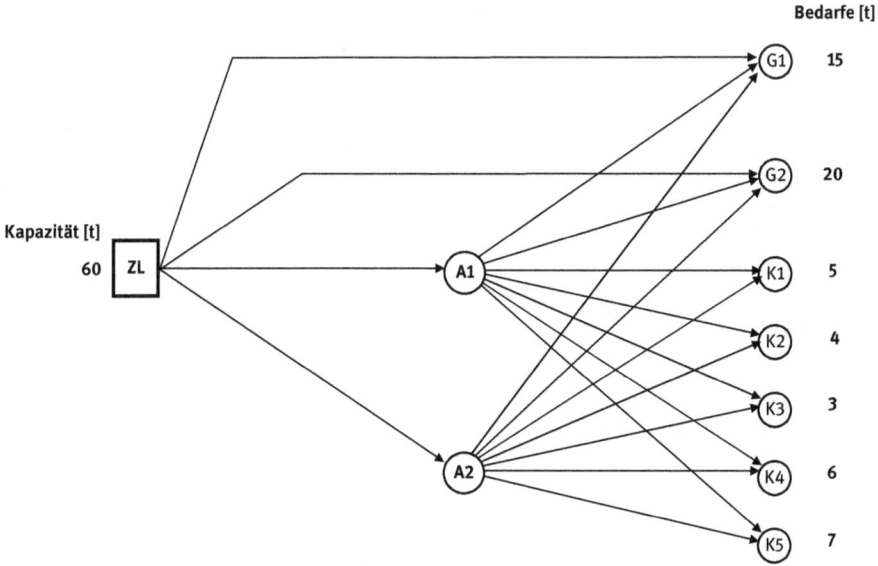

Abb. 1.3: Distributionsnetz für Fallstudie 1.12

Das Zentrallager kann täglich Teile und Materialien von bis zu 60 Tonnen Gewicht für den Versand vorbereiten. Die variablen Transportkosten und die Kapazitäten und die mengenunabhängigen Gebühren je Tour der Gebietsspediteure sind in Tab. 1.22 und Tab. 1.23 angegeben.

Tab. 1.22: Variable Transportkostensätze für Fallstudie 1.12

	Transportkosten [€/t]								
	A1	A2	G1	G2	K1	K2	K3	K4	K5
ZL	63	56	18	18					
A1			45	50	14	15	23	26	18
A2			52	39	24	15	38	12	11

Tab. 1.23: Kapazitäten und sprungfixe Kosten der Fahrzeugtypen für Fallstudie 1.12

LKW-Typ	Kapazität [€/t]	Gebühr je Tour [€]
L1	4	150
L2	8	250
L3	21	400

Aufgaben

a) Formulieren Sie das Problem als lineares Optimierungsmodell.
b) Lösen Sie dieses Problem mit SolverStudio/Cmpl. Vergleichen Sie dabei die Kosten, die mit und ohne Direktbelieferung der beiden Großabnehmer durch das Zentrallager anfallen würden.

Fallstudie 1.13

Mehrstufiges Mehrgüter-Transportproblem
Vgl. Steglich et al. (2016), S. 187 ff.

Beschreibung

Ein Einzelhandelsunternehmen steht vor der Aufgabe, sein Distributionsnetzwerk zu reorganisieren, um die gesamten Transportkosten zu minimieren. Das gesamte Distributionsnetzwerk (Abb. 1.4) besteht aus drei zentralen Warenlagern (W1–W3), die über zwei Logistikknoten (T1–T2) vier Supermärkte (S1–S4) beliefern.

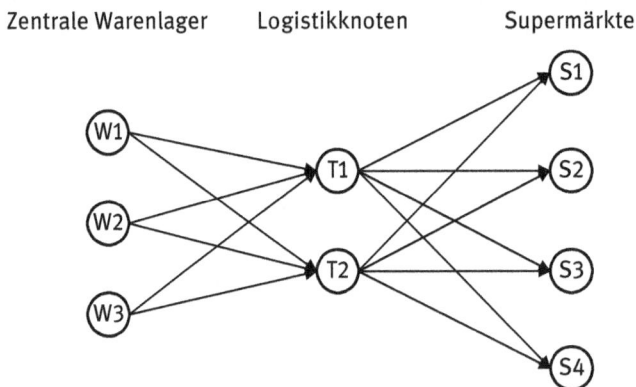

Abb. 1.4: Lage und Daten der Werke, Umladeknoten und Vertriebszentren für Fallstudie 1.13

Die zu transportierenden Güter werden ab den zentralen Warenlagern in zwei Typen von Standardbehältern (B1–B2) verpackt, mit denen die Bedarfe der Supermärkte abgedeckt werden. Die wöchentlichen Bedarfe der Supermärkte und die Kapazitäten der zentralen Warenlager sind in Tab. 1.24 und Tab. 1.25 angeben. Beide Logistikknoten können wöchentlich 90 Boxen abwickeln.

Tab. 1.24: Bedarfe der Supermärkte für Fallstudie 1.13

Supermärkte	Bedarf [Stück]	
	B1	B2
S1	20	15
S2	25	25
S3	30	10
S4	25	30
Gesamt	100	80

Tab. 1.25: Kapazitäten der zentralen Warenlager für Fallstudie 1.13

Warenlager	Kapazität [Stück]	
	B1	B2
W1	30	40
W2	40	20
W3	30	20
Gesamt	100	80

Auf jeder der potenziell nutzbaren Verbindung zwischen den Warenlagern, den Logistikknoten und den Supermärkten können aufgrund des vorhandenen Fuhrparks maximal 50 Boxen wöchentlich transportiert werden. Die Transportkosten je Stück der beiden Typen von Standardboxen sind für die beiden Stufen des Distributionsnetzes in Tab. 1.26 und Tab. 1.27 gegeben.

Tab. 1.26: Transportkosten zwischen den Warenlagern und den Logistikknoten für Fallstudie 1.13

	Transportkosten [€/Stück]			
	T1		T2	
	B1	B2	B1	B2
W1	25	50	30	62
W2	27	52	25	72
W3	45	80	15	40

Tab. 1.27: Transportkosten zwischen den Logistikknoten und den Supermärkten für Fallstudie 1.13

	Transportkosten [€/Stück]							
	S1		S2		S3		S4	
	B1	B2	B1	B2	B1	B2	B1	B2
T1	50	70	35	20	65	80	40	50
T2	40	65	100	45	25	20	20	30

Aufgaben

a) Formulieren Sie das Problem als lineares Optimierungsmodell.
b) Lösen Sie dieses Problem mit SolverStudio/Cmpl.

Fallstudie 1.14

Einstufiges Mehrgüter-Transportproblem mit zweiseitig beschränkten Angeboten und Bedarfen sowie einer zu maximierenden Zielfunktion
Vgl. Steglich et al. (2016), S. 102 ff., 106 ff. und 187 ff.

Beschreibung

Ein europaweit tätiges Unternehmen für Haushaltschemie will seine Produktionsstruktur an die veränderten Marktbedingungen anpassen. Die wichtigsten Produktgruppen sind Parfüme, Körperpflegeartikel und Waschmittel. Für Parfüme bestehen gute Absatzchancen und es können hohe Deckungsbeiträge erzielt werden. Obwohl die Deckungsbeiträge der übrigen Produkte geringer ausfallen, müssen sie doch am Markt mit bestimmten Mengen präsent bleiben.

Für den mengenmäßigen Vergleich der unterschiedlichen Produktarten werden äquivalente Mengeneinheiten (ME) verwendet, die die unterschiedlichen Gewichts- und Volumenanforderungen ausgleichen.

Der Markt wurde in vier Gebiete eingeteilt, die durch jeweils ein Distributions- zentrum (D1–D4) beliefert werden. Für die zu erwartenden Absatzmengen der einzel- nen Produktarten liegen für jedes Distributionszentrum eine Unter- und eine Ober- grenze vor. Aufgrund der in den Distributionszentren begrenzten Lagerflächen darf die Summe der eingehenden Mengen aller Produktarten eine bestimmte Obergrenze nicht überschreiten. Die gesamte Lagerfläche eines Distributionszentrums in äquiva- lenten Mengeneinheiten kann daher als maximal mögliche Bedarfsmenge interpre- tiert werden. Alle Informationen hinsichtlich der Bedarfe der Distributionszentren sind in Tab. 1.28 angegeben.

Tab. 1.28: Bedarfsintervalle der Distributionszentren für Fallstudie 1.14

		Bedarf [ME]			
		D1	D2	D3	D4
Parfüm	Min	30	20	25	50
	Max	50	40	50	70
Körperpflege	Min	60	50	60	70
	Max	100	100	80	120
Waschmittel	Min	20	40	20	60
	Max	120	90	70	120
Gesamte Lagerfläche [ME]		150	220	180	250

Die Produktion soll an die Bedarfe angepasst werden. Generell kann in jedem Werk das gesamte Sortiment hergestellt werden. Allerdings liegen aufgrund der unter- schiedlichen Produktionsbedingungen für die einzelnen Produktarten unterschiedli- che Minimal- und Maximalmengen vor. Die Summe der Mengen der Produktarten darf die Gesamtkapazität der jeweiligen Werke nicht übersteigen. Diese Mengenan- gaben sind in Tab. 1.29 zu finden.

Das Ziel der Planung besteht in der Maximierung des Gesamtdeckungsbeitrags, der sich aus der Summe der Deckungsbeiträge der Lieferbeziehungen und Produkt- arten ergibt.

Tab. 1.29: Angebotsintervalle der Werke für Fallstudie 1.14

| | | Produktionskapazitäten [ME] | | |
		W1	W2	W3
Parfüm	Min	50	40	20
	Max	120	75	80
Körperpflege	Min	100	80	40
	Max	200	120	140
Waschmittel	Min	50	50	20
	Max	200	100	120
Gesamte Kapazität [ME]		350	250	200

Dazu ist für eine Lieferbeziehung zwischen einem Werk und einem Distributionszentrum bezogen auf eine Produktart der Deckungsbeitrag je Mengeneinheit mit der auf dieser Transportrelation zu transportierenden Menge zu multiplizieren. Ein solcher Stückdeckungsbeitrag ermittelt sich aus dem Stückerlös abzüglich der variablen Stückkosten für Produktion, Lagerung und Transport. Sie sind in Tab. 1.30 angegeben.

Tab. 1.30: Stückdeckungsbeiträge je Produktart und Lieferbeziehungen für Fallstudie 1.14

| | | Stückdeckungsbeiträge [€/ME] | | | |
		D1	D2	D3	D4
Parfüm	W1	1386	2002	2307	1849
	W2	1420	2092	2443	1971
	W3	1304	1964	2271	1857
Körperpflege	W1	730	1.032	1.187	959
	W2	771	1.126	1.316	1.075
	W3	715	1.080	1.242	1.034
Waschmittel	W1	650	912	1.047	849
	W2	651	946	1.106	910
	W3	635	960	1.102	924

Aufgaben

a) Formulieren Sie das Problem als allgemeines lineares Optimierungsmodell.

b) Lösen Sie dieses Problem mit SolverStudio/Cmpl.

Fallstudie 1.15

Mehrstufiges Transportproblem mit alternativen Transportmitteln
Vgl. Steglich et al. (2016), S. 195 ff.

i

Beschreibung

Es wird wiederum das Einzelhandelsunternehmen aus Fallstudie 1.13 betrachtet. Im Zuge der Reorganisation des Distributionsnetzes hat das Management entschieden, die bisherige Struktur mit drei Warenlagern (W1–W3), zwei Logistikknoten (T1–T2) und vier Supermärkten (S1–S4) beizubehalten. Es soll allerdings nur noch ein einheitlicher Behältertyp verwendet werden. Dazu wurden die wöchentlichen Kapazitäten der Warenlager und die wöchentlichen Bedarfe der Supermärkte auf diesen Behältertyp angepasst und in Tab. 1.31 und Tab. 1.32 angegeben.

Tab. 1.31: Bedarfe der Supermärkte für Fallstudie 1.15

Supermärkte	Bedarf [Stück]
S1	35
S2	50
S3	40
S4	55
Gesamt	180

Tab. 1.32: Kapazitäten der zentralen Warenlager für Fallstudie 1.15

Warenlager	Bedarf [Stück]
W1	70
W2	60
W3	50
Gesamt	180

Da der neue einheitliche Behältertyp vom ursprünglichen Transportbehälter B1 abgeleitet wurde und weiterhin der bisherige Fuhrpark für den Transport zu verwenden ist, gelten für dieses Problem die Kostensätze aus Fallstudie 1.11 für Transportbehälter B1 und die maximale wöchentliche Transportkapazität von 50 Boxen für alle Transportrelationen. Auch die Kapazitäten der Logistikknoten haben sich gegenüber Fallstudie 1.13 nicht geändert.

Zusätzlich hat ein externer Logistikdienstleister angeboten, die Transporte auf allen Transportrelationen zu einem wettbewerbsfähigen Preis zu übernehmen. Dieser Preis besitzt zwei Bestandteile. Als variable Transportkosten würde auf allen Transportrelationen ein Preis anfallen, der 80 % der eigenen Transportkostensätze entspricht, wobei dieser Preis auf ganze Euro gerundet wird. Zusätzlich würde der Logistikdienstleister für jede tatsächlich bediente Transportrelation eine mengenunabhängige Gebühr von 275 Euro wöchentlich in Rechnung stellen. Die maximale Kapazität, die der Logistikdienstleister auf jeder Strecke anbieten kann, beträgt wöchentlich 100 Transportbehälter.

Mit dem eigenen Fuhrpark und dem externen Logistikdienstleister stehen nun auf jeder Transportrelation zwei alternative Transportmittel (V1–V2) zur Verfügung. Es ist wiederum ein kostenminimaler Transportplan zu bestimmen.

Aufgaben

a) Formulieren Sie das Problem als lineares Optimierungsmodell.
b) Lösen Sie dieses Problem mit SolverStudio/Cmpl.

Fallstudie 1.16

Mehrstufiges Transportproblem mit alternativen Transportmitteln
Vgl. Steglich et al. (2016), S. 195 ff.

Beschreibung

Im Rahmen der zweimal jährlich stattfindenden strategischen Planungsrunde wurde bei einem Glaswarenhersteller aus Stuttgart eine Reorganisation des Vertriebs diskutiert, da die stark gestiegene Nachfrage nach Glaswaren nicht mehr vollständig durch eigene Fahrzeuge bedient werden kann.

Das Unternehmen liefert wöchentlich 1.200 Paletten mit Glaswaren an größere Einzelhandelsketten sowie einige Fachgeschäfte. Die Verteilung der Waren an die Kunden erfolgt im Rahmen eines Herstellerverbundes über acht Verteil- und Vertriebszentren. Für die Anlieferung der Waren zu den Verteil- und Vertriebszentren sind die einzelnen Hersteller und somit auch der Glaswarenhersteller aus Stuttgart selbst verantwortlich. Die Verteilzentren besitzen sowohl einen Bahnanschluss als auch einen Anschluss an das Straßennetz und dienen zusätzlich als Umladeknoten für weitergehende Transporte. Für den Transport der Waren von Stuttgart zu den Verteil- und Vertriebszentren bestehen mit dem eigenen Fuhrpark und partiell mit dem Schienentransport zwei Alternativen. Das Distributionsnetz ist in Abb. 1.5 und die Bedarfe der Verteil- und Vertriebszentren in Tab. 1.33 gegeben.

Es wurde das Angebot eines Schienenfrachtunternehmers, das sich auf den Transport höherwertiger Güter spezialisiert hat, eingeholt. Pro Palette und Schienenkilometer werden 0,03 Euro berechnet. Allerdings ist die wöchentlich zu transportierende Menge auf den angebotenen Teilstrecken beschränkt. Die Kapazitäten auf den einzelnen Strecken sind in Tab. 1.34 enthalten.

Hinsichtlich des Transportes mit dem eigenen Fuhrpark fallen 0,49 Euro variable Transportkosten und zusätzlich 0,50 Euro leistungsabhängige Abschreibungen je Kilometer je Fahrzeug an. Ein einzelnes Fahrzeug kann 30 Paletten transportieren. Zusätzlich ist bekannt, dass auf einer einzelnen Teilstrecke maximal zwölf Fahrzeuge gleichzeitig eingesetzt werden können.

Zusätzlich sollen die aus den transportbedingten Glasschäden resultierenden Kosten in die Entscheidungsfindung eingehen. Bei einem LKW-Transport werden etwa 0,5 % der Waren auf jeder Teilstrecke beschädigt, beim Transport auf der Schiene nur etwa 0,2 %. Der durchschnittliche Wert einer Palette mit Glaswaren beträgt 800 Euro. Glasbruchverluste von bis zu einem Prozent sind vom Hersteller zu tragen.

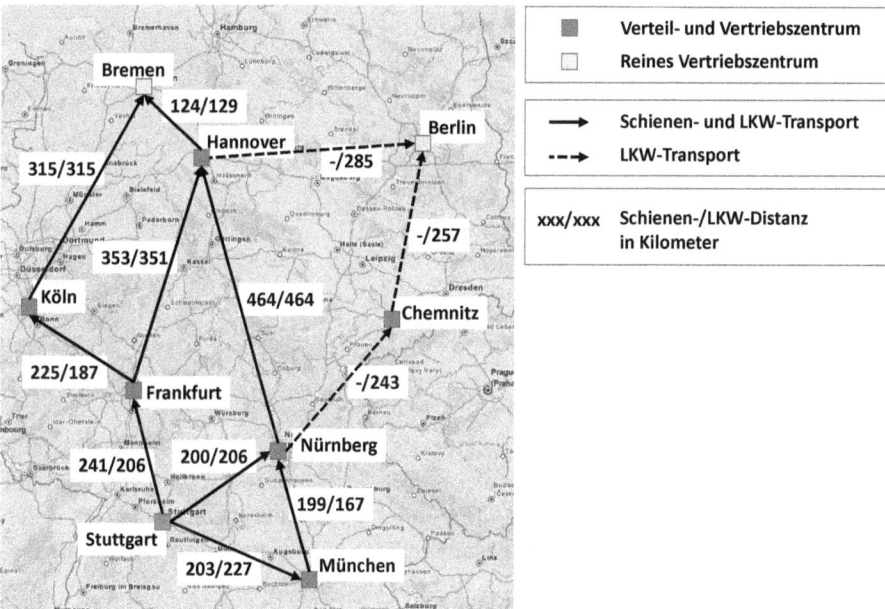

Abb. 1.5: Transportnetz für Fallstudie 1.16[2]

---

2 Quelle: OpenStreetMap und eigene Darstellung.

Tab. 1.33: Bedarfe der Verteil- und Vertriebszentren für Fallstudie 1.16

Verteilzentrum	Bedarf [Paletten]
Bremen	250
Berlin	120
Chemnitz	350
Hannover	90
Köln	110
Frankfurt	70
Nürnberg	120
München	90

Tab. 1.34: Kapazitäten des Schienenfrachtunternehmens für Fallstudie 1.16

von	nach	Kapazität [Paletten]
Stuttgart	München	300
Stuttgart	Nürnberg	150
Stuttgart	Frankfurt	180
München	Nürnberg	120
Frankfurt	Hannover	150
Frankfurt	Köln	100
Hannover	Bremen	200
Köln	Bremen	80
Nürnberg	Hannover	130

Aufgabe

Ermitteln Sie einen optimalen Lieferplan für das Distributionsnetz des Glaswarenherstellers. Bestimmen Sie, welche Mengen mit welchen Transportmitteln von Stuttgart über die einzelnen Verteilzentren an die Vertriebszentren zu liefern sind, um deren Bedarfe zu befriedigen. Es sind die gesamten Transportkosten zu minimieren. Verwenden Sie bitte zur Lösung des Problems SolverStudio/Cmpl.

Fallstudie 1.17

Mehrstufiges Transportproblem mit alternativen Transportmitteln
Vgl. Steglich et al. (2016), S. 195 ff.

Beschreibung

Das nachfolgende Fallbeispiel basiert auf einer realen Problemstellung, die in einer Projektstudie für ein großes russisches Unternehmen im Jahre 2003 untersucht wurde.[3] Aus dieser Projektstudie wurde ein fiktives Unternehmen als verkleinerter Ausschnitt der Originalproblemstellung unter Verwendung fiktiver Daten abgeleitet.

Die ZGAS AG ist eines der größten Unternehmen in Westsibirien und besitzt eine weit verzweigte Produktionsstruktur im europäischen und im sibirischen Teil Russlands. Ein wesentlicher Teil der Produktpalette besteht in der Herstellung von Gasgeräten. Diese Sparte enthält auch den im Rahmen eines staatlichen Programms durchgeführten Niedrigdruck-Gasrohrleitungsbau.

Der sich über das ganze Land erstreckende Gasrohrleitungsbau besitzt eine sehr kostenintensive Distributionsstruktur, die auf dem Transport mit Kraftfahrzeugen basiert. Die Gasrohre werden in einem Rohrwerk (RW) in Tjumen hergestellt und mittels Lastkraftwagen an örtliche Gaskombinate (GK1–GK3) geliefert, die ihrerseits die Verteilung der Rohre an die örtlichen Baustellen (B1–B7) übernehmen. Zusätzlich soll ein bereits vorhandenes Zentrallager für Gasgeräte (ZL) in Pensa für die Gasrohrdistribution im europäischen Teil Russlands genutzt werden. Aufgrund der geografischen Lage soll das Gaskombinat GK3 in Novosibirsk nur für die sibirischen Baustellen und die europäischen Gaskombinate GK1 und GK2 sowie das Zentrallager für die in Europa liegenden Baustellen zuständig sein.

Infolge verbesserter Dienstleistungen und gesunkener Bahntarife stellen Eisenbahntransporte eine interessante Transportalternative dar. Daher soll untersucht werden, ob Bahnstrecken zwischen dem Rohrwerk und den Gaskombinaten bzw. dem Zentrallager in das bestehende Distributionsnetz integriert werden können. Das zu untersuchende Gasrohrdistributionsnetz wird in Abb. 1.6 gezeigt.

---

3 Es handelt sich dabei um eine unveröffentlichte Studie von A. Petrov aus Jekaterinburg, die im Jahre 2003 in einem Vortrag am Lehrstuhl für Logistik der Friedrich-Alexander-Universität Erlangen-Nürnberg vorgestellt wurde.

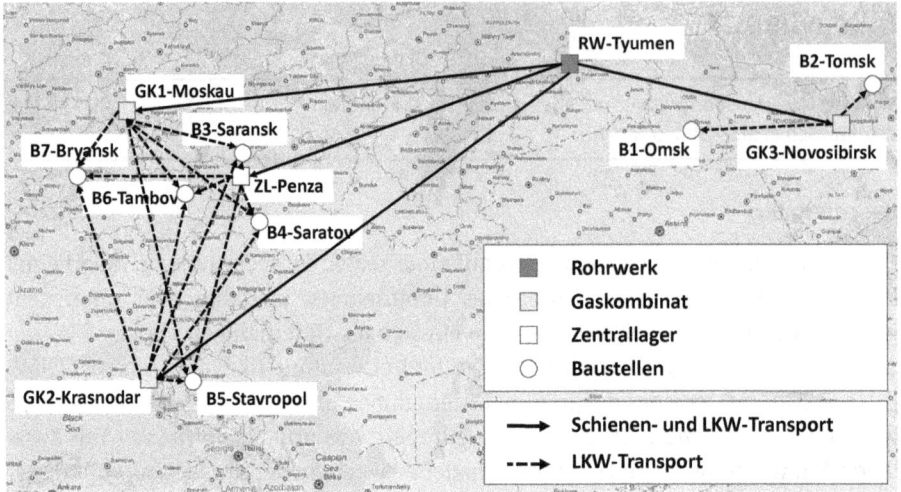

Abb. 1.6: Transportnetz für Fallstudie 1.17[4]

Die Gasrohre werden gebündelt und auf Paletten transportiert. Ein LKW kann 10 Paletten transportieren, während ein Bahnwaggon eine Kapazität von 20 Paletten besitzt.

Die Frachtkostensätze je Palette für die LKW-Transporte und die Bahntarife je Waggon sind in Tab. 1.35 und Tab. 1.36 angegeben.

Tab. 1.35: Transportkostensätze für LKW-Transporte für Fallstudie 1.17

	GK1	GK2	GK3	ZL	B1	B2	B3	B4	B5	B6	B7
RW	83	113	51	67							
GK1							32	39	59	18	16
GK2							55	44	13	42	53
GK3					27	9					
ZL							5	9	46	11	34

---

4 Quelle: OpenStreetMap und eigene Darstellung.

Tab. 1.36: Bahntarife für Fallstudie 1.17

	Bahntarife [€/Güterwaggon]			
	GK1	GK2	GK3	ZL
RW	1.360	1.880	900	1.180

Beim Umschlag von einem Bahntransport zu LKW-Transporten in den Gaskombinaten GK1–GK3 bzw. im Zentrallager ZL fallen Kosten an, die in Tab. 1.37 gegeben sind.
Weiterhin können die Bedarfe der regionalen Baustellen B1–B7 in Tab. 1.38 eingesehen werden.

Tab. 1.37: Umschlagkosten für Fallstudie 1.17

	Umschlagkosten [€/Palette]
GK1	10
GK2	5
GK3	7
ZL	7

Tab. 1.38: Bedarfe der Baustellen für Fallstudie 1.17

Baustellen	Bedarf [Paletten]
B1	100
B2	20
B3	30
B4	110
B5	70
B6	60
B7	30

Aufgabe

Ermitteln Sie einen optimalen Lieferplan für das Distributionsnetz der ZGAS AG unter
Einbeziehung aller Transportmittelalternativen, wobei die gesamten Transportkosten zu minimieren sind. Vergleichen Sie die Transportkosten Ihrer Lösung mit einer
Distribution, die einzig mit Lastkraftwagen durchgeführt wird. Verwenden Sie bitte
zur Lösung des Problems SolverStudio/Cmpl.

2 Logistische Zuordnungsprobleme

Fallstudie 2.1

Lineares Zuordnungsproblem
Vgl. Steglich et al. (2016), S. 222 ff.

Beschreibung

Ein Dispatcher hat für den folgenden Tag den Expressversand eines homogenen, einzeln zu versendenden Gutes zwischen drei Versandstationen (S1–S3) und vier Kundenstandorten (D1–D4) zu planen. Die Transportzeiten je Auftrag sind in Tab. 2.1 gegeben, wobei für unzulässige Kombinationen kein Wert angegeben wurde. Die Zuordnung der Kundenaufträge zu den einzelnen Versandstationen hat transportzeitminimal zu erfolgen.

Tab. 2.1: Ausgangsdaten für Fallstudie 2.1

	Transportzeit [h/Auftrag]			
	D1	**D2**	**D3**	**D4**
S1	12	25	2	-
S2	20	-	12	-
S3	30	6	10	5

Aufgaben

a) Formulieren Sie das Problem als lineares Optimierungsmodell.
b) Welche Station soll welchen Kunden beliefern? Lösen Sie dieses Problem mit LogisticsLab/TPP.

Fallstudie 2.2

> **i** Bottleneck-Zuordnungsproblem
> Vgl. Steglich et al. (2016), S. 233 ff.

Beschreibung

Es gelten weiterhin alle Informationen aus Fallstudie 2.1. Allerdings soll nun die maximale Transportzeit zwischen den Versandstationen und den Kunden minimiert werden.

Aufgaben

a) Formulieren Sie das Problem als lineares Optimierungsmodell.
b) Welche Station soll welchen Kunden beliefern? Lösen Sie dieses Problem mit LogisticsLab/TPP.
c) Minimieren Sie die gesamte Transportzeit unter Einhaltung der gefundenen minimalen Engpasszeit. Lösen Sie dieses Problem mit LogisticsLab/TPP.

Fallstudie 2.3

> **i** Lineares und Bottleneck-Zuordnungsproblem
> Vgl. Steglich et al. (2016), S. 222 ff. und 233 ff.

Beschreibung

Die Berliner LuftFracht AG hat beschlossen, eine Tochtergesellschaft zu gründen, die die Transporte von den Kunden zum Flughafen und in umgekehrter Richtung übernehmen soll. Eine Gruppe von acht Personen hat sich mit der Problematik beschäftigt und soll die Führungspositionen der neuen Tochtergesellschaft übernehmen. Die zu besetzenden Stellen sind in Tab. 2.2 angegeben.

Die Führung der LuftFracht AG hat ein Persönlichkeitsbild der acht Kandidaten erstellt und deren Eignung für die sieben zu besetzenden Positionen durch ein Punktesystem dargestellt. Dabei bedeutet eine hohe Punktezahl eine gute Eignung. Die Ergebnisse dieser Bewertungen können Tab. 2.3 entnommen werden.

Die Position des Direktors soll nur mit Personen besetzt werden, die bereits mindestens acht Jahre bei der LuftFracht AG beschäftigt waren. Die Berufserfahrungen der Bewerber sind in Tab. 2.4 enthalten.

Zusätzlich ist aus Personalgesprächen bekannt, dass sich Herr Schmid, Frau Schick und Herr Mann aufgrund ihrer Ausbildung nicht in der Lage sehen, den Aufgaben des Controllers gerecht zu werden. Sie möchten daher diese Stelle nicht übernehmen.

Weiterhin sind Herr Daum und Herr Denk aufgrund ihres Charakters nicht für die Kundenbetreuung geeignet.

Tab. 2.2: Zu besetzende Stellen für Fallstudie 2.3

Stelle	Bezeichnung
S1	Direktor
S2	Bereichsleiter Kundenbetreuung
S3	Bereichsleiter Logistik
S4	Fuhrparkverwaltung
S5	Assistent der Geschäftsleitung
S6	Bereichsleiter Kostenrechnung
S7	Controlling

Tab. 2.3: Bewertungen der Bewerber hinsichtlich der zu vergebenden Positionen für Fallstudie 2.3

Bewerber		S1	S2	S3	S4	S5	S6	S7
P1	Frau Meier	8	5	7	9	2	3	2
P2	Herr Schmid	7	4	2	4	8	8	8
P3	Frau Bank	9	10	6	7	10	2	8
P4	Frau Zeck	6	9	9	8	6	9	3
P5	Herr Daum	9	1	1	5	7	3	2
P6	Herr Denk	10	2	4	2	6	3	5
P7	Herr Mann	10	7	9	2	5	7	5
P8	Frau Schick	10	5	10	10	3	6	7

Tab. 2.4: Arbeitserfahrungen der Bewerber für Fallstudie 2.3

Bewerber		Arbeitserfahrungen [Jahre]
P1	Frau Meier	9
P2	Herr Schmid	7
P3	Frau Bank	8
P4	Frau Zeck	11
P5	Herr Daum	5
P6	Herr Denk	6
P7	Herr Mann	9
P8	Frau Schick	8

Aufgaben

a) Ordnen Sie die Stellen den Bewerbern so zu, dass die Summe der Bewertungspunkte maximiert wird.
b) Ordnen Sie die Stellen den Bewerbern so zu, dass die niedrigste Bewertung aller Stellenzuordnungen so hoch wie möglich ist.
c) Finden Sie eine Zuordnung von Stellen und Bewerbern, bei der ein Kompromiss zwischen der vorrangig zu maximierenden schlechtesten Bewertung und der nachrangig zu maximierenden Summe der Bewertungspunkte gefunden werden kann.

Fallstudie 2.4

Kardinalitätsmaximales Zuordnungsproblem
Vgl. Steglich et al. (2016), S. 237 ff.

Beschreibung

Ein Unternehmen besitzt einen Fuhrpark mit sechs unterschiedlichen Fahrzeugen (V1–V6), mit denen sechs Transportaufträge (O1–O6) durchzuführen sind. Aufgrund unterschiedlicher Ladekapazitäten und Aufbauten der Fahrzeuge können diese nicht jeden Auftrag übernehmen. Die Logistikexperten haben eine Matrix der möglichen Zuordnungen erstellt, wobei ein x eine zulässige Zuordnung angibt (Tab. 2.5).

Tab. 2.5: Matrix der möglichen Zuordnungen für Fallstudie 2.4

	01	02	03	04	05	06
V1	x			x		
V2	x	x	x			x
V3						x
V4			x		x	
V5						x
V6	x			x	x	

Aufgaben

a) Stellen Sie dieses Problem als Netzwerkgrafik dar.
b) Formulieren Sie das Problem als lineares Optimierungsmodell.
c) Wie viele Zuordnungen lassen sich für dieses Problem maximal finden? Geben Sie eine zulässige Zuordnung an.

Fallstudie 2.5

Quadratisches Zuordnungsproblem
Vgl. Steglich et al. (2016), S. 243 ff.

Beschreibung

In einem Industrieunternehmen wurden fünf Maschinen (M1–M5) für eine neue Produktionslinie angeschafft, die auf fünf Positionen (L1–L2) in einer Werkhalle aufgestellt und installiert werden können. Im Sinne des vorgesehenen mehrstufigen Produktionsprozesses sind die Mengen an Zwischenprodukten, die zwischen den einzelnen Maschinen weiterzuleiten sind, bekannt. Die darauf basierenden mengenabhängigen Kosten sind in Abb. 2.1 dargestellt.

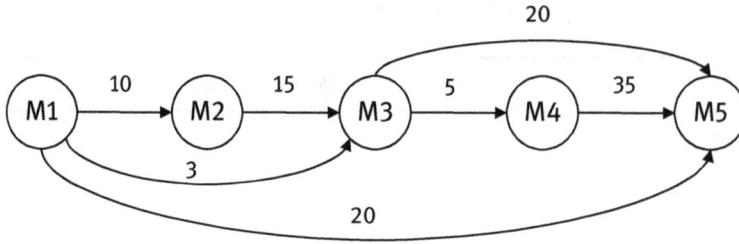

Abb. 2.1: Mengenabhängige Kosten zwischen den Maschinen für Fallstudie 2.5

Als zweite Kostenart wurden die von den Distanzen zwischen den einzelnen Positionen abhängigen Transportkosten identifiziert und in Tab. 2.6 angegeben.

Tab. 2.6: Distanzabhängige Transportkosten zwischen den einzelnen Positionen für Fallstudie 2.5

	L1	L2	L3	L4	L5
L1	0	1	2	3	4
L2	1	0	1	2	3
L3	2	1	0	1	2
L4	3	2	1	0	1
L5	4	3	2	1	0

Aufgabe

Bestimmen Sie die Zuordnung von Maschinen zu Positionen, mit der die gesamten mengen- und distanzabhängigen Kosten minimiert werden. Verwenden Sie bitte zur Lösung SolverStudio/Cmpl.

Fallstudie 2.6

Nicht-bipartites Zuordnungsproblem
Vgl. Steglich et al. (2016), S. 261 ff.

Beschreibung

Eine Spedition hat zwölf neue Fernverkehrsaufträge übernommen, die täglich bedient werden (Tab. 2.7). Die geografische Lage der neuen Aufträge ist in Abb. 2.2 angegeben. Jeder Auftrag erfordert jeweils ein Fahrzeug, das zwei Container aufnehmen kann.

Tab. 2.7: Neue Aufträge für Fallstudie 2.6

Auftrag	Von	Nach	Distanz [km]
A1	Dresden	Stuttgart	509
A2	Berlin	Essen	529
A3	Hamburg	Berlin	283
A4	Hamburg	Heilbronn	625
A5	Bassum	Cottbus	472
A6	Kassel	Leipzig	276
A7	Braunschweig	Erlangen	434
A8	Essen	Offenbach	256
A9	Offenbach	Neubrandenburg	686
A10	München	Dresden	469
A11	München	Bassum	722
A12	Amberg	Magdeburg	374

Da die neuen Aufträge außerhalb der schon bestehenden Fernverkehre betrieben werden, sind sie nach Möglichkeit als Umläufe zu gestalten. Ein Umlauf verknüpft zwei Aufträge so miteinander, dass der Endpunkt des zweiten Auftrags in der Nähe des Ausgangsortes des ersten Auftrags liegt. Wie in Abb. 2.3 dargestellt, ist eine solche Verknüpfung zulässig, wenn

– der Endknoten des zweiten Auftrags maximal 150 Kilometer vom Anfangsknoten des ersten Auftrags entfernt liegt und
– die Leerfahrtstrecke zwischen dem erstem und dem zweiten Auftrag höchstens 50 % der Summe der beiden Auftragsstrecken erreicht und 400 Kilometer nicht übersteigt.

Die variablen und sprungfixen Kosten eines Umlaufs sind von der gesamten Distanz abhängig, die die beiden Laststrecken, die Leerstrecke und die Rückkehrstrecke umfasst. Dabei fallen bis zu einer Distanz von 650 Kilometern sprungfixe Personalkosten eines Fahrers von 250 Euro an, die sich bei Überschreiten dieser Distanz um 150 Euro erhöhen. Zusätzlich fallen variable Transportkosten von 40 Cent je Kilometer an.

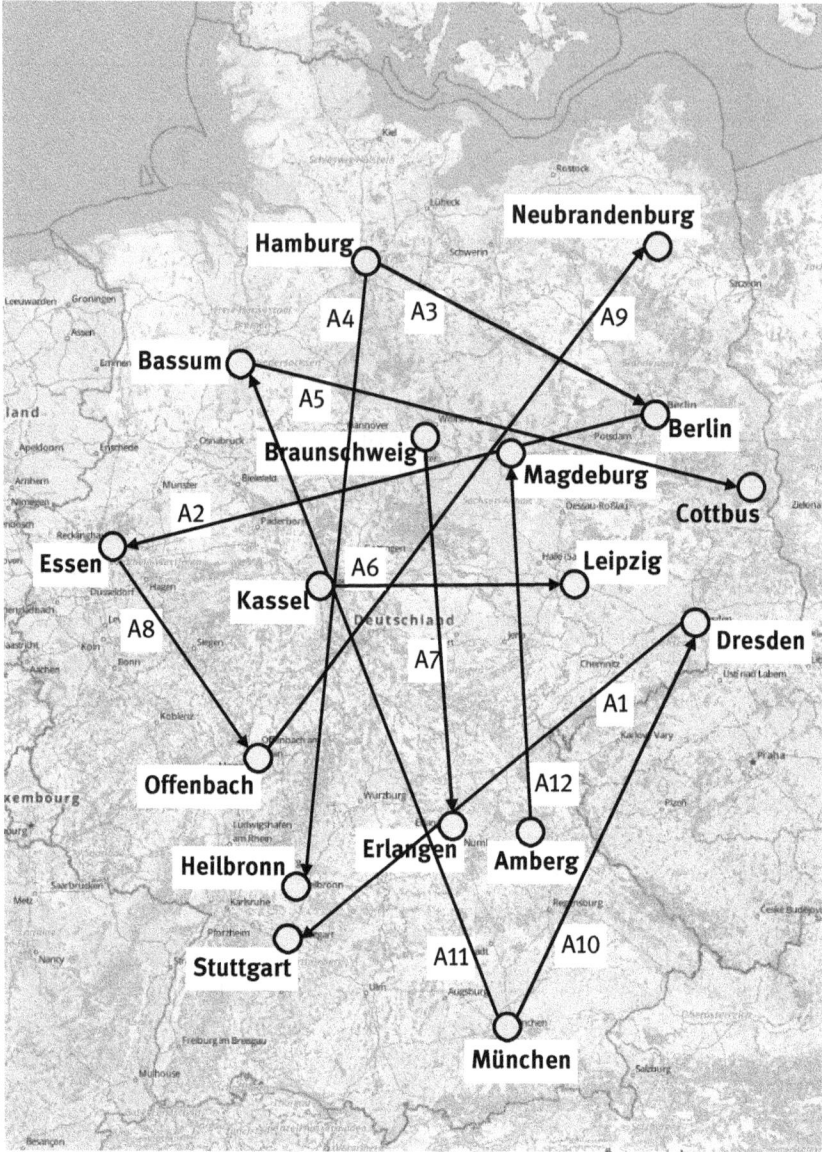

Abb. 2.2: Geografische Lage der neuen Fernverkehrsaufträge für Fallstudie 2.6[1]

---

1 Quelle: OpenStreetmap (www.openstreetmap.org), eigene Bearbeitung.

$$Distanz \leq \left(\frac{Laststrecke1 + Laststrecke2}{2} \right) \wedge Distanz \leq 400\ km$$

Leerstrecke

1. Auftrag

Laststrecke 1

2. Auftrag

Laststrecke 2

$Distanz \leq 150\ km$

Rückkehrstrecke

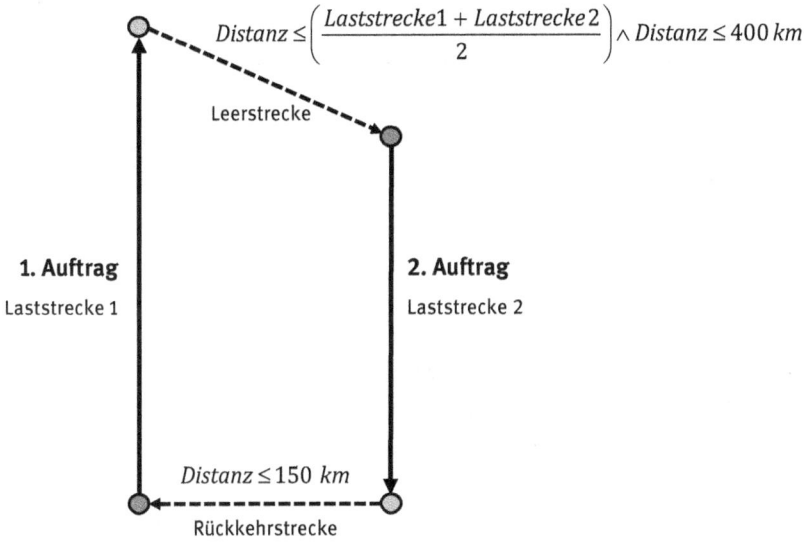

Abb. 2.3: Zulässiger Umlauf für Fallstudie 2.6

Ist es nicht möglich, einen Auftrag mit einem anderen Auftrag zu einem Umlauf zu verknüpfen, wird er als Einzeltour an ein Fuhrunternehmen vergeben. Vereinfachend wird davon ausgegangen, dass wiederum sprungfixe Personalkosten von 250 Euro bis 650 Kilometer bzw. von 400 Euro bei Überschreiten und variable Transportkosten von 40 Cent je Kilometer für die Laststrecke des Auftrags anfallen. Zusätzlich ist in diesem Fall die leere Rückfahrt anteilig zu bezahlen. Dazu wird die zu vergütende Fahrstrecke in Abhängigkeit des Postleitzahlengebietes des Zielortes durch Multiplikation der tatsächlichen Fahrstrecke mit einem Faktor ermittelt (Tab. 2.8). Dieser Faktor berücksichtigt die Möglichkeit des Fuhrunternehmens, im Zielgebiet eine Rückladung zu erhalten.

Die Straßenentfernungen zwischen allen Orten der zu planenden Aufträge sind in Tab. 2.9 gegeben.

Tab. 2.8: Gebietsfaktoren für leere Rücktouren des Transportdienstleisters für Fallstudie 2.6

PLZ-Gebiet	Faktor
0-1	2,0
2-4	1,5
5-9	1,2

Tab. 2.9: Distanzmatrix für Fallstudie 2.6

	Amberg	Bassum	Berlin	Braunsch.	Cottbus	Dresden	Erlangen	Essen	Hamburg	Heilbronn	Kassel	Leipzig	Magdeb.	München	Neubrand.	Offenbach	Stuttgart
Amberg	0	593	431	509	409	309	80	528	675	215	365	272	374	193	565	276	255
Bassum	593	0	375	161	472	467	517	228	150	561	242	364	236	722	386	418	583
Berlin	431	375	0	241	136	196	443	529	283	592	387	188	153	592	130	545	632
Braunsch.	509	161	241	0	339	334	434	316	212	459	150	231	102	639	357	338	499
Cottbus	409	472	136	339	0	108	421	627	439	570	485	212	251	570	300	563	610
Dresden	309	467	196	334	108	0	320	587	498	469	353	111	234	469	359	462	509
Erlangen	80	517	443	434	421	320	0	451	600	190	290	283	386	198	576	199	231
Essen	528	228	529	316	627	587	451	0	372	380	207	511	390	638	607	256	432
Hamburg	675	150	283	212	439	498	600	372	0	625	320	416	287	805	250	504	665
Heilbronn	215	561	592	459	570	469	190	380	625	0	315	432	553	271	725	150	52
Kassel	365	242	387	150	485	353	290	207	320	315	0	276	248	495	502	194	356
Leipzig	272	364	188	231	212	111	283	511	416	432	276	0	131	433	322	386	473
Magdeb.	374	236	153	102	251	234	386	390	287	553	248	131	0	535	269	432	594
München	193	722	592	639	570	469	198	638	805	271	495	433	535	0	725	406	214
Neubrand.	565	386	130	357	300	359	576	607	250	725	502	322	269	725	0	686	765
Offenbach	276	418	545	338	563	462	199	256	504	150	194	386	432	406	686	0	210
Stuttgart	255	583	632	499	610	509	231	432	665	52	356	473	594	214	765	210	0

Aufgaben

a) Bestimmen Sie die zulässigen Umläufe und deren Kosten sowie die Kosten der Aufträge bei einer Einzeldurchführung.

b) Formulieren Sie das Problem als lineares Optimierungsmodell.

c) Ermitteln Sie, welche Aufträge zu Umläufen zusammengefasst werden sollten und welche Aufträge einzeln durchzuführen sind. Es sind die gesamten Transportkosten zu minimieren. Verwenden Sie bitte SolverStudio/Cmpl zur Lösung des Problems.

3   Planung von Touren und Routen

3.1 Kürzeste Wege und Entfernungen

Fallstudie 3.1

Problem des kürzesten Wegs
Vgl. Steglich et al. (2016), S. 271 ff.

[i]

Beschreibung

Folgendes Straßennetzwerk ist gegeben. Die Knoten bezeichnen einzelne Orte, die durch Straßen (Kanten des Netzwerks) verbunden sind. Die Gewichte an den Kanten geben die Entfernungen in Kilometern an. Es ist der kürzeste Weg zwischen Knoten 1 und Knoten 6 gesucht.

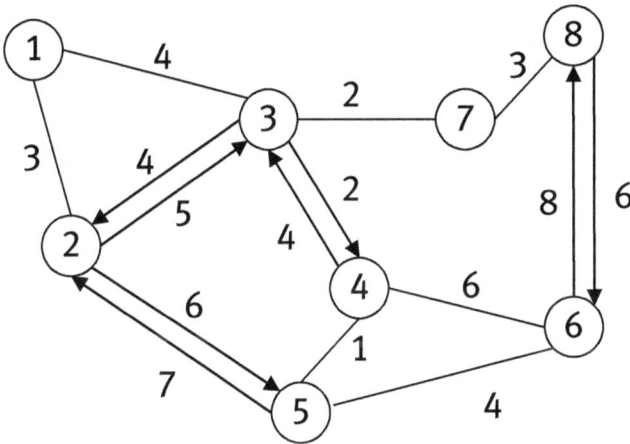

Abb. 3.1: Transportnetz für Fallstudie 3.1

Aufgaben

a) Formulieren Sie das Problem als lineares Optimierungsmodell.
b) Lösen Sie dieses Problem mit LogisticsLab/NWF.

Fallstudie 3.2

Problem des kürzesten Wegs
Vgl. Steglich et al. (2016), S. 271 ff.

Beschreibung

Für das in Abb. 3.2 dargestellte Labyrinth ist der kürzeste Weg vom Start zum Ziel zu finden. Dabei sind nur Wege zulässig, die von Süden nach Norden führen.

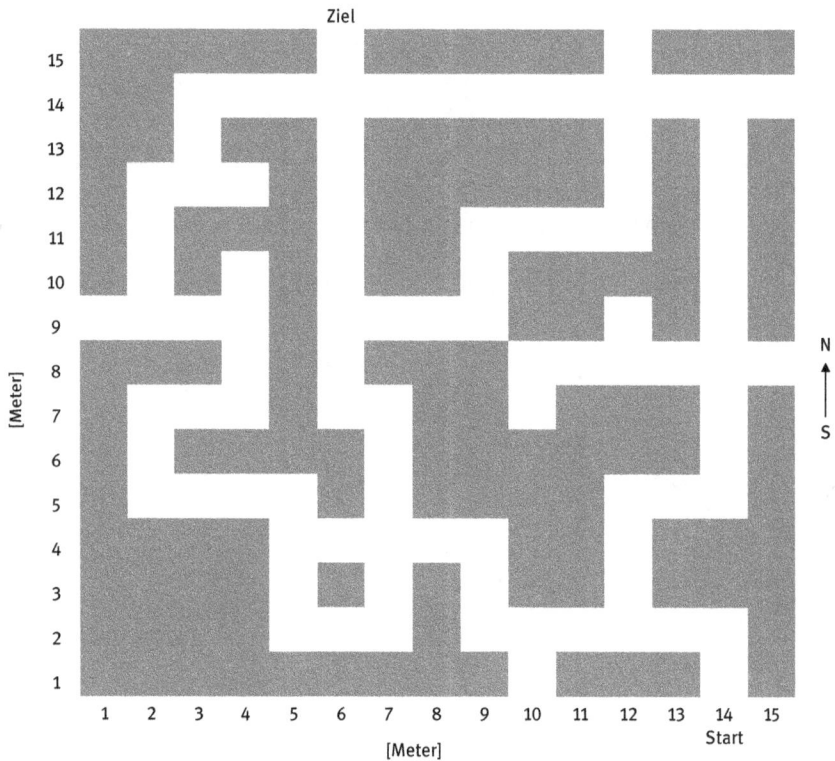

Abb. 3.2: Labyrinth für Fallstudie 3.2

Aufgaben

a) Finden Sie alle zulässigen Wege vom Start zum Ziel. Stellen Sie diese als Netzwerk dar. Stellen Sie die Ecken und Kreuzungen als durch gerichtete Kanten verbundene Knoten dar.

b) Lösen Sie dieses Problem mit LogisticsLab/NWF.

3.2 Rundreiseprobleme

Fallstudie 3.3

Symmetrisches Rundreiseproblem in einem vollständigen Graphen
Vgl. Steglich et al. (2016), S. 289 ff.

Beschreibung

Ein Vertriebsmitarbeiter eines internationalen Unternehmens hat die in Tab. 3.1 gegebenen europäischen Städte per Personenkraftwagen zu besuchen. In diesem Zusammenhang wird angenommen, dass die tatsächlich zu fahrenden Distanzen dem 1,5-fachen der Luftliniendistanzen entsprechen.

Tab. 3.1: Daten der zu bereisenden Städte für Fallstudie 3.3

	geografische Breite	geografische Länge
Bukarest	44,43	26,10
Berlin	52,52	13,40
Brüssel	50,85	4,35
Budapest	47,50	19,04
Belgrad	44,82	20,47
Amsterdam	52,37	4,90
Kopenhagen	55,68	12,57
Bern	46,95	7,44
Athen	37,98	23,73
Bratislava	48,15	17,11

Aufgabe

Bestimmen Sie die kürzeste Rundreise mit LogisticsLab/TSP.

Fallstudie 3.4

i	Symmetrisches Rundreiseproblem in einem nicht vollständigen Graphen Vgl. Steglich et al. (2016), S. 296 ff.

Beschreibung

Für die Entsorgung der Glascontainer in einer ländlichen Region ist ein ansässiger Logistikdienstleister im Auftrag des Dualen Systems Deutschland im Einsatz. Das Entsorgungsgebiet ist in Abb. 3.3 dargestellt, wobei die einzelnen Orte als Knoten, die benutzbaren Straßen als ungerichtete Kanten und die Distanzen in Kilometer als Kantengewichte angegeben sind. Die X-Y-Koordinaten sind nicht maßstabsgerecht, können aber zur grafischen Darstellung und zur generellen Orientierung genutzt werden.

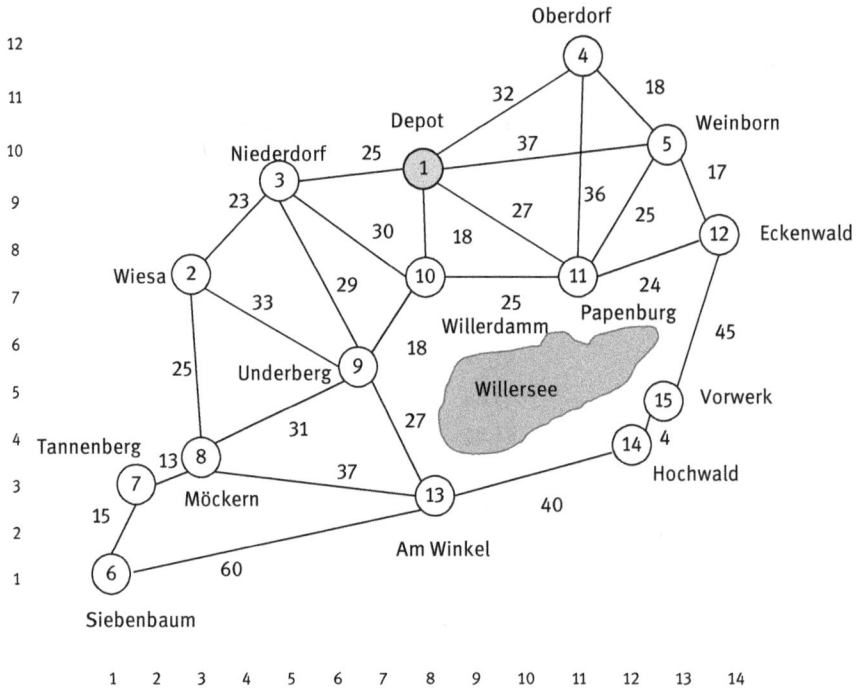

Abb. 3.3: Orte, Koordinaten und Distanzen für Fallstudie 3.4

Die bisher gefahrene Tour $(1 \rightarrow 11 \rightarrow 10 \rightarrow 3 \rightarrow 2 \rightarrow 9 \rightarrow 8 \rightarrow 7 \rightarrow 6 \rightarrow 13 \rightarrow 14 \rightarrow 15 \rightarrow 12 \rightarrow 5 \rightarrow 4 \rightarrow 1)$ ist historisch gewachsen. Allerdings verstößt sie gegen die arbeitsrechtliche Höchstgrenze von zehn Stunden für die Schichtzeit des Fahrers. Aus der

Vergangenheit ist bekannt, dass auf allen Straßen eine durchschnittliche Geschwindigkeit von 45 Kilometern je Stunde gefahren werden kann und das die gesamten Entleerungszeiten 75 Minuten betragen.

Aufgaben

a) Bestimmen Sie die gesamte für die historische Tour benötigte Zeit.
b) Bestimmen Sie die optimale Rundreise dieses Problem mit LogisticsLab/TSP.

Fallstudie 3.5

Asymmetrisches Rundreiseproblem in einem nicht vollständigen Graphen
Vgl. Steglich et al. (2016), S. 303 ff.

Beschreibung

Für das folgende gerichtete Netzwerk ist die kürzeste Rundreise zu bestimmen.

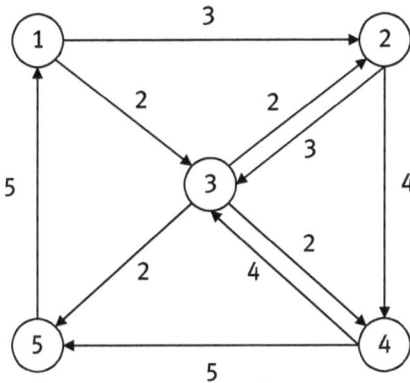

Abb. 3.4: Netzwerk für Fallstudie 3.5

Aufgaben

a) Formulieren Sie das Problem als lineares Optimierungsmodell.
b) Lösen Sie dieses Problem mit SolverStudio/Cmpl.

Fallstudie 3.6

Asymmetrisches Rundreiseproblem in einem nicht vollständigen Graphen
Vgl. Steglich et al. (2016), S. 303 ff.

Beschreibung

Im Rahmen einer Logistikanalyse im Klinikum einer Universitätsstadt sollen die Transporte von Laborproben und -resultaten in Form eines fahrplanmäßigen Transportsystems in Qualität und Kosten verbessert werden.[1] Die Lage der einzelnen Kliniken und Labore des Universitätsklinikums ist in Abb. 3.5 dargestellt.

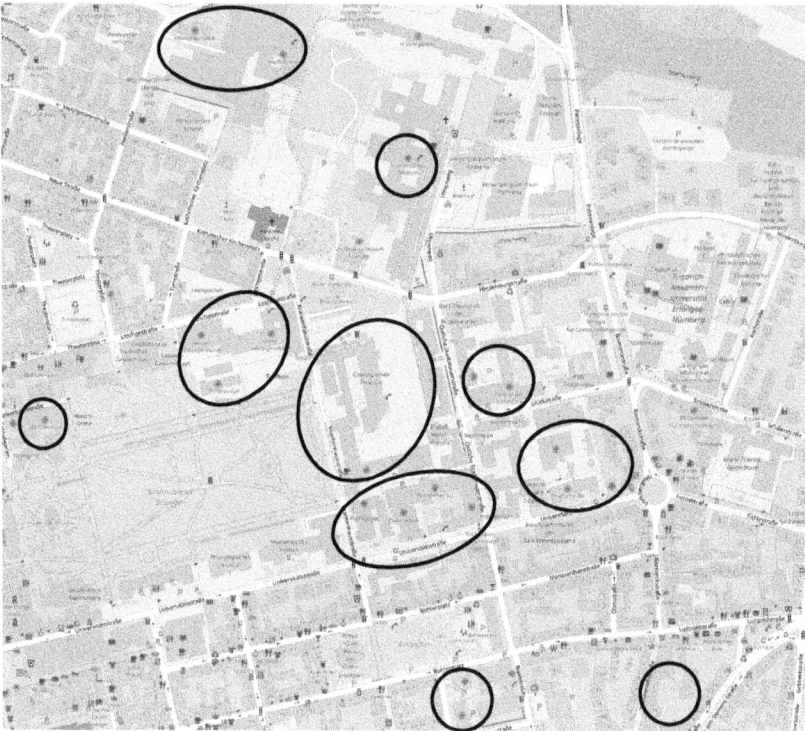

Abb. 3.5: Lage der klinischen Einrichtungen für Fallstudie 3.6[2]

---

1 Diese Fallstudie basiert vereinfachend und mit fiktiven Daten auf einer Untersuchung der Fraunhofer Arbeitsgruppe für Technologien der Logistikdienstleistungswirtschaft (ATL).
2 Quelle: OpenStreetmap (www.openstreetmap.org), eigene Bearbeitung.

Die Transporte werden als Umlauf eines zentral koordinierten Fahrdienstes in der Zeit von 8:00–16:00 Uhr geplant, der mehrfach täglich innerhalb von zwei Stunden alle Einrichtungen des Klinikums einmal anfährt und zum Ausgangsort zurückkehrt.

Die einzelnen klinischen Einrichtungen können zu zehn Knotenpunkten zusammengefasst werden. Die Fahrzeiten zwischen den Einrichtungen wurden unter Berücksichtigung der realen Straßenverläufe ermittelt und auf volle Minuten aufgerundet. Auf dieser Grundlage konnte das folgende Transportnetz des Klinikums entworfen werden (Abb. 3.6). Die Kantengewichte geben die ermittelten Fahrtzeiten auf den entsprechenden Straßen und Wegen an, während die für die Übernahme und Übergabe der Sendungen erforderlichen Standzeiten in den einzelnen klinischen Einrichtungen hinter den Knotenbezeichnungen in Klammern angegeben sind.

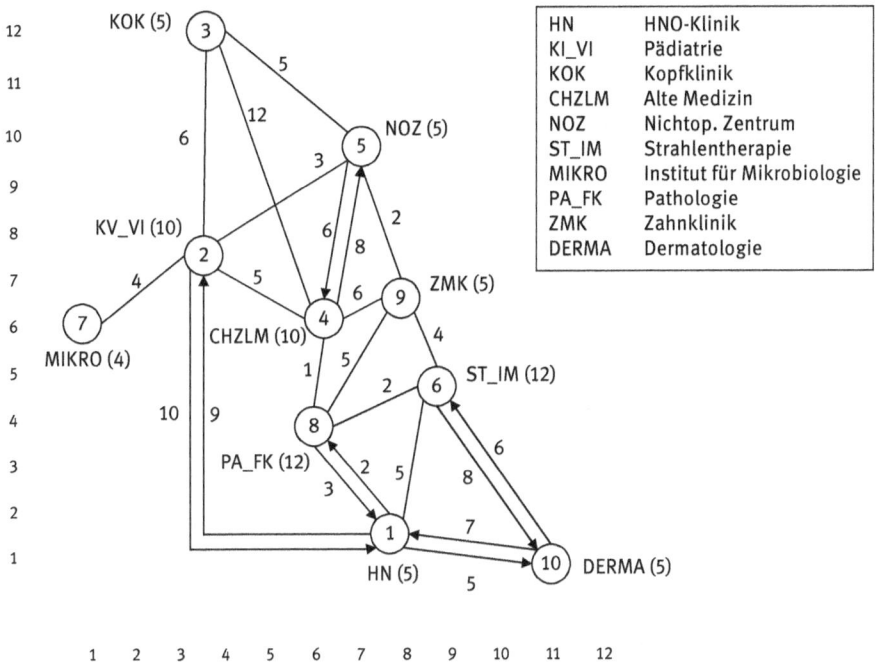

HN	HNO-Klinik
KI_VI	Pädiatrie
KOK	Kopfklinik
CHZLM	Alte Medizin
NOZ	Nichtop. Zentrum
ST_IM	Strahlentherapie
MIKRO	Institut für Mikrobiologie
PA_FK	Pathologie
ZMK	Zahnklinik
DERMA	Dermatologie

Abb. 3.6: Transportnetz für Fallstudie 3.6

Aufgrund des umfangreichen Mengenaufkommens der täglichen Laborproben ist für die Rundtour die schnellste Route zu finden, wobei zu beachten ist, dass die Zeit für einen Umlauf zwei Stunden nicht überschreiten darf.

Aufgaben

a) Bestimmen Sie die schnellste Rundreise für die Laborlogistik mit LogisticsLab/ TSP.

b) Definieren Sie mit der von Ihnen gefundenen optimalen Rundreise einen Fahrplan (mit Ankunfts-, Stand- und Abfahrtzeiten), der beginnend am Knoten HN (HNO-Klinik) alle klinischen Einrichtungen für den Transport von Laborproben und -resultaten anfährt und in der Einrichtung HN endet.

3.3 Durchfahrtprobleme

Fallstudie 3.7

> **i** Durchfahrtproblem mit fixiertem Start- und Zielort
> Vgl. Steglich et al. (2016), S. 312 ff.

Beschreibung

Es gelten weiterhin alle Informationen aus Fallstudie 3.3. Allerdings sind aus logistischen und vertriebstechnischen Gründen nicht mehr alle Städte vollständig untereinander erreichbar. So sind die vollständig miteinander verbundenen Städte Bukarest, Belgrad, Budapest und Bratislava von allen anderen Städten nur über die Verbindungen Berlin ↔ Bratislava und Athen ↔ Bukarest erreichbar. Alle anderen Städte sind untereinander vollständig verbunden. Es ist die kürzeste Route über alle Städte gesucht, die in Berlin startet und in Bern endet.

Aufgabe

a) Zeichnen Sie das Netzwerk.

b) Zeichnen Sie das Netzwerkmodell, mit dem dieses Problem als Rundreiseproblem gelöst werden kann.

c) Bestimmen Sie mit LogisticsLab/TSP die kürzeste Durchfahrt über alle Städte, die in Berlin startet und in Bern endet.

Fallstudie 3.8

Durchfahrtproblem mit fixiertem Start- und Zielort bzw. mit freiem Start- und fixiertem Zielort
Vgl. Steglich et al. (2016), S. 312 ff.

i

Beschreibung

Die sächsische Mittelgebirgsregion besitzt eine große wirtschaftliche und kulturelle Bedeutung, wobei der traditionell vorherrschende Baumbestand aus Fichten und Kiefern jahrzehntelang durch Industrieabgase geschädigt wurde. Gemäß unterschiedlicher Waldzustandsberichte weisen größere Teile der sächsischen Waldfläche deutliche Schäden auf. Seit mehreren Jahren investiert der Freistaat Sachsen in die Erhaltung und den Umbau des Waldbestandes mit dem Ziel der kontinuierlichen Entwicklung von Mischwäldern anstelle der bisher vorherrschenden Nadelholzbestände.

Im Rahmen des Sächsischen Waldpflegeprogramms plant der Forstbezirk Neustadt für die Sommermonate dieses Jahres im Raum Bielatal an der Grenze zum Naturpark Sächsische Schweiz ein Aufforstungsprojekt. Schwerpunkte des Projekts sind die Schläge Brand und Schaftwald. Für diese Wiederaufforstungsarbeiten werden Arbeitskräfte aus den nahegelegenen Ortschaften für eine befristete Tätigkeit geworben. Infolge der geringen Siedlungsdichte in der sächsischen Mittelgebirgsregion müssen die verstreut wohnenden Arbeitskräfte auf Sammeltouren am Morgen zu den Arbeitsplätzen transportiert und nach Arbeitsschluss wieder zu ihren Wohnorten zurückbefördert werden.

Es liegt ein Angebot eines Fuhrunternehmens vor, täglich jeweils morgens und abends zwei Buslinien über die Wohnorte einzurichten. Die Buslinien sollen in Bad Gottleuba starten und enden und über die Wohnorte zu den Parkplätzen P1 (Brand) bzw. P2 (Schaftwald) führen. Zu zahlen wären ein Basissatz von 45 Euro pro Tag und Linie, 25 Euro je Stunde und 0,50 Euro je Kilometer. Die Lage der Ortschaften, Abzweige und Arbeitsorte sowie die Straßenverbindungen mit deren Durchschnittsgeschwindigkeiten sind in Abb. 3.7 dargestellt.

In Tab. 3.2 sind die Orte mit ihren (einem Kartenraster entnommenen) X-Y-Koordinaten und den in den einzelnen Orten wohnenden Arbeitskräfte angegeben. Weiterhin ist bekannt, dass in Brand 20 Arbeitskräfte und in Schaftwald 18 Arbeitskräfte benötigt werden. Zusätzlich sind in Tab. 3.3 die Straßen inklusive der dazugehörigen Distanzen und der auf ganze Minuten gerundeten Fahrzeiten angegeben.

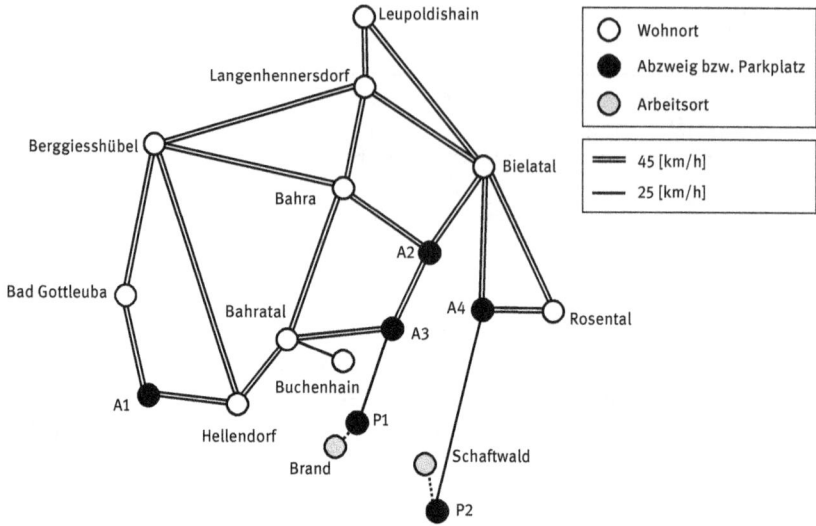

Abb. 3.7: Netzwerk für Fallstudie 3.8

Tab. 3.2: Daten der Orte für Fallstudie 3.8

ID	Ort	Koordinaten		Anzahl Arbeitskräfte
		X	Y	
BDGOT	Bad Gottleuba	27	53	2
BGGIE	Berggießhübel	32	81	3
LEUPO	Leupoldishain	74	106	5
LANG	Langenhennersdorf	73	91	2
BAHRA	Bahra	70	74	6
BATAL	Bahratal	59	45	3
HELLE	Hellendorf	48	32	5
BUCH	Buchenhain	70	40	4
BIELA	Bielatal	96	78	3
ROSE	Rosental	110	50	5
A1	Abzweig Hellendorf	30	35	
A2	Abzweig Bahra	86	62	
A3	Abzweig Bahratal	79	48	
A4	Abzweig Rosental	96	50	
P1	Parkplatz Brand	73	29	
P2	Parkplatz Schaftwald	87	14	

Tab. 3.3: Daten der Kanten für Fallstudie 3.8

Von	Nach	Distanz [km]	Fahrtzeit [min]
BDGOT	A1	2,2	3
BGGIE	BDGOT	4,2	6
BGGIE	LANG	5,0	7
BGGIE	BAHRA	4,8	6
BGGIE	HELLE	6,9	9
LEUPO	BIELA	8,2	11
LANG	LEUPO	3,8	5
LANG	BIELA	5,2	7
BAHRA	LANG	2,3	3
BAHRA	BATAL	4,2	6
BATAL	BUCH	1,1	3
HELLE	BATAL	3,3	4
BIELA	ROSE	3,4	5
BIELA	A2	4,2	6
BIELA	A4	3,4	5
A1	HELLE	3,2	4
A2	BAHRA	3,3	4
A2	A3	3,4	5
A3	BATAL	2,2	3
A3	P1	4,0	10
A4	ROSE	2,4	3
A4	P2	6,3	15

Es wurde vereinbart, drei Szenarien zu analysieren, um anschließend die eigentliche Entscheidung des kostenminimalen Transportes der Arbeitskräfte zu treffen. Im ersten Szenario soll täglich jeweils morgens und abends jeweils ein Bus von Bad Gottleuba startend über die Wohnorte zu den Parkplätzen P1 (Brand) bzw. P2 (Schaftwald) fahren und anschließend nach Bad Gottleuba zurückfahren. Im zweiten Szenario sind die Arbeitskräfte im ersten Schritt den einzelnen Arbeitsorten bedarfsgerecht zuzuordnen. Als Kriterium für die Zuordnungen werden die zu minimierenden Personenkilometer (Summe der von allen Arbeitskräften für die direkten Fahrten vom Wohnzum Arbeitsort zurückzulegenden Entfernungen) gewählt. Anschließend sind wiederum täglich jeweils morgens und abends zwei Buslinien einzurichten. Diese fahren jeweils von Bad Gottleuba startend die beiden Arbeitsorte P1 bzw. P2 an, wobei die Linien nur die Wohnorte der Arbeitskräfte bedienen, die den jeweiligen Arbeitsorten zugeordnet wurden. Wie im ersten Szenario haben die Busse nach Bad Gottleuba zurückzukehren. Das dritte Szenario setzt auf dem zweiten Szenario auf, wobei die Wahl des Ausgangs- und Endpunktes einer Buslinie frei wählbar ist.

Aufgaben

a) Bestimmen Sie die optimalen Buslinien für Szenario 1.
b) Bestimmen Sie die optimalen Buslinien für Szenario 2.
c) Bestimmen Sie die optimalen Buslinien für Szenario 3.

Für alle Szenarien sind neben den eigentlichen Linien die zu fahrenden Distanzen, die dazu notwendigen Fahrtzeiten und die dazugehörigen Kosten zu bestimmen.

3.4 Briefträgerprobleme

Fallstudie 3.9

i Briefträgerproblem in einem gerichteten Graphen
Vgl. Steglich et al. (2016), S. 320 ff.

Beschreibung

Für das folgende Netzwerk ist die kürzeste Tour über alle Kanten gesucht. Die Knoten stellen Orte, die gerichteten Kanten Straßen zwischen den Orten und die Kantengewichte die Distanzen in Kilometern auf diesen Straßen dar.

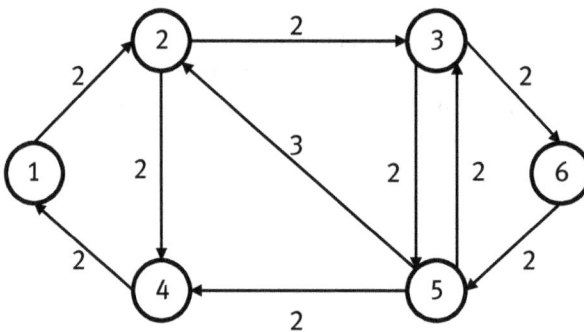

Abb. 3.8: Netzwerk für Fallstudie 3.9

Aufgaben

a) Überführen Sie das Netzwerk in ein Euler-Netzwerk und bestimmen Sie per Hand eine Euler-Tour ohne Beachtung der Distanzen.

b) Formulieren Sie das mathematische Modell zur distanzminimalen Erweiterung dieses Netzwerkes in ein Euler-Netzwerk.

c) Bestimmen Sie die distanzminimale Euler-Tour mit LogisticsLab/CPP.

Fallstudie 3.10

Briefträgerproblem in einem ungerichteten Graphen
Vgl. Steglich et al. (2016), S. 320 ff.

Es gelten weiterhin alle Informationen aus Fallstudie 3.4. Das betrachtete örtliche Logistikunternehmen bekommt zusätzlich vom zuständigen Landkreis den Auftrag, in regelmäßigen Abständen den Zustand der Straßen durch Kontrollfahrten zu dokumentieren.

Aufgabe

Bestimmen Sie die kürzeste Route über alle Straßen des Landkreises, die im Depot startet und endet. Verwenden Sie bitte LogisticsLab/CPP.

3.5 Tourenplanung

Fallstudie 3.11

Symmetrisches Tourenproblem
Vgl. Steglich et al. (2016), S. 333 ff.

Beschreibung

Die mittelfränkische Stadt Erlangen hat traditionelle Bezüge zu Frankreich. Ein Erlanger Backwarenunternehmen knüpfte an diese Traditionen an und stellte sein Sortiment auf Frischbackwaren nach französischen Rezepturen um. Diese französischen Backwaren wurden zunächst nur in der Stadt Erlangen, später aber auch in anderen Orten Mittelfrankens angeboten und erfreuen sich großer Beliebtheit.

Der Transport von der Produktionsstätte in Erlangen zu den Verkaufsstellen wurde einem in Erlangen ansässigen Transportunternehmen übertragen. Der Transport ist zeitkritisch, weil der Frischegrad der Backwaren ein wesentliches Qualitätsmerkmal des Unternehmens ist.

Gegenwärtig werden Verkaufsstellen in 22 Orten Mittelfrankens beliefert. Die Orte und ihre aus einer Karte übertragenen Koordinaten sind in Tab. 3.4 aufgelistet.

Tab. 3.4: Lieferorte für Fallstudie 3.11

Nr	ID	Ort	Koordinaten [km]	
			X	Y
1	ERLAN	Erlangen	73	111
2	NÜRNB	Nürnberg	78	96
3	WENDE	Wendelstein	83	86
4	HERZO	Herzogenaurach	63	109
5	SWABA	Schwabach	74	83
6	LAUF	Lauf	93	103
7	HERSB	Hersbruck	104	103
8	SNAIT	Schnaittach	97	109
9	POTTE	Pottenstein	101	132
10	FORCH	Forchheim	76	126
11	HÖCHS	Höchstadt	58	124
12	EBERM	Ebermannstadt	85	133
13	AUFSE	Aufsess	88	144
14	NEUST	Neustadt	44	110
15	BWIND	Bad Windsheim	30	101
16	MERLB	Markt Erlbach	47	101
17	MTASC	Markt Taschendorf	40	124
18	ANSBA	Ansbach	41	79
19	BAYRE	Bayreuth	112	151
20	BAMBE	Bamberg	67	144
21	SLÜSS	Schlüsselfeld	44	130
22	IPHOF	Iphofen	19	124

In diesen Orten befinden sich insgesamt 47 Verkaufsstellen, die mit ihren täglichen Bedarfen und den für das Übergeben der Ware notwendigen Servicezeiten in Form einer Kundenliste in Tab. 3.5 gegeben sind. Da die einzelnen Verkaufsstellen täglich in Form von Kastenboxen (stapelfähige Plastikbehälter) beliefert werden, ist deren

Bedarf in Kastenboxen angegeben. Weiterhin wird angenommen, dass die Verkaufsstellen eines Ortes durchschnittlich einen Abstand von zwei Kilometern zueinander
haben. Um die Frische des Backgutes zu wahren, darf eine Liefertour die Zeit von
2,5 Stunden nicht überschreiten.

Tab. 3.5: Kunden und Bedarfe für Fallstudie 3.11

Nr	Ort	Kunden-ID	Bedarf [Stück]	Servicezeit [min]
1	Nürnberg	NUE1	4	2
2		NUE2	2	2
3		NUE3	9	5
4		NUE4	4	2
5	Wendelstein	WEN1	5	5
6		WEN2	7	5
7	Erlangen	ERL1	5	5
8		ERL2	8	5
9		ERL3	5	5
10		ERL4	6	5
11		ERL5	3	2
12	Herzogenaurach	HERZ1	2	2
13		HERZ2	6	5
14	Schwabach	SWA1	7	5
15		SWA2	2	2
16		SWA3	1	2
17	Lauf	LAU1	6	5
18		LAU2	2	2
19	Hersbruck	HERS1	1	2
20		HERS2	3	2
21	Schnaitach	SNA1	4	2
22		SNA2	2	2
23	Pottenstein	POT1	5	5
24	Forchheim	FOR1	2	2
25		FOR2	4	2
26		FOR3	2	2
27	Höchstadt	HOE1	3	2
28	Ebermannstadt	EBE1	4	2
29	Aufsess	AUF1	2	2
30		AUF2	6	5

Nr	Ort	Kunden-ID	Bedarf [Stück]	Servicezeit [min]
31	Neustadt	NEU1	7	5
32		NEU2	4	2
33	Bad Windsheim	BWI1	3	2
34	Markt Erlbach	MER1	2	2
35	Markt Taschendorf	MTA1	3	2
36	Ansbach	ANS1	6	5
37		ANS2	4	2
38		ANS3	8	5
39	Bayreuth	BAY1	6	5
40		BAY2	9	5
41		BAY3	4	2
42	Bamberg	BAM1	8	5
43		BAM2	4	2
44		BAM3	6	5
45		BAM4	5	5
46	Schlüsselfeld	SLÜ1	2	2
47	Iphofen	IPH1	3	2

Als Transportmittel kann das örtliche Transportunternehmen die in Tab. 3.6 angeführten Transportmittel einsetzen. Die für den Einsatz dieser Fahrzeuge vom Backwarenunternehmen an das örtliche Logistikunternehmen zu zahlenden Entgelte verhalten sich proportional zu den Distanzen. Zusätzlich wurde vereinbart, dass als zu berechnende Distanz das 1,3-fache der Luftliniendistanz für die Abrechnungen verwendet wird.

Tab. 3.6: Transportmittel für Fallstudie 3.11

Typ	Kapazität in Kastenboxen
	[Stück]
Transporter-2,8	21
Transporter-3,5	30
Lkw-7,5	90

Für die Ermittlung der Fahrzeiten werden nach einem Gespräch mit dem Disponenten des Transportdienstleisters durchschnittliche Geschwindigkeiten für Teilstrecken zugrunde gelegt. Diese Geschwindigkeiten unterscheiden sich in Abhängigkeit von der jeweiligen Fahrstrecke, wobei angenommen wird, dass bei längeren Fahrstrecken höhere Geschwindigkeiten erreicht werden können.

Tab. 3.7: Distanzabhängige durchschnittliche Geschwindigkeiten für Fallstudie 3.11

Distanz d [km]	$d \leq 5$	$5 < d \leq 15$	$15 < d \leq 30$	$30 < d \leq 60$	$d > 60$
Geschwindig-keit [km/h]	30	40	60	70	80

Aufgabe

Die Unternehmensleitung steht vor der Aufgabe, die Backwarentransporte neu zu gestalten. Sie verfolgt damit das Ziel, bei Sicherung einer hohen Produktqualität die Transportkosten zu minimieren.

Da aus logistischen Gründen für die Belieferung der Verkaufsstellen jeweils nur ein Fahrzeugtyp eingesetzt werden kann, ist für jeden Fahrzeugtyp ein optimaler Tourenplan zu bestimmen und anschließend der kostengünstigste Fahrzeugtyp auszuwählen. Verwenden Sie für Ihre Berechnungen bitte LogisticsLab/CPP.

Fallstudie 3.12

Symmetrisches Tourenproblem
Vgl. Steglich et al. (2016), S. 333 ff.

Beschreibung

Es wird eine mittelständische Spedition betrachtet, die den Transport hängender Kleider für ein großes Versandhaus für eine Region im rheinischen Raum übernommen hat. Die Spedition hat 31 Kunden in 15 Orten anzufahren. Das Depot befindet sich in der Ortschaft Hürth. Die Orte sind mit ihren Koordinaten in Tab. 3.8 und die Daten der Kunden in Tab. 3.9 gegeben.

Zur Planung dieses Tourenproblems sollen Luftlinienentfernungen verwendet werden, wobei angenommen wird, dass die realen zu fahrenden Distanzen dem 1,4-fachen der Luftlinienentfernungen entsprechen. Als mittlere Entfernung zwischen zwei an einem Ort befindlichen Kunden werden auf der Basis von Erfahrungswerten 3,7 Kilometer angesetzt. Es ist zu beachten, dass zur Berechnung der Luftlinienentfernungen die in Grad und Minuten vorliegenden geografischen Koordinaten in das Dezimalsystem umzurechnen sind.

Tab. 3.8: Lage der Orte für Fallstudie 3.12

ID	Name	Breite		Länge	
		Grad	Minuten	Grad	Minuten
K1	Düren	50	48	6	29
K2	Geilenkirchen	50	58	6	7
K3	Hückelhoven	51	4	6	13
K4	Brühl	50	50	6	54
K5	Dormagen	51	6	6	51
K6	Hilden	51	10	6	56
K7	Wipperführt	51	7	7	24
K8	Gummersbach	51	2	7	34
K9	Remscheid	51	11	7	12
K10	Siegburg	50	48	7	12
K11	Grevenbroich	51	5	6	35
K12	Erkelenz	51	5	6	19
K13	Bergheim	50	58	6	39
K14	Hennef	50	47	7	17
K15	Troisdorf	50	49	7	9
Depot	Hürth	50	52	6	52

Tab. 3.9: Daten der Kunden für Fallstudie 3.12

ID	Name	Orts-ID	Bedarf [Stück]
KD1	Dagmar König	K1	2
KD2	Inge Schwinn	K2	2
KD3	Gabi Welser	K3	3
KD4	Petra Finke	K3	3
KD5	Bush Jeans Shop	K3	66
KD6	Walter Schröder	K4	6
KD7	Bert Göbel	K4	4
KD8	Maria Wesseling	K4	4
KD9	Western Store	K5	58
KD10	Hermine Seifert	K5	2
KD11	Anton Manger	K6	1
KD12	Trend And Fashion	K6	62
KD13	Karlheinz Wilms	K7	3

ID	Name	Orts-ID	Bedarf [Stück]
KD14	Gertrud Strauß	K7	4
KD15	Nina Anderle	K8	1
KD16	Boutique Jaqueline	K9	54
KD17	Jeans Wear Wert	K9	87
KD18	Laura Gaspari	K9	3
KD19	Brigitte Schäfer	K10	3
KD20	Hennes Hamann	K10	5
KD21	Modehaus Müller	K10	87
KD22	Trends 2002	K11	55
KD23	Outdoor-Shop	K11	57
KD24	Dieter Schulze	K11	6
KD25	Gerhard Schmidt	K11	1
KD26	Holger Weiß	K11	10
KD27	Herrenmoden Meiermann	K11	61
KD28	Sabine Witte	K12	3
KD29	Verena Thiels	K13	2
KD30	Hubert Huissern	K14	3
KD31	Troisdorfer Modemarkt	K15	46

Die Be- und Entladezeiten betragen für die Einzelhandelsgeschäfte 15 Minuten und für Privatpersonen 10 Minuten. Für den Troisdorfer Modemarkt ist aufgrund der Lage in der Fußgängerzone eine Stoppzeit von 20 Minuten einzuplanen.

Es sind zwei hinsichtlich der einsetzbaren Fahrzeugtypen unterschiedliche Szenarien miteinander zu vergleichen. Die dazu notwendigen Daten der beiden Fahrzeugtypen sind in Tab. 3.10 angegeben.

Tab. 3.10: Daten der Fahrzeuge für Fallstudie 3.12

ID	Kapazität [Stück]	Variable Transportkosten [€/km]	Sprungfixe Kosten je Fahrzeugeinsatz [€]
T150	120	0,65	590
T250	250	0,75	620

Weiterhin ist bekannt, dass die Länge einer Tour 300 Kilometer nicht überschreiten darf und eine zeitliche Obergrenze von sieben Stunden gilt. Die auf den einzelnen Streckenabschnitten geltenden Durchschnittsgeschwindigkeiten können Tab. 3.11 entnommen werden.

Tab. 3.11: Distanzabhängige durchschnittliche Geschwindigkeiten für Fallstudie 3.12

Distanz d [km]	$d \leq 5$	$5 < d \leq 15$	$15 < d \leq 30$	$30 < d \leq 60$	$d > 60$
Geschwindig-keit [km/h]	10	20	30	45	60

Aufgabe

Bestimmen Sie für jeden Fahrzeugtyp den distanzminimalen Tourenplan und wählen Sie anschließend den kostengünstigsten Fahrzeugtyp aus. Verwenden Sie für Ihre Berechnungen bitte LogisticsLab/CPP.

Fallstudie 3.13

Asymmetrisches Tourenproblem
Vgl. Steglich et al. (2016), S. 333 ff.

Beschreibung

Das folgende gerichtete Netzwerk ist gegeben.

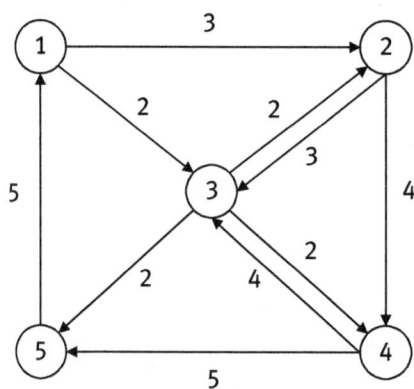

Abb. 3.9: Netzwerk für Fallstudie 3.13

Die Knoten 1, 2, 4 und 5 stellen Kundenknoten dar, die durch das im Knoten 3 gelegene Depot mit einem homogenen Gut beliefert werden. Die Bedarfe der Kundenknoten sind in Tab. 3.12 angegeben.

Im Depot stehen zwei Fahrzeuge mit einer Ladekapazität von jeweils neun Stück des betrachteten Gutes. Die Kantengewichte stellen Distanzen in Kilometern dar.

Tab. 3.12: Bedarfe der Kunden für Fallstudie 3.13

Kundenknoten	Bedarf [Stück]
1	3
2	5
4	4
5	3

Aufgaben

a) Formulieren Sie das Problem als lineares Optimierungsmodell.
b) Lösen Sie dieses Problem mit SolverStudio/Cmpl.

Fallstudie 3.14

Asymmetrisches Tourenproblem mit Kundenzeitfenstern
Vgl. Steglich et al. (2016), S. 359 ff.

Beschreibung

Ein gewerbliches Unternehmen hat sieben Kunden (K1–K7) ausgehend vom Stammsitz (DEP) zu beliefern. Das Distributionsnetz ist in Abb. 3.10 gegeben, wobei die Gewichte an den einzelnen Kanten die Distanzen zwischen den Knoten darstellen.

Hinsichtlich der einzelnen Belieferungen der Kunden sind Zeitfenster zu beachten, die neben den Bedarfen, den Entladezeiten bei den Kunden und den Koordinaten in Tab. 3.13 angegeben sind.

Der Fuhrpark des Unternehmens besteht aus drei Fahrzeugen mit jeweils einer Kapazität von 750 Kilogramm. Es ist weiterhin bekannt, dass auf allen Straßen eine durchschnittliche Geschwindigkeit von 40 Kilometern je Stunde gefahren werden kann. Alle Fahrzeuge starten am Depot um 06:00 Uhr und müssen nach maximal zwölf Stunden das Depot wieder erreicht haben.

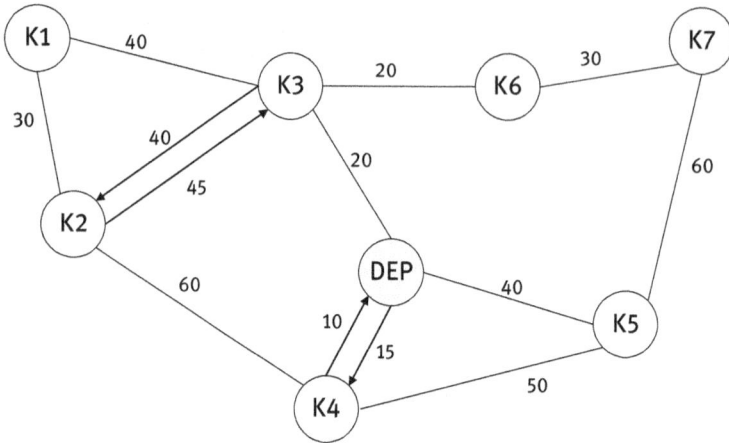

Abb. 3.10: Netzwerk für Fallstudie 3.14

Tab. 3.13: Daten der Kunden für Fallstudie 3.14

ID	Koordinaten [km]		Bedarf [kg]	Entladezeit [min]	Kundenzeitfenster [hh:mm]	
	X	Y			Min.	Max.
DEP	70	30	0	0	6:00	18:00
K1	10	70	130	10	6:30	18:00
K2	20	40	200	10	7:00	9:00
K3	50	60	170	10	8:00	10:00
K4	60	10	150	10	6:00	18:00
K5	90	20	450	10	6:30	8:30
K6	80	60	100	10	9:00	11:00
K7	100	70	400	10	8:00	10:00
Gesamt			1.600			

Aufgabe

Bestimmen Sie die distanzminimalen Touren, mit denen die Bedarfe aller Kunden befriedigt, die Kapazitäten der Fahrzeuge nicht überschritten und die vereinbarten Lieferzeitfenster sowie die gesamte maximale Transportzeit eingehalten werden. Verwenden Sie für Ihre Berechnungen bitte SolverStudio/Cmpl.

4 Planung von Standorten für Logistikknoten

4.1 Median- und Zentrenprobleme

Fallstudie 4.1

Diskretes Median- und Zentrumproblem mit einem Standort

Vgl. Steglich et al. (2016), S. 376 ff. und 387 ff.

Beschreibung

Das für die Automobilindustrie tätige Logistikunternehmen CarTronic Services (CTS) plant für den Ausbau des internationalen Handels mit Fahrzeugelektronik den Aufbau eines neuen Lagers für derartige Produkte. Ausgehend von diesem Lager will CTS die fristgemäße Belieferung von Fahrzeug-Montagewerken und Servicecentern für verschiedene Fahrzeughersteller und Marken übernehmen.

Ein großer Teil der benötigten Fahrzeugelektronik wird von außereuropäischen Herstellern über den Hafen Rotterdam bezogen. Ein weiterer Teil wird von Lieferanten aus Westeuropa geliefert und im Lager Stuttgart mit den aus dem Stuttgarter Umland stammenden Lieferungen mittelständischer Unternehmen zusammengefasst.

Von dem neu zu errichtenden Lager aus sollen die in Tab. 4.1 angeführten Distributionsziele bedarfsgerecht beliefert und zugleich die wöchentlichen Liefermengen aus Rotterdam und Stuttgart abgeholt werden. Die in der Tabelle enthaltenen Lagekoordinaten der Orte wurden aus einer topographischen Karte entnommen und auf ganze Kilometer gerundet.

Für die Errichtung des neuen Lagers wird eine Reihe von Standortalternativen erwogen, aus denen der optimale Standort ermittelt werden soll. In Tab. 4.2 sind diese potenziellen Standorte für das zu errichtende Lager inklusive der je 100 Kilogramm anfallenden variablen Kosten für Lagerhaltung, Umschlag und Disposition aufgeführt. Zusätzlich ist die Lage aller Knoten dieses Netzwerks in Abb. 4.1 grafisch dargestellt.

Für die Transportabwicklung hat CTS nach erfolgreicher Ausschreibung mit einer Spedition einen Haustarif verhandelt. Die Transportkostensätze für die Belieferung der Bedarfsorte von dem zu errichtenden Lager aus sind von der Distanz und den wöchentlich zu transportierenden Gewichten abhängig, während für die Zustellungen der Fahrzeugelektronik vom Hafen Rotterdam und vom Sammelknoten Stuttgart zum neuen Lager jeweils ein einziger distanzabhängiger Kostensatz für Ganzladungen gilt.

Als Basis der in die Rechnungen einzubeziehenden Distanzen wurde die auf ganze Kilometer gerundete Euklidische Distanz mit einem Umwegfaktor von 1,15 bestimmt.

Tab. 4.1: Daten der Liefer- und Abholknoten für Fallstudie 4.1

Name	Land	Koordinaten [km]		Mengen [t]
		X	Y	
Linz	A	710	170	100
Graz	A	810	40	80
Mlada Boleslav	CZ	740	410	220
Ceske Budejovice	CZ	720	250	150
Brno	CZ	870	280	220
Görlitz	D	740	490	20
Cottbus	D	690	560	30
Torgau	D	600	530	20
Zwickau	D	570	430	20
Potsdam	D	600	620	40
Neubrandenburg	D	610	750	150
Celle	D	400	640	25
Ingolstadt	D	500	220	120
Freising	D	520	170	45
Augsburg	D	460	170	75
Hof	D	530	390	30
Suhl	D	440	420	10
Poznan	PL	860	640	150
Kolobrzeg	PL	760	830	25
Bratislava	SK	920	170	180
Stuttgart	D	340	220	600
Rotterdam	NL	20	580	350

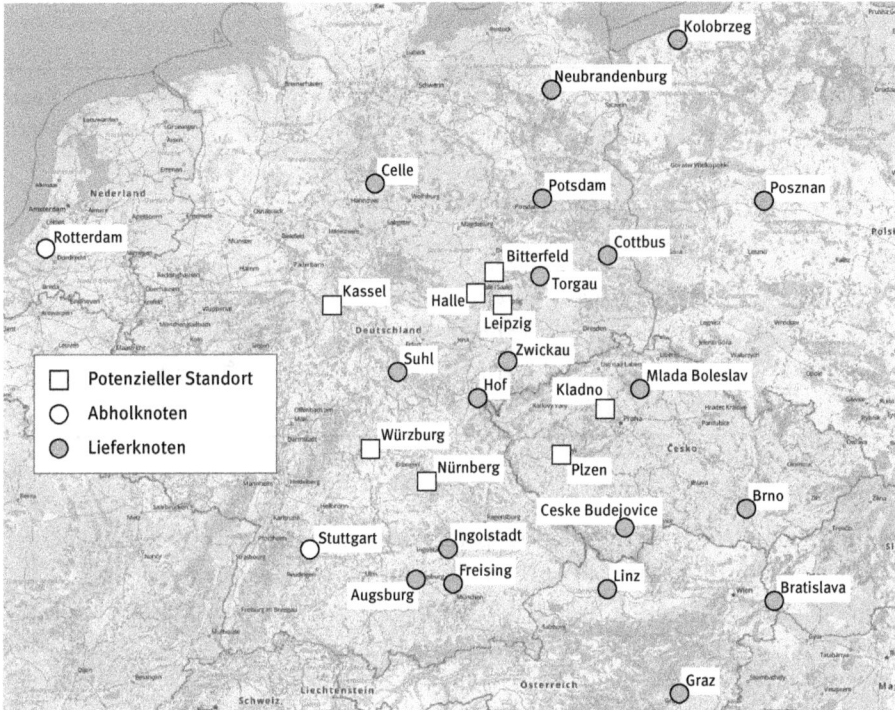

Abb. 4.1: Lage der Netzwerkknoten für Fallstudie 4.1[1]

Tab. 4.2: Daten der potenziellen Standorte für Fallstudie 4.1

Name	Land	Koordinaten [km]		Kosten [€/100 kg]
		X	**Y**	
Kladno	A	690	370	9,80
Plzen	A	640	330	9,60
Leipzig	CZ	560	500	10,50
Halle	CZ	530	520	9,50
Bitterfeld	D	550	530	9,30
Kassel	D	360	500	15,00
Nürnberg	D	470	290	10,00
Würzburg	D	390	330	10,50

---

1 Quelle: OpenStreetmap (www.openstreetmap.org), eigene Bearbeitung.

Tab. 4.3: Transportkostensätze in Euro je 100 Kilogramm für Fallstudie 4.1

Distanz [km]	Gewichtsstufen ab [t]						Ganz-ladungen
	≥ 1	≥ 25	≥ 50	≥ 75	≥ 100	≥ 150	
≤ 100	18,5	13,20	11,40	8,80	8,00	7,20	5,10
≤ 200	30,5	21,80	19,00	13,60	12,60	11,60	8,30
≤ 300	39,2	28,00	24,00	18,60	16,80	15,40	11,00
≤ 500	44,8	32,00	26,20	20,80	18,60	17,40	12,40
≤ 750	52,6	37,60	31,20	24,40	21,60	19,60	14,00
> 750	61,9	44,20	35,80	28,40	25,60	23,60	16,90

Aufgaben

a) Bestimmen Sie aus der Menge der potenziellen Lagerstandorte den Standort, der dem Median des Netzwerks auf der Basis der Transportleistung entspricht.
b) Bestimmen Sie auf der Basis der Transportleistung das Zentrum des Netzwerks als optimalen Standort.
c) Bestimmen Sie aus der Menge der potenziellen Lagerstandorte den Standort, mit dem die Summe der Verlade- und Transportkosten minimiert wird.

Fallstudie 4.2

Diskretes p-Median- und p-Zentrenproblem
Vgl. Steglich et al. (2016), S. 380 ff. und 390 ff.

Beschreibung

In einem Gebiet mit sechs Ortschaften sollen zwei Einkaufszentren eingerichtet werden. Die Lage der Orte, in denen sich die Kunden befinden, ist in dem in Abb. 4.2 dargestellten Netzwerk gegeben. Die Gewichte an den Kanten stellen die Distanzen zwischen den Netzwerkknoten in Kilometern dar. Zusätzlich kann dieser Abbildung die Anzahl b_i; $i = 1 \dots 6$ der in den einzelnen Orten wohnenden Kunden entnommen werden. Die beiden zu findenden Standorte können nur in den gegebenen Ortschaften angelegt werden.

Dabei sollen zwei Szenarien unterschieden werden. Im ersten Szenario sind die insgesamt von allen Kunden zu fahrenden Distanzen zu minimieren, während im zweiten Szenario die maximalen Entfernungen zum jeweils nächstgelegenen Einkaufsmarkt minimiert werden sollen.

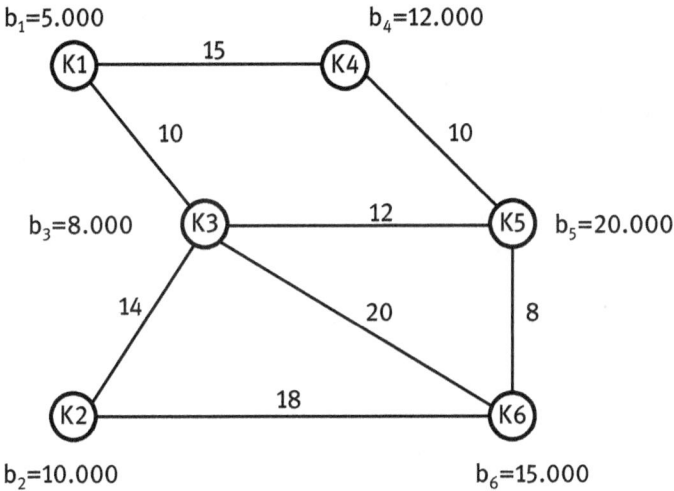

Abb. 4.2: Netzwerk für Fallstudie 4.2

Aufgaben

a) Formulieren Sie für das erste Szenario ein lineares Optimierungsmodell.
b) Lösen Sie das erste Szenario mit SolverStudio/Cmpl.
c) Formulieren Sie für das zweite Szenario ein lineares Optimierungsmodell.
d) Lösen Sie das zweite Szenario mit SolverStudio/Cmpl.

Fallstudie 4.3

Kontinuierliches p-Medianproblem
Vgl. Steglich et al. (2016), S. 402 ff.

Die Drogeriemarktkette DROGA-M, deren Umsätze in den letzten Jahren stark ange-
stiegen sind, plant die Errichtung neuer Auslieferungslager zur Belieferung ihrer Filialen im süddeutschen Raum. Gegenwärtig wird in Fürth/Ronhof ein Lager betrieben, das aber möglicherweise hinsichtlich des gewachsenen Filialnetzes und der
gestiegenen Absatzmengen nicht mehr optimal positioniert ist. Als Entscheidungs-
vorlage sollen ein bis drei neue Lagerstandorte auf der grünen Wiese ermittelt und
das Einsparungspotenzial im Vergleich zur jetzigen Situation bewertet werden.

In Tab. 4.4 sind die Daten der Orte abgebildet, in denen sich die zu beliefernden
Filialen befinden. Die Koordinaten wurden einer Karte entnommen und auf volle Ki-

lometer gerundet. Die Transportkosten sind abhängig von der Menge und den zu fahrenden Distanzen. Die Transportkostensätze variieren allerdings mit dem wöchentlichen Bedarf der einzelnen Drogerien. Übersteigt die Wochenmenge für einen Zielort 20 Tonnen, so reduziert sich der Transportkostensatz um 20 Prozent, während eine wöchentliche Menge unter 10 Tonnen zu einer Steigerung des Transportkostensatzes von 20 Prozent führt. Diese Zu- bzw. Abschläge werden durch entsprechende Frachtkostenkoeffizienten berücksichtigt, auf deren Basis die Bedarfe der Drogerien in frachtpflichtige Gewichte überführt werden. Anhand dieser frachtpflichtigen Gewichte und den zu bestimmenden Distanzen sind die Standorte so zu bestimmen, dass die zur wöchentlichen Belieferung aller Filialen notwendige Transportleistung minimal wird.

Die bis zu drei auf der Ebene zu bestimmenden Standorte sollen im Anschluss ihrer Ermittlung planerisch auf die existierenden Filialorte oder auf einen der zusätzlichen infrage kommenden potenziellen Standorte in Fürth/Ronhof, Baiersdorf, Thurnau und Ochsenfurt verschoben werden. Daher wurden diese vier Orte mit ihren Koordinaten zusätzlich in Tab. 4.4 aufgenommen.

Tab. 4.4: Ausgangsdaten für Fallstudie 4.3

Ort	Koordinaten		Wöchentlicher Bedarf [t]	Frachtkostenkoeffizienten	Frachtpflichtiges Gewicht [t]
	X [km]	Y [km]			
Amberg	191	90	25	0,8	20
Ansbach	98	72	35	0,8	28
Bad Mergentheim	39	93	35	0,8	28
Bamberg	120	140	70	0,8	56
Bayreuth	170	146	85	0,8	68
Cham	252	70	10	1	10
Coburg	125	182	30	0,8	24
Eichstätt	145	27	15	1	15
Erlangen	130	105	90	0,8	72
Fürth	128	93	55	0,8	44
Höchstadt	112	119	15	1	15
Hof	192	190	40	0,8	32
Ingolstadt	162	15	20	1	20
Kelheim	195	33	5	1,2	6
Kitzingen	66	120	20	1	20
Kronach	150	179	10	1	10
Kulmbach	160	165	50	0,8	40

Ort	Koordinaten		Wöchent-licher Bedarf [t]	Fracht-kosten-koeffi-zienten	Fracht-pflichtiges Gewicht [t]
	X [km]	Y [km]			
Lichtenfels	131	169	5	1,2	6
Marktredwitz	206	154	10	1	10
Neumarkt	163	72	20	1	20
Nürnberg	135	90	75	0,8	60
Regensburg	210	44	40	0,8	32
Rothenburg	69	80	70	0,8	56
Schwabach	130	76	10	1	10
Schwandorf	210	80	5	1,2	6
Schweinfurt	71	155	25	0,8	20
Sulzbach-Rosenberg	183	99	5	1,2	6
Weiden	212	119	5	1,2	6
Weissenburg	128	44	5	1,2	6
Würzburg	50	126	55	0,8	44
Führt/Ronhhof	129	97	0	1	
Baiersdorf	130	114	0	1	
Thurnau	154	155	0	1	
Ochsenfurt	59	112	0	1	

Aufgaben

a) Berechnen Sie für die Ist-Situation die für die wöchentliche Belieferung der Filialen notwendige Transportleistung.

b) Ermitteln Sie nacheinander die optimale Lage von einem Lager sowie von zwei bzw. drei Lagern in der Ebene. Die Standorte sind ohne Beachtung der Kapazitäten so zu bestimmen, dass die zur wöchentlichen Belieferung der Filialen notwendige Transportleistung minimal wird. Analysieren Sie für alle drei Szenarien die notwendigen Transportleistungen und ermitteln Sie auf dieser Basis das optimale Szenario. Welche Änderungen in den notwendigen Transportleistungen ergeben sich für das optimale Szenario, wenn die in der Ebene geplanten Standorte zum nächstgelegenen Ort verschoben werden?

c) Es wird abschließend angenommen, dass ein Lager täglich eine Liefermenge von maximal 350 Tonnen je Woche bewältigen kann. Bestimmen Sie unter Einbeziehung dieser maximalen Kapazität die optimale Anzahl und Lage von bis zu drei Lagern in der Ebene, mit denen die zur wöchentlichen Belieferung der Filialen notwendige Transportleistung minimiert wird. Betrachten Sie zusätzlich die Änderungen in den notwendigen Transportleistungen, wenn die in der Ebene geplanten Standorte zum nächstgelegenen Ort verschoben werden.

Verwenden Sie bitte zur Lösung aller Teilaufgaben LogisticsLab/CLP.

4.2 Überdeckungsprobleme

Fallstudie 4.4

i Set-Covering-Location-Problem und Maximal-Covering-Location-Problem
Vgl. Steglich et al. (2016), S. 417 ff. und 424 ff.

Beschreibung

Für die Einrichtung mehrerer Logistikknoten sind vier Standorte (S1–S4) vorgesehen, die fünf Kundengebiete (K1–K5) zu bedienen haben. Die Fähigkeit, ob ein Standort ein Kundengebiet beliefern kann, ist neben den wöchentlichen Betriebskosten der potenziellen Standorte und den Bedarfen der Kundengebiete in Tab. 4.5 gegeben.

Tab. 4.5: Ausgangsdaten für Fallstudie 4.4

| | Überdeckungsfähigkeit | | | | Bedarf |
	S1	S2	S3	S4	[t]
K1	1	1	0	0	10
K2	1	0	1	0	20
K3	1	0	0	1	15
K4	0	1	1	0	35
K5	0	1	0	1	14
Kosten [€]	3.000	1.200	1.000	1.800	

Zur Bestimmung der optimalen Lage der Standorte sind zwei Szenarien zu betrachten. Im ersten Szenario ist eine kostenminimale Anzahl von Standorten sowie deren Lage zu ermitteln, mit denen alle Kundengebiete vollständig beliefert werden können. Im zweiten Szenario sollen zwei Standorte bestimmt werden, mit denen eine maximale Menge ausgeliefert werden kann.

Aufgaben

a) Formulieren Sie für das erste Szenario ein lineares Optimierungsmodell.
b) Lösen Sie das erste Szenario mit SolverStudio/Cmpl.
c) Formulieren Sie für das zweite Szenario ein lineares Optimierungsmodell.
d) Lösen Sie das zweite Szenario mit SolverStudio/Cmpl.

Fallstudie 4.5

Set-Covering-Location-Problem und Maximal-Covering-Location-Problem
Vgl. Steglich et al. (2016), S. 417 ff. und 424 ff.

Beschreibung

In einem ländlichen Gebiet in einem Entwicklungsland sollen örtliche medizinische Stationen zur ambulanten Behandlung von Kranken errichtet werden. Die Stationen sind so zu positionieren, dass ein möglichst großer Anteil an Patienten innerhalb einer gegebenen maximalen Entfernung medizinische Hilfe erhalten kann. Die im Einzugsbereich der medizinischen Stationen liegenden Siedlungen wurden zu 21 Siedlungsgebieten (SG01–SG21) zusammengefasst. Weitere Bedarfsorte sind neun größere Ortschaften (P1–P9), die zusätzlich als mögliche Standorte für diese medizinischen Stationen geeignet erscheinen.

Die Lage der potenziellen Standorte bzw. der Siedlungsgebiete sowie die sie verbindenden Wege bzw. Straßen sind in Abb. 4.3 dargestellt. Die Gewichte an den Kanten geben die Distanzen zwischen den jeweiligen Knoten (Siedlungsgebiete bzw. Ortschaften) in Kilometern an, wobei diese zusätzlich Tab. 4.7 entnommen werden können. Als weitere Daten sind in Tab. 4.6 die aus einer Karte in Kilometern abgetragenen Koordinaten und die durchschnittlichen Krankenfälle für die Siedlungsgebiete und die Ortschaften gegeben.

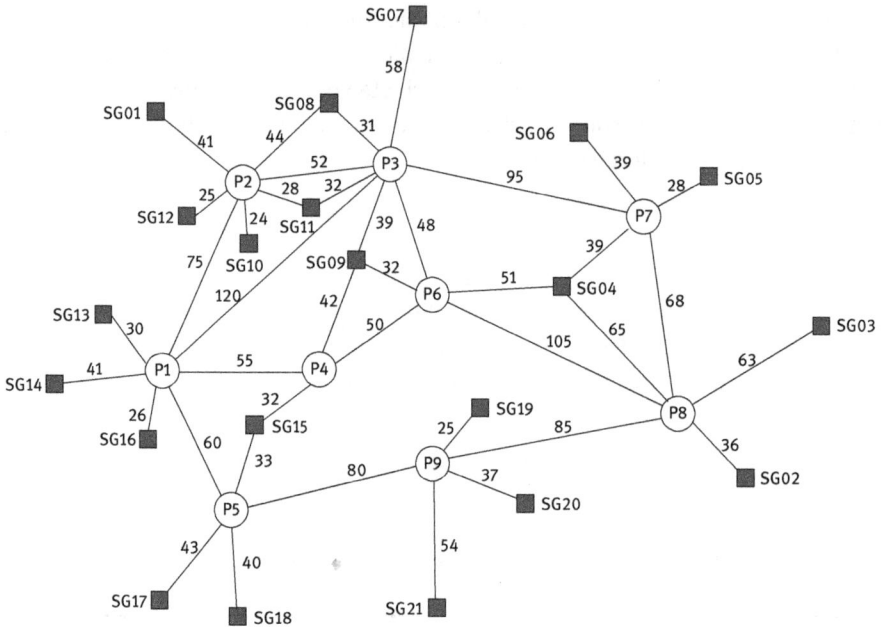

Abb. 4.3: Karte der potenziellen Standorte und der Siedlungsgebiete für Fallstudie 4.5

Tab. 4.6: Daten der Knoten für Fallstudie 4.5

Ort	Koordinaten [km]		Monatliche Krankenfälle
	X	X	
P1	114	158	67
P2	141	217	58
P3	187	222	142
P4	165	158	42
P5	137	114	150
P6	202	182	133
P7	269	206	175
P8	280	145	50
P9	203	129	92
SG01	113	236	34
SG02	302	125	36
SG03	325	172	84
SG04	244	185	105
SG05	289	218	31

Ort	Koordinaten [km]		Monatliche Krankenfälle
	X	X	
SG06	249	232	168
SG07	195	270	43
SG08	169	241	168
SG09	177	191	71
SG10	143	197	195
SG11	163	210	94
SG12	123	207	131
SG13	96	175	53
SG14	80	153	21
SG15	144	141	117
SG16	110	137	180
SG17	114	86	137
SG18	139	81	66
SG19	216	145	11
SG20	231	117	134
SG21	203	84	199

Tab. 4.7: Daten der Kanten für Fallstudie 4.5

Von	Nach	Distanz [km]	Von	Nach	Distanz [km]
P1	P2	75	P4	SG09	42
P1	P3	120	P4	SG15	32
P1	P4	55	P5	P9	80
P1	P5	60	P5	SG15	33
P1	SG13	30	P5	SG17	43
P1	SG14	41	P5	SG18	40
P1	SG16	26	P6	P8	105
P2	P3	52	P6	SG04	51
P2	SG01	41	P6	SG09	32
P2	SG08	44	P7	P8	68
P2	SG10	24	P7	SG04	39
P2	SG11	28	P7	SG05	28
P2	SG12	25	P7	SG06	39
P3	P6	48	P8	P9	85
P3	P7	95	P8	SG02	36

Von	Nach	Distanz [km]	Von	Nach	Distanz [km]
P3	SG07	58	P8	SG03	63
P3	SG08	31	P8	SG04	65
P3	SG09	39	P9	SG19	25
P3	SG11	32	P9	SG20	37
P4	P6	50	P9	SG21	54

Hinsichtlich der Bestimmung der Standorte der medizinischen Standorte wurden in Vorplanungen zwei Zielvorgaben definiert. Einerseits wurde eine maximale Distanz von 100 Kilometern festgelegt, innerhalb derer eine medizinische Station von einem Siedlungsgebiet bzw. einer Ortschaft auf den gegebenen Wegen bzw. Straßen erreicht werden muss. Andererseits wurde aus Kostengründen festgelegt, dass maximal vier medizinische Stationen errichtet werden sollen.

Aufgaben

a) Ermitteln Sie die minimale Anzahl von medizinischen Stationen und deren optimale Position, mit denen eine maximale Distanz von 100 Kilometer zwischen den medizinische Stationen und den Siedlungsgebieten bzw. Ortschaften eingehalten wird.

b) Bestimmen Sie die optimale Lage von vier medizinischen Stationen, mit denen innerhalb einer maximalen Distanz von 100 Kilometer zwischen den medizinische Stationen und den Siedlungsgebieten bzw. Ortschaften eine maximale Anzahl von Krankenfällen bearbeitet werden kann.

c) Untersuchen Sie, inwieweit die Lösungen beider Problemansätze durch eine schrittweise Anpassung der Maximaldistanz in Schritten von fünf Kilometern bzw. der maximalen Anzahl der medizinischen Stationen variiert werden können.

Verwenden Sie bitte LogisticsLab/TSP zur Bestimmung der Matrix der kürzesten Entfernungen und für die eigentlichen Entscheidungen SolverStudio/CMPL.

4.3 Warehouse-Location-Probleme

Fallstudie 4.6

Einstufiges Warehouse-Location-Problem
Vgl. Steglich et al. (2016), S. 430 ff. und 438 ff.

Beschreibung

Das vom Bundestag 2005 beschlossene neue Elektro- und Elektronik-Altgerätegesetz verpflichtet die Gerätehersteller zur Rücknahme und ordnungsgemäßen Entsorgung ihrer Produkte. Das gilt auch für Altgeräte aus Haushalten, die in den Kommunen in Recyclinghöfen gesammelt werden. Durch die Wiederaufbereitung des Elektronikschrotts lassen sich wertvolle Rohstoffe zurückgewinnen und durch sachgemäße Entsorgung Umweltbelastungen vermeiden.

Das in der Beschaffungslogistik für den Fahrzeugbau tätige Logistikunternehmen CarTronic Services (CTS) sieht in der Entsorgung und Wiederaufbereitung von rücknahmepflichtiger Fahrzeugelektronik und anderem Elektronikschrott ein interessantes neues Geschäftsfeld, das mit der bisherigen Geschäftstätigkeit gut harmoniert.

Bevor CTS dieses Geschäft bundesweit anbietet, ist geplant, diese Recyclingdienste in einem abgegrenzten Gebiet Süddeutschlands aufzubauen. In diesem Gebiet plant CTS eine Anzahl von Sammelstellen zu errichten, in denen der Elektronikschrott aus der Industrie und den umliegenden Orten zusammengeführt wird. Die Ortslage der Elektroniksammelstellen, einschließlich ihrer aus einer Karte in Kilometern abgetragenen Koordinaten, sowie das erwartete wöchentliche Schrottaufkommen enthält Tab. 4.7. Für die Wiederaufbereitung des Elektronikschrotts sollen Recyclingwerke errichtet werden. Die Voraussetzungen zur Errichtung solcher Werke sind an fünf Orten vorhanden. Diese Orte, ihre Koordinaten sowie die geplanten wöchentlichen Betriebskosten sind in Tab. 4.9 angegeben.

Weiterhin ist bekannt, dass die wöchentliche Kapazität eines Recyclingwerkes einheitlich 100 Tonnen beträgt. Da die Summe der wöchentlich anfallenden Schrottmenge lediglich 96 Tonnen beträgt, könnte jedes Recyclingwerk alle Sammelstellen vollständig bedienen. Allerdings hat sich im Rahmen der Beantragungen der Betriebsgenehmigungen ergeben, dass die Länder Bayern und Hessen aus Gründen des Umweltschutzes die Kapazität der potenziellen Standorte Hösbach, Schwanstetten und Selb gegebenenfalls auf 25 Tonnen pro Woche begrenzen werden.

Tab. 4.8: Daten der Schrottsammelstellen für Fallstudie 4.6

ID	Sammelstelle	Koordinaten [km]		Wöchentliche Menge [t]
		X	Y	
K1	Gera	245	256	10
K2	Aschaffenburg	39	154	6
K3	Nürnberg	175	91	10
K4	Ansbach	141	79	8
K5	Amberg	234	97	12
K6	Hof	237	195	13
K7	Bamberg	163	145	9
K8	Würzburg	95	134	13
K9	Suhl	149	225	15

In vorangegangenen Analyseschritten wurden die voraussichtlichen Recycling- und Transportkosten für die zu planenden Recyclingwerke in Abhängigkeit von den erwarteten Wochenmengen der Sammelstellen ermittelt und in Tab. 4.10 zusammengefasst. Aus logistischen Gründen soll die vollständige wöchentliche Menge eines Sammelpunktes jeweils an einen einzigen Recyclingstandort gesendet werden.

Tab. 4.9: Daten der potenziellen Recyclingstandorte für Fallstudie 4.6

ID	Ort	Koordinaten [km]		Wöchentliche Betriebskosten [€]
		X	Y	
S1	Weida	244	244	7.200
S2	Hösbach	43	157	7.000
S3	Schwanstetten	181	82	9.000
S4	Selb	252	177	8.500
S5	Zella-Mehlis	147	229	7.000

Tab. 4.10: Recycling- und Transportkosten für Fallstudie 4.6 in Euro

	K1	K2	K3	K4	K5	K6	K7	K8	K9
S1	1.300	7.100	6.900	7.200	8.400	3.800	5.500	12.000	7.400
S2	11.900	1.600	600	4.600	10.100	12.400	5.000	3.300	8.800
S3	7.400	3.900	900	1.500	2.900	6.600	2.000	4.900	8.200
S4	2.900	5.700	500	5.300	5.500	1.500	3.400	8.900	6.700
S5	4.900	3.500	4.600	5.900	8.900	5.800	3.200	5.800	1.200

Die Anzahl der benötigten Recyclingwerke und ihre Standorte sind so zu ermitteln, dass die gesamten Kosten aus den Betriebs- sowie den Recycling- und Transportkosten minimal werden.

Aufgaben

a) Formulieren Sie das Problem ohne Beachtung der möglicherweise begrenzten Kapazitäten als lineares Optimierungsmodell.
b) Lösen Sie dieses Problem ohne Beachtung der ggf. aus Umweltschutzgründen begrenzten Kapazitäten mit LogisticsLab/WLP.
c) Formulieren Sie das Problem unter Beachtung der ggf. aus Umweltschutzgründen begrenzten Kapazitäten als lineares Optimierungsmodell.
d) Lösen Sie dieses Problem unter Beachtung der ggf. aus Umweltschutzgründen begrenzten Kapazitäten mit LogisticsLab/WLP. Analysieren Sie Ihre Lösung hinsichtlich der Kosten und den Intentionen der Umweltschutzauflagen.

Fallstudie 4.7

Einstufiges Warehouse-Location-Problem
Vgl. Steglich et al. (2016), S. 438 ff.

Eine große deutsche Einzelhandelskette verfügt derzeit über ein sehr dichtes und flächendeckendes Filialnetz in Deutschland. In den letzten Jahren erfuhr das Unternehmen im ostdeutschen Raum ein erhebliches Wachstum, was zu einem chaotisch gewachsenen Filial- und Logistiknetz führte. Die Koordinaten und wöchentlichen Bedarfe der in Ostdeutschland liegenden Filialen sind in Tab. 4.11 angegeben.

Zur Versorgung der Filialen wurden kurzfristig drei Regionallager in Dresden, Cottbus und Halle errichtet, deren Koordinaten, wöchentliche Kapazitäten und Betriebskosten in Tab. 4.12 gegeben sind.

Tab. 4.11: Daten der Filialen für Fallstudie 4.7

Filiale	Koordinaten (dezimal)		Bedarf [t]
	Breite	Länge	
Dessau	51,83	12,23	8,60
Bernburg	51,80	11,75	23,00
Frankenberg	51,52	14,00	6,89
Leipzig	51,35	12,00	26,00
Merseburg	50,92	13,03	13,00
Plauen	51,33	12,37	13,50
Senftenberg	50,50	12,13	16,23
Zwickau	50,72	12,50	8,50

Tab. 4.12: Daten der Regionallager für Fallstudie 4.7

Filiale	Koordinaten (dezimal)		Kapazität [t]	Betriebs- kosten [€]
	Breite	Länge		
Cottbus	51,77	14,33	75	27.500
Dresden	51,05	13,73	75	25.000
Halle	51,48	11,97	75	27.500

Anhand Erfahrungen der letzten Jahre kann man ableiten, dass die zwischen den Lagern und Filialen zu fahrenden Distanzen dem 1,2-fachen der Luftlinienentfernungen entsprechen. Hinsichtlich der variablen Transportkosten sind die in Tab. 4.13 angegebenen distanzabhängigen Frachtkostensätze bekannt.

Tab. 4.13: Distanzabhängige Frachtkostensätze für Fallstudie 4.7

Distanzklassen [km]	Frachtkostensatz [€/t]
≤ 100	260
≤ 200	350
> 200	410

Aufgrund des starken Anstiegs der Nachfrage und des chaotischen Aufbaus des Filialnetzes erscheint die Struktur des Filial- und Logistiknetzes nicht effizient und soll daher auf Kostensenkungspotenziale untersucht werden. Insbesondere soll die Frage beantwortet werden, welche Regionallager für die Abwicklung der Versorgungstransporte aufrechterhalten werden sollen.

Aufgabe

Ermitteln Sie aus der Menge der bisher betriebenen Regionallager die Lager, mit denen die wöchentlichen Bedarfe der ostdeutschen Filialen gedeckt und mit gesamten Betriebs- und Transportkosten minimiert werden können. Verwenden Sie für Ihre Berechnungen LogisticsLab/WLP.

Fallstudie 4.8

Mehrstufiges Warehouse-Location-Problem
Vgl. Steglich et al. (2016), S. 443 ff.

Mit diesem Entscheidungsproblem wird nochmals Fallstudie 1.10 aufgegriffen und erweitert.

Es wird ein Unternehmen betrachtet, das in drei Werken (P1–P3) ein homogenes Gut produziert und über vier Vertriebszentren (D1–D4) am Absatzmarkt veräußert. Die Vertriebszentren werden allerdings nicht direkt von den Werken, sondern über Umladeknoten beliefert. Die bisherigen beiden Umladeknoten (W1, W2) sollen um einen dritten Knoten (W3) erweitert werden, wobei die bisherigen Standorte grundsätzlich zur Disposition stehen. Das erweiterte Distributionsnetz ist in Abb. 4.4 gegeben.

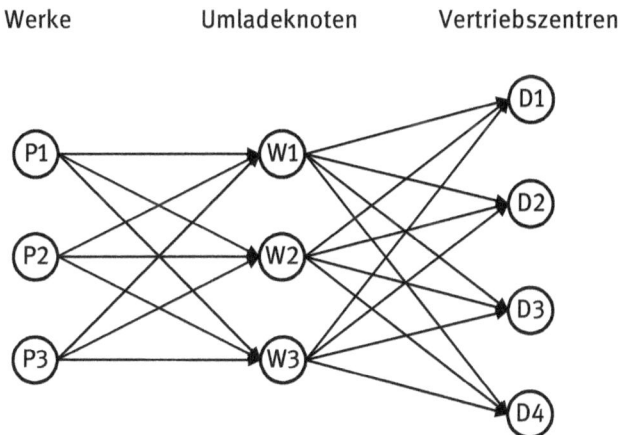

Abb. 4.4: Distributionsnetz für Fallstudie 4.8

Die Kapazitäten der Werke und die Transportkosten je Stück auf den einzelnen Transportrelationen zwischen den Werken und den Umladeknoten sind in Tab. 4.14 gegeben. Weiterhin sind die Transportkosten je Stück auf den einzelnen Transportrelationen zwischen den Umladeknoten und den Vertriebszentren, die Kapazitäten der Umladeknoten und die Bedarfe der Vertriebszentren bekannt und können Tab. 4.15 entnommen werden. Zusätzlich sind die fixen Betriebskosten der drei Umladeknoten in dieser Tabelle angegeben. Die Kapazität jeder einzelnen Transportrelation in diesem Distributionsnetzwerk ist aufgrund der genutzten Fahrzeuge auf 500 Stück beschränkt.

Tab. 4.14: Daten der ersten Distributionsstufe für Fallstudie 4.8

	Transportkosten [€/Stück]		Kapazität [Stück]	
	W1	W2	W3	
P1	50	60	60	400
P2	40	50	30	500
P3	70	30	10	600

Tab. 4.15: Daten der zweiten Distributionsstufe für Fallstudie 4.8

	Transportkosten [€/Stück]				Kapazität [Stück]	Betriebskosten [€]
	D1	D2	D3	D4		
W1	20	10	30	40	800	40.000
W2	70	30	30	50	750	42.500
W3	90	40	20	10	800	47.500
Bedarf [Stück]	350	450	500	200		

Welche Umladeknoten sollen in Zukunft für den Vertrieb des homogenen Gutes eingesetzt werden? In diesem Zusammenhang wird der Transportplan zwischen den Werken, Umladeknoten und Vertriebszentren gesucht, der die gesamten Betriebs- und Transportkosten minimiert.

Aufgaben

a) Formulieren Sie das Problem als lineares Optimierungsmodell.
b) Lösen Sie dieses Problem mit SolverStudio/CMPL.

Teil B: **Lösungen**

1 Transportprobleme

1.1 Klassische Transportprobleme und einfache Erweiterungen

Fallstudie 1.1

a) Mathematisches Modell

Die zu minimierende Zielfunktion (1.1) ergibt sich aus der Summe der mit den Transportmengen zu multiplizierenden Transportkostensätze. Für jede der Küchen ist mit den Angebotsrestriktionen (1.2) sicherzustellen, dass nicht mehr Transportbehälter ausgeliefert werden als kapazitiv vorhanden sind. Da die Bedarfe der Restaurants größer als die Angebote der Küchen sind und damit nicht der Bedarf aller Restaurants befriedigt werden kann, müssen die Nachfragebedingungen (1.3) als Kleiner-oder-Gleich-Bedingungen eingeführt werden. Die zu bestimmenden Transportmengen zwischen den Küchen und den Restaurants sind für alle zulässigen Transportrelationen gemäß (1.4) als nichtnegative, kontinuierliche Variablen zu definieren.

$$5x_{11} + 7x_{13} + 8x_{14} + 4x_{22} + 6x_{23} + 3x_{24} + 2x_{31} + 9x_{32} + 7x_{33} \rightarrow \min! \tag{1.1}$$

u.d.N.

$$x_{11} + x_{13} + x_{14} = 750$$
$$x_{22} + x_{23} + x_{24} = 250 \tag{1.2}$$
$$x_{31} + x_{32} + x_{33} = 1400$$

$$x_{11} + x_{31} \leq 2000$$
$$x_{22} + x_{32} \leq 500$$
$$x_{13} + x_{23} + x_{33} \leq 750 \tag{1.3}$$
$$x_{14} + x_{24} \leq 1250$$

$$x_{ij} \geq 0 \quad ; i \in \{1,2,3\}, j \in \{1,2,3,4\} \tag{1.4}$$

b) Lösung mit LogisticsLab/TPP
(Beispieldatei: pepones.tpp)

Zur Lösung dieses Entscheidungsproblems ist in LogisticsLab/TPP ein neues Transportproblem anzulegen. Dazu kann der Menüeintrag *File → New Problem* oder die Schaltfläche *New Problem* in der Symbolleiste verwendet werden. Es sind drei *sources*

(Küchen) und vier *destinations* (Restaurants) anzulegen (Abb. 1.1). Für alle anderen Größen können die Standardwerte verwendet werden.

Nachdem das angelegte Problem im Hauptfenster im Bereich *Netzwerk* als Netzwerkgrafik erscheint, können die Daten für die Küchen im Datenbereich *Sources* (Abb. 1.2) und die der Restaurants im Datenbereich *Destinations* (Abb. 1.3) eingegeben werden. Anschließend sind die variablen Transportstückkosten im Datenbereich *Variable Costs* einzutragen, wobei nichtzulässige Transportrelationen mit einem symbolischen *Big-M* zu sperren sind (Abb. 1.4).

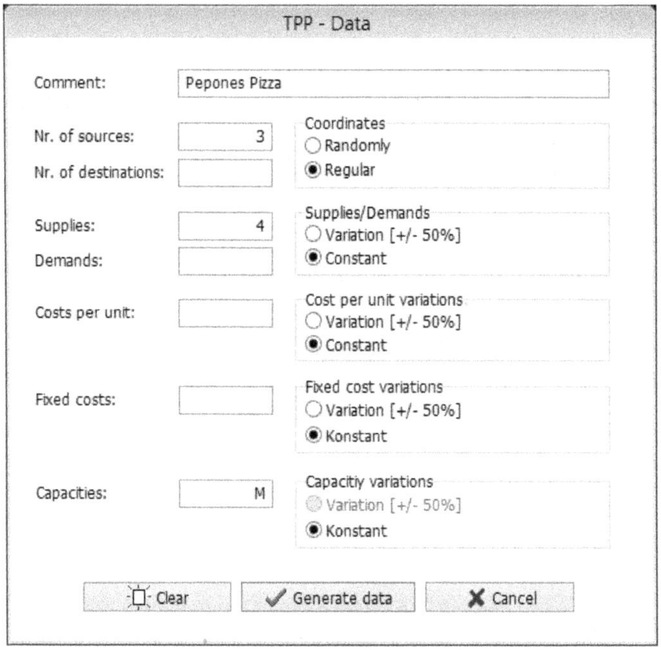

Abb. 1.1: Anlegen eines Problems für Fallstudie 1.1 in LogisticsLab/TPP

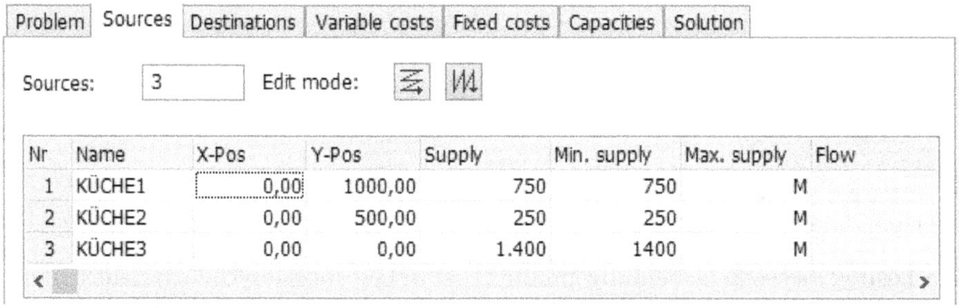

Abb. 1.2: Eingabe der Daten der Versender für Fallstudie 1.1 in LogisticsLab/TPP

| Problem | Sources | Destinations | Variable costs | Fixed costs | Capacities | Solution |

Destinations: 4   Edit mode: ⤲ ⋀⋀

Nr	Name	X-Pos.	Y-Pos.	Demand	Min. demand	Max. demand	Flow
1	RES1	1000,00	1000,00	2.000	2000	M	
2	RES2	1000,00	667,00	500	500	M	
3	RES3	1000,00	334,00	750	750	M	
4	RES4	1000,00	1,00	1.250	1250	M	

Abb. 1.3: Eingabe der Daten der Empfänger für Fallstudie 1.1 in LogisticsLab/TPP

| Problem | Sources | Destinations | Variable costs | Fixed costs | Capacities | Solution |

Problem size: 3 x 4   Edit mode: ⤲ ⋀⋀

	Nr.	1	2	3	4
Nr.	from\to	RES1	RES2	RES3	RES4
1	KÜCHE1	5	M	7	8
2	KÜCHE2	M	4	6	3
3	KÜCHE3	2	9	7	M

Abb. 1.4: Eingabe der Transportkosten für Fallstudie 1.1 in LogisticsLab/TPP

Wenn für dieses Transportproblem alle Daten vorliegen, kann das Problem gelöst werden, indem entweder das Menü *Optimisation → Start Optimisation* oder die Schaltfläche *Optimise* in der Symbolleiste gewählt wird und der in Abb. 1.5 dargestellte Dialog erscheint. Es sind als Zielfunktionsrichtung *Min* und als Problemtyp *Standard* zu wählen und die Optimierung zu starten.

Nach dem Lösen dieses Transportproblems erscheint im Bereich *Netzwerk* die optimale Lösung als Netzwerkgrafik (Abb. 1.7). Der optimale Transportplan kann der Spalte *Flow* im Datenbereich *Solution* (Abb. 1.6) entnommen werden. Die gesamte Liefermenge beträgt 2.400 Stück (*Flow*). Diese Menge entspricht dem gesamten Angebot (*Supply*), während die gesamte Nachfrage (*Demand*) von 4.500 Stück nur teilweise befriedigt wird und eine Fehlmenge von 2.100 Stück (*Gap*) existiert. Die gesamten variablen Transportkosten (*Total costs* bzw. *Variable costs*) betragen 7.600 Euro.

TPP - Optimisation

Problem:	Pepones Pizza				
			Normal:	Minimum	Maximum
Sources	3	Supply:	2400	2400	M
Destinations:	4	Demand:	4500	4500	M
		Gap:	-2100	-2100	0

Objective sense
- ⦿ Min
- ○ Max

Problem type
- ⦿ Standard TPP
- ○ Bottleneck TPP

Objective function issues
- Including fixed costs ☐
- Block routes if ... ☐
  - cost rate less than 0
  - cost rate greater than M

Additional constraints
- Supply ranges ☐
- Demand ranges ☐
- Capacities ☐
- Single source ☐

	Iterations	Costs	cost rates min. max.	Flow
Optimisation:				

▶ Start   ✗ Cancel

Abb. 1.5: Optimierungseinstellungen für Fallstudie 1.1 in LogisticsLab/TPP

Problem	Sources	Destinations	Variable costs	Fixed costs	Capacities	Solution

Supply:	2.400	Total costs:	7.600	Min. cost rate	2
Demand:	4.500	Variable costs:	7.600	Max. cost rate:	7
Gap:	-2.100	Fixed costs:	0		
Flow:	2.400				

From	Source	To	Destination	Cost per unit	Capacity	Flow	Variable costs	Fixe
1	KÜCHE1	1	RES1	5	M	600	3.000	
1	KÜCHE1	3	RES3	7	M	150	1.050	
2	KÜCHE2	4	RES4	3	M	250	750	
3	KÜCHE3	1	RES1	2	M	1.400	2.800	

Abb. 1.6: Lösung für Fallstudie 1.1 in LogisticsLab/TPP

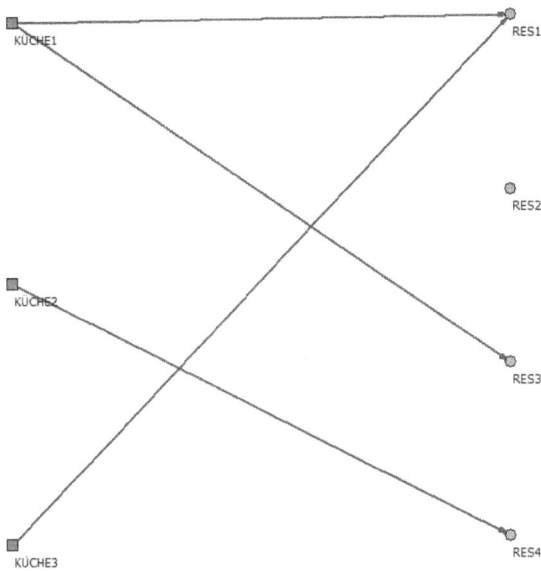

Abb. 1.7: Grafische Darstellung der Lösung für Fallstudie 1.1 in LogisticsLab/TPP

Fallstudie 1.2

a) Ermittlung der Ist-Gesamtkilometer mit LogisticsLab/TPP
(Beispieldatei: agrargenossenschaft-ist.tpp)

Die gefahrenen Gesamtkilometer in der Ist-Situation ergeben sich aus der Summe der Distanzen der Pendeltouren zu den Wochenmärkten und zu den Leergutsammelstellen. Dabei ist zu beachten, dass die Märkte M1 und M2 und die Sammelstellen L2 und L5 von jeweils zwei Fahrzeugen angefahren werden. Zur Bestimmung der Ist-Distanzen kann LogisticsLab/TPP genutzt werden, indem ein Problem mit einem Versender (Depot) und elf Empfängern (Wochenmärkte M1–M5 und die Leergutstellen L1–L6) angelegt wird. Die dazugehörigen Daten können in den Datenbereichen *Sources* und *Destinations* eingegeben werden (Abb. 1.8 und Abb. 1.9). Als Koordinaten sind die in der Aufgabenbeschreibung gegebenen geografischen Breiten und Längen zu verwenden.

Da insgesamt 15 Pendeltouren zu fahren sind, erhält das Depot ein Angebot mit dem Wert 15. Dieser Wert ergibt sich aus insgesamt elf anzufahrenden Orten (fünf Märkte und sechs Sammelstellen), wobei vier Orte (M1, M2, L2 und L5) mit jeweils zwei Fahrzeugen zu bedienen sind. In diesem Sinn erhalten die Märkte M3–M5 und die Leergutsammelstellen L1, L3, L4 und L6 in der Spalte *Demand* einen Bedarf von einem Fahrzeug, während alle anderen Märkte und Leergutsammelstellen einen Bedarf von zwei Fahrzeugen aufweisen.

Problem	Sources	Destinations	Variable costs	Fixed costs	Capacities	Solution

Sources: 1   Edit mode: ⩔ ⩕

Nr	Name	X-Pos	Y-Pos	Supply	Min. supply	Max. supply	Flow
1	DEPOT	11,33	49,60	15	1		M

Abb. 1.8: Eingabe der Daten für das Depot für Fallstudie 1.2 a) in LogisticsLab/TPP

Problem	Sources	Destinations	Variable costs	Fixed costs	Capacities	Solution

Destinations: 11   Edit mode: ⩔ ⩕

Nr	Name	X-Pos.	Y-Pos.	Demand	Min. demand	Max. demand	Flow
1	M1	11,08	49,45	2	1		M
2	M2	11,58	49,95	2	1		M
3	M3	11,85	49,45	1	1		M
4	M4	10,88	49,99	1	1		M
5	M5	11,47	49,28	1	1		M
6	L1	11,05	49,72	1	1		M
7	L2	11,35	49,38	2	1		M
8	L3	11,90	49,72	1	1		M
9	L4	11,55	49,75	1	1		M
10	L5	10,60	49,58	2	1		M
11	L6	11,45	50,12	1	1		M

Abb. 1.9: Eingabe der Daten der Märkte und Sammelstellen für Fallstudie 1.2 a) in LogisticsLab/TPP

Im folgenden Schritt ist die Distanzmatrix zu berechnen, indem im Datenbereich *Variable costs* die Schaltfläche *Calculate* oder in der Symbolleiste die Schaltfläche *Calculate Variable Costs* gewählt wird und der in Abb. 1.10 dargestellte Dialog erscheint. Da die Koordinaten als geographische Koordinaten angegeben sind, hat die Berechnung auf der Basis der Orthodrome (*Great Circle Distance*) zu erfolgen. Da ein Umwegfaktor von 1,4 angenommen wurde und bei einer Pendeltour die Distanz zweimal zu fahren ist, wird im Feld *Costs per km* ein Faktor von 2,8 eingetragen.

Anschließend kann das Problem als klassisches Transportproblem gelöst werden, wobei bei Vorliegen eines einzigen Versenders letztlich lediglich die gesamte zu fahrende Distanz für die Ist-Situation berechnet wird. Wie im Feld *Total costs* im Datenbereich *Solution* (Abb. 1.11) zu sehen, beträgt die insgesamt zu fahrende Distanz 1.602 Kilometer.

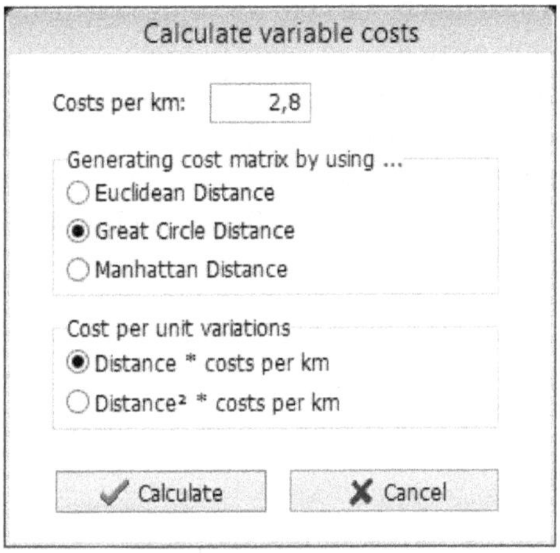

Abb. 1.10: Dialog zur Kalkulation variabler Transportkosten für Fallstudie 1.2 a) in LogisticsLab/TPP

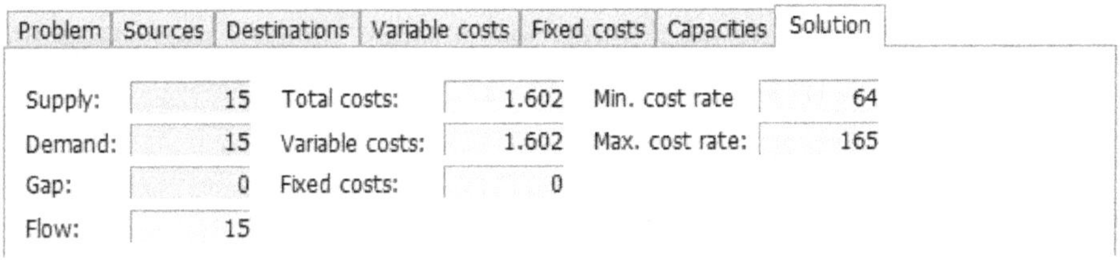

Abb. 1.11: Lösung für Fallstudie 1.2 a) in LogisticsLab/TPP

b) Optimale Gestaltung der Belieferungs- und Leergutfahrten mit LogisticsLab/TPP

(Beispieldateien: agrargenossenschaft-soll.tpp, agrargenossenschaft-distanzen.tsp, transport.xlsx → aggrargenossenschaft-distanzen)

Durch Umstellung der Fahrtenstruktur entsteht aus je einer Pendeltour zu einem Markt D → M → D und je einer Pendeltour zu einer Leergutsammelstelle D → L → D eine Rundtour D → M → L → D, die am Depot startet, über einen Markt und eine Sammelstelle geht und wiederum am Depot endet.

Um die optimale Kombination aller Belieferungs- und Leergutrückführungsaufträge zu finden, lässt sich diese Aufgabe als lineares Transportproblem interpretieren, indem die Märkte M1–M5 als Versender und die Sammelstelle L1–L6 als Empfänger agieren. Die zu versendende Menge entspricht der Anzahl der Fahrzeuge an den einzelnen Märkten (d. h. die Anzahl der für die Belieferung der einzelnen Märkte notwendigen Fahrzeuge), während die Nachfrage der einzelnen Sammelstellen gleich der Anzahl der zur Abholung des Leergutes benötigten Fahrzeuge ist.

Da insgesamt sieben Fahrzeuge für die Märkte und acht Fahrzeuge für den Abtransport des Leerguts benötigt werden, ist ersichtlich, dass ein Nachfrageüberhang von einem Fahrzeug besteht. Um diese Nachfrage zu decken, muss das Depot als zusätzlicher Versender mit einem Angebot von einem Fahrzeug für die Abwicklung des Pendelverkehrs zu einer der Leergutsammelstellen eingerichtet werden.

Nachdem wiederum ein neues Problem mit sechs Versendern und sechs Empfängern eingerichtet wurde, können die Daten der Märkte und des Depots im Datenbereich *Sources* (Abb. 1.12) und die der Sammelstellen im Datenbereich *Destinations* (Abb. 1.13) eingegeben werden.

Nr	Name	X-Pos	Y-Pos	Supply	Min. supply	Max. supply	Flow
1	M1	11,08	49,45	2	2		M
2	M2	11,58	49,95	2	2		M
3	M3	11,85	49,45	1	1		M
4	M4	10,88	49,90	1	1		M
5	M5	11,47	49,28	1	1		M
6	DEPOT	11,33	49,60	1	1		M

Abb. 1.12: Eingabe der Daten der Versender für Fallstudie 1.2 b) in LogisticsLab/TPP

Nr	Name	X-Pos.	Y-Pos.	Demand	Min. demand	Max. demand	Flow
1	L1	11,05	49,72	1	1		M
2	L2	11,35	49,38	2	2		M
3	L3	11,90	49,72	1	1		M
4	L4	11,55	49,75	1	1		M
5	L5	10,60	49,58	2	2		M
6	L6	11,45	50,12	1	1		M

Abb. 1.13: Eingabe der Daten der Empfänger für Fallstudie 1.2 b) in LogisticsLab/TPP

Leider können die Distanzen nicht im Datenbereich *Variable costs* über die Koordinaten bestimmt werden, sondern sind für die möglichen Rundtouren vorher zu berechnen. Dazu ist eine vollständige Distanzmatrix zwischen allen Orten notwendig, die
mit LogisticsLab/TSP erzeugt werden kann. Dazu ist in LogisticsLab/TSP ein neues
Problem mit zwölf Knoten (Depot, M1–M5 und L1–L6) anzulegen, für die im Datenbereich *Nodes* die Koordinaten einzugeben sind (Abb. 1.14).

Problem	Nodes	Arcs	Distances	Solution

Nodes: 12   Edit mode: ⊒ ⩗

Nr	Active	ID	Name	X-Pos	Y-Pos
1	Y	DEPOT	Simmelsdor	11,33	49,60
2	Y	M1	Nürnberg	11,08	49,45
3	Y	M2	Bayreuth	11,58	49,95
4	Y	M3	Amberg	11,85	49,45
5	Y	M4	Bamberg	10,88	49,90
6	Y	M5	Neumarkt	11,47	49,28
7	Y	L1	Forchheim	11,05	49,72
8	Y	L2	Altdorf	11,35	49,38
9	Y	L3	Grafenwöhr	11,90	49,72
10	Y	L4	Pegnitz	11,55	49,75
11	Y	L5	Neustadt	10,60	49,58
12	Y	L6	Kulmbach	11,45	50,12

Abb. 1.14: Eingabe der Knotendaten für Fallstudie 1.2 b) in LogisticsLab/TSP

Im folgenden Schritt sind die Entfernungen zwischen allen Knoten zu berechnen. Dieser Schritt kann entweder über das Menü *Optimisation* → *Calculate Distance Matrix*
oder über die Schaltfläche *Calculate Distance Matrix* in der Symbolleiste erfolgen, worauf der in Abb. 1.15 dargestellte Dialog zur Berechnung der Distanzmatrix erscheint.
Da geografische Koordinaten genutzt werden, hat die Berechnung der Distanzen über
die Orthodrome (*Great Circle Distance)* zu erfolgen, wobei zusätzlich ein Umwegfaktor von 1,4 (*Detour factor*) einzugeben ist.

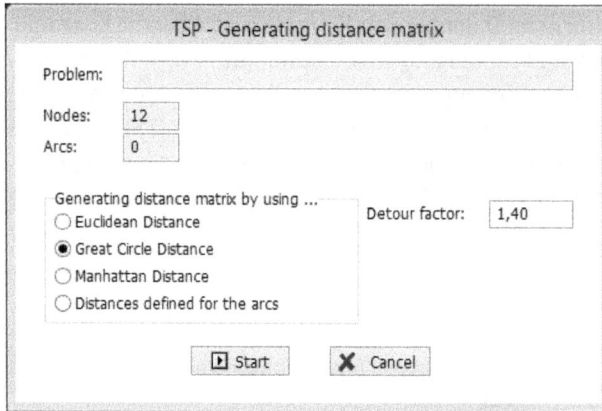

Abb. 1.15: Dialog zur Entfernungsberechnung in LogisticsLab/TSP

Nach Abschluss der Berechnungen erscheint die Distanzmatrix im Datenbereich *Distances* (Abb. 1.16) und kann entweder über das Menü *File → Save Distance Matrix as …* oder über die Schaltfläche *Save Distance Matrix as …* exportiert werden. Die exportierte Distanzmatrix kann dann in Excel als tabulator-separierte CSV-Datei zur weiteren Verarbeitung importiert werden.

Nr	From\To	1 DEPOT	2 M1	3 M2	4 M3	5 M4	6 M5
1	DEPOT	-	34	60	58	65	
2	M1	34	-	93	78	73	
3	M2	60	93	-	83	71	
4	M3	58	78	83	-	120	
5	M4	65	73	71	120	-	
6	M5	52	48	105	47	114	
7	L1	34	42	64	91	33	
8	L2	34	29	92	52	94	
9	L3	60	93	48	42	106	
10	L4	32	67	31	56	71	
11	L5	74	53	114	128	57	
12	L6	82	111	30	112	67	

Abb. 1.16: Distanzmatrix für die Orte zur Fallstudie 1.2 b) in LogisticsLab/TSP

Abb. 1.17 zeigt auszugsweise die importierte Distanzmatrix für die zwölf Knoten und deren Weiterverarbeitung zu der für das eigentliche Problem benötigten Distanzmatrix der kombinierten Touren. Die Entfernungen der vom Depot D ausgehenden Pendeltouren zu den Leergutsammelstellen L1–L7 ergeben sich aus der doppelten Distanz zwischen dem Depot und der jeweiligen Sammelstelle. Alle weiteren Distanzen ergeben sich aus den summierten Distanzen einer Rundtour D → M → L → D, die am Depot startet und endet und über einen Markt und eine Sammelstelle geht. So ergibt sich die Distanz für die Rundtour D → M1 → L1 → D in Zelle D24 aus der Formel =$D9+J9+$D$14.

	A	B	C	D	E	F	G	H	I	J
6			ID	DEPOT	M1	M2	M3	M4	M5	L1
7	Nr	ID	Name	Simmelsd	Nürnberg	Bayreuth	Amberg	Bamberg	Neumark	Forchheir
8	1	DEPOT	Simmelsdor	0	34	60	58	65	52	34
9	2	M1	Nürnberg	34	0	93	78	73	48	42
10	3	M2	Bayreuth	60	93	0	83	71	105	64
11	4	M3	Amberg	58	78	83	0	120	47	91
12	5	M4	Bamberg	65	73	71	120	0	114	33
13	6	M5	Neumarkt	52	48	105	47	114	0	81
14	7	L1	Forchheim	34	42	64	91	33	81	0
15	8	L2	Altdorf	34	29	92	52	94	20	61
16	9	L3	Grafenwöhr	60	93	48	42	106	81	86
17	10	L4	Pegnitz	32	67	31	56	71	74	51
18	11	L5	Neustadt	74	53	114	128	57	100	50
19	12	L6	Kulmbach	82	111	30	112	67	131	74
20										
21			ID	L1	L2	L3	L4	L5	L6	
22	ID		Name	Forchheim	Altdorf	Grafenwöhr	Pegnitz	Neustadt	Kulmbach	
23	DEPOT		Simmelsdor	68	68	120	64	148	164	
24	M1		Nürnberg	110	97	187	133	161	227	
25	M2		Bayreuth	158	186	168	123	248	172	
26	M3		Amberg	183	144	160	146	260	252	
27	M4		Bamberg	132	193	231	168	196	214	
28	M5		Neumarkt	167	106	193	158	226	265	

Abb. 1.17: Berechnung der Distanzmatrix für Fallstudie 1.2 b) in Excel

Die Distanzmatrix im Zellbereich D23:I28 ist im folgenden Schritt in LogisticsLab/TPP im Datenbereich *Variable costs* einzugeben. Die Restriktion, dass die Fahrzeugtypen mit größerem Wendekreis, mit denen die Märkte M1 und M2 beliefert werden, die Leergutsammelstellen L3 und L5 aufgrund des engen Rangierbereichs im Verladehof nicht anfahren können, wird durch ein Sperren dieser Zuordnungsmöglichkeit in der Kostenmatrix mittels eines symbolischen *Big-Ms* abgebildet.

| Problem | Sources | Destinations | Variable costs | Fixed costs | Capacities | Solution |

Problem size: 6 x 6   Edit mode: ☰ ⋈

| Nr. | | 1 | 2 | 3 | 4 | 5 | 6 |
Nr.	from\to	L1	L2	L3	L4	L5	L6
1	M1		110	97	M	133	M	227
2	M2		158	186	M	123	M	172
3	M3		183	144	160	146	260	252
4	M4		132	193	231	168	196	214
5	M5		167	106	193	158	226	265
6	DEPOT		68	68	120	64	148	164

Abb. 1.18: Distanzmatrix für Fallstudie 1.2 b) in LogisticsLab/TPP

Nach dem Abschluss der Optimierung erhält man im Bereich *Netzwerk* (Abb. 1.19) und im Datenbereich *Solution* (Abb. 1.20) die Lösung dieses Problems, aus der man die Zuordnungen der Märkte zu den Leergutsammelstellen entnehmen kann.

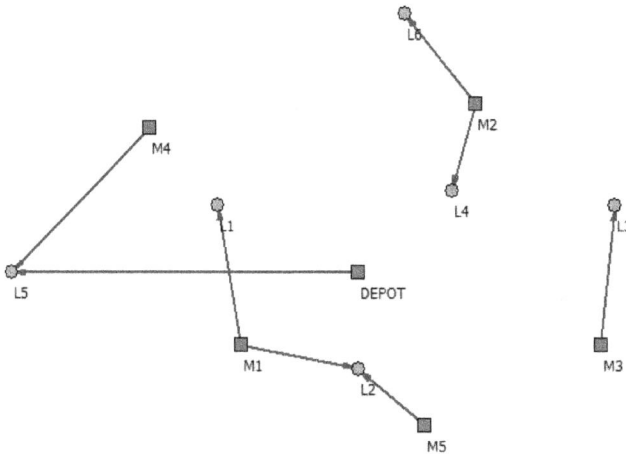

Abb. 1.19: Zuordnung von Märkten zu Sammelstellen für Fallstudie 1.2 b) in LogisticsLab/TPP

Problem	Sources	Destinations	Variable costs	Fixed costs	Capacities	Solution

Supply:	8	Total costs:	1.112	Min. cost rate	97
Demand:	8	Variable costs:	1.112	Max. cost rate:	196
Gap:	0	Fixed costs:	0		
Flow:	8				

From	Source	To	Destination	Cost per unit	Capacity	Flow	Variable costs	Fixe
1	M1	1	L1	110	M	1	110	
1	M1	2	L2	97	M	1	97	
2	M2	4	L4	123	M	1	123	
2	M2	6	L6	172	M	1	172	
3	M3	3	L3	160	M	1	160	
4	M4	5	L5	196	M	1	196	
5	M5	2	L2	106	M	1	106	
6	DEPOT	5	L5	148	M	1	148	

Abb. 1.20: Lösung für Fallstudie 1.2 b) in LogisticsLab/TPP

Es ergeben sich folgende Zuordnung von Belieferungs- und Leergutrückführungsaufträgen und die daraus resultierenden Rundtouren sowie eine einzelne Pendeltour:

1. D → M1 → L1 → D,
2. D → M1 → L2 → D,
3. D → M2 → L4 → D,
4. D → M2 → L6 → D,
5. D → M3 → L3 → D,
6. D → M4 → L5 → D,
7. D → M5 → L2 → D,
8. D → L5 → D.

Ausgehend von der Ist-Situation mit Pendeltouren von 1.602 Kilometern (Datenbereich *Sources* → *Total costs*) verspricht die Umstellung der Fahrtenstruktur auf Rundtouren mit 1.112 Kilometern eine Einsparung von 490 Kilometer, was einer Einsparung von 30,6 % gegenüber der Ist-Situation entspricht.

Fallstudie 1.3

a) Lösung als klassisches Transportproblem mit LogisticsLab/TPP
(Beispieldatei: gemko-ist.tpp)

Die Transportbeziehungen zwischen den Werken und den Distributionszentren können als Transportproblem modelliert werden.

Dazu sind in einem ersten Schritt die Kostensätze für alle Transportbeziehungen zu bestimmen, die sich aus den Transportkostensätzen und den Produktionsstückkosten ergeben. Die Transportkostensätze für die Transportrelationen zwischen den Werken und den Distributionszentren werden auf der Basis der vereinbarten entfernungsabhängigen Transportkostensätze und den Transportentfernungen berechnet (Tab. 1.1). Die Gesamtkostensätze für Transport und Produktion je Mengeneinheit werden durch zeilenweise Addition der Produktionskostensätze zu den Transportkostensätzen ermittelt (Tab. 1.2).[1]

Diese Gesamtkostensätze gehen in das Transportmodell ein, für das in LogisticsLab/TPP ein neues Problem mit fünf Versendern (Werke W1–W5) und zehn Empfängern (Distributionszentren D1–D10) anzulegen, im Datenbereich *Sources* die Daten der Werke mit den Ist-Kapazitäten (Abb. 1.21) ist sowie im Datenbereich *Destinations* die Daten der Distributionszentren (Abb. 1.22) und im Datenbereich *Variable costs* die Gesamtkostensätze gemäß Tab. 1.2 (Abb. 1.23) einzugeben sind.

Tab. 1.1: Transportkostensätze in Euro je Mengeneinheit für Fallstudie 1.3

	D1	D2	D3	D4	D5	D6	D7	D8	D9	D10
W1	70	70	50	30	50	50	50	70	80	70
W2	70	80	70	70	50	50	30	50	70	50
W3	70	70	80	70	70	70	50	30	50	30
W4	70	50	30	50	70	70	70	80	80	80
W5	30	50	70	50	70	70	70	70	70	50

Tab. 1.2: Gesamtkostensätze in Euro je Mengeneinheit für Fallstudie 1.3

	D1	D2	D3	D4	D5	D6	D7	D8	D9	D10
W1	220	220	200	180	200	200	200	220	230	220
W2	270	280	270	270	250	250	230	250	270	250
W3	190	190	200	190	190	190	170	150	170	150
W4	170	150	130	150	170	170	170	180	180	180
W5	130	150	170	150	170	170	170	170	170	150

---

[1] Diese Berechnungen können in der Beispieldatei transport.xlsx im Arbeitsblatt gemko-kostensaetze nachvollzogen werden.

Problem	Sources	Destinations	Variable costs	Fixed costs	Capacities	Solution

Sources: 5   Edit mode: ≩ ⋌⋏

Nr	Name	X-Pos	Y-Pos	Supply	Min. supply	Max. supply	Flow
1	W1	400,00	490,00	150	150		M
2	W2	380,00	260,00	200	200		M
3	W3	540,00	180,00	250	250		M
4	W4	590,00	660,00	80	80		M
5	W5	650,00	360,00	120	120		M

Abb. 1.21: Eingabe der Daten der Werke für Fallstudie 1.3 a) in LogisticsLab/TPP

Problem	Sources	Destinations	Variable costs	Fixed costs	Capacities	Solution

Destinations: 10   Edit mode: ≩ ⋌⋏

Nr	Name	X-Pos.	Y-Pos.	Demand	Min. demand	Max. demand	Flow
1	D1	760,00	380,00	40	40		M
2	D2	730,00	540,00	120	120		M
3	D3	510,00	640,00	100	100		M
4	D4	480,00	520,00	80	80		M
5	D5	280,00	400,00	90	90		M
6	D6	290,00	360,00	60	60		M
7	D7	410,00	270,00	70	70		M
8	D8	440,00	120,00	50	50		M
9	D9	620,00	50,00	110	110		M
10	D10	580,00	200,00	50	50		M

Abb. 1.22: Eingabe der Daten der Distributionszentren für Fallstudie 1.3 a) in LogisticsLab/TPP

Im nächsten Schritt ist das Problem als klassisches Transportproblem zu lösen, woraufhin die Lösung im Bereich Netzwerk (Abb. 1.24) und im Datenbereich Solution (Abb. 1.26) eingesehen werden kann. Die Lösung dieses klassischen Transportproblems ergibt einen Plan, dessen Gesamtkosten 138.400 Euro betragen. Die dazu notwendigen Produktionsmengen in den einzelnen Werken können der Spalte *Flow* im Datenbereich *Sources* entnommen werden (Abb. 1.25). Offensichtlich sind alle Werke bis auf Werk W2, das eine Restkapazität von 30 Mengeneinheiten aufweist, komplett ausgelastet.

| Problem | Sources | Destinations | Variable costs | Fixed costs | Capacities | Solution |

Problem size: 5 x 10   Edit mode:

	Nr.	1	2	3	4	5	6	7
Nr.	from\to	D1	D2	D3	D4	D5	D6	D
1	W1	220	220	200	180	200	200	
2	W2	270	280	270	270	250	250	
3	W3	190	190	200	190	190	190	
4	W4	170	150	130	150	170	170	
5	W5	130	150	170	150	170	170	

Abb. 1.23: Eingabe der Gesamtkostensätze für Fallstudie 1.3 a) in LogisticsLab/TPP

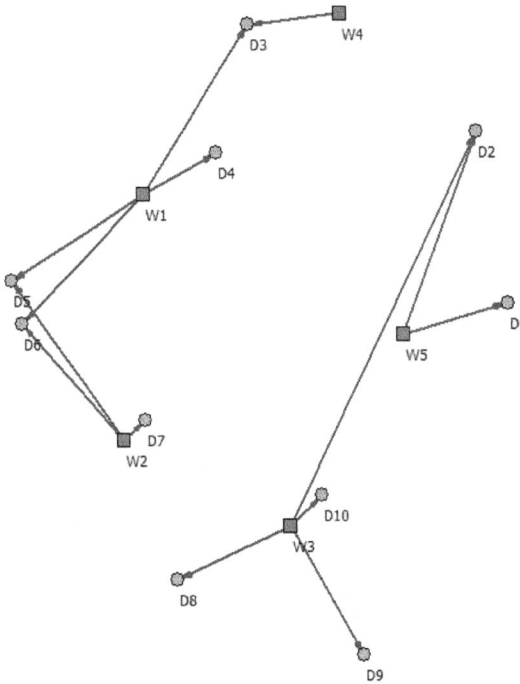

Abb. 1.24: Grafische Darstellung der Lösung für Fallstudie 1.3 a) in LogisticsLab/TPP

| Problem | Sources | Destinations | Variable costs | Fixed costs | Capacities | Solution |

Sources: 5   Edit mode: ⟩ ⋀⋀

Nr	Name	X-Pos	Y-Pos	Supply	Min. supply	Max. supply	Flow	
1	W1	400,00	490,00	150	150	M		150
2	W2	380,00	260,00	200	200	M		170
3	W3	540,00	180,00	250	250	M		250
4	W4	590,00	660,00	80	80	M		80
5	W5	650,00	360,00	120	120	M		120

Abb. 1.25: Lösung für die Werke Fallstudie 1.3 a) in LogisticsLab/TPP

| Problem | Sources | Destinations | Variable costs | Fixed costs | Capacities | Solution |

Supply:	800	Total costs:	138.400	Min. cost rate	130
Demand:	770	Variable costs:	138.400	Max. cost rate:	250
Gap:	30	Fixed costs:	0		
Flow:	770				

From	Source	To	Destination	Cost per unit	Capacity	Flow	Variable costs	Fixe
1	W1	3	D3	200	M	20	4.000	
1	W1	4	D4	180	M	80	14.400	
1	W1	5	D5	200	M	30	6.000	
1	W1	6	D6	200	M	20	4.000	
2	W2	5	D5	250	M	60	15.000	
2	W2	6	D6	250	M	40	10.000	
2	W2	7	D7	230	M	70	16.100	
3	W3	2	D2	190	M	40	7.600	
3	W3	8	D8	150	M	50	7.500	
3	W3	9	D9	170	M	110	18.700	
3	W3	10	D10	150	M	50	7.500	
4	W4	3	D3	130	M	80	10.400	
5	W5	1	D1	130	M	40	5.200	
5	W5	2	D2	150	M	80	12.000	

Abb. 1.26: Lösung für Fallstudie 1.3 a) in LogisticsLab/TPP

b) Lösung mit zweiseitig beschränkten Angeboten mit LogisticsLab/TPP
(Beispieldatei: gemko-zweiseitig.tpp)

In diesem Teil der Untersuchung soll analysiert werden, in welchem Maße Veränderungen der Produktionskapazitäten der Werke innerhalb vorgegebener Unter- und Obergrenzen zu Kostensenkungen führen können.

Es bietet sich an, die bisherige Problemdatei unter einem anderen Namen abzuspeichern und die Unter- und Obergrenzen der Angebote im Datenbereich *Sources* in den Spalten *Min. supply* und *Max. supply* einzugeben (Abb. 1.27). Anschließend kann das Problem als Transportproblem mit zweiseitig beschränkten Angeboten gelöst werden, indem im Optimierungsdialog zusätzlich im Bereich *Additional constraints* die Option *Supply ranges* gewählt wird (Abb. 1.28).

Problem	Sources	Destinations	Variable costs	Fixed costs	Capacities	Solution

Sources: 5   Edit mode:

Nr	Name	X-Pos	Y-Pos	Supply	Min. supply	Max. supply	Flow
1	W1	400,00	490,00	150	0	150	
2	W2	380,00	260,00	200	0	250	
3	W3	540,00	180,00	250	200	300	
4	W4	590,00	660,00	80	0	200	
5	W5	650,00	360,00	120	100	200	

Abb. 1.27: Eingabe der Daten der Werke für Fallstudie 1.3 b) in LogisticsLab/TPP

Objective sense
- ● Min
- ○ Max

Problem type
- ● Standard TPP
- ○ Bottleneck TPP

Objective function issues
- Including fixed costs ☐
- Block routes if ... ☐
  - cost rate less than [0]
  - cost rate greater than [M]

Additional constraints
- Supply ranges ☑
- Demand ranges ☐
- Capacities ☐
- Single source ☐

Abb. 1.28: Optimierungseinstellungen für Fallstudie 1.3 b) in LogisticsLab/TPP

Die Kosten des neuen Produktions- und Transportplans betragen nur noch 121.800 Euro (Abb. 1.31 → *Total costs*). Durch die Anpassung der Produktionskapazitäten an die Bedarfsmengen der Empfänger lassen sich gegenüber dem Ausgangsplan mit unveränderten Produktionskapazitäten Einsparungen von 16.600 Euro bzw. ca. 12 % erzielen.

Betrachtet man im Datenbereich *Sources* die in der Spalte *Flow* enthaltenen notwendigen Produktionsmengen, erkennt man, dass die Produktionsmengen der Werke W3–W5 an den jeweiligen Obergrenzen liegen, während Werk W2 überhaupt nicht produziert und vom Werk W1 mit 70 Mengeneinheiten lediglich 46,67 % der Maximalkapazität nachgefragt wird (Abb. 1.29). Diese Kostensenkungseffekte resultieren aus den Veränderungen der Kapazitäten und damit der Produktions- und Liefermengen, da mit den Kapazitätserweiterungen für die Werke W3–W5 die gegenüber den beiden anderen Werken günstigeren Produktionskosten und weiterhin kostengünstigere Transportkostenrelationen genutzt werden können.

| Problem | Sources | Destinations | Variable costs | Fixed costs | Capacities | Solution |

Sources: 5   Edit mode:

Nr	Name	X-Pos	Y-Pos	Supply	Min. supply	Max. supply	Flow
1	W1	400,00	490,00	150	0	150	70
2	W2	380,00	260,00	200	0	250	0
3	W3	540,00	180,00	250	200	300	300
4	W4	590,00	660,00	80	0	200	200
5	W5	650,00	360,00	120	100	200	200

Abb. 1.29: Lösung für die Werke Fallstudie 1.3 b) in LogisticsLab/TPP

Weiterhin ist anhand der grafischen Darstellung der Lösung (Abb. 1.30) bzw. der Mengen im Datenbereich *Solution* (Abb. 1.31) ersichtlich, dass sich die Liefergebiete der Werke überschneiden sowie Mehrfachbelieferungen einzelner Distributionszentren vorliegen. Insgesamt erscheint die Verteilung der Liefergebiete unausgewogen.

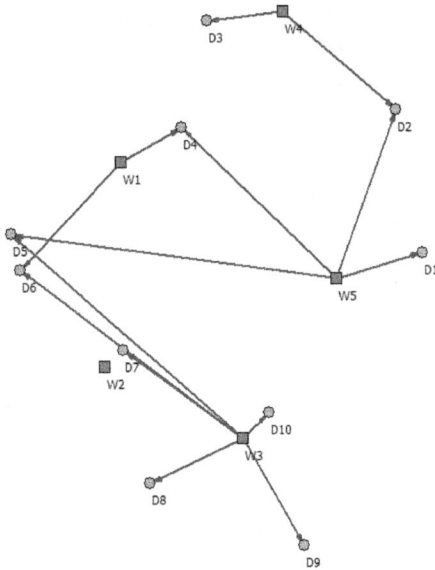

Abb. 1.30: Grafische Darstellung der Lösung für Fallstudie 1.3 b) in LogisticsLab/TPP

Problem	Sources	Destinations	Variable costs	Fixed costs	Capacities	Solution

Supply:	800	Total costs:	121.800	Min. cost rate	130
Demand:	770	Variable costs:	121.800	Max. cost rate:	200
Gap:	30	Fixed costs:	0		
Flow:	770				

From	Source	To	Destination	Cost per unit	Capacity	Flow	Variable costs	Fixe
1	W1	4	D4	180	M	20	3.600	
1	W1	6	D6	200	M	50	10.000	
3	W3	5	D5	190	M	10	1.900	
3	W3	6	D6	190	M	10	1.900	
3	W3	7	D7	170	M	70	11.900	
3	W3	8	D8	150	M	50	7.500	
3	W3	9	D9	170	M	110	18.700	
3	W3	10	D10	150	M	50	7.500	
4	W4	2	D2	150	M	100	15.000	
4	W4	3	D3	130	M	100	13.000	
5	W5	1	D1	130	M	40	5.200	
5	W5	2	D2	150	M	20	3.000	
5	W5	4	D4	150	M	60	9.000	
5	W5	5	D5	170	M	80	13.600	

Abb. 1.31: Lösung für Fallstudie 1.3 b) in LogisticsLab/TPP

c) Lösung als Transportproblem mit unbeschränkten Angeboten mit LogisticsLab/TPP
(Beispieldatei: gemko-unbeschraenkt.tpp)

Abschließend ist zu untersuchen, ob durch Kapazitätserweiterungen über die bisherigen Vorgaben hinaus weitere Kostensenkungen erwartet werden können.

Dazu ist die Problemdatei für das Transportproblem mit zweiseitig beschränkten Angeboten unter einem neuen Namen zu speichern. Daraufhin sind im Datenbereich *Sources* die oberen Kapazitätsgrenzen der Werke aufzuheben, indem in der Spalte *Max. supply* für jedes Werk ein symbolischer Wert M für eine de facto unbeschränkte Kapazität eingegeben wird (Abb. 1.32). Das Problem ist dann erneut als klassisches Transportproblem unter Einbeziehung von Angebotsintervallen zu lösen.

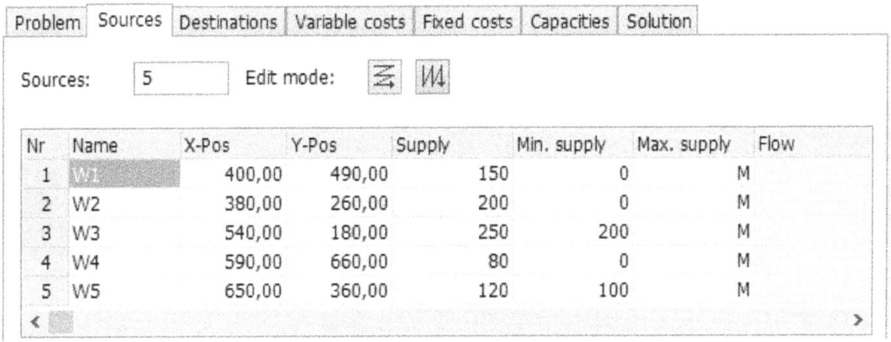

Nr	Name	X-Pos	Y-Pos	Supply	Min. supply	Max. supply	Flow
1	W1	400,00	490,00	150	0	M	
2	W2	380,00	260,00	200	0	M	
3	W3	540,00	180,00	250	200	M	
4	W4	590,00	660,00	80	0	M	
5	W5	650,00	360,00	120	100	M	

(Tabs: Problem | Sources | Destinations | Variable costs | Fixed costs | Capacities | Solution. Sources: 5, Edit mode.)

Abb. 1.32: Eingabe der Daten der Werke für Fallstudie 1.3 c) in LogisticsLab/TPP

Wie im Datenbereich *Solution* zu sehen (Abb. 1.33), besitzt die Lösung dieses Transportproblems gesamte Produktions- und Transportkosten von 119.300 Euro. Das entspricht gegenüber der Lösung für Aufgabe b) einer circa zweiprozentigen Kostensenkung von 2.500 Euro. Dieser Effekt basiert im Wesentlichen darauf, dass, wie in der grafischen Darstellung der Lösung (Abb. 1.34) bzw. anhand der Mengen im Datenbereich *Sources* (Abb. 1.35) ersichtlich, die kostenintensiveren Werke W1 und W2 nicht weiter in die Versorgung der Distributionszentren einbezogen und die kostengünstigeren Lieferrelationen ausgehend von den Werken W3–W5 noch stärker ausgenutzt werden.

| Problem | Sources | Destinations | Variable costs | Fixed costs | Capacities | Solution |

Supply:	800	Total costs:	119.300	Min. cost rate	130
Demand:	770	Variable costs:	119.300	Max. cost rate:	170
Gap:	30	Fixed costs:	0		
Flow:	770				

From	Source	To	Destination	Cost per unit	Capacity	Flow		Variable costs	Fixe
3	W3	7	D7	170	M	70		11.900	
3	W3	8	D8	150	M	50		7.500	
3	W3	9	D9	170	M	80		13.600	
4	W4	3	D3	130	M	100		13.000	
5	W5	1	D1	130	M	40		5.200	
5	W5	2	D2	150	M	120		18.000	
5	W5	4	D4	150	M	80		12.000	
5	W5	5	D5	170	M	90		15.300	
5	W5	6	D6	170	M	60		10.200	
5	W5	9	D9	170	M	30		5.100	
5	W5	10	D10	150	M	50		7.500	

Abb. 1.33: Lösung für Fallstudie 1.3 c) in LogisticsLab/TPP

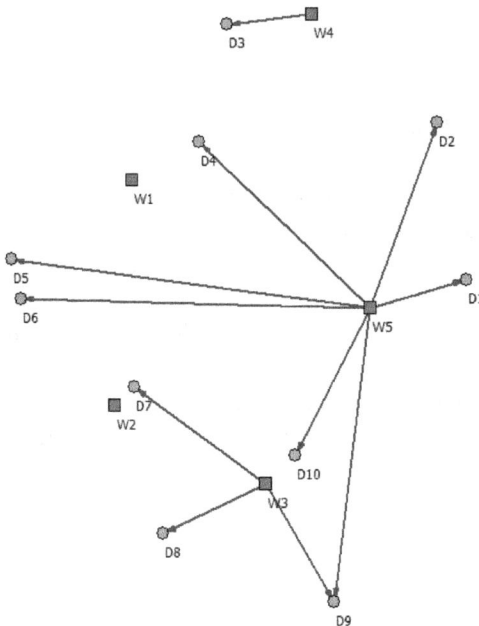

Abb. 1.34: Grafische Darstellung der Lösung für Fallstudie 1.3 c) in LogisticsLab/TPP

| Problem | Sources | Destinations | Variable costs | Fixed costs | Capacities | Solution |

Sources: | 5 | Edit mode: ⩸ ⩟

Nr	Name	X-Pos	Y-Pos	Supply	Min. supply	Max. supply	Flow
1	W1	400,00	490,00	150	0	M	0
2	W2	380,00	260,00	200	0	M	0
3	W3	540,00	180,00	250	200	M	200
4	W4	590,00	660,00	80	0	M	100
5	W5	650,00	360,00	120	100	M	470

Abb. 1.35: Lösung für die Werke aus Fallstudie 1.3 c) in LogisticsLab/TPP

Allerdings ist darauf zu verweisen, dass Kosteneffekte, die aus dem Auf- und Abbau von Kapazitäten resultieren, in diesem Modell nicht beachtet werden. Insgesamt erscheint der Zuschnitt der Liefergebiete der verbleibenden Werke W3–W5 gegenüber den bisherigen Lösungen ausgewogener.

1.2 Transportprobleme mit nicht-klassischen Zielfunktionen

Fallstudie 1.4

a) Lösung als klassisches Transportproblem mit LogisticsLab/TPP
(Beispieldatei: turbo.tpp)

Zur Lösung des Problems müssen die Großhändler als Versender und die Großbaustellen als Empfänger behandelt werden. Die Transportkosten zwischen den Versendern und den Empfängern je Kubikmeter Sand setzen sich aus den distanzabhängigen Transportkostensätzen und den Kosten für die Kommissionierung und die Bereitstellung der Ware bei den Großhändlern zusammen. So beträgt der distanzabhängige Transportkostensatz für die Relation G1 (Stuttgart) und B1 (Augsburg) bei einer Distanz von 160 Kilometern 9,60 Euro je Kubikmeter. Zusätzlich fallen bei diesem Großhändler bereitstellungsbedingte Kosten von 5,10 Euro je Kubikmeter an, sodass der gesamte Transportkostensatz für diese Relation 14,70 Euro je Kubikmeter beträgt. Tab. 1.3 enthält die so berechneten Transportkostensätze für alle Transportrelationen.

Tab. 1.3: Transportkostensätze für Fallstudie 1.4

Transportkosten [€/m³]	G1 Stuttgart	G2 München	G3 Frankfurt	G4 Braunschweig
B1 Augsburg	14,7	11,1	16,3	20,6
B2 Karlsruhe	10,8	15,0	10,6	20,6
B3 Nürnberg	14,7	15,0	14,5	20,6
B4 Mannheim	10,8	16,8	10,6	16,6
B5 Saarbrücken	14,7	20,8	14,5	20,6
B6 Münster	20,5	20,8	16,3	14,8
B7 Kassel	16,5	20,8	14,5	10,9
B8 Essen	16,5	20,8	14,5	16,6
B9 Wuppertal	16,5	20,8	14,5	14,8
B10 Bielefeld	20,5	20,8	14,5	14,8

Zur Lösung des Problems ist in einem ersten Schritt in LogisticsLab/TPP ein neues Problem mit vier Versendern (Großhändler G1–G4) und zehn Empfängern (Großbaustellen B1–B10) anzulegen.

Für die Großhändler sind neben den Kapazitäten zusätzlich die Koordinaten für eine korrekte grafische Darstellung notwendig. Hierzu bietet es sich an, die geografische Länge und Breite der Orte zu verwenden. Diese können z. B. über Google Maps bzw. Bing Maps oder über freie Geo-Datenbanken wie OpenGeoDB ermittelt werden.[2] Abb. 1.36 zeigt die Eingabe der Daten für die Großhändler im Datenbereich *Sources*. Da die Koordinaten in LogisticsLab einer X-Y-Notation folgen, sind für einen Versender der Längengrad als X-Position und der Breitengrad als Y-Position einzugeben.

Analog ist hinsichtlich der Bedarfe und der Koordinaten der Baustellen vorzugehen, für die in Abb. 1.37 die Eingabe dieser Daten im Datenbereich *Destinations* dargestellt ist.

In Bezug auf die Eingabe der variablen Transportkosten im Datenbereich *Variable Costs* ist zu beachten, dass in LogisticsLab/TPP nur ganzzahlige Transportkostensätze eingegeben werden können. Daher sind die in Tab. 1.3 enthaltenen Transportkostensätze mit dem Faktor zehn zu multiplizieren (Abb. 1.38), was bei der Interpretation der Ergebnisse zu berücksichtigen ist.

---

2 http://maps.google.de, http://www.bing.com/maps und http://opengeodb.org (Stand: April 2016).

| Problem | Sources | Destinations | Variable costs | Fixed costs | Capacities | Solution |

Sources: 4   Edit mode: ⋛ 𝕎

Nr	Name	X-Pos	Y-Pos	Supply	Min. supply	Max. supply	Flow
1	G1	9,18	48,78	600	600	M	
2	G2	11,57	48,13	900	900	M	
3	G3	8,68	50,12	500	500	M	
4	G4	10,53	52,27	700	700	M	

Abb. 1.36: Eingabe der Daten der Großhändler für Fallstudie 1.4 in LogisticsLab/TPP

| Problem | Sources | Destinations | Variable costs | Fixed costs | Capacities | Solution |

Destinations: 10   Edit mode: ⋛ 𝕎

Nr	Name	X-Pos.	Y-Pos.	Demand	Min. demand	Max. demand	Flow
1	B1	10,90	48,37	300	300	M	
2	B2	8,40	49,02	200	200	M	
3	B3	11,08	49,45	400	400	M	
4	B4	8,47	49,48	150	150	M	
5	B5	7,00	49,23	160	160	M	
6	B6	7,63	51,97	200	200	M	
7	B7	9,50	51,32	600	600	M	
8	B8	7,02	51,47	200	200	M	
9	B9	7,20	51,27	300	300	M	
10	B10	8,53	52,02	100	100	M	

Abb. 1.37: Eingabe der Daten der Baustellen für Fallstudie 1.4 in LogisticsLab/TPP

| Problem | Sources | Destinations | Variable costs | Fixed costs | Capacities | Solution |

Problem size: 4 x 10   Edit mode: ⋛ 𝕎

	Nr.	1	2	3	4	5	6	7
Nr.	from\to	B1	B2	B3	B4	B5	B6	E
1	G1	147	108	147	108	147	205	
2	G2	111	150	150	168	208	208	
3	G3	163	106	145	106	145	163	
4	G4	206	206	206	166	206	148	

Abb. 1.38: Eingabe der Transportkosten für Fallstudie 1.4 in LogisticsLab/TPP

Nach Eingabe aller Problemdaten kann dieses Problem als klassisches Transportproblem gelöst werden. Der optimale Transportplan ist als grafische Darstellung in Abb. 1.39 zu sehen. Die gesamten Transportkosten betragen 34.504 Euro. Dieser Wert kann im Datenbereich *Solution* (Abb. 1.40) im Feld *Total costs* bzw. *Variable costs* eingesehen werden, wobei dieser Wert aufgrund der oben angeführten Transformationen durch den Wert zehn dividiert werden muss. Aufgrund der vorliegenden Kosten- bzw. Kapazitäts- und Bedarfsstrukturen treten mehrere Liefersplittungen auf. So werden die Baustellen B2, B6 und B8 durch jeweils zwei Großhändler beliefert. Da ein Angebotsüberschuss besteht, werden die Bedarfe aller Baustellen vollständig befriedigt.

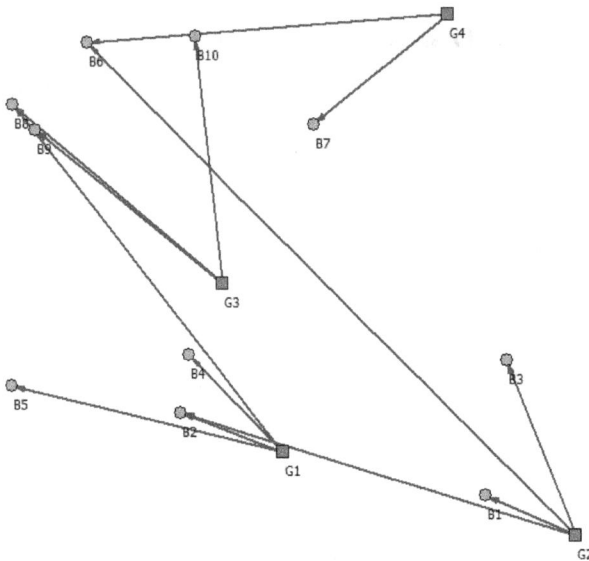

Abb. 1.39: Grafische Darstellung der Lösung für Fallstudie 1.4 a) in LogisticsLab/TPP

| Problem | Sources | Destinations | Variable costs | Fixed costs | Capacities | Solution |

Supply:	2.700	Total costs:	345.040	Min. cost rate:	108
Demand:	2.610	Variable costs:	345.040	Max. cost rate:	208
Gap:	90	Fixed costs:	0
Flow:	2.610

From	Source	To	Destination	Cost per unit	Capacity	Flow		Variable costs	Fixe
1	G1	2	B2	108	M		190	20.520	
1	G1	4	B4	108	M		150	16.200	
1	G1	5	B5	147	M		160	23.520	
1	G1	8	B8	165	M		100	16.500	
2	G2	1	B1	111	M		300	33.300	
2	G2	2	B2	150	M		10	1.500	
2	G2	3	B3	150	M		400	60.000	
2	G2	6	B6	208	M		100	20.800	
3	G3	8	B8	145	M		100	14.500	
3	G3	9	B9	145	M		300	43.500	
3	G3	10	B10	145	M		100	14.500	
4	G4	6	B6	148	M		100	14.800	
4	G4	7	B7	109	M		600	65.400	

Abb. 1.40: Lösung für Fallstudie 1.4 a) in LogisticsLab/TPP

b) Lösung als Transportproblem mit sprungfixen Kosten mit LogisticsLab/TPP (Beispieldatei: turbo-fixkosten.tpp)

Wird zusätzlich die mengenunabhängige tägliche Transaktionskostenpauschale von 208 Euro je Lieferbeziehung zwischen einem Großhändler und einer Baustelle in die Bestimmung des optimalen Transportplans einbezogen, ist das Problem als Transportproblem mit sprungfixen Kosten zu lösen.

Da zur bisherigen Problemformulierung einzig die Transaktionskostenpauschalen als sprungfixe Kosten für die Lieferrelationen zusätzlich einzugeben sind, bietet es sich an, die bisherige Problemdatei unter einem anderen Namen zu speichern und im Datenbereich *Fixed costs* die Transaktionskostenpauschale von 208 Euro für jede Lieferbeziehung einzugeben (Abb. 1.41). Da die Transportkosten mit dem Wert zehn multipliziert wurden, sind auch die Transaktionskostenpauschalen mit diesem Faktor zu multiplizieren.

Zur Lösung dieses Problems ist im Optimierungsdialog zusätzlich anzugeben, dass die sprungfixen Kosten in die Zielfunktion einzubeziehen sind. Das geschieht, indem im Bereich *Objective function issues* ... die Option *Including fixed costs* gewählt wird (Abb. 1.42).

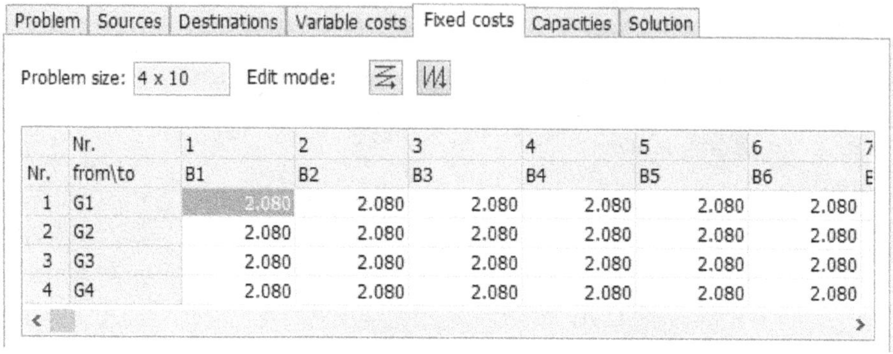

	Nr.	1		2		3		4		5		6		7
Nr.	from\to	B1		B2		B3		B4		B5		B6		E
1	G1	2.080		2.080		2.080		2.080		2.080		2.080	
2	G2			2.080		2.080		2.080		2.080		2.080		2.080
3	G3			2.080		2.080		2.080		2.080		2.080		2.080
4	G4			2.080		2.080		2.080		2.080		2.080		2.080

Abb. 1.41: Eingabe der Transaktionskostenpauschale für Fallstudie 1.4 b) in LogisticsLab/TPP

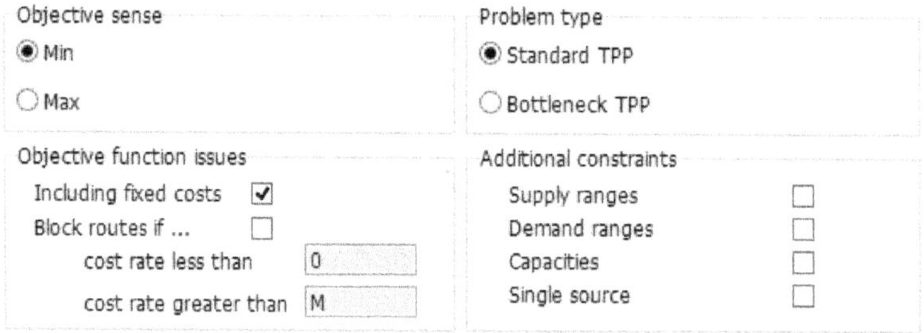

Abb. 1.42: Optimierungseinstellungen für Fallstudie 1.4 b) in LogisticsLab/TPP

Betrachtet man die grafische Darstellung der Lösung in Abb. 1.43 und die numerische Lösung in Abb. 1.44, erkennt man, dass keine Liefersplittungen auftreten. Alle Baustellen erhalten ihren vollständigen Bedarf von jeweils einem Großhändler. Dabei treten gegenüber der Lösung von Fallstudie 1.4 a) höhere variable Transportkosten von 34.892 Euro und damit eine Kostensteigerung von 388 Euro auf. Zusätzlich treten sprungfixe gesamte Transaktionskosten in Höhe von 2.080 Euro auf. Demgegenüber steht eine verringerte Anzahl von Lieferbeziehungen für die Baustellen B2, B6 und B8, die nur noch von einem Großhändler beliefert werden. Würde man die ursprüngliche gesplittete Belieferung beibehalten, wären zusätzliche Transaktionskosten von $3 \cdot 208 = 624$ Euro zu verzeichnen, die die Kostensteigerung der variablen Transportkosten von 388 Euro deutlich überschreiten. In diesem Sinn stellt der gefundene Lieferplan mit den gesamten Kosten von 36.972 Euro das Optimum dar.

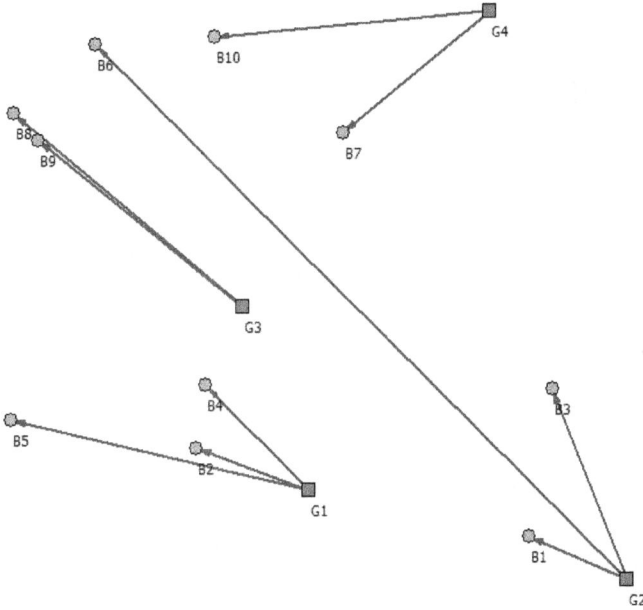

Abb. 1.43: Grafische Darstellung der Lösung für Fallstudie 1.4 b) in LogisticsLab/TPP

Problem	Sources	Destinations	Variable costs	Fixed costs	Capacities	Solution

Supply:	2.700	Total costs:	369.720	Min. cost rate	108	
Demand:	2.610	Variable costs:	348.920	Max. cost rate:	208	
Gap:	90	Fixed costs:	20.800			
Flow:	2.610					

From	Source	To	Destination	Cost per unit	Capacity	Flow	Variable costs	Fixe
1	G1	2	B2	108	M	200	21.600	
1	G1	4	B4	108	M	150	16.200	
1	G1	5	B5	147	M	160	23.520	
2	G2	1	B1	111	M	300	33.300	
2	G2	3	B3	150	M	400	60.000	
2	G2	6	B6	208	M	200	41.600	
3	G3	8	B8	145	M	200	29.000	
3	G3	9	B9	145	M	300	43.500	
4	G4	7	B7	109	M	600	65.400	
4	G4	10	B10	148	M	100	14.800	

Abb. 1.44: Lösung für Fallstudie 1.4 b) in LogisticsLab/TPP

Fallstudie 1.5

a) Beurteilung der bisherigen Strategie mit LogisticsLab/TPP
(Beispieldatei: nordfisch-kosten.tpp)

Die bisherige Transportstrategie war rein kostenorientiert. Die Analyse der Transportbeziehungen und die Ermittlung der Transportkosten kann als klassisches Transportproblem modelliert werden. Die Kostensätze sind anhand der Distanzen zwischen den Kühllagern und den Vertriebszentren sowie den distanzabhängigen Transportkostensätzen zu bestimmen (Tab. 1.4).[3]

Zur Lösung dieses Problems ist in LogisticsLab/TPP ein neues Problem mit drei Versendern (Kühllager) und acht Empfängern (Distributionszentren) anzulegen. Die Daten der Kühllager sind im Datenbereich *Sources* (Abb. 1.45), die der Distributionszentren im Datenbereich *Destinations* (Abb. 1.46) sowie die Transportkostensätze gemäß Tab. 1.4 im Datenbereich *Variable costs* (Abb. 1.47) einzugeben.

Tab. 1.4: Transportkostensätze für Fallstudie 1.5 a) in Euro je Tonne

	D1	D2	D3	D4	D5	D6	D7	D8
KL1	51	51	71	51	71	51	82	86
KL2	50	78	50	50	90	90	78	50
KL3	98	61	61	85	52	52	61	85

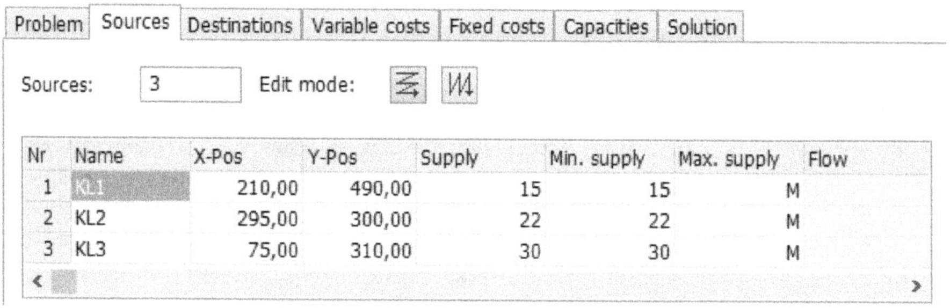

Abb. 1.45: Eingabe der Daten der Kühllager für Fallstudie 1.5 a) in LogisticsLab/TPP

---

3 Diese Berechnungen können in der Beispieldatei transport.xlsx im Arbeitsblatt nordfisch-kosten-saetze nachvollzogen werden.

| Problem | Sources | Destinations | Variable costs | Fixed costs | Capacities | Solution |

Destinations: 8   Edit mode: ⧖ ⩔

Nr	Name	X-Pos.	Y-Pos.	Demand	Min. demand	Max. demand	Flow
1	D1	345,00	420,00	8	8		M
2	D2	140,00	380,00	6	6		M
3	D3	180,00	330,00	7	7		M
4	D4	230,00	400,00	5	5		M
5	D5	75,00	340,00	8	8		M
6	D6	100,00	380,00	8	8		M
7	D7	140,00	250,00	7	7		M
8	D8	255,00	200,00	9	9		M

Abb. 1.46: Eingabe der Daten der Distributionszentren für Fallstudie 1.5 a) in LogisticsLab/TPP

| Problem | Sources | Destinations | Variable costs | Fixed costs | Capacities | Solution |

Problem size: 3 x 8   Edit mode: ⧖ ⩔

	Nr.	1	2	3	4	5	6	7
Nr.	from\to	D1	D2	D3	D4	D5	D6	D
1	KL1	51	51	71	51	71	51	
2	KL2	50	78	50	50	90	90	
3	KL3	98	61	61	85	52	52	

Abb. 1.47: Eingabe der Transportkostensätze für Fallstudie 1.5 a) in LogisticsLab/TPP

Nach dem Lösen dieses klassischen Transportproblems erscheint im Bereich *Network* die optimale Lösung als Netzwerkgrafik (Abb. 1.48). Der optimale Transportplan kann dem Datenbereich *Solution* entnommen werden und wurde in Tab. 1.5 aufbereitet. Die gesamte Liefermenge beträgt 58 Tonnen (*Flow*), was dem gesamten Bedarf entspricht. Die gesamten Transportkosten betragen 3.020 Euro pro Tag.

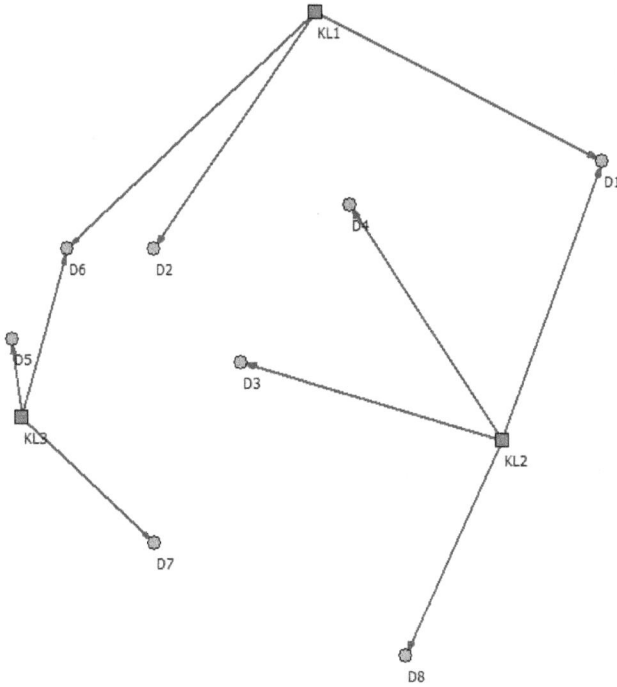

Abb. 1.48: Grafische Darstellung der Lösung für Fallstudie 1.5 a) in LogisticsLab/TPP

Tab. 1.5: Lösung für Fallstudie 1.5 a)

Von	Nach	Distanz [km]	Fahrtzeit [min]	Kostensatz [€/t]	Menge [t]	Kosten [€]
KL1	D1	286	**310**	51	7	357
KL1	D2	254	234	51	6	306
KL1	D6	278	**308**	51	2	102
KL2	D1	256	236	50	1	50
KL2	D3	222	205	50	7	350
KL2	D4	256	236	50	5	250
KL2	D8	211	195	50	9	450
KL3	D5	73	67	52	8	416
KL3	D6	146	135	52	6	312
KL3	D7	183	169	61	7	427
Gesamt		2.165	2.095		58	3.020

In diesem Transportplan fällt auf, dass ausgehend vom Kühllager KL1 die Transportzeiten zu den kritischen Distributionszentren D1 und D6 mit ca. fünf Stunden hohe Werte aufweisen. Weitere hohe Transportzeiten liegen mit ca. vier Stunden für die Transporte KL1 → D2, KL2 → D1 und KL2 → D4 vor. Da von den Zentren D2 und D4 keine Qualitätsmängel beanstandet wurden, kann man annehmen, dass eine vierstündige Transportzeit für die zu kühlende Ware unbedenklich ist.

b) Neue Transportstrategie zur Erhöhung der Qualität mit LogisticsLab/TPP
(Beispieldatei: nordfisch-bottleneck.tpp)

Da die Qualitätsprobleme offensichtlich aus zu langen Lieferzeiten zwischen den Kühllagern und den Distributionslagern resultieren, ist es sinnvoll, die maximale Lieferzeit zu minimieren. Ein solches Zielkriterium entspricht einem Bottleneck-Transportproblem.

Da dazu die bisherigen Daten für die Kühllager und die Distributionslager unverändert verwendbar sind, kann die bisherige Problemdatei unter einem anderen Namen abgespeichert werden. Es sind lediglich die Bewertungen der Transportrelationen zwischen den Kühllagern und den Distributionslagern zu verändern, wobei statt der Transportkostensätze die Fahrtzeiten im Datenbereich *Variable costs* einzugeben sind.

	Nr.	1	2	3	4	5	6	7
Nr.	from\to	D1	D2	D3	D4	D5	D6	C
1	KL1	310	234	285	186	334	308	
2	KL2		236	355	205	236	422	418	
3	KL3		527	177	224	330	67	135	

Abb. 1.49: Eingabe der Fahrtzeiten für Fallstudie 1.5 b) in LogisticsLab/TPP

Nach Abschluss der Dateneingabe ist das Problem zu lösen, wobei im Optimierungsdialog als Optimierungsrichtung *MiniMax* und als Problemtyp *Bottleneck TPP* zu wählen ist (Abb. 1.50).

Die optimale Lösung dieses Problems kann im Bereich *Netzwerk* (Abb. 1.51) und im Datenbereich *Solution* eingesehen werden. Die numerische Lösung wurde in Tab. 1.6 aufbereitet.

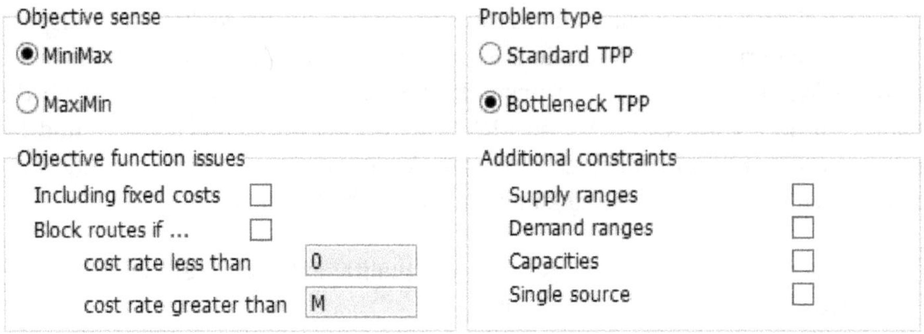

Abb. 1.50: Optimierungseinstellungen für Fallstudie 1.5 b) in LogisticsLab/TPP

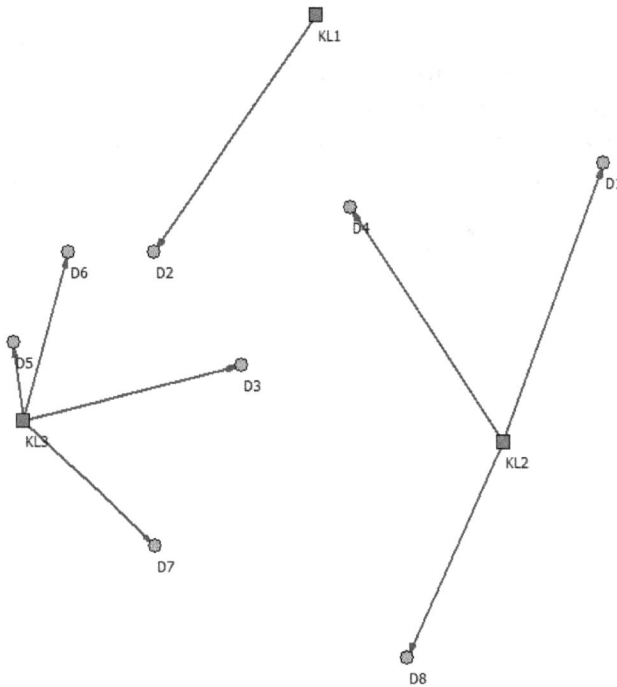

Abb. 1.51: Grafische Darstellung der Lösung für Fallstudie 1.5 b) in LogisticsLab/TPP

Tab. 1.6: Lösung für Fallstudie 1.5 b)

Von	Nach	Distanz [km]	Fahrtzeit [min]	Kostensatz [€/t]	Menge [t]	Kosten [€]
KL1	D2	254	234	51	6	306
KL2	D1	256	**236**	50	8	400
KL2	D4	256	**236**	50	5	250
KL2	D8	211	195	50	9	450
KL3	D3	243	224	61	7	427
KL3	D5	73	67	52	8	416
KL3	D6	146	135	52	8	416
KL3	D7	183	169	61	7	427
Gesamt		1.622	1.496		58	3.092

Die maximale Fahrzeit beträgt 236 Minuten bzw. 3:56 Stunden (KL2 → D1, KL2 → D4) und liegt somit unter der kritischen Grenze von vier Stunden. Weiterhin fällt auf, dass der Transportplan die Belieferung der Distributionszentren von jeweils nur einem Kühllager vorsieht. Die dadurch resultierende Kundenbindung an nur ein Kühllager ist positiv zu werten. Diese Lösung garantiert eine hohe Qualität des Kühlgutes.

Allerdings haben sich die Gesamtkosten von 3.020 auf 3.092 Euro bzw. um 2,4 % erhöht. Bezogen auf 250 Arbeitstage ergibt das zusätzliche Transportkosten von 15.500 Euro pro Jahr.

c) Kompromiss zwischen Transportkosten und Engpasszeit
(Beispieldatei: transport.xlsx → nordfisch-goal-programming)

Da dieses Problem als lineares Goal-Programming-Modell abgebildet werden muss, kann es nicht mit LogisticsLab, sondern stattdessen mit SolverStudio/Cmpl gelöst werden.

Dazu ist ein Excel-Arbeitsblatt einzurichten (Abb. 1.52), dass in den Zeilen 3 bis 13 alle Informationen hinsichtlich der Versender, der Empfänger, der Transportzeiten, der Transportkosten sowie der Angebots- und Nachfragemengen enthält. Im Zellbereich C18:K21 sollen nach der Optimierung die Liefermengen sowie die Summen je Kühllager und Distributionszentrum automatisch durch SolverStudio eingetragen werden. Die Zellen D25:D26 enthalten die Gewichte für die beiden Zielgrößen, deren Lösung nach der Optimierung in E25:E26 eingetragen und mit den Referenzwerten in F25:F26 verglichen werden sollen. Als Referenzwerte sind die für die Engpasszeit optimale Lösung von 236 Minuten des Bottleneck-Problems (Tab. 1.6) und die optimalen Transportkosten von 3.020 Euro des klassischen Transportproblems (Tab. 1.5) zu verwenden.

Um die Indexmengen, Parameter und Lösungszellen mit dem CMPL-Modell 1.1 zu verbinden, sind sie im SolverStudio-Dateneditor entsprechend zu spezifizieren (Abb. 1.53). So wurden drei Indexmengen *sources*, *destinations* und *criteria* für die Kühllager, Distributionszentren und die beiden einzubeziehenden Zielkriterien definiert.

	A	B	C	D	E	F	G	H	I	J	K
1	Parameter										
2		Fahrtzeiten in Minuten									
3			D1	D2	D3	D4	D5	D6	D7	D8	Angebote [t]
4		KL1	310	234	285	186	334	308	449	558	15
5		KL2	236	355	205	236	422	418	299	195	22
6		KL3	527	177	224	330	67	135	169	374	30
7		Bedarfe [t]	8	6	7	5	8	8	7	9	
8											
9		Transportkostensätze in Euro je Tonne									
10			D1	D2	D3	D4	D5	D6	D7	D8	
11		KL1	51	51	71	51	71	51	82	86	
12		KL2	50	78	50	50	90	90	78	50	
13		KL3	98	61	61	85	52	52	61	85	
14											
15	Lösung										
16		Transportkostensätze in Euro je Tonne									
17			D1	D2	D3	D4	D5	D6	D7	D8	Gesamt
18		KL1									0
19		KL2									0
20		KL3									0
21		Gesamt	0	0	0	0	0	0	0	0	0
22											
23		Zielgrößen									
24		Kriterium	Nr	Gewicht	Lösung	Referenz	[%]				
25		Engpasszeit	1	50%	0	236					
26		Kosten	2	50%	0	3.020					

Abb. 1.52: Excel-Arbeitsblatt für Fallstudie 1.5 c)

Name:	Cell Range:	Index Range(s):
<Add New Data Item>		
a	K4:K6	sources
b	C7:J7	destinations
c	C11:J13	sources, destinations
costs	E26	
criteria	C25:C26	
destinations	C3:J3	
maxT	E25	
r	F25:F26	criteria
sources	B4:B6	
t	C4:J6	sources, destinations
w	D25:D26	criteria
x	C18:J20	sources, destinations

Abb. 1.53: Ausschnitt aus SolverStudio-Dateneditor für Fallstudie 1.5 c)

Weiterhin waren unter Verwendung dieser Indexmengen, die Parameterfelder a für die Angebote, b für die Nachfragen, c für die Transportkostensätze, t für die Transportzeiten sowie w und r für die Gewichte und Referenzwerte der Zielkriterien zu definieren. Als nach der Optimierung wieder in Excel einzulesende Lösungselemente wurden x für die Transportmengen, $maxT$ für die Engpasszeit und $costs$ für die Transportkosten spezifiziert.

Das CMPL-Modell 1.1 entspricht fast vollständig dem im Lehrbuch *Logistik-Entscheidungen* eingeführten CMPL-Modell[4], sodass auf eine vollständige Erläuterung verzichtet wird und nur die geänderten Ausdrücke diskutiert werden.

CMPL-Modell 1.1: CMPL-Modell für Fallstudie 1.5 c)

```
1    %data : sources set, destinations set, b[destinations], a[sources], c[sources, destinations],
     t[sources, destinations], criteria set, w[criteria], r[criteria]
2
3    parameters:
4      { k in criteria : s[k] := 1/r[k];
5              { w[k]>0 : w1[k] := 1/w[k]; |
6                w[k]=0 : w1[k] := 100; }
7      }
8
9    variables:
10     x[sources, destinations]: real[0..];
11     y[sources, destinations]: binary;
12     maxT: real[0..];
13     costs: real[0..];
14     d: real;
15
16   objectives:
17     d -> min;
18
19   constraints:
20     s[1] * maxT - 1 <= d * w1[1];
21     s[2] * costs -1 <= d * w1[2];
22
23     costs = sum{ i in sources, j in destinations: c[i,j] * x[i,j] };
24
25     { i in sources, j in destinations: x[i,j] <= y[i,j] * b[j];}
26     { i in sources, j in destinations: t[i,j] * y[i,j] <= maxT;}
27
28     { i in sources: sum{j in destinations: x[i,j]} <= a[i]; }
29     { j in destinations: sum{i in sources: x[i,j]} = b[j]; }
```

---

4 Vgl. Steglich et al. (2016), S. 144 f.

Ein erster Unterschied zum im Lehrbuch diskutierten CMPL-Modell besteht darin, dass in der ersten Zeile zusätzlich die Matrix t[sources, destinations] der Transportzeiten eingelesen wird. Da im Gegensatz zum Lehrbuch-Modell nicht ein Kompromiss zwischen der gesamten Transport- und der Engpasszeit, sondern zwischen den gesamten Transportkosten und der Engpasszeit zu bestimmen ist, wurde in den Zeilen 13, 21 und 23 statt der Variablenbezeichnung transT für die gesamte Transportzeit die Bezeichnung costs für Transportkosten verwendet. Da zusätzlich ein Angebotsüberhang existiert, war die Angebotsnebenbedingung in Zeile 28 von einer Gleichung in eine Ungleichung zu überführen.

Nach der Optimierung dieses Problems erscheint die in Abb. 1.54 dargestellte Lösung. Es ist ersichtlich, dass alle Angebots- und Nachfragebedingungen eingehalten werden. Analysiert man die Werte der beiden einzubeziehenden Zielgrößen, kann man erkennen, dass bei einer 50 %-zu-50 %-Gewichtung die Engpasszeit einen Wert von 236 Minuten annimmt, was einer vollständigen Erreichung des Referenzwertes entspricht. Die gesamten Transportkosten betragen 3.042 Euro und damit 99 % des Referenzwertes. Das stellt gegenüber der Lösung des Bottleneck-Problems eine Reduzierung der täglichen Transportkosten von 50 Euro bzw. bei 250 Arbeitstagen pro Jahr eine Reduzierung von 12.500 Euro der jährlichen Transportkosten dar. Allerdings führt die Kostenreduktion zum Verlust der Zuordnung der Distributionszentren zu jeweils nur einem Kühllager. Das Zentrum D3 wird von den Kühllagern KL2 und KL3 beliefert.

	A	B	C	D	E	F	G	H	I	J	K
15	**Lösung**										
16		Transportkostensätze in Euro je Tonne									
17			D1	D2	D3	D4	D5	D6	D7	D8	Gesamt
18		KL1	0	6	0	5	0	0	0	0	11
19		KL2	8	0	5	0	0	0	0	9	22
20		KL3	0	0	2	0	8	8	7	0	25
21		Gesamt	8	6	7	5	8	8	7	9	58
22											
23		Zielgrößen									
24		Kriterium	Nr	Gewicht	Lösung	Referenz	[%]				
25		Engpasszeit	1	50%	236	236	100%				
26		Kosten	2	50%	3.042	3.020	99%				

Abb. 1.54: Lösung für Fallstudie 1.5 c)

Fallstudie 1.6

a) Mathematisches Modell

Die Zielfunktion (1.5) besteht in der Minimierung der maximalen Engpasszeit, wobei diese gemäß (1.6) die Obergrenze der Transportzeiten für jede der genutzten Transportrelationen darstellt. Gemäß (1.7) sollen die die Nutzung einer Transportrelation abbildenden binären Variablen y_{ij} nur dann den Wert eins annehmen, wenn die korrespondierenden Liefervariablen x_{ij} größer null sind. Die Ausdrücke (1.8) und (1.9) stellen die klassischen Angebots- und Nachfragebedingungen dar, wobei aufgrund des Angebotsüberschusses die Angebotsrestriktionen als Kleiner-oder-Gleich-Bedingungen zu formulieren sind.

$$T \rightarrow \min! \tag{1.5}$$

$$u.d.N.$$

$$12y_{11} \leq T$$
$$25y_{12} \leq T$$
$$2y_{13} \leq T$$
$$8y_{14} \leq T$$
$$20y_{21} \leq T$$
$$12y_{22} \leq T \tag{1.6}$$
$$12y_{23} \leq T$$
$$9y_{24} \leq T$$
$$30y_{31} \leq T$$
$$6y_{32} \leq T$$
$$10y_{33} \leq T$$
$$5y_{34} \leq T$$

$$x_{i1} \leq 15y_{i1} \qquad ;i=1...3$$
$$x_{i2} \leq 20y_{i2} \qquad ;i=1...3$$
$$x_{i3} \leq 15y_{i3} \qquad ;i=1...3 \tag{1.7}$$
$$x_{i4} \leq 10y_{i4} \qquad ;i=1...3$$

$$x_{11} + x_{12} + x_{13} + x_{14} \leq 17$$
$$x_{21} + x_{22} + x_{23} + x_{24} \leq 16 \tag{1.8}$$
$$x_{31} + x_{32} + x_{33} + x_{34} \leq 30$$

$$x_{11} + x_{21} + x_{31} = 15$$
$$x_{11} + x_{22} + x_{32} = 20 \tag{1.9}$$
$$x_{13} + x_{23} + x_{33} = 15$$
$$x_{14} + x_{24} + x_{34} = 10$$

$$x_{ij} \geq 0 \qquad ;i=1...3, j=1...4$$
$$y_{ij} \in \{0,1\} \qquad ;i=1...3, j=1...4 \tag{1.10}$$

b) Lösung mit LogisticsLab/TPP
(Beispieldatei: express-bottleneck.tpp)

Zur Lösung dieses Problems ist in LogisticsLab/TPP ein neues Problem mit drei Versendern und vier Empfängern anzulegen. Die Daten der Versandstationen sind im Datenbereich *Sources* (Abb. 1.55) und die der Kundenstationen im Datenbereich *Destinations* (Abb. 1.56) einzugeben. Die in der Aufgabenstellung gegebenen Transportzeiten je Stück des zu transportierenden homogenen Gutes sind im Datenbereich *Variable costs* (Abb. 1.57) einzutragen.

| Problem | Sources | Destinations | Variable costs | Fixed costs | Capacities | Solution |

Sources: 3   Edit mode:

Nr	Name	X-Pos	Y-Pos	Supply	Min. supply	Max. supply	Flow
1	S01	0,00	1.000,00		17	17	M
2	S02	0,00	500,00		16	16	M
3	S03	0,00	0,00		30	30	M

Abb. 1.55: Eingabe der Daten der Versandstationen für Fallstudie 1.6 b) in LogisticsLab/TPP

| Problem | Sources | Destinations | Variable costs | Fixed costs | Capacities | Solution |

Destinations: 4   Edit mode:

Nr	Name	X-Pos.	Y-Pos.	Demand	Min. demand	Max. demand	Flow
1	D01	1.000,00	1.000,00		15	15	M
2	D02	1.000,00	667,00		20	20	M
3	D03	1.000,00	334,00		15	15	M
4	D04	1.000,00	1,00		10	10	M

Abb. 1.56: Eingabe der Daten der Distributionszentren für Fallstudie 1.6 b) in LogisticsLab/TPP

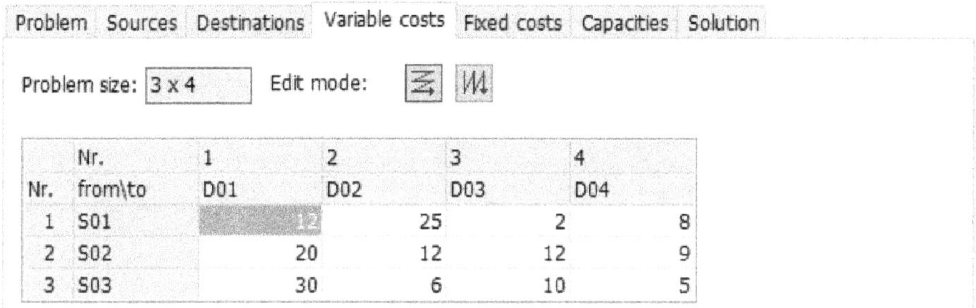

	Nr.	1	2	3	4
Nr.	from\to	D01	D02	D03	D04
1	S01	12	25	2	8
2	S02	20	12	12	9
3	S03	30	6	10	5

Problem   Sources   Destinations   Variable costs   Fixed costs   Capacities   Solution

Problem size: 3 x 4   Edit mode:

Abb. 1.57: Eingabe der Transportkostensätze für Fallstudie 1.6 b) in LogisticsLab/TPP

Da vorrangig die maximale Lieferzeit pro Kunde und Stück minimiert werden soll, ist das Problem als Bottleneck-Transportproblem zu lösen, wobei im Optimierungsdialog als Optimierungsrichtung *MiniMax* und als Problemtyp *Bottleneck TPP* zu wählen ist (Abb. 1.58).

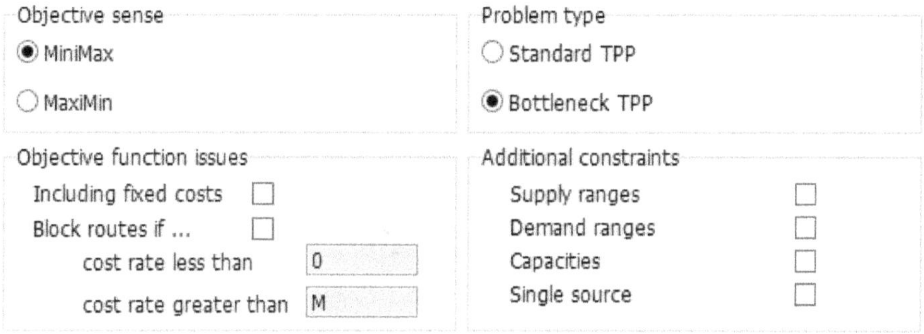

Objective sense
- ● MiniMax
- ○ MaxiMin

Problem type
- ○ Standard TPP
- ● Bottleneck TPP

Objective function issues
- Including fixed costs ☐
- Block routes if ... ☐
  - cost rate less than   0
  - cost rate greater than   M

Additional constraints
- Supply ranges ☐
- Demand ranges ☐
- Capacities ☐
- Single source ☐

Abb. 1.58: Optimierungseinstellungen für das Bottleneck-Problem gemäß Fallstudie 1.6 b)

Wie in der grafischen Darstellung der optimalen Lösung dieses Bottleneck-Transportproblems in Abb. 1.59 und in der Lösung in Abb. 1.60 zu sehen, beliefern die Versandstationen S1 und S2 jeweils nur einen Kunden (D1 und D2), während die dritte Versandstation die Kunden D2, D3 und D4 beliefert. Dabei beträgt die maximale Zeit, die ein Kunde auf ein Produkt warten muss, zwölf Stunden (Abb. 1.60 → *Max. cost rate*). Die gesamte, im Rahmen des Bottleneck-Transportproblems nicht beachtete, Transportzeit beträgt 596 Stunden (Abb. 1.60 → *Total costs*). Die dabei zu transportierenden Mengen können der Spalte *Flow* im Datenbereich *Solution* entnommen werden.

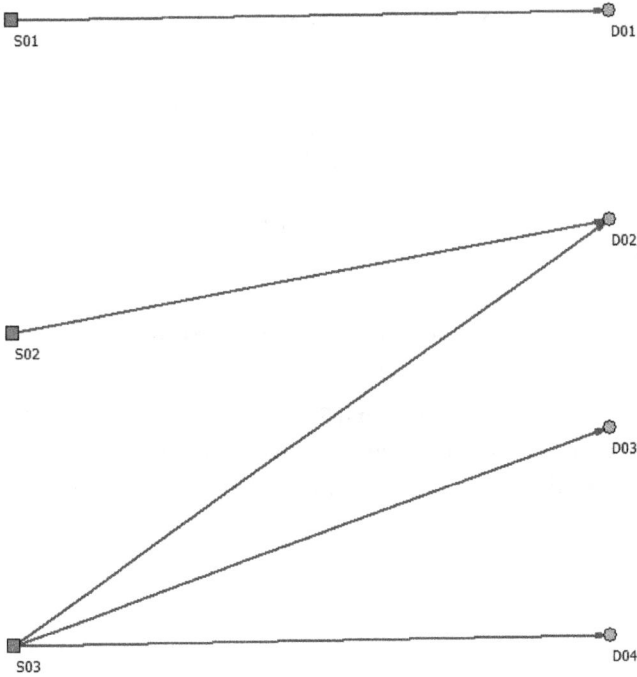

Abb. 1.59: Grafische Darstellung der Lösung des Bottleneck-Problems gemäß Fallstudie 1.6 b)

Problem	Sources	Destinations	Variable costs	Fixed costs	Capacities	Solution

Supply:	63	Total costs:	596	Min. cost rate	5
Demand:	60	Variable costs:	596	Max. cost rate:	12
Gap:	3	Fixed costs:	0		
Flow:	60				

From	Source	To	Destination	Cost per unit	Capacity	Flow	Variable costs	Fixe
1	S01	1	D01	12	M	15	180	
2	S02	2	D02	12	M	16	192	
3	S03	2	D02	6	M	4	24	
3	S03	3	D03	10	M	15	150	
3	S03	4	D04	5	M	10	50	

Abb. 1.60: Lösung des Bottleneck-Problems gemäß Fallstudie 1.6 b)

Da nachrangig die gesamte Transportzeit minimiert werden soll, ist im folgenden Schritt zu untersuchen, ob die optimale Engpasszeit von zwölf Stunden mit einer geringeren gesamten Transportzeit realisiert werden kann. Dazu ist das Problem nochmals als klassisches Transportproblem zu lösen, wobei alle Transportrelationen mit einer Transportzeit größer als zwölf Stunden gesperrt werden. Hierbei ist im Optimierungsdialog als Problemtyp *Standard TPP* und als Optimierungsrichtung *Min* und zusätzlich im Bereich *Objective function issues* die Option Block *routes if ...* zu wählen sowie im Feld *cost rate greater than* der Wert zwölf einzugeben.

Objective sense	Problem type
● Min	● Standard TPP
○ Max	○ Bottleneck TPP

Objective function issues		Additional constraints	
Including fixed costs	☐	Supply ranges	☐
Block routes if ...	☑	Demand ranges	☐
cost rate less than	0	Capacities	☐
cost rate greater than	12	Single source	☐

Abb. 1.61: Optimierungseinstellungen für das nachgelagerte Transportproblem

In der in Abb. 1.62 und Abb. 1.63 dargestellten Lösung ist ersichtlich, dass bei einer beibehaltenen Engpasszeit von zwölf Stunden (Abb. 1.63 → *Max. cost rate*) eine gesamte minimale Transportzeit von 510 Stunden erreicht werden kann. Das stellt gegenüber der bisherigen Lösung eine Reduzierung von 86 Stunden dar. Auffällig ist, dass in dieser Lösung die Versandstationen S1 und S3 jeweils zwei Kundenstandorte beliefern. Die eigentlichen Transportmengen zwischen den Versandstationen und den Kundenstandorten können wiederum in der Spalte *Flow* im Datenbereich *Solution* eingesehen werden.

Mit dieser iterativen Herangehensweise konnten optimale Transportbeziehungen zwischen den drei Versandstationen und den vier Kundenstandorten gefunden werden, wobei vorrangig die maximale Lieferzeit pro Stück und Kunde und nachrangig die gesamte Transportzeit minimiert wurde.

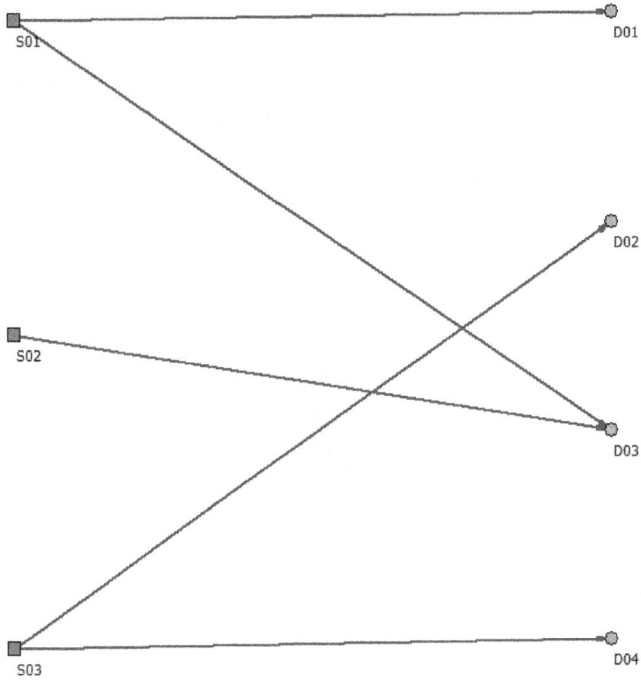

Abb. 1.62: Grafische Darstellung der Lösung des Transportproblems für Fallstudie 1.6 b)

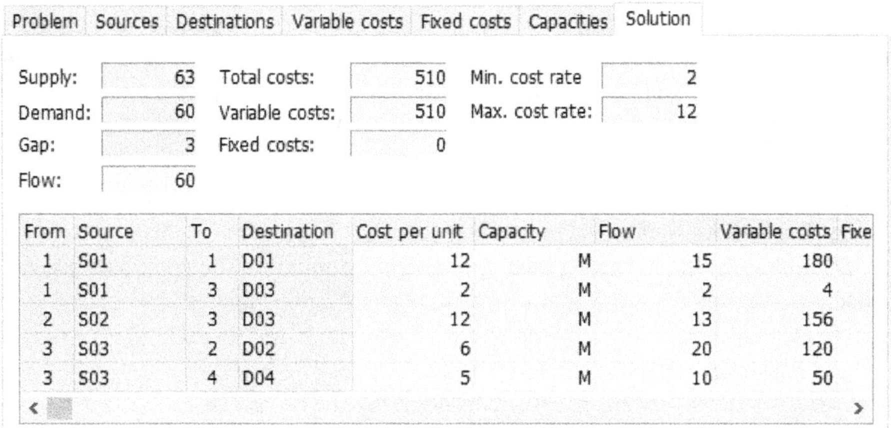

Problem	Sources	Destinations	Variable costs	Fixed costs	Capacities	Solution

Supply:	63	Total costs:	510	Min. cost rate	2
Demand:	60	Variable costs:	510	Max. cost rate:	12
Gap:	3	Fixed costs:	0		
Flow:	60				

From	Source	To	Destination	Cost per unit	Capacity	Flow	Variable costs	Fixe
1	S01	1	D01	12	M	15	180	
1	S01	3	D03	2	M	2	4	
2	S02	3	D03	12	M	13	156	
3	S03	2	D02	6	M	20	120	
3	S03	4	D04	5	M	10	50	

Abb. 1.63: Lösung des nachgelagerten Transportproblems gemäß Fallstudie 1.6 b)

1.3 Transportprobleme mit nicht-klassischen Lieferbeziehungen

Fallstudie 1.7

a) Mathematisches Modell

Dieses Modell entspricht in der Zielfunktion und den Angebots- bzw. Nachfragebedingungen dem mathematischen Modell des klassischen Transportproblems für Fallstudie 1.1. Einzig die Nichtnegativitätsbedingungen wurden um die durch die Transportkapazitäten gegebenen Obergrenzen der Flussvariablen gemäß (1.14) erweitert.

$$5x_{11} + 7x_{13} + 8x_{14} + 4x_{22} + 6x_{23} + 3x_{24} + 2x_{31} + 9x_{32} + 7x_{33} \rightarrow min! \qquad (1.11)$$

u.d.N.

$$\begin{aligned} x_{11} + x_{13} + x_{14} &= 750 \\ x_{22} + x_{23} + x_{24} &= 250 \\ x_{31} + x_{32} + x_{33} &= 1400 \end{aligned} \qquad (1.12)$$

$$\begin{aligned} x_{11} + x_{31} &\leq 2000 \\ x_{22} + x_{32} &\leq 500 \\ x_{13} + x_{23} + x_{33} &\leq 750 \\ x_{14} + x_{24} &\leq 1250 \end{aligned} \qquad (1.13)$$

$$\begin{aligned} 0 \leq x_{11}, x_{13}, x_{14} &\leq 500 \\ 0 \leq x_{22}, x_{23}, x_{24} &\leq 200 \\ 0 \leq x_{31}, x_{32}, x_{33} &\leq 750 \end{aligned} \qquad (1.14)$$

b) Lösung mit LogisticsLab/TPP
(Beispieldatei: pepones-kap.tpp)

Da im Vergleich mit Fallstudie 1.1 einzig die Kapazitäten auf den Transportrelationen zwischen den Küchen und den Restaurants zusätzlich einzugeben sind, bietet es sich an, die bisherige Problemdatei unter einem anderen Namen zu speichern und im Datenbereich *Capacities* die Kapazitäten für jede Lieferbeziehung einzugeben (Abb. 1.64). Für nicht zulässige Transportrelationen ist der Wert null einzugeben. Zum Lösen des Problems unter Beachtung der Transportkapazitäten ist im Optimierungsdialog im Bereich *Additional constraints* die Auswahl *Capacities* zu wählen (Abb. 1.65).

| Problem | Sources | Destinations | Variable costs | Fixed costs | Capacities | Solution |

Problem size: 3 x 4   Edit mode: ⋝ ⋘

	Nr.	1	2	3	4
Nr.	from\to	RES1	RES2	RES3	RES4
1	KÜCHE1	500		500	500
2	KÜCHE2		200	200	200
3	KÜCHE3	750	750	750	

Abb. 1.64: Eingabe der Daten der Kapazitäten für Fallstudie 1.7 in LogisticsLab/TPP

Objective sense
◉ Min
○ Max

Problem type
◉ Standard TPP
○ Bottleneck TPP

Objective function issues
Including fixed costs ☐
Block routes if ... ☐
    cost rate less than [0]
    cost rate greater than [M]

Additional constraints
Supply ranges ☐
Demand ranges ☐
Capacities ☑
Single source ☐

Abb. 1.65: Optimierungseinstellungen für Fallstudie 1.7 in LogisticsLab/TPP

Wie in Abb. 1.66 und Abb. 1.67 zu sehen, resultiert aus der Einbeziehung der Transportkapazitäten ein gegenüber der Lösung von Fallstudie 1.1 veränderter Transportplan. So steigen die Transportkosten um 3.900 Euro auf 11.500 Euro (Abb. 1.69 → *Total costs*). Diese Kostensteigerung resultiert aus dem Sachverhalt, dass kostengünstige Transportrelationen aufgrund der begrenzten Transportkapazitäten nicht mehr im vollen Umfang genutzt werden können. So wird in der ursprünglichen Lösung für Fallstudie 1.1 die kostengünstigste Relation zwischen Küche 3 und dem Restaurant 1 mit einer Menge von 1.400 Stück genutzt, was bei einer begrenzten Kapazität von 750 Stück nicht mehr im vollen Maße möglich ist. Wiederum beträgt gesamte Liefermenge 2.400 Stück (*Flow*). Diese Menge entspricht dem gesamten Angebot (*Supply*), während die gesamte Nachfrage (*Demand*) von 4.500 Stück nur teilweise befriedigt wird und eine Fehlmenge von 2.100 Stück (*Gap*) existiert. Einzig Küche 3 erhält den gesamten Bedarf von 750 Stück.

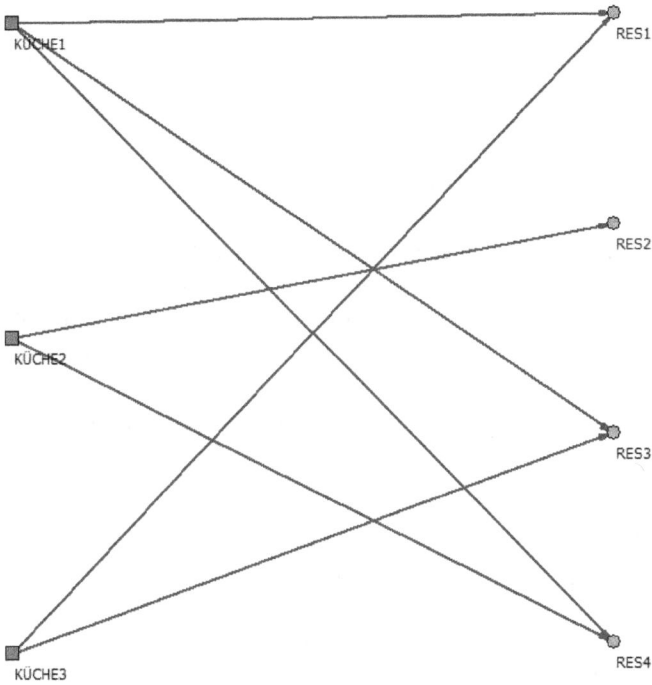

Abb. 1.66: Grafische Darstellung der Lösung für Fallstudie 1.7 in LogisticsLab/TPP

Problem	Sources	Destinations	Variable costs	Fixed costs	Capacities	Solution

Supply:	2.400	Total costs:	11.250	Min. cost rate	2
Demand:	4.500	Variable costs:	11.250	Max. cost rate:	8
Gap:	-2.100	Fixed costs:	0		
Flow:	2.400				

From	Source	To	Destination	Cost per unit	Capacity	Flow	Variable costs	Fixe
1	KÜCHE1	1	RES1	5	500	500	2.500	
1	KÜCHE1	3	RES3	7	500	100	700	
1	KÜCHE1	4	RES4	8	500	150	1.200	
2	KÜCHE2	2	RES2	4	200	50	200	
2	KÜCHE2	4	RES4	3	200	200	600	
3	KÜCHE3	1	RES1	2	750	750	1.500	
3	KÜCHE3	3	RES3	7	750	650	4.550	

Abb. 1.67: Lösung für Fallstudie 1.7 in LogisticsLab/TPP

Fallstudie 1.8

a) Mathematisches Modell

In einem Single-Source-Transportmodell ist in der Zielfunktion (1.15) die über alle Transportrelationen zu bestimmende Summe der mit den Gesamttransportkosten zu multiplizierenden binären Realisationsvariablen zu minimieren. Die Gesamttransportkosten zwischen einem Werk und einer Baustelle ergeben sich aus dem Produkt des Bedarfs der Baustelle und dem Transportkostensatz auf dieser Transportrelation. Mit den Angebotsrestriktionen (1.16) wird sichergestellt, dass ein Werk nicht mehr Bauelemente liefert, als dieses Werk aufgrund seiner Kapazität bereitstellen kann. Da eine Baustelle nur von einem einzigen Werk beliefert werden soll, muss gemäß (1.17) die Summe der in eine Baustelle eingehenden binären Transportrealisationsvariablen gleich dem Wert eins sein.

$$
\begin{aligned}
& 57\cdot15\cdot y_{11} + 29\cdot35\cdot y_{12} + 77\cdot32\cdot y_{13} + 143\cdot18\cdot y_{14} + \\
& 69\cdot15\cdot y_{21} + 26\cdot35\cdot y_{22} + 51\cdot32\cdot y_{23} + 127\cdot18\cdot y_{24} + \\
& 81\cdot15\cdot y_{31} + 83\cdot35\cdot y_{32} + 48\cdot32\cdot y_{33} + 33\cdot18\cdot y_{34} \to \min!
\end{aligned}
\tag{1.15}
$$

u.d.N.

$$
\begin{aligned}
& 15\cdot y_{11} + 35\cdot y_{12} + 32\cdot y_{13} + 18\cdot y_{14} \le 35 \\
& 15\cdot y_{21} + 35\cdot y_{22} + 32\cdot y_{23} + 18\cdot y_{24} \le 36 \\
& 15\cdot y_{31} + 35\cdot y_{32} + 32\cdot y_{33} + 18\cdot y_{34} \le 39
\end{aligned}
\tag{1.16}
$$

$$
\begin{aligned}
& y_{11} + y_{21} + y_{31} = 1 \\
& y_{12} + y_{22} + y_{32} = 1 \\
& y_{13} + y_{23} + y_{33} = 1 \\
& y_{14} + y_{24} + y_{34} = 1
\end{aligned}
\tag{1.17}
$$

$$
y_{ij} \in \{0,1\} \qquad\qquad ; i \in \{1,2,3\},\, j \in \{1,2,3,4\}
\tag{1.18}
$$

b) Lösung mit LogisticsLab/TPP
(Beispieldatei: baustellen-single-source.tpp)

Es sind in LogisticsLab/TPP ein neues Problem mit drei Versendern (*sources*) für die Werke und vier Empfängern (*destinations*) für die Baustellen anzulegen und die Daten für die Werke im Datenbereich *Sources* (Abb. 1.68), die der Baustellen im Datenbereich *Destinations* (Abb. 1.69) sowie die variablen Transportkosten je Stück im Datenbereich *Variable Costs* (Abb. 1.70) einzugeben.

Nach Eingabe aller Daten kann das Problem gelöst werden, indem entweder das Menü *Optimisation* → *Start Optimisation* oder die Schaltfläche *Optimise* in der Symbolleiste gewählt wird und der in Abb. 1.71 dargestellte Dialog erscheint. Es sind als Zielfunktionsrichtung *Min* bzw. als Problemtyp *Standard* und im Bereich *Additional constraints* die Option *Single source* auszuwählen zu wählen und die Optimierung zu starten.

Problem	Sources	Destinations	Variable costs	Fixed costs	Capacities	Solution

Sources: 3   Edit mode: ⇄ 〰

Nr	Name	X-Pos	Y-Pos	Supply	Min. supply	Max. supply	Flow
1	P1	17,00	32,00	35	35		M
2	P2	40,00	18,00	36	36		M
3	P3	99,00	63,00	39	39		M

Abb. 1.68: Eingabe der Daten der Werke für Fallstudie 1.8 in LogisticsLab/TPP

Problem	Sources	Destinations	Variable costs	Fixed costs	Capacities	Solution

Destinations: 4   Edit mode: ⇄ 〰

Nr	Name	X-Pos.	Y-Pos.	Demand	Min. demand	Max. demand	Flow
1	B1	36,00	72,00	15	15		M
2	B2	39,00	38,00	35	35		M
3	B3	77,00	33,00	32	32		M
4	B4	117,00	81,00	18	18		M

Abb. 1.69: Eingabe der Daten der Baustellen für Fallstudie 1.8 in LogisticsLab/TPP

Problem	Sources	Destinations	Variable costs	Fixed costs	Capacities	Solution

Problem size: 3 x 4   Edit mode: ⇄ 〰

	Nr.	1	2	3	4
Nr.	from\to	B1	B2	B3	B4
1	P1	57	29	77	143
2	P2	69	26	51	127
3	P3	81	83	48	33

Abb. 1.70: Eingabe der Transportkosten für Fallstudie 1.8 in LogisticsLab/TPP

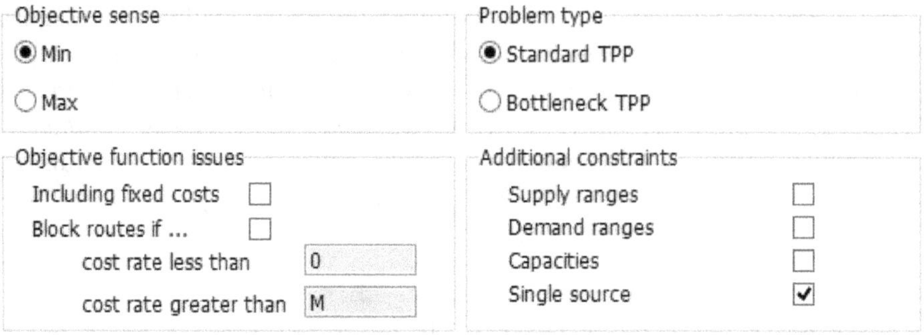

Abb. 1.71: Optimierungseinstellungen für Fallstudie 1.8 in LogisticsLab/TPP

Nach dem Lösen dieses Transportproblems erscheint im Bereich *Netzwerk* die optimale Lösung als Netzwerkgrafik (Abb. 1.72). Der optimale Transportplan kann der Spalte *Flow* im Datenbereich *Solution* (Abb. 1.73) entnommen werden. Die gesamte Liefermenge beträgt 100 Stück (*Flow*). Diese Menge entspricht dem gesamten Bedarf (*Demand*), während das gesamte Angebot (*Supply*) von 110 Stück nur teilweise ausgeliefert wird und eine Fehlmenge von 10 Stück (*Gap*) existiert. Die gesamten variablen Transportkosten (*Total costs* bzw. *Variable costs*) betragen 4.456 Euro. Jede Baustelle wird von jeweils einem einzigen Werk in Höhe des gesamten Bedarfs beliefert, während die Werke grundsätzlich mehrere Baustellen beliefern dürfen. Eine Mehrfachbelieferung liegt allerdings nur für Werk P3 vor, das die Baustellen B1 und B4 beliefert.

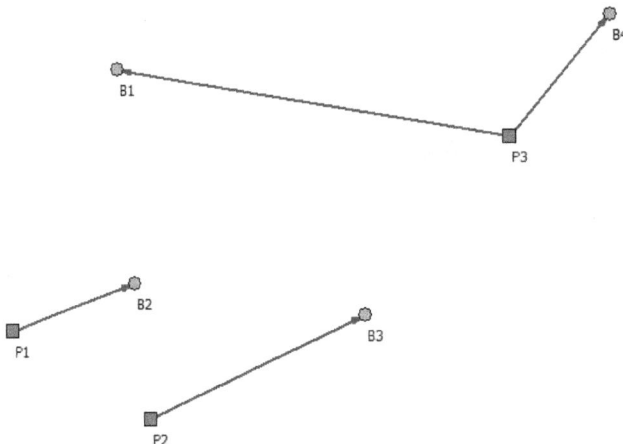

Abb. 1.72: Grafische Darstellung der Lösung für Fallstudie 1.8 in LogisticsLab/TPP

Problem	Sources	Destinations	Variable costs	Fixed costs	Capacities	Solution

Supply: 110 Total costs: 4.456 Min. cost rate: 29

Demand: 100 Variable costs: 4.456 Max. cost rate: 81

Gap: 10 Fixed costs: 0

Flow: 100

From	Source	To	Destination	Cost per unit	Capacity	Flow		Variable costs	Fixe
1	P1	2	B2	29	M		35	1.015	
2	P2	3	B3	51	M		32	1.632	
3	P3	1	B1	81	M		15	1.215	
3	P3	4	B4	33	M		18	594	

Abb. 1.73: Lösung für Fallstudie 1.8 in LogisticsLab/TPP

Fallstudie 1.9

a) Lösung als Single-Source-Transportproblem
(Beispieldatei: kundengebiete.tpp)

Dieses Problem ist als Single-Source-Transportproblem zu formulieren und kann mit LogisticsLab/TPP gelöst werden. Dazu ist in einem ersten Schritt ein neues Problem mit vier Versendern (Servicezentren) und 14 Empfängern (Kundengebiete) anzulegen. Anschließend sind die Daten der Servicezentren im Datenbereich *Sources* (Abb. 1.74) und die Daten der Kundengebiete im Datenbereich *Destinations* (Abb. 1.75) gemäß der Aufgabenstellung einzugeben.

Problem	Sources	Destinations	Variable costs	Fixed costs	Capacities	Solution

Sources: 4   Edit mode:

Nr	Name	X-Pos	Y-Pos	Supply	Min. supply	Max. supply	Flow
1	A1	107,00	148,00	120	120		M
2	A2	95,00	198,00	160	160		M
3	A3	166,00	188,00	120	120		M
4	A4	119,00	237,00	100	100		M

Abb. 1.74: Eingabe der Daten der Servicezentren für Fallstudie 1.9 in LogisticsLab/TPP

Da keine Distanzdaten gegeben sind, müssen diese anhand der Koordinaten der Servicezentren und der Kunden berechnet werden. Dazu ist entweder in der Symbolleiste die Schaltfläche *Calculate Variable Costs* oder im Datenbereich *Variable costs* die Schaltfläche *Calculate* zu wählen. Im darauf erscheinenden Dialog zur Berechnung der variablen Kosten ist als Distanzmaß die euklidische Distanz (*Euclidean Distance*) zu wählen, da die Koordinaten auf einer ebenen Fläche bestimmt wurden und angepasste Luftlinienentfernungen zu berechnen sind. Das Feld *Cost per km* kann zur Eingabe eines Umwegfaktors verwendet werden. Da in der Aufgabenstellung angenommen wird, dass die realen Entfernungen dem 1,25-fachen der Luftlinienentfernungen entsprechen, ist dieser Wert einzutragen. Nach der Berechnung erscheinen die Distanzen zwischen den Servicezentren und den Kunden im Datenbereich *Variable costs*.

Problem	Sources	Destinations	Variable costs	Fixed costs	Capacities	Solution	

Destinations: 14   Edit mode: ≷ ⋘

Nr	Name	X-Pos.	Y-Pos.	Demand	Min. demand	Max. demand	Flow
1	B1	95,00	158,00	25	25		M
2	B2	166,00	257,00	52	52		M
3	B3	59,00	267,00	60	60		M
4	B4	154,00	267,00	31	31		M
5	B5	142,00	207,00	18	18		M
6	B6	178,00	207,00	5	5		M
7	B7	202,00	227,00	45	45		M
8	B8	214,00	257,00	50	50		M
9	B9	119,00	168,00	28	28		M
10	B10	130,00	138,00	36	36		M
11	B11	59,00	207,00	25	25		M
12	B12	59,00	158,00	48	48		M
13	B13	47,00	178,00	12	12		M
14	B14	154,00	158,00	15	15		M

Abb. 1.75: Eingabe der Daten der Kundengebiete für Fallstudie 1.9 in LogisticsLab/TPP

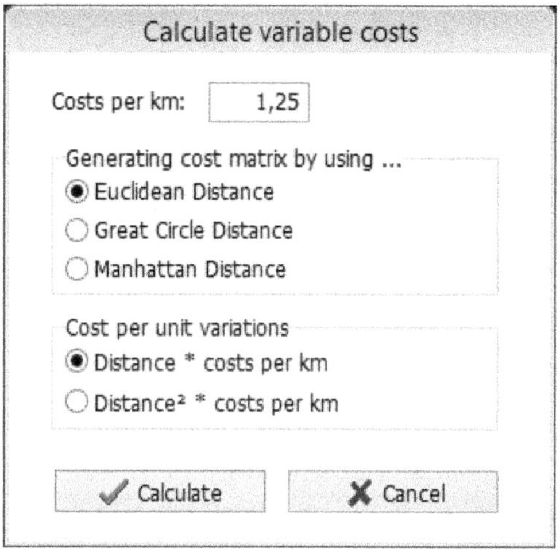

Abb. 1.76: Dialog zur Berechnung der Transportkosten für Fallstudie 1.9 in LogisticsLab/TPP

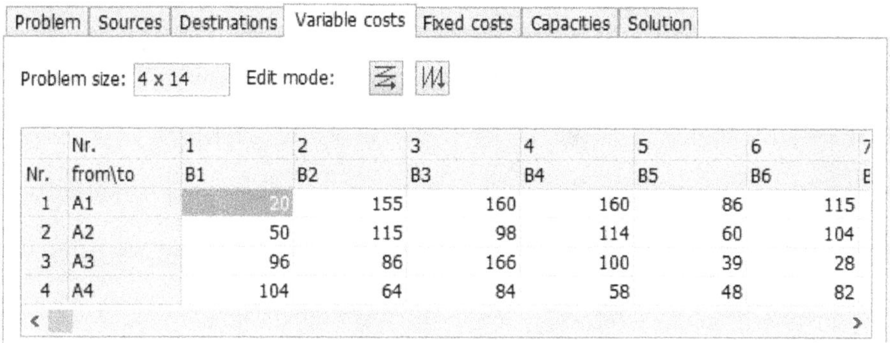

	Nr.	1	2	3	4	5	6	7
Nr.	from\to	B1	B2	B3	B4	B5	B6	E
1	A1	20	155	160	160	86	115	
2	A2	50	115	98	114	60	104	
3	A3	96	86	166	100	39	28	
4	A4	104	64	84	58	48	82	

Abb. 1.77: Ausschnitt der berechneten Transportkosten für Fallstudie 1.9 in LogisticsLab/TPP

Nach Eingabe aller Problemdaten kann das Problem gelöst werden, wobei im Optimierungsdialog neben der Zielfunktionsrichtung *Min* und dem Problemtyp *Standard* im Bereich *Additional constraints* die Option *Single source* auszuwählen ist (Abb. 1.78).

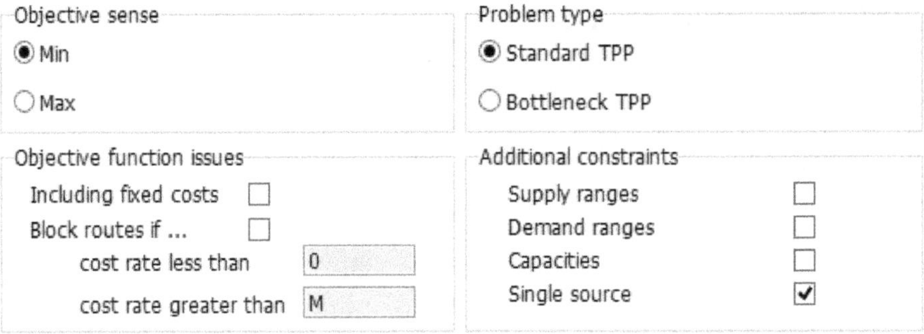

Abb. 1.78: Optimierungseinstellungen für Fallstudie 1.9 in LogisticsLab/TPP

Nach Abschluss der Optimierungsrechnung erscheint im Bereich *Netzwerk* die optimale Lösung als Netzwerkgrafik (Abb. 1.79) und im Datenbereich *Solution* (Abb. 1.80) der optimale Transportplan. Insgesamt werden 450 Wartungsvorgänge verplant (Abb. 1.80 → *Flow*), was dem gesamten Bedarf der Kunden (*Demand*) entspricht. In den Servicezentren liegt eine Überkapazität von 50 potenziellen Wartungsvorgängen (*Gap*) vor. Die gesamten von den Serviceteams zu fahrenden Distanzen betragen 28.590 Kilometer (*Total costs* bzw. *Variable costs*).

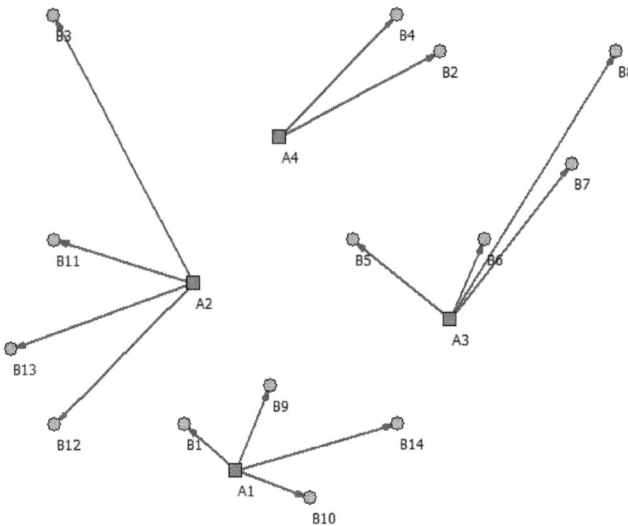

Abb. 1.79: Grafische Darstellung der Lösung für Fallstudie 1.9 a) in LogisticsLab/TPP

| Problem | Sources | Destinations | Variable costs | Fixed costs | Capacities | Solution |

Supply:	500	Total costs:	28.590	Min. cost rate	20
Demand:	450	Variable costs:	28.590	Max. cost rate:	105
Gap:	50	Fixed costs:	0		
Flow:	450				

From	Source	To	Destination	Cost per unit	Capacity	Flow		Variable costs	Fixe
1	A1	1	B1	20	M	25		500	
1	A1	9	B9	29	M	28		812	
1	A1	10	B10	31	M	36		1.116	
1	A1	14	B14	60	M	15		900	
2	A2	3	B3	98	M	60		5.880	
2	A2	11	B11	46	M	25		1.150	
2	A2	12	B12	68	M	48		3.264	
2	A2	13	B13	65	M	12		780	
3	A3	5	B5	39	M	18		702	
3	A3	6	B6	28	M	5		140	
3	A3	7	B7	66	M	45		2.970	
3	A3	8	B8	105	M	50		5.250	
4	A4	2	B2	64	M	52		3.328	
4	A4	4	B4	58	M	31		1.798	

Abb. 1.80: Lösung für Fallstudie 1.9 a) in LogisticsLab/TPP

Jedes Kundengebiet wird von jeweils einem einzigen Servicezentrum in Höhe des gesamten Wartungsbedarfes betreut. Natürlich dürfen die Servicezentren grundsätzlich mehrere Kundengebiete bedienen. Betrachtet man die Lösung aus Sicht der Servicezentren in Abb. 1.81, ist ersichtlich, dass vor allem bei den Servicezentren A1, A2 und A4 relativ hohe Überkapazitäten bestehen. So ist das Servicezentrum A4 mit einem Kapazitätspuffer von 17 Wartungsvorgängen lediglich zu 83 % ausgelastet.

| Problem | Sources | Destinations | Variable costs | Fixed costs | Capacities | Solution |

Sources: 4   Edit mode:

Nr	Name	X-Pos	Y-Pos	Supply	Min. supply	Max. supply	Flow		Gap
1	A1	107,00	148,00	120	120	M	104		-16
2	A2	95,00	198,00	160	160	M	145		-15
3	A3	166,00	188,00	120	120	M	118		-2
4	A4	119,00	237,00	100	100	M	83		-17

Abb. 1.81: Lösung für die Servicezentren für Fallstudie 1.9 a) in LogisticsLab/TPP

b) Lösung als klassisches Transportproblem
(Beispieldatei: kundengebiete.tpp)

Die Zuordnung der Kundengebiete zu jeweils einem einzigen Servicezentrum kann unter Umständen zu einer höheren zu fahrenden Distanz gegenüber einer Mehrfach-zuordnung führen. Um diesen Effekt messen zu können, ist dieses Problem als klas-sisches Transportproblem ohne Beachtung der Single-Source-Bedingung zu lösen. Anschließend sind die beiden Zielfunktionswerte zu vergleichen.

Löst man das Problem als klassisches Transportproblem, erhält man die in Abb. 1.82 grafische Darstellung der Lösung. Weiterhin können in den Datenbereichen *Solution* und *Nodes* der Transportplan und die Auslastung der Servicezentren eingesehen wer-den (Abb. 1.83 und Abb. 1.84).

Mit Aufgabe der Zuordnung eines Kundengebietes zu einem einzigen Service-zentrum erhält man einen Zielfunktionswert von 28.108 Kilometern. Damit führt die Single-Source-Bedingung zu einer Erhöhung der zu fahrenden Distanz von 482 Kilo-metern, was einer Steigerung von lediglich 1,7 % entspricht. Daher erscheint der Mehraufwand einer eindeutigen Kundengebietszuordnung als vertretbar.

Allerdings liegt aus Sicht der Servicezentren bei einem Verzicht auf eine eindeu-tige Kundengebietszuordnung eine bessere Auslastung der Servicezentren A1, A3 und A4 vor, wobei nun für Servicezentrum A2 eine ungenutzte Kapazität von ca. 31 % vorliegt.

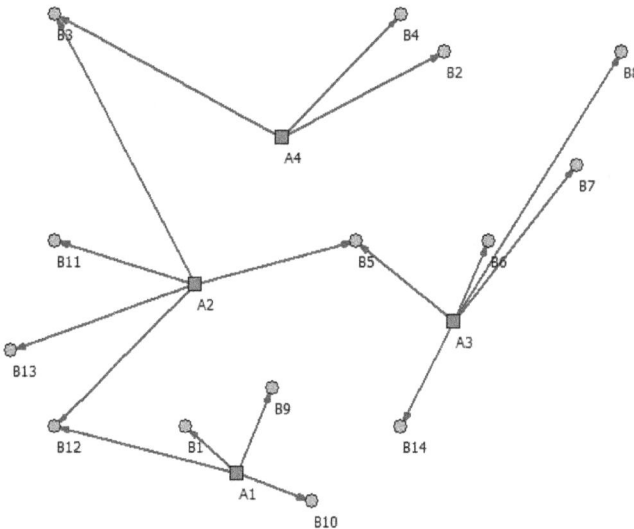

Abb. 1.82: Grafische Darstellung der Lösung für Fallstudie 1.9 b) in LogisticsLab/TPP

| Problem | Sources | Destinations | Variable costs | Fixed costs | Capacities | Solution |

Supply:	500	Total costs:	28.108	Min. cost rate	20
Demand:	450	Variable costs:	28.108	Max. cost rate:	105
Gap:	50	Fixed costs:	0		
Flow:	450				

From	Source	To	Destination	Cost per unit	Capacity	Flow	Variable costs	Fixe
1	A1	1	B1	20	M	25	500	
1	A1	9	B9	29	M	28	812	
1	A1	10	B10	31	M	36	1.116	
1	A1	12	B12	61	M	31	1.891	
2	A2	3	B3	98	M	43	4.214	
2	A2	5	B5	60	M	13	780	
2	A2	11	B11	46	M	25	1.150	
2	A2	12	B12	68	M	17	1.156	
2	A2	13	B13	65	M	12	780	
3	A3	5	B5	39	M	5	195	
3	A3	6	B6	28	M	5	140	
3	A3	7	B7	66	M	45	2.970	
3	A3	8	B8	105	M	50	5.250	
3	A3	14	B14	40	M	15	600	
4	A4	2	B2	64	M	52	3.328	
4	A4	3	B3	84	M	17	1.428	
4	A4	4	B4	58	M	31	1.798	

Abb. 1.83: Lösung für Fallstudie 1.9 b) in LogisticsLab/TPP

| Problem | Sources | Destinations | Variable costs | Fixed costs | Capacities | Solution |

Sources: 4   Edit mode:

Nr	Name	X-Pos	Y-Pos	Supply	Min. supply	Max. supply	Flow	Gap	
1	A1	107,00	148,00	120	120	M	120		
2	A2	95,00	198,00	160	160	M	110		-50
3	A3	166,00	188,00	120	120	M	120		
4	A4	119,00	237,00	100	100	M	100		

Abb. 1.84: Lösung für die Servicezentren für Fallstudie 1.9 b) in LogisticsLab/TPP

Fallstudie 1.10

a) Mathematisches Modell

Dieses Modell ist als *Min-Cost-Flow-Modell* zu formulieren. Da in diesem Modell nur Kanten- aber keine Knotenbewertungen vorgenommen werden können, muss zur Abbildung der Kapazitäten der beiden Umladeknoten eine Knotensplittung dieser Knoten ($W1$, $W1a$, $W2$, $W2a$) vorgenommen werden.

Mit der Zielfunktion (1.19) sind die gesamten Transportkosten zu minimieren. Dazu sind die Produkte der Transportkostensätze mit den Flussvariablen über alle Kanten des Netzwerkes zu summieren. Die aus der Knotensplittung entstandenen Kanten $W1 \rightarrow W1a$ und $W2 \rightarrow W2a$ besitzen einen Kostensatz mit dem Wert null und brauchen daher nicht in der Zielfunktion berücksichtigt werden.

Die Ausdrücke (1.20) bis (1.23) stellen die Flusserhaltungsbedingungen für die einzelnen Versender-, Umlade- und Empfängerknoten dar. Mit (1.20) wird sichergestellt, dass die drei Werke P1–P3 ihre Kapazitäten vollständig ausliefern. Gemäß den Ausdrücken (1.21) und (1.22) muss die in einen Umladeknoten eingehende Menge diesen Knoten wieder vollständig verlassen. Aufgrund der Knotensplittung ist diese Bedingung sowohl gemäß (1.21) für die originalen Umladeknoten $W1$ und $W2$ als auch gemäß (1.22) für die künstlichen Umladeknoten $W1a$ und $W2a$ vorzunehmen. Schließlich wird für die Vertriebszentren gemäß (1.23) sichergestellt, dass die Bedarfe diese Empfängerknoten durch die eingehenden Mengen befriedigt werden. Laut (1.24) beträgt für alle originalen Kanten die Obergrenze der auf diesen Kanten zu transportierenden Mengen 500 Stück. Mit (1.25) werden die Kapazitäten der beiden Umladeknoten als Kapazitätsobergrenzen der aus den Knotensplittungen entstandenen künstlichen Kanten $W1 \rightarrow W1a$ und $W2 \rightarrow W2a$ abgebildet.

$$50x_{P1W1} + 60x_{P1W2} + 40x_{P2W1} + 50x_{P2W2} + 70x_{P3W1} + 30x_{P3W2}$$
$$+20x_{W1aD1} + 10x_{W1aD2} + 30x_{W1aD3} + 40x_{W1aD4} \tag{1.19}$$
$$+70x_{W2aD1} + 30x_{W2aD2} + 30x_{W2aD3} + 50x_{W2aD4} \rightarrow \min!$$
$$u.d.N.$$

$$x_{P1W1} + x_{P1W2} = 400$$
$$x_{P2W1} + x_{P2W2} = 500 \tag{1.20}$$
$$x_{P3W1} + x_{P3W2} = 600$$

$$x_{W1W1a} - x_{P1W1} - x_{P2W1} - x_{P3W1} = 0$$
$$x_{W2W2a} - x_{P1W2} - x_{P2W2} - x_{P3W2} = 0 \tag{1.21}$$

$$x_{W1aD1} + x_{W1aD2} + x_{W1aD3} + x_{W1aD4} - x_{W1W1a} = 0$$
$$x_{W2aD1} + x_{W2aD2} + x_{W2aD3} + x_{W2aD4} - x_{W2W2a} = 0$$

(1.22)

$$-\left(x_{W1aD1} + x_{W2aD1}\right) = -350$$
$$-\left(x_{W1aD2} + x_{W2aD2}\right) = -450$$
$$-\left(x_{W1aD3} + x_{W2aD3}\right) = -500$$
$$-\left(x_{W1aD4} + x_{W2aD4}\right) = -200$$

(1.23)

$$0 \le x_{ij} \le 500 \qquad ; (i,j) \in \{P1W1, P1W2,$$
$$P2W1, P2W2, P3W1, P3W2,$$
$$W1aD1, W1aD2, W1aD3, W1aD4,$$
$$W2aD1, W2aD2, W2aD3, W2aD4\}$$

(1.24)

$$0 \le x_{W1W1a} \le 800$$
$$0 \le x_{W2W2a} \le 750$$

(1.25)

b) Lösung mit LogisticsLab/NWF
(Beispieldatei: transhipment.nwf)

Im ersten Schritt ist in LogisticsLab/NWF ein neues Problem mit neun Knoten anzulegen. Da es in dieser Software möglich ist, Kapazitäten für einzelne Knoten zu definieren, ist eine Knotensplittung wie im *Min-Cost-Flow-Modell* nicht notwendig. Im zweiten Schritt sind die Daten der Knoten im Datenbereich *Nodes* einzugeben (Abb. 1.85). Neben einer ID und einem Namen sind in den Spalten *X-Pos.* und *Y-Pos.* die Koordinaten der einzelnen Knoten zu definieren. Dazu bietet es sich für das in der Aufgabenstellung gegebene Netzwerk an, ein zweidimensionales Koordinatensystem mit einem Nullpunkt in der unteren linken Ecke festzulegen. Die Abstände zu diesem Ursprung bilden in X- bzw. Y-Richtung die Koordinaten der Knoten. In der Spalte *Volume* sind die Angebote bzw. die Bedarfe der Knoten einzugeben, wobei zu beachten ist, das aufgrund der Notation des *Min-Cost-Flow-Modells* die Bedarfe mit einem negativen Vorzeichen zu versehen sind. Für die beiden angebots- und nachfragefreien Umladeknoten W1 und W2 sind zusätzlich die Kapazitätsobergrenzen in der Spalte *Max. Cap.* anzugeben.

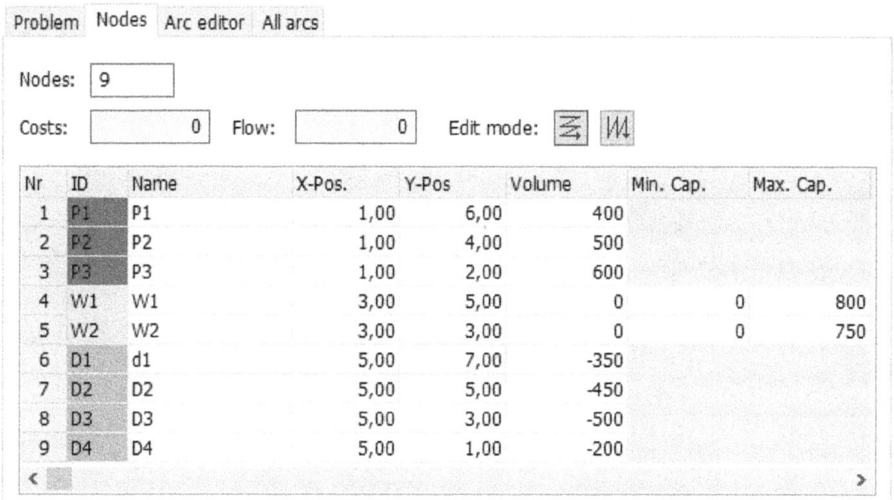

Problem | Nodes | Arc editor | All arcs

Nodes: 9

Costs: 0 Flow: 0 Edit mode:

Nr	ID	Name	X-Pos.	Y-Pos	Volume	Min. Cap.	Max. Cap.
1	P1	P1	1,00	6,00	400		
2	P2	P2	1,00	4,00	500		
3	P3	P3	1,00	2,00	600		
4	W1	W1	3,00	5,00	0	0	800
5	W2	W2	3,00	3,00	0	0	750
6	D1	d1	5,00	7,00	-350		
7	D2	D2	5,00	5,00	-450		
8	D3	D3	5,00	3,00	-500		
9	D4	D4	5,00	1,00	-200		

Abb. 1.85: Eingabe der Daten der Knoten für Fallstudie 1.10 b) in LogisticsLab/NWF

Die Eingabe der Daten der gerichteten Kanten erfolgt im Kanteneditor (*Arc editor*). Dazu ist (wie in Abb. 1.86 zu sehen) für jeden Knoten (*From node*) die Anzahl der ausgehenden gerichteten Kanten (*Nr. of arcs*) zu spezifizieren und in der Liste *To nodes* zeilenweise der Zielknoten (*To*), der Kostensatz (*Costs*) sowie die Kapazität der Kante (*Max. Cap.*) einzugeben.

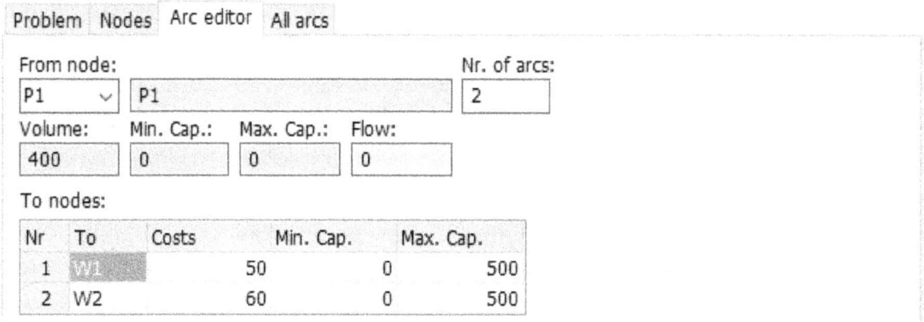

Problem | Nodes | Arc editor | All arcs

From node: P1 P1 Nr. of arcs: 2

Volume: 400 Min. Cap.: 0 Max. Cap.: 0 Flow: 0

To nodes:

Nr	To	Costs	Min. Cap.	Max. Cap.
1	W1	50	0	500
2	W2	60	0	500

Abb. 1.86: Eingabe der Daten der Kanten für Fallstudie 1.10 b) in LogisticsLab/NWF

Sind alle Daten eingegeben, kann das Problem optimiert werden, worauf die grafische Darstellung der Lösung im Bereich Netzwerk erscheint (Abb. 1.87), während die Flussmengen und die dazugehörigen Transportkosten in der Kantenliste im Datenbereich *All arcs* (Abb. 1.88) eingesehen werden können.

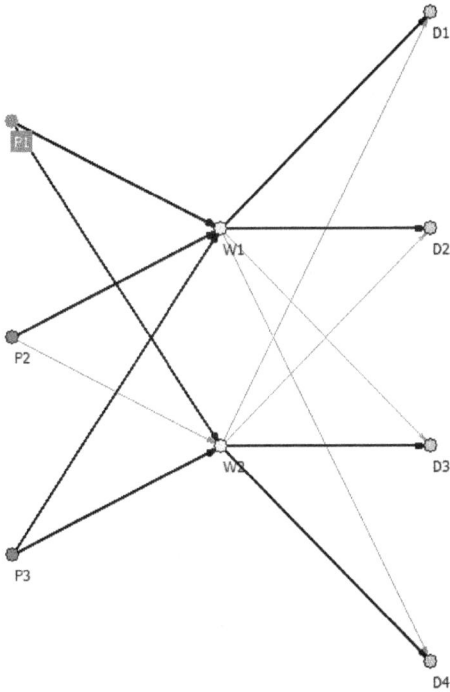

Abb. 1.87: Grafische Darstellung der Lösung für Fallstudie 1.10 b) in LogisticsLab/NWF

Die gesamten Transportkosten betragen 100.500 Euro (*All arcs* → *Costs*), wobei insgesamt 1.500 Stück des homogenen Gutes transportiert werden (*All arcs* → *Flow*). Diese Menge entspricht dem gesamten Angebot bzw. der gesamten Nachfrage. Zusätzlich ist im Datenbereich *Nodes* aus dem Vergleich der Mengen in der Spalte *Flow* und den Angeboten und Nachfragen in der Spalte *Volume* ersichtlich, dass alle Angebots- und Nachfragebedingungen eingehalten werden (Abb. 1.89). Weiterhin befinden sich die in den beiden Umladeknoten umgeschlagenen Mengen innerhalb der vorgegebenen Kapazitätsgrenzen. In der ersten Stufe des Distributionsnetzwerkes müssen aufgrund der Kapazitätsobergrenzen auf den Kanten bzw. in den beiden Umladeknoten auch teilweise kostenintensive Kanten genutzt werden, während in der zweiten Stufe lediglich Transportbeziehungen auf den kostengünstigen Kanten auftreten.

Problem	Nodes	Arc editor	All arcs

Arcs: 14

Costs: 100.500   Flow: 1.500

Nr	From	To	Cost rate	Min. Cap.	Max. Cap.	Flow	Costs
1	P1	W1	50	0	500	200	10.000
2	P1	W2	60	0	500	200	12.000
3	P2	W1	40	0	500	500	20.000
4	P2	W2	50	0	500		
5	P3	W1	70	0	500	100	7.000
6	P3	W2	30	0	500	500	15.000
7	W1	D1	20	0	500	350	7.000
8	W1	D2	10	0	500	450	4.500
9	W1	D3	30	0	500		
10	W1	D4	40	0	500		
11	W2	D1	70	0	500		
12	W2	D2	30	0	500		
13	W2	D3	30	0	500	500	15.000
14	W2	D4	50	0	500	200	10.000

Abb. 1.88: Lösung für die Kanten für Fallstudie 1.10 b) in LogisticsLab/NWF

Problem	Nodes	Arc editor	All arcs

Nodes: 9

Costs: 100.500   Flow: 1.500   Edit mode:

Nr	ID	Name	X-Pos.	Y-Pos	Volume	Min. Cap.	Max. Cap.	Flow	Costs
1	P1	P1	1,00	6,00	400			400	22.000
2	P2	P2	1,00	4,00	500			500	20.000
3	P3	P3	1,00	2,00	600			600	22.000
4	W1	W1	3,00	5,00	0	0	800	800	11.500
5	W2	W2	3,00	3,00	0	0	750	700	25.000
6	D1	d1	5,00	7,00	-350			350	
7	D2	D2	5,00	5,00	-450			450	
8	D3	D3	5,00	3,00	-500			500	
9	D4	D4	5,00	1,00	-200			200	

Abb. 1.89: Lösung für die Knoten für Fallstudie 1.10 b) in LogisticsLab/NWF

Fallstudie 1.11

a) Netzwerkgrafik

Das Netzwerk besteht aus drei Versenderknoten für die Werke W1–W3, zwei Umladeknoten für die beiden Logistikzentren L1 und L2 und zehn Empfängerknoten für die
Kunden K1–K10.

Da für die Werke W1–W3 Mindestauslastungen und Kapazitäten existieren, ist ein zusätzlicher Knoten W0 als einzige Quelle des Netzwerkes einzuführen. Diese Quelle bekommt als Angebot die Summe der Kapazitäten der drei Werke zugewiesen. Von diesem Knoten führen gerichtete Kanten zu den drei Werken, die als Bewertung die Produktionsstückkosten und als Kapazitätsunter- und -obergrenzen die Mindestauslastungen und die Kapazitäten der Werke besitzen.

Die beiden Logistikzentren L1 und L2 sind mit den Werken W1 und W2 durch jeweils eine eingehende gerichtete Kante verbunden. Vom Werk W3 geht nur eine gerichtete Kante zum Logistikknoten L2 aus. Zur Bewertung dieser Kanten sind die Distanzen zwischen den beiden zu verbindenden Knoten mit der Liste der Zonentarife zu abzugleichen und der für die Distanz gültige Tarif je Mengeneinheit zu entnehmen. So beträgt die Distanz der Kante W1 → L1 177 Kilometer, was gemäß dem Zonentarif 5 zu einem Transportkostensatz von 370 Euro je Stück führt.

Für die Bestimmung der Kapazitätsuntergrenzen dieser Kanten sind die Mindestbelieferungen der zwei Logistikknoten zu beachten. Da diese gleichmäßig von den liefernden Werken zu erbringen sind, ergeben sich die Kapazitätsuntergrenzen dieser Kanten aus den durch die Anzahl der liefernden Werke dividierten Mindestliefermengen. Daher besitzen alle in den Knoten L1 eingehenden Kanten eine Kapazitätsuntergrenze von 15 Stück, während die zu L2 führenden gerichteten Kanten eine Kapazitätsuntergrenze von 20 Stück besitzen. Als Kapazitätsobergrenze wird aufgrund fehlender Beschränkungen jeweils ein Big-M verwendet.

Die beiden Logistikknoten L1 und L2 besitzen eine Kapazität von 700 Stück. Hinsichtlich der zwischen den Logistikknoten und den Kundenknoten führenden gerichteten Kanten ist zu untersuchen, ob die Kunden aufgrund des Transportzeitfensters von 02:00–09:00 Uhr innerhalb einer Zeit von sieben Stunden beliefert werden können. Bei einer durchschnittlichen Geschwindigkeit von 75 Kilometern je Stunde können innerhalb einer Zeit von sieben Stunden maximal 525 Kilometer gefahren werden. Damit können die Kunden K9 und K10 nicht durch den Logistikknoten L1 bedient werden, da diese Distanzen mehr als 525 Kilometer betragen. Für alle anderen Kanten ist in einem ersten Schritt wiederum der distanzabhängige Zonentarif als Kostensatz zu bestimmen. Zusätzlich sind die Stückumschlagkosten der beiden Logistikzentren in die Bewertung einzubeziehen. So ergibt sich der Kostensatz der Kante L1 → K1 von 585 Euro aus den Transportkostensatz von 550 Euro (304 Kilometer → Zone 10) und den Umschlagkosten des Logistikzentrums L1 von 35 Euro je Stück.[5] Die Ober- und Untergrenzen dieser gerichteten Kanten sind, da keinerlei Beschränkungen bestehen, mit dem Wert null bzw. mit einem Big-M bewertet. Die zehn Kundenknoten K1–K10 bekommen ihre jeweiligen Bedarfe zugeordnet.

---

5 Diese Berechnungen können in der Beispieldatei transport.xlsx im Arbeitsblatt metall-kosten-saetze nachvollzogen werden.

Die gesamte Netzwerkgrafik ist in Abb. 1.90 dargestellt. Weiterhin ist die Struktur dieses Netzwerks in der Knotenliste in Tab. 1.7 und in der Kantenliste in Tab. 1.8 abgebildet.

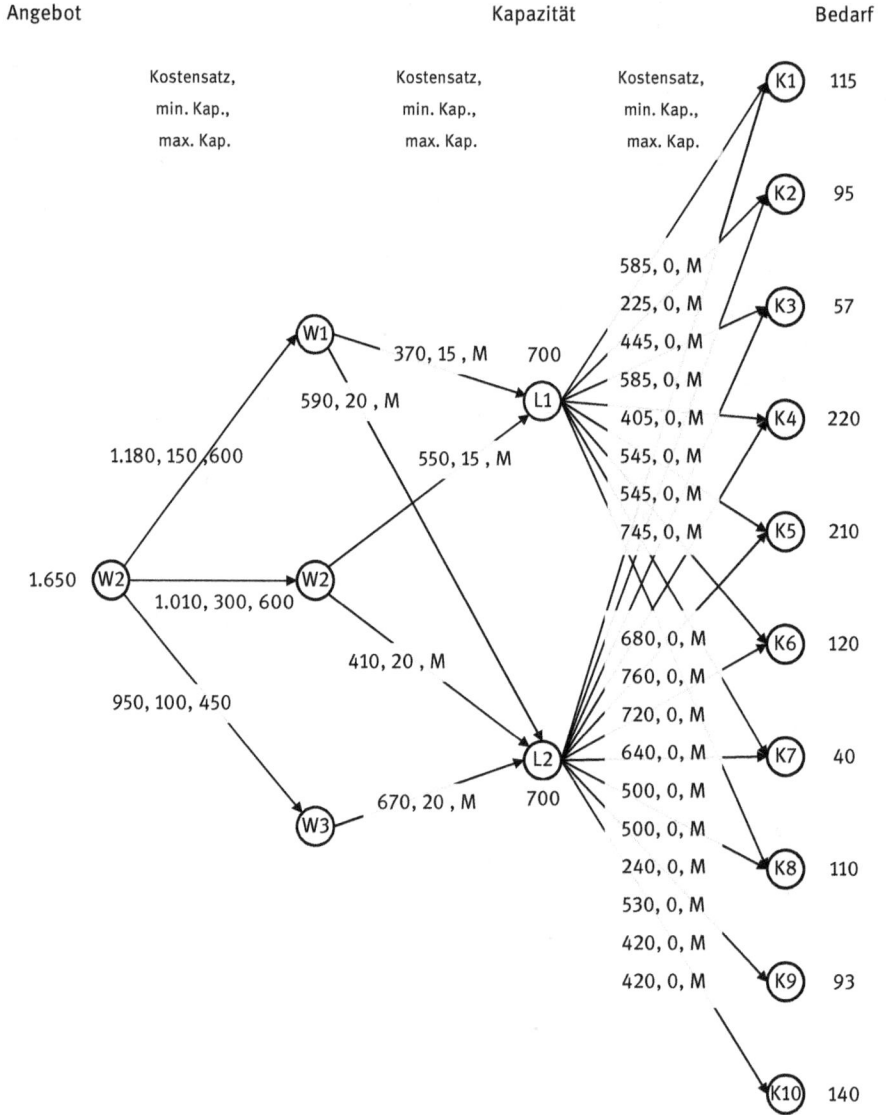

Abb. 1.90: Netzwerkgrafik für Fallstudie 1.11

Tab. 1.7: Knotenliste für Fallstudie 1.11

Knoten	Angebot [Stück]	Bedarf [Stück]	Kapazität [Stück]
W0	1.650	0	0
W1	0	0	0
W2	0	0	0
W3	0	0	0
L1	0	0	700
L2	0	0	700
K1	0	115	0
K2	0	95	0
K3	0	57	0
K4	0	220	0
K5	0	210	0
K6	0	120	0
K7	0	40	0
K8	0	110	0
K9	0	93	0
K10	0	140	0

Tab. 1.8: Kantenliste für Fallstudie 1.11

Von	Nach	Kostensatz [€/Stück]	Min. Kapazität [Stück]	Max. Kapazität [Stück]
W0	W1	1180	150	600
W0	W2	1010	300	600
W0	W3	950	100	450
W1	L1	370	15	M
W1	L2	590	20	M
W2	L1	550	15	M
W2	L2	410	20	M
W3	L2	670	20	M
L1	K1	585	0	M
L1	K2	225	0	M
L1	K3	445	0	M
L1	K4	585	0	M
L1	K5	405	0	M
L1	K6	545	0	M

Von	Nach	Kostensatz [€/Stück]	Min. Kapazität [Stück]	Max. Kapazität [Stück]
L1	K7	545	0	M
L1	K8	745	0	M
L2	K1	680	0	M
L2	K2	760	0	M
L2	K3	720	0	M
L2	K4	640	0	M
L2	K5	500	0	M
L2	K6	500	0	M
L2	K7	240	0	M
L2	K8	530	0	M
L2	K9	420	0	M

b) Lösung mit LogisticsLab/NWF inklusive der Mindestbelieferungen der Logistik-zentren
(Beispieldatei: metall.nwf)

Das in Teilaufgabe a) konzipierte Netzwerk ist in LogisticsLab/NWF anzulegen. Dazu ist ein neues Problem mit 16 Knoten und 26 Kanten anzulegen. Im folgenden Schritt ist die Knotenliste gemäß Tab. 1.7 im Datenbereich *Nodes* einzugeben (Abb. 1.91). Hinsichtlich der Koordinaten der Knoten bietet es sich an, einen Nullpunkt in der linken unteren Ecke des Netzwerkes zu definieren und die Abstände in X- und Y-Richtung als Koordinaten zu verwenden. Die Kantenliste gemäß Tab. 1.8 ist im Kanteneditor (*Arc editor*) einzugeben, was exemplarisch für die aus dem Knoten W0 ausgehenden Kanten dargestellt wird (Abb. 1.92).

Sind alle Daten eingegeben, kann das Problem optimiert werden, worauf die grafische Darstellung der Lösung im Bereich Netzwerk erscheint (Abb. 1.93), während die Flussmengen und die dazugehörigen Transportkosten in der Kantenliste im Datenbereich *All arcs* (Abb. 1.94) eingesehen werden können.

Die gesamten Transportkosten betragen 2.360.510 Euro (Abb. 1.94 → *All arcs* → *Costs*), wobei insgesamt 1.200 Stück des homogenen Gutes transportiert werden (*All arcs* → *Flow*). Diese Menge entspricht der gesamten Nachfrage. Zusätzlich ist im Datenbereich *Nodes* aus dem Vergleich der Mengen in der Spalte *Flow* und den Bedarfen in der Spalte *Volume* ersichtlich, dass alle Nachfragebedingungen eingehalten werden (Abb. 1.95). Weiterhin befinden sich die in den beiden Umladeknoten umgeschlagenen Mengen innerhalb der vorgegebenen Kapazitätsgrenzen von 700 Stück.

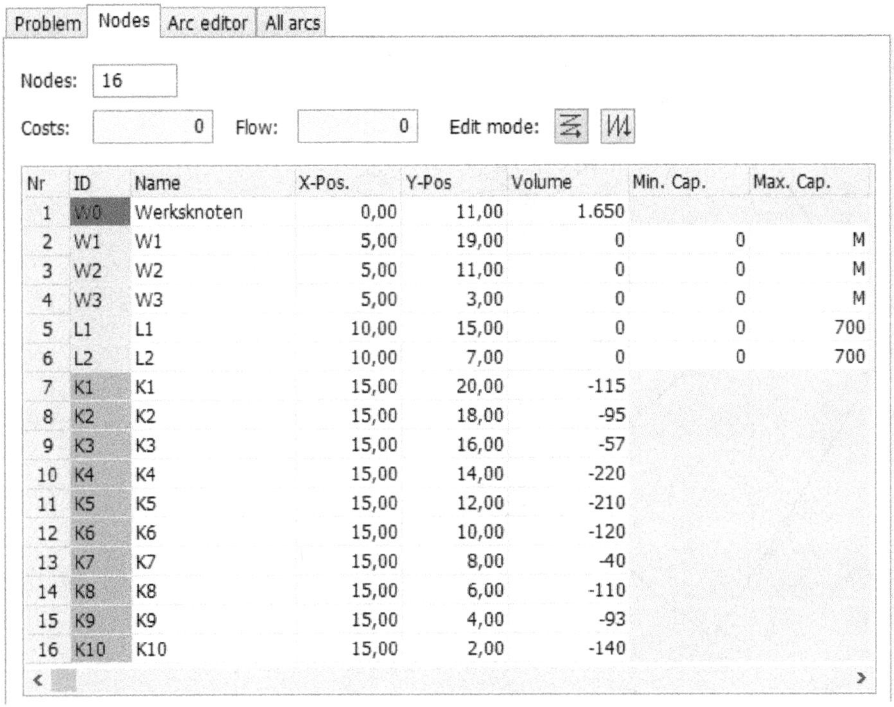

Nr	ID	Name	X-Pos.	Y-Pos	Volume	Min. Cap.	Max. Cap.
1	W0	Werksknoten	0,00	11,00	1.650		
2	W1	W1	5,00	19,00	0	0	M
3	W2	W2	5,00	11,00	0	0	M
4	W3	W3	5,00	3,00	0	0	M
5	L1	L1	10,00	15,00	0	0	700
6	L2	L2	10,00	7,00	0	0	700
7	K1	K1	15,00	20,00	-115		
8	K2	K2	15,00	18,00	-95		
9	K3	K3	15,00	16,00	-57		
10	K4	K4	15,00	14,00	-220		
11	K5	K5	15,00	12,00	-210		
12	K6	K6	15,00	10,00	-120		
13	K7	K7	15,00	8,00	-40		
14	K8	K8	15,00	6,00	-110		
15	K9	K9	15,00	4,00	-93		
16	K10	K10	15,00	2,00	-140		

Abb. 1.91: Eingabe der Daten der Knoten für Fallstudie 1.11 b) in LogisticsLab/NWF

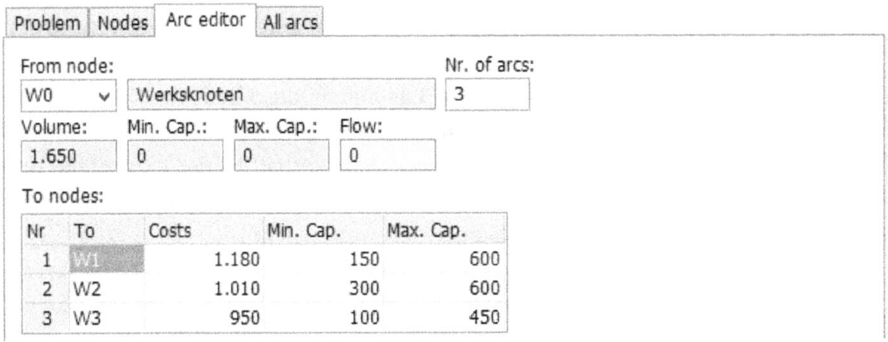

Nr	To	Costs	Min. Cap.	Max. Cap.
1	W1	1.180	150	600
2	W2	1.010	300	600
3	W3	950	100	450

Abb. 1.92: Eingabe der Daten der Kanten für Fallstudie 1.11 b) in LogisticsLab/NWF

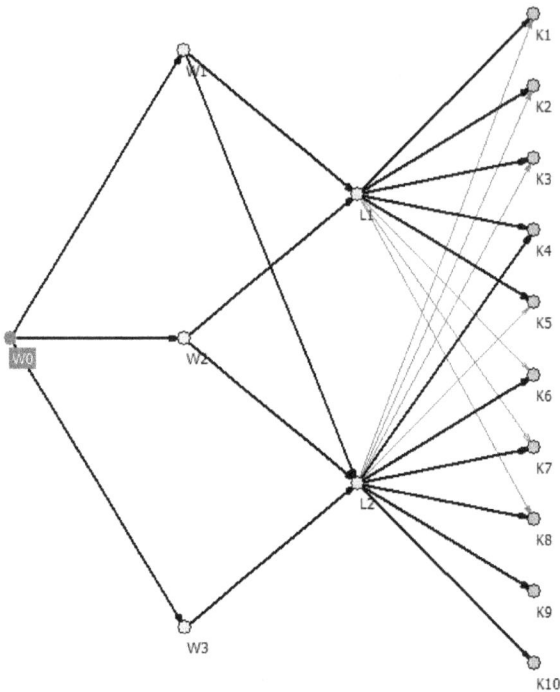

Abb. 1.93: Grafische Darstellung der Lösung für Fallstudie 1.11 b) in LogisticsLab/NWF

Betrachtet man die als Flussmengen auf den Kanten zwischen der Senke W0 und den drei Werken W1–W3 abgebildeten Produktionsmengen, erkennt man, dass trotz der geringsten Produktionskosten im Werk W3 lediglich die Mindestauslastung von 100 Stück produziert wird, während der Hauptteil der gesamten Nachfragemenge in den Werken W1 und W2 produziert wird. Dieser Sachverhalt ist der Kapazitäts- und Kostenstruktur des eigentlichen Distributionsnetzwerkes geschuldet, der durch den Kostenvorteil im dritten Werk nicht kompensiert werden kann.

Auf der ersten Stufe des Distributionsnetzes ist ersichtlich, dass das Logistikzentrum L1 vorranging durch Werk W1 mit 485 Stück und Logistikknoten L2 neben der auf der Mindestauslastung im Werk W3 basierenden Menge von 100 Stück aus Werk W3 vor allem aus dem Werk W2 mit 580 Stück beliefert wird. Die kostenintensiven Kanten W1 → L2 und W2 → L1 werden nur in Höhe der Mindestmengen von 15 bzw. 20 Stück genutzt.

Auf der zweiten Stufe des Distributionsnetzes übernimmt Logistikknoten L1 vollständig die Belieferung der Kunden K1, K2, K3 und K5 und teilweise die Belieferung des Kunden K4, der hauptsächlich von Logistikknoten L2 bedient wird. Dieser Logistikknoten beliefert zusätzlich die Kunden K6–K10 mit deren vollständiger Nachfragemenge.

Problem	Nodes	Arc editor	All arcs

Arcs: 26

Costs: 2.360.510   Flow: 1.200

Nr	From	To	Cost rate	Min. Cap.	Max. Cap.	Flow	Costs
1	W0	W1	1.180	150	600	505	595.900
2	W0	W2	1.010	300	600	595	600.950
3	W0	W3	950	100	450	100	95.000
4	W1	L1	370	15	M	485	179.450
5	W1	L2	590	20	M	20	11.800
6	W2	L1	550	15	M	15	8.250
7	W2	L2	410	20	M	580	237.800
8	W3	L2	670	20	M	100	67.000
9	L1	K1	585	0	M	115	67.275
10	L1	K2	225	0	M	95	21.375
11	L1	K3	445	0	M	57	25.365
12	L1	K4	585	0	M	23	13.455
13	L1	K5	405	0	M	210	85.050
14	L1	K6	545	0	M		
15	L1	K7	545	0	M		
16	L1	K8	745	0	M		
17	L2	K1	680	0	M		
18	L2	K2	760	0	M		
19	L2	K3	720	0	M		
20	L2	K4	640	0	M	197	126.080
21	L2	K5	500	0	M		
22	L2	K6	500	0	M	120	60.000
23	L2	K7	240	0	M	40	9.600
24	L2	K8	530	0	M	110	58.300
25	L2	K9	420	0	M	93	39.060
26	L2	K10	420	0	M	140	58.800

Abb. 1.94: Lösung für die Kanten für Fallstudie 1.11 b) in LogisticsLab/NWF

| Problem | Nodes | Arc editor | All arcs |

Nodes: 16

Costs: 2.360.510   Flow: 1.200   Edit mode: ☰ ⋈

Nr	ID	Name	X-Pos.	Y-Pos	Volume	Min. Cap.	Max. Cap.	Flow	Costs
1	W0	Werksknoten	0,00	11,00	1.650			1.200	1.291.850
2	W1	W1	5,00	19,00		0	M	505	191.250
3	W2	W2	5,00	11,00		0	M	595	246.050
4	W3	W3	5,00	3,00		0	M	100	67.000
5	L1	L1	10,00	15,00		0	700	500	212.520
6	L2	L2	10,00	7,00		0	700	700	351.840
7	K1	K1	15,00	20,00	-115			115	
8	K2	K2	15,00	18,00	-95			95	
9	K3	K3	15,00	16,00	-57			57	
10	K4	K4	15,00	14,00	-220			220	
11	K5	K5	15,00	12,00	-210			210	
12	K6	K6	15,00	10,00	-120			120	
13	K7	K7	15,00	8,00	-40			40	
14	K8	K8	15,00	6,00	-110			110	
15	K9	K9	15,00	4,00	-93			93	
16	K10	K10	15,00	2,00	-140			140	

Abb. 1.95: Lösung für die Knoten für Fallstudie 1.11 b) in LogisticsLab/NWF

c) Lösung mit LogisticsLab/NWF ohne Mindestbelieferungen der Logistikzentren (Beispieldatei: metall-ohne-mindestmengen.nwf)

Diese Teilaufgabe kann sehr einfach gelöst werden, indem für die in die beiden Logistikknoten eingehenden gerichteten Kanten die Untergrenzen der Flussmengen auf den Wert null gesetzt werden und das Problem neu gelöst wird.

Es ist sofort ersichtlich, dass der Verzicht auf die Mindestbelieferungsmengen zu einer Kostensenkung von 7.150 Euro und zu neuen minimalen Produktions- und Transportkosten von 2.353.360 Euro führt. Anhand der Lösung der Knoten im Datenbereich *Nodes* (Abb. 1.96) erkennt man, dass alle Angebots-, Nachfrage- und hinsichtlich der Logistikknoten auch die Kapazitätsrestriktionen eingehalten werden. Weiterhin kann man erkennen, dass sich die Produktionsmengen der Werke W1 und W2 mit 500 und 600 Stück gegenüber der ursprünglichen Lösung von 505 und 595 Stück leicht geändert haben. Anhand der grafischen Darstellung der Lösung in Abb. 1.97 und der Lösung im Datenbereich *All arcs* (Abb. 1.98) kann festgestellt werden, dass auf der ersten Stufe des Distributionsnetzes die kostenintensiven Kanten W1 → L2 und W2 → L1 nicht mehr genutzt werden, sodass Logistikknoten L1 vollständig von Werk W1 mit 500 Stück und der zweite Logistikknoten vorrangig von Werk W2 mit 600 Stück und in Höhe der Mindestauslastung von Werk W3 mit 100 Stück beliefert wird. Da die durch die beiden Logistikknoten umgesetzten Mengen unverändert zur ursprünglichen Lösung sind und keine strukturellen Änderungen für die zweite Distributionsstufe vorliegen, ist es nicht verwunderlich, dass die Flussmengen auf dieser Stufe unverändert zur ursprünglichen Lösung sind.

Nr	ID	Name	X-Pos.	Y-Pos	Volume	Min. Cap.	Max. Cap.	Flow	Costs
1	W0	Werksknoten	0,00	11,00	1.650			1.200	1.291.000
2	W1	W1	5,00	19,00	0	0	M	500	185.000
3	W2	W2	5,00	11,00	0	0	M	600	246.000
4	W3	W3	5,00	3,00	0	0	M	100	67.000
5	L1	L1	10,00	15,00	0	0	700	500	212.520
6	L2	L2	10,00	7,00	0	0	700	700	351.840
7	K1	K1	15,00	20,00	-115			115	
8	K2	K2	15,00	18,00	-95			95	
9	K3	K3	15,00	16,00	-57			57	
10	K4	K4	15,00	14,00	-220			220	
11	K5	K5	15,00	12,00	-210			210	
12	K6	K6	15,00	10,00	-120			120	
13	K7	K7	15,00	8,00	-40			40	
14	K8	K8	15,00	6,00	-110			110	
15	K9	K9	15,00	4,00	-93			93	
16	K10	K10	15,00	2,00	-140			140	

Nodes: 16
Costs: 2.353.360 Flow: 1.200 Edit mode:

Problem | Nodes | Arc editor | All arcs

Abb. 1.96: Lösung für die Knoten für Fallstudie 1.11 c) in LogisticsLab/NWF

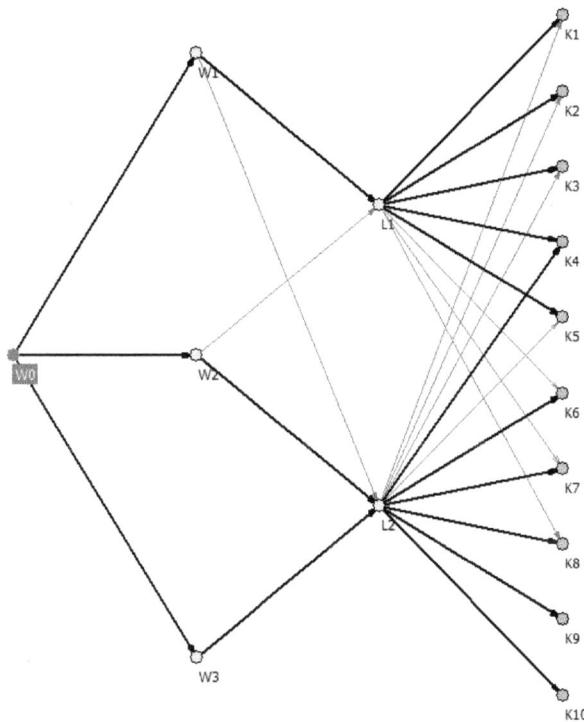

Abb. 1.97: Grafische Darstellung der Lösung für Fallstudie 1.11 c) in LogisticsLab/NWF

Problem	Nodes	Arc editor	All arcs

Arcs: 26

Costs: 2.353.360   Flow: 1.200

Nr	From	To	Cost rate	Min. Cap.	Max. Cap.	Flow	Costs
1	W0	W1	1.180	150	600	500	590.000
2	W0	W2	1.010	300	600	600	606.000
3	W0	W3	950	100	450	100	95.000
4	W1	L1	370	0	M	500	185.000
5	W1	L2	590	0	M		
6	W2	L1	550	0	M		
7	W2	L2	410	0	M	600	246.000
8	W3	L2	670	0	M	100	67.000
9	L1	K1	585	0	M	115	67.275
10	L1	K2	225	0	M	95	21.375
11	L1	K3	445	0	M	57	25.365
12	L1	K4	585	0	M	23	13.455
13	L1	K5	405	0	M	210	85.050
14	L1	K6	545	0	M		
15	L1	K7	545	0	M		
16	L1	K8	745	0	M		
17	L2	K1	680	0	M		
18	L2	K2	760	0	M		
19	L2	K3	720	0	M		
20	L2	K4	640	0	M	197	126.080
21	L2	K5	500	0	M		
22	L2	K6	500	0	M	120	60.000
23	L2	K7	240	0	M	40	9.600
24	L2	K8	530	0	M	110	58.300
25	L2	K9	420	0	M	93	39.060
26	L2	K10	420	0	M	140	58.800

Abb. 1.98: Lösung für die Kanten für Fallstudie 1.11 c) in LogisticsLab/NWF

Fallstudie 1.12

a) Mathematisches Modell

Es handelt sich bei diesem Modell um ein mehrstufiges Transportmodell mit sprungfixen Kosten. Das Problem ist daher als gerichtetes Netzwerk mit dem Zentrallager ZL
als einzigen Versenderknoten, den Auslieferungslagern A1 und A2 als Umladeknoten
und den Großkunden G1 und G2 bzw. den kleineren Serviceunternehmen K1–K5 als
Empfängerknoten zu modellieren.

Die Zielfunktion enthält nicht nur die variablen Transportkosten als gemäß (1.26) über alle gerichteten Kanten zu bildende Summe der Produkte der Transportkostensätze mit den Flussvariablen x_{ij}, sondern auch die sprungfixen Kantenkosten aufgrund der mengenunabhängigen Transportgebühren. Diese werden gemäß (1.27) als über alle gerichteten Kanten, für die mengenunabhängige Gebühren anfallen, zu berechnende Summe der Produkte der sprungfixen Kosten (mengenunabhängige Gebühren) mit den Kantennutzungsvariablen y_{ij} gebildet. Hinsichtlich der mengenunabhängigen Gebühren ist zu beachten, dass in Abhängigkeit des Bedarfs eines Großkunden bzw. eines kleineren Serviceunternehmens der richtige Fahrzeugtyp und damit die richtige Gebühr gewählt werden. So ist für den Transport zwischen Auslieferungslager A1 und Großkunden G1 aufgrund dessen Bedarfs von 15 Tonnen grundsätzlich Fahrzeugtyp L2 mit acht Tonnen Kapazität und damit einer Gebühr von 250 Euro zu wählen. Um diesen Bedarf zu decken, müsste dieser Fahrzeugtyp zweimal eingesetzt werden, sodass auch die Gebühr zweimal anfallen würde. Aufgrund einer solchen potenziellen Mehrfachnutzung einer Kante sind die Kantennutzungsvariablen gemäß Ausdruck (1.34) als nichtnegative, ganzzahlige Variablen zu definieren.

Die folgenden Ausdrücke bilden die Flusserhaltungsbedingungen des *Min-Cost-Flow-Modells* für den Versender ZL gemäß (1.28), die Umladeknoten (A1–A2) gemäß (1.29) und die Empfänger (G1, G2, K1–K5) gemäß (1.30) ab. Da die Kanten zwischen dem Zentrallager ZL und den beiden Auslieferungslagern A1 und A2 keiner Kapazitätsbeschränkung unterliegen und zusätzlich für diese Strecken keine sprungfixen Kosten anfallen, stellen gemäß (1.31) die dazugehörigen Flussvariablen nichtnegative, kontinuierliche und nicht nach oben beschränkte Variablen dar. Für alle anderen Kanten besitzen gemäß (1.32) die nichtnegativen, kontinuierlichen Flussvariablen Obergrenzen, die sich aus dem Produkt der korrespondierenden ganzzahligen Kantennutzungsvariablen y_{ij} und der Kapazität des benutzten Fahrzeugs ergeben.

$$63x_{ZLA1} + 56x_{ZLA2} + 18x_{ZLG1} + 18x_{ZLG2}$$
$$+45x_{A1G1} + 50x_{A1G2} + 14x_{A1K1} + 15x_{A1K2} + 23x_{A1K3} + 26x_{A1K4} + 18x_{A1K5} \quad (1.26)$$
$$+52x_{A2G1} + 39x_{A2G2} + 24x_{A2K1} + 15x_{A2K2} + 38x_{A2K3} + 12x_{A2K4} + 11x_{A2K5}$$

$$-400y_{ZLG1} - 400x_{ZLG2}$$
$$-250y_{A1G1} - 250y_{A1G2}$$
$$-250y_{A1K1} - 150y_{A1K2} - 150y_{A1K3} - 250y_{A1K4} - 250y_{A1K5} \quad (1.27)$$
$$-250y_{A2G1} - 250y_{A2G2}$$
$$-250y_{A2K1} - 150y_{A2K2} - 150y_{A2K3} - 250y_{A2K4} - 250y_{A2K5} \rightarrow \min!$$
u.d.N.

$$x_{ZLA1} + x_{ZLA2} + x_{ZLG1} + x_{ZLG2} = 60 \quad (1.28)$$

$$x_{A1G1} + x_{A1G2} + x_{A1K1} + x_{A1K2} + x_{A1K3} + x_{A1K4} + x_{A1K5} - x_{ZLA1} = 0$$
$$x_{A2G1} + x_{A2G2} + x_{A2K1} + x_{A2K2} + x_{A2K3} + x_{A2K4} + x_{A2K5} - x_{ZLA2} = 0$$

(1.29)

$$-(x_{ZLG1} + x_{A1G1} + x_{A2G1}) = -15$$
$$-(x_{ZLG2} + x_{A1G2} + x_{A2G2}) = -20$$
$$-(x_{A1K1} + x_{A2K1}) = -5$$
$$-(x_{A1K2} + x_{A2K2}) = -4$$
$$-(x_{A1K3} + x_{A2K3}) = -3$$
$$-(x_{A1K4} + x_{A2K4}) = -6$$
$$-(x_{A1K5} + x_{A2K5}) = -7$$

(1.30)

$$0 \leq x_{ZLA1}$$
$$0 \leq x_{ZLA2}$$

(1.31)

$$0 \leq x_{ZLG1} \leq 21 y_{ZLG1}$$
$$0 \leq x_{ZLG2} \leq 21 y_{ZLG2}$$
$$0 \leq x_{A1G1} \leq 8 y_{A1G1}$$
$$0 \leq x_{A1G2} \leq 8 y_{A1G2}$$
$$0 \leq x_{A1K1} \leq 8 y_{A1K1}$$
$$0 \leq x_{A1K2} \leq 4 y_{A1K2}$$
$$0 \leq x_{A1K3} \leq 4 y_{A1K3}$$
$$0 \leq x_{A1K4} \leq 8 y_{A1K4}$$
$$0 \leq x_{A1K5} \leq 8 y_{A1K5}$$
$$0 \leq x_{A2G1} \leq 8 y_{A2G1}$$
$$0 \leq x_{A2G2} \leq 8 y_{A2G2}$$
$$0 \leq x_{A2K1} \leq 8 y_{A2K1}$$
$$0 \leq x_{A2K2} \leq 4 y_{A2K2}$$
$$0 \leq x_{A2K3} \leq 4 y_{A2K3}$$
$$0 \leq x_{A2K4} \leq 8 y_{A2K4}$$
$$0 \leq x_{A2K5} \leq 8 y_{A2K5}$$

(1.32)

$$y_{ij} \in \{0,1,...\} \qquad ;(i,j) \in \{ZLG1, ZLG2,$$
$$A1G1, A1G2, A1K1, A1K2, A1K3, A1K4, A1K5,$$
$$A2G1, A2G2, A2K1, A2K2, A2K3, A2K4, A2K5\}$$

(1.33)

b) Lösung mit SolverStudio/Cmpl
(Beispieldatei: transport.xlsx → heizungsanlagen)

Für dieses mehrstufige Transportproblem mit sprungfixen Kosten ist ein Excel-Arbeitsblatt anzulegen, dass die benötigten Indexmengen, Parameter und Lösungsbereiche in Form einer Knoten- und Kantenliste enthält (Abb. 1.99).

Im Zellbereich A3:A12 finden sich die Knotenzeichnungen, die im SolverStudio-Dateneditor (Abb. 1.100) als Indexmenge *Nodes* spezifiziert werden. Die dazugehörigen Angebote und Nachfragen wurden im Zellbereich C3:D12 eingegeben und im SolverStudio-Dateneditor als über die Indexmenge *Nodes* definierte Parametervektoren *a* und *b* für das CMPL-Modell bereitgestellt.

Die Kantenliste enthält in A16:B33 die Kantenbezeichnungen, die im SolverStudio-Dateneditor für die Spezifikation der Indexmenge *Arcs* verwendet wurden.

	A	B	C	D	E	F	G	H	I	J	K
1	**Knoten**										
2		Nettofluss	Angebot	Nachfrage							
3	ZL	0	60	0							
4	A1	0	0	0							
5	A2	0	0	0							
6	G1	0	0	15							
7	G2	0	0	20							
8	K1	0	0	5							
9	K2	0	0	4							
10	K3	0	0	3							
11	K4	0	0	6							
12	K5	0	0	7							
13											
14	**Kanten**										
15	Von	Nach	Min. Kap.	Max. Kap.	Kostensatz je Stück	Fixkosten je Fahrzeug	Fluss	Fahrzeuge	Var. Kosten	Fixe Kosten	Kosten
16	ZL	A1	0	100	63	0			0	0	0
17	ZL	A2	0	100	56	0			0	0	0
18	ZL	G1	0	21	18	400			0	0	0
19	ZL	G2	0	21	18	400			0	0	0
20	A1	G1	0	8	45	250			0	0	0
21	A1	G2	0	8	50	250			0	0	0
22	A1	K1	0	8	14	250			0	0	0
23	A1	K2	0	4	15	150			0	0	0
24	A1	K3	0	4	23	150			0	0	0
25	A1	K4	0	8	26	250			0	0	0
26	A1	K5	0	8	18	250			0	0	0
27	A2	G1	0	8	52	250			0	0	0
28	A2	G2	0	8	39	250			0	0	0
29	A2	K1	0	8	24	250			0	0	0
30	A2	K2	0	4	15	150			0	0	0
31	A2	K3	0	4	38	150			0	0	0
32	A2	K4	0	8	12	250			0	0	0
33	A2	K5	0	8	11	250			0	0	0
34	Gesamt								0	0	0

Abb. 1.99: Excel-Arbeitsblatt für Fallstudie 1.12 b)

Name:	Cell Range:	Index Range(s):
<Add New Data Item>		
a	C3:C12	Nodes
Arcs	A16:B33	
b	D3:D12	Nodes
c	E16:E33	Arcs
F	F16:F33	Arcs
maxCap	D16:D33	Arcs
minCap	C16:C33	Arcs
Nodes	A3:A12	
x	G16:G33	Arcs
y	H16:H33	Arcs

Abb. 1.100: Ausschnitt aus SolverStudio-Dateneditor für Fallstudie 1.12 b)

Auf der Basis der Indexmenge *Arcs* wurden die Parameterfelder *minCap* und *maxCap* in den Zellbereichen C16:C33 und D16:D33 für die Kantenkapazitäten eingerichtet. Diesen folgen in den Spalten E und F die Transportkostensätze und die sprungfixen Kosten für die einzelnen Kanten, die im SolverStudio-Dateneditor als über die Index-menge *Arcs* definierte Parameterfelder *c* und *F* verwendet werden. Für die Lösungen der Flussvariablen wurden im SolverStudio-Dateneditor ein Feld *x* für den Zellbe-reich G16:G33 und für die Lösungen der Kantennutzungsvariablen ein Feld *y* für den Zellbereich H16:H33 eingeführt. In den Spalten I, J und K werden im Anschluss an die Optimierungsrechnung auf der Basis der Transportkostensätze und sprungfixen Kos-ten sowie der Lösungen der Fluss- und der Kantennutzungsvariablen die variablen und sprungfixen Kosten je Kante und die entsprechenden Zeilen und Spaltensummen durch Excel-Formeln berechnet.

Das CMPL-Modell 1.2 kann unmittelbar aus dem im Lehrbuch *Logistik-Entschei-dungen* vorgestellten CMPL-Modell für das *Min-Cost-Flow-Modell* abgeleitet werden[6], sodass an dieser Stelle nur auf die zusätzlichen Ausdrücke eingegangen wird.

So wird in der ersten Zeile zusätzlich zum originalen Min-Cost-Flow-CMPL-Mo-dell der Parametervektor F[Arcs] für die sprungfixen Kosten der Kanten eingelesen. Zusätzlich zu den Flussvariablen werden in der Sektion variables in Zeile 5 die Kan-tennutzungsvariablen y[Arcs] definiert, die aufgrund der potenziellen Mehrfachnut-zung einer Kante durch mehrere Fahrzeuge eines Typs nicht binäre, sondern ganz-zahlige Variablen darstellen. Die Zielfunktion in Zeile 8 erfährt durch den Ausdruck F[i,j] * y[i,j] eine Erweiterung durch die Einbeziehung der sprungfixen Kosten der ge-nutzten Kanten. Während die Flusserhaltungsbedingungen in den Zeilen 11 bis 14 un-verändert aus dem originalen Min-Cost-Flow-CMPL-Modell übernommen wurden, unterliegen die rechten Seiten der in Zeile 16 zu generierenden Kantenkapazitätsbe-dingungen einer Veränderung, da die Obergrenze des Wertes einer Flussvariablen

---

6 Vgl. Steglich et al. (2016), S. 179 f.

x[i,j] durch das Produkt der maximalen Kapazität eines Fahrzeuges maxCap[i,j] und der Kantennutzung y[i,j] gebildet werden.

Zunächst soll gemäß der Aufgabenstellung die ursprüngliche Lieferpolitik ohne Direktbelieferung der Großkunden vom Zentrallager aus analysiert werden. Dazu sind die maximalen Kapazitäten der Kanten ZLG1 und ZLG2 in den Zellen D18 und D19 auf den Wert null zu setzen und das Problem zu optimieren. Die dazugehörige Lösung ist in Abb. 1.101 gegeben. Diese Lieferpolitik lässt sich unter Einhaltung aller Angebots-, Bedarfs- und Kapazitätsrestriktionen mit minimalen Kosten von 7.624 Euro (Zelle K34) realisieren. Dabei betragen die variablen Transportkosten 5.324 Euro (Zelle I34) und die dazugehörigen sprungfixen Kosten der teilweise mehrfach eingesetzten Fahrzeuge 2.300 Euro (Zelle J34).

CMPL-Modell 1.2: CMPL-Modell für Fallstudie 1.14 b)

```
1     %data: Nodes set, a[Nodes], b[Nodes], Arcs set[2], c[Arcs], minCap[Arcs], maxCap[Arcs],
      F[Arcs]
2
3     variables:
4        x[Arcs] : real[0..];
5        y[Arcs] : integer[0..];
6
7     objectives:
8        sum { [i,j] in Arcs: c[i,j] * x[i,j] + F[i,j] * y[i,j] } ->min;
9
10    constraints:
11       { i in Nodes :
12           sum{ j in Arcs *> [i,*] : x[i,j] } -
13           sum{ j in Arcs *> [*,i] : x[j,i] } = a[i] - b[i];
14       }
15
16       { [i,j] in Arcs: minCap[i,j] <= x[i,j] <= maxCap[i,j] * y[i,j]; }
```

Offensichtlich werden alle Restriktionen eingehalten. Hinsichtlich der Belieferung der Großkunden G1 und G2 ist festzuhalten, dass mehrere Fahrzeuge des Typs L2 eingesetzt werden müssen. So werden für die Belieferung des Großkunden G1 durch das Auslieferungslager A1 zwei Fahrzeuge (Zelle H20) und für die Belieferung des Großkunden G2 durch das Auslieferungslager A2 drei Fahrzeuge (Zelle H28) benötigt.

Setzt man die Obergrenzen der Kantenkapazitäten der Direktbelieferungen der Großkunden wiederum auf 21 Tonnen für das auf diesen Strecken eingesetzte Fahrzeug L3 (Zellen D18 und D19 in Abb. 1.102) und löst das Problem so unter Einbeziehung einer potenziellen Direktbelieferung, erhält man einen zulässigen Lieferplan mit gesamten Kosten von 4.284 Euro bei variablen Transportkosten von 2.434 Euro und sprungfixen Kosten von 1.850 Euro (Zellen I34:K34 in Abb. 1.102). Das ergibt gegenüber der ursprünglichen Lieferpolitik eine gesamte Einsparung von 3.340 Euro, wobei sowohl die variablen Transportkosten als auch die sprungfixen Kosten der nun nur noch einmalig eingesetzten Fahrzeuge geringer ausfallen.

	A	B	C	D	E	F	G	H	I	J	K
1	**Knoten**										
2		Nettofluss	Angebot	Nachfrage							
3	ZL	60	60	0							
4	A1	0	0	0							
5	A2	0	0	0							
6	G1	-15	0	15							
7	G2	-20	0	20							
8	K1	-5	0	5							
9	K2	-4	0	4							
10	K3	-3	0	3							
11	K4	-6	0	6							
12	K5	-7	0	7							
13											
14	**Kanten**										
15	Von	Nach	Min. Kap.	Max. Kap.	Kostensatz je Stück	Fixkosten je Fahrzeug	Fluss	Fahrzeuge	Var. Kosten	Fixe Kosten	Kosten
16	ZL	A1	0	100	63	0	23	1	1449	0	1.449
17	ZL	A2	0	100	56	0	37	1	2072	0	2.072
18	ZL	G1	0	0	18	400	0	0	0	0	0
19	ZL	G2	0	0	18	400	0	0	0	0	0
20	A1	G1	0	8	45	250	15	2	675	500	1.175
21	A1	G2	0	8	50	250	0	0	0	0	0
22	A1	K1	0	8	14	250	5	1	70	250	320
23	A1	K2	0	4	15	150	0	0	0	0	0
24	A1	K3	0	4	23	150	3	1	69	150	219
25	A1	K4	0	8	26	250	0	0	0	0	0
26	A1	K5	0	8	18	250	0	0	0	0	0
27	A2	G1	0	8	52	250	0	0	0	0	0
28	A2	G2	0	8	39	250	20	3	780	750	1.530
29	A2	K1	0	8	24	250	0	0	0	0	0
30	A2	K2	0	4	15	150	4	1	60	150	210
31	A2	K3	0	4	38	150	0	0	0	0	0
32	A2	K4	0	8	12	250	6	1	72	250	322
33	A2	K5	0	8	11	250	7	1	77	250	327
34	Gesamt								5324	2300	7.624

Abb. 1.101: Lösung ohne Direktlieferung für Fallstudie 1.12 b)

	A	B	C	D	E	F	G	H	I	J	K
1	**Knoten**										
2		Nettofluss	Angebot	Nachfrage							
3	ZL	60	60	0							
4	A1	0	0	0							
5	A2	0	0	0							
6	G1	-15	0	15							
7	G2	-20	0	20							
8	K1	-5	0	5							
9	K2	-4	0	4							
10	K3	-3	0	3							
11	K4	-6	0	6							
12	K5	-7	0	7							
13											
14	**Kanten**										
15	Von	Nach	Min. Kap.	Max. Kap.	Kostensatz je Stück	Fixkosten je Fahrzeug	Fluss	Fahrzeuge	Var. Kosten	Fixe Kosten	Kosten
16	ZL	A1	0	100	63	0	**8**	1	504	0	504
17	ZL	A2	0	100	56	0	**17**	1	952	0	952
18	ZL	G1	0	21	18	400	**15**	1	270	400	670
19	ZL	G2	0	21	18	400	**20**	1	360	400	760
20	A1	G1	0	8	45	250	0	0	0	0	0
21	A1	G2	0	8	50	250	0	0	0	0	0
22	A1	K1	0	8	14	250	**5**	1	70	250	320
23	A1	K2	0	4	15	150	0	0	0	0	0
24	A1	K3	0	4	23	150	**3**	1	69	150	219
25	A1	K4	0	8	26	250	0	0	0	0	0
26	A1	K5	0	8	18	250	0	0	0	0	0
27	A2	G1	0	8	52	250	0	0	0	0	0
28	A2	G2	0	8	39	250	0	0	0	0	0
29	A2	K1	0	8	24	250	0	0	0	0	0
30	A2	K2	0	4	15	150	**4**	1	60	150	210
31	A2	K3	0	4	38	150	0	0	0	0	0
32	A2	K4	0	8	12	250	**6**	1	72	250	322
33	A2	K5	0	8	11	250	**7**	1	77	250	327
34	Gesamt								2434	1850	4.284

Abb. 1.102: Lösung mit Direktlieferung für Fallstudie 1.12 b)

Fallstudie 1.13

a) Mathematisches Modell

Es handelt sich wiederum um eine Anwendung des *Min-Cost-Flow-Multicommodity-Modells*. Gemäß Ausdruck (1.34) ist in der Zielfunktion die Summe der Transportkosten über alle Transportrelationen und den beiden unterschiedlichen Transportboxen zu minimieren.

Dabei ist zu beachten, dass für die Abbildung der Kapazitäten der beiden Logistikknoten eine Knotensplittung vorzunehmen ist. Die daraus resultierenden gerichteten Kanten zwischen den Knoten T1 und T1a bzw. T2 und T2a besitzen jeweils einen Kostensatz von null und brauchen daher nicht in die Zielfunktion einbezogen werden.

Alle von den Logistikknoten ausgehenden Lieferbeziehungen starten aufgrund der Knotensplittung von den Knoten T1a bzw. T2a. Die folgenden Ausdrücke (1.35) bis (1.38) stellen die erweiterten Flusserhaltungsbedingungen dar. Gemäß (1.35) wird für die beiden Warenlager und die beiden Typen von Standardbehältern sichergestellt, dass exakt die bereitgestellte Menge an Behältern an die Logistikknoten ausgeliefert wird. Die Ausdrücke (1.36) und (1.37) führen dazu, dass die Menge der beiden Typen von Transportbehältern, die in einen Logistikknoten eingeht, diesen auch wieder vollständig verlässt.

$$
\begin{aligned}
& 25x_{W1T1B1} + 30x_{W1T2B1} + 27x_{W2T1B1} + 25x_{W2T2B1} + 45x_{W3T1B1} + 15x_{W3T2B1} \\
& +50x_{W1T1B2} + 62x_{W1T2B2} + 52x_{W2T1B2} + 72x_{W2T2B2} + 80x_{W3T1B2} + 40x_{W3T2B2} \\
& +50x_{T1aS1B1} + 35x_{T1aS2B1} + 65x_{T1aS3B1} + 40x_{T1aS4B1} \\
& +40x_{T2aS1B1} + 100x_{T2aS2B1} + 25x_{T2aS3B1} + 20x_{T2aS4B1} \\
& +70x_{T1aS1B2} + 20x_{T1aS2B2} + 80x_{T1aS3B2} + 50x_{T1aS4B2} \\
& +65x_{T2aS1B2} + 45x_{T2aS2B2} + 20x_{T2aS3B2} + 30x_{T2aS4B2} \rightarrow \min!
\end{aligned}
\tag{1.34}
$$

u.d.N.

$$
\begin{aligned}
x_{W1T1B1} + x_{W1T2B1} &= 30 \\
x_{W2T1B1} + x_{W2T2B1} &= 40 \\
x_{W3T1B1} + x_{W3T2B1} &= 30 \\
x_{W1T1B2} + x_{W1T2B2} &= 40 \\
x_{W2T1B2} + x_{W2T2B2} &= 20 \\
x_{W3T1B2} + x_{W3T2B2} &= 20
\end{aligned}
\tag{1.35}
$$

$$
\begin{aligned}
x_{T1T1aB1} - x_{W1T1B1} - x_{W2T1B1} - x_{W3T1B1} &= 0 \\
x_{T2T2aB1} - x_{W1T2B1} - x_{W2T2B1} - x_{W3T2B1} &= 0 \\
x_{T1T1aB2} - x_{W1T1B2} - x_{W2T1B2} - x_{W3T1B2} &= 0 \\
x_{T2T2aB2} - x_{W1T2B2} - x_{W2T2B2} - x_{W3T2B2} &= 0
\end{aligned}
\tag{1.36}
$$

$$
\begin{aligned}
x_{T1aS1B1} + x_{T1aS2B1} + x_{T1aS3B1} + x_{T1aS4B1} - x_{T1T1aB1} &= 0 \\
x_{T2aS1B1} + x_{T2aS2B1} + x_{T2aS3B1} + x_{T2aS4B1} - x_{T2T2aB1} &= 0 \\
x_{T1aS1B2} + x_{T1aS2B2} + x_{T1aS3B2} + x_{T1aS4B2} - x_{T1T1aB2} &= 0 \\
x_{T2aS1B2} + x_{T2aS2B2} + x_{T2aS3B2} + x_{T2aS4B2} - x_{T2T2aB2} &= 0
\end{aligned}
\tag{1.37}
$$

$$-\left(x_{T1aS1B1}+x_{T2aS1B1}\right)=-20$$
$$-\left(x_{T1aS2B1}+x_{T2aS2B1}\right)=-25$$
$$-\left(x_{T1aS3B1}+x_{T2aS3B1}\right)=-30$$
$$-\left(x_{T1aS4B1}+x_{T2aS4B1}\right)=-25$$
$$-\left(x_{T1aS1B2}+x_{T2aS1B2}\right)=-15 \qquad (1.38)$$
$$-\left(x_{T1aS2B2}+x_{T2aS2B2}\right)=-25$$
$$-\left(x_{T1aS3B2}+x_{T2aS3B2}\right)=-10$$
$$-\left(x_{T1aS4B2}+x_{T2aS4B2}\right)=-30$$

$$0\le x_{ijB1}+x_{ijB2}\le50 \qquad ;(i,j)\in\{W1T1,W1T2,W2T1,W2T2,W3T1,W3T2 \qquad (1.39)$$
$$T1aS1,T1aS2,T1aS3,T1aS4,$$
$$T2aS1,T2aS2,T2aS3,T2aS4\}$$

$$0\le x_{T1T1aB1}+x_{T1T1aB2}\le90 \qquad (1.40)$$
$$0\le x_{T2T2aB1}+x_{T2T2aB2}\le90$$

Gemäß (1.38) muss ein Supermarkt exakt mit der nachgefragten Menge beliefert werden. Auch diese Bedingung ist für beide Typen von Standardbehältern separat zu formulieren. Mit Ausdruck (1.39) wird verhindert, dass die Summe der auf einer Kante transportierten Behälter die Kapazität der eingesetzten Fahrzeuge überschreitet. Mit der letzten Bedingung (1.40) werden die Kapazitäten der beiden Logistikknoten als Kapazitätsobergrenzen der aus den Knotensplittungen resultierenden gerichteten Kanten abgebildet.

b) Lösung mit SolverStudio/Cmpl
(Beispieldatei: transport.xlsx → mehrgueter)

Zur Lösung dieses Problems ist in einem ersten Schritt ein Excel-Arbeitsblatt einzurichten, das die Benennung der beiden Behältertypen (B2:C2), die Knotenliste (A5:G17) und die Kantenliste (A20:L38) aufnimmt (Abb. 1.103). Die Knotenliste enthält die Angebote der Knoten für die beiden Behältertypen (B7:C17) sowie die entsprechenden Bedarfe (D7:E17). Die folgenden zwei Spalten dienen zur Aufnahme der Nettoflüsse der beiden Behältertypen, die mittels Excel-Formeln automatisch auf der Basis der Flussmengen in der Kantenliste berechnet werden. Da aufgrund der Abbildung der Kapazitäten der beiden Logistikknoten T1 und T2 eine Knotensplittung vorzunehmen ist, enthält die Knotenliste zusätzlich die daraus resultierenden Knoten T1a und T2a. In der Kantenliste befinden sich neben den Indizes für die gerichteten Kanten in A22:B37 die Kapazitätsgrenzen der Kanten in C22:D37 sowie die Kostensätze je Behältertyp in E22:F37. Die aus der Knotensplittung der Umladeknoten hervorgegangenen künstlichen Kanten T1 → T1a und T2 → T2a nehmen als maximale Kapazität die Kapazität dieser Knoten bei einem Kostensatz von null auf (C28:F28 und

C33:F33). In die Zellen G22:H37 werden nach der Optimierung automatisch die Flussmengen der beiden Behältertypen durch SolverStudio eingetragen und daraufhin im Bereich J22:K37 die Transportkosten als Produkt der Kostensätze und der Flussmengen berechnet.

Nach der Eingabe der Modelldaten sind im SolverStudio-Dateneditor die Datenbereiche zu spezifizieren, die mit dem eigentlichen CMPL-Modell verbunden werden sollen (Abb. 1.104). Es wurden die Indexmenge *Arcs* für die Kanten (A22:B37), *Nodes* für die Knoten (A7:A17) und die Indexmenge *K* für die Behältertypen (B2:C2) definiert. Die Indexmengen *Arcs* und *K* wurden für die Definition der Kostensätze *c*, der Unter- und Obergrenzen der Kantenkapazitäten (*minCap* und *maxCap*) sowie für die Flussmengen *x* verwendet, während die Indexmenge *Nodes* in die Definitionen der Angebote *a* bzw. Bedarfe *b* der einzelnen Knoten einfließt.

	A	B	C	D	E	F	G	H	I	J	K	L
2	Güter	B1	B2									
3												
4	Knoten											
5		Angebot		Nachfrage		NettoFluss						
6		B1	B2	B1	B2	B1	B2					
7	W1	30	40	0	0	0	0					
8	W2	40	20	0	0	0	0					
9	W3	30	20	0	0	0	0					
10	T1	0	0	0	0	0	0					
11	T2	0	0	0	0	0	0					
12	T1a	0	0	0	0	0	0					
13	T2a	0	0	0	0	0	0					
14	S1	0	0	20	15	0	0					
15	S2	0	0	25	25	0	0					
16	S3	0	0	30	10	0	0					
17	S4	0	0	25	30	0	0					
18												
19	Kanten											
20	Von	Nach	Min. Kap.	Max. Kap.	Kostensatz		Fluss			Kosten		
21					B1	B2	B1	B2	Gesamt	B1	B2	Gesamt
22	W1	T1	0	50	25	50			0	0	0	0,00
23	W1	T2	0	50	30	62			0	0	0	0,00
24	W2	T1	0	50	27	52			0	0	0	0,00
25	W2	T2	0	50	25	72			0	0	0	0,00
26	W3	T1	0	50	45	80			0	0	0	0,00
27	W3	T2	0	50	15	40			0	0	0	0,00
28	T1	T1a	0	90	0	0			0	0	0	0,00
29	T1a	S1	0	50	50	70			0	0	0	0,00
30	T1a	S2	0	50	35	20			0	0	0	0,00
31	T1a	S3	0	50	65	80			0	0	0	0,00
32	T1a	S4	0	50	40	50			0	0	0	0,00
33	T2	T2a	0	90	0	0			0	0	0	0,00
34	T2a	S1	0	50	40	65			0	0	0	0,00
35	T2a	S2	0	50	100	45			0	0	0	0,00
36	T2a	S3	0	50	25	20			0	0	0	0,00
37	T2a	S4	0	50	20	30			0	0	0	0,00
38	Summe											0

Abb. 1.103: Excel-Arbeitsblatt für Fallstudie 1.13 b)

Name:	Cell Range:	Index Range(s):
<Add New Data Item>		
Arcs	A22:B37	
c	E22:F37	Arcs, K
d	D7:E17	Nodes, K
K	B2:C2	
maxCap	D22:D37	Arcs
minCap	C22:C37	Arcs
Nodes	A7:A17	
s	B7:C17	Nodes, K
x	G22:H37	Arcs, K

Abb. 1.104: Ausschnitt aus SolverStudio-Dateneditor für Fallstudie 1.13 b)

Die Indexmengen und die davon abhängigen Parameterfelder werden in Zeile 1 im CMPL-Modell 1.3 eingelesen. Dieses CMPL-Modell entspricht vollständig dem im Lehrbuch *Logistik-Entscheidungen* eingeführten CMPL-Modell.[7]

In der Sektion variables werden in Zeile 5 die Flussvariablen x_{ijk} für alle Kombinationen der Kanten und Behältertypen als nichtnegative, reellwertige Variable definiert. In der zu minimierenden Zielfunktion (Zeile 8) sind die Produkte aus den Kostensätzen und den Flussvariablen über alle Kanten und Behältertypen zu summieren. In der Sektion constraints werden in den Zeilen 11 bis 13 die Flussrestriktionen für alle Kombinationen aus Kanten und Behältertypen spezifiziert.

CMPL-Modell 1.3: CMPL-Modell für Fallstudie 1.13 b)

```
1    %data: Nodes set, Arcs set[2], K set, a[Nodes,K], b[Nodes,K], c[Arcs,K], minCap[Arcs],
     maxCap[Arcs]
3
4    variables:
5        { [i,j] in Arcs, k in K: x[i,j,k] : real[0..]; }
6
7    objectives:
8        sum { [i,j] in Arcs, k in K: c[i,j,k] * x[i,j,k] } ->min;
9
10   constraints:
11       { i in Nodes, k in K :
12           sum{ j in Arcs *> [i,*] : x[i,j,k] } - sum{ j in Arcs *> [*,i] : x[j,i,k] } = a[i,k] - b[i,k];
13       }
14
15       { [i,j] in Arcs: minCap[i,j] <= sum{k in K: x[i,j,k]} <= maxCap[i,j];}
```

---

7 Vgl. Steglich et al. (2016), S. 193 ff.

Daraufhin werden in Zeile 15 für alle Kanten die Kapazitätsschranken definiert, wobei die Summe der Flussmengen aller Behältertypen innerhalb der minimalen und maximalen Kapazität dieser Kante liegen muss.

Nach Abschluss der Optimierung erscheinen die Werte in der Knoten- und der Kantenliste (Abb. 1.105). Aus dem Vergleich der Nettoflüsse in der Kantenliste mit den dazugehörigen Kapazitäten und Bedarfen der Knoten lässt sich erkennen, dass alle Angebots- und Bedarfsrestriktionen eingehalten werden. Weiterhin kann in der Kantenliste mittels eines Vergleichs der Flussmengen und der maximalen Kapazitäten festgestellt werden, dass auch alle Kapazitätsrestriktionen erfüllt werden. Die optimalen Transportkosten betragen 12.160 Euro.

Anhand der Flussmengen in der Kantenliste kann der neue Transportplan analysiert werden, der zusätzlich in Abb. 1.106 grafisch dargestellt wird.

	A	B	C	D	E	F	G	H	I	J	K	L
4	**Knoten**											
5		Angebot		Nachfrage		NettoFluss						
6		B1	B2	B1	B2	B1	B2					
7	W1	30	40	0	0	30	40					
8	W2	40	20	0	0	40	20					
9	W3	30	20	0	0	30	20					
10	T1	0	0	0	0	0	0					
11	T2	0	0	0	0	0	0					
12	T1a	0	0	0	0	0	0					
13	T2a	0	0	0	0	0	0					
14	S1	0	0	20	15	-20	-15					
15	S2	0	0	25	25	-25	-25					
16	S3	0	0	30	10	-30	-10					
17	S4	0	0	25	30	-25	-30					
18												
19	**Kanten**											
20	Von	Nach	Min. Kap.	Max. Kap.	Kostensatz		Fluss			Kosten		
21					B1	B2	B1	B2	Gesamt	B1	B2	Gesamt
22	W1	T1	0	50	25	50	25	25	50	625	1.250	1.875,00
23	W1	T2	0	50	30	62	5	15	20	150	930	1.080,00
24	W2	T1	0	50	27	52	20	20	40	540	1.040	1.580,00
25	W2	T2	0	50	25	72	20	0	20	500	0	500,00
26	W3	T1	0	50	45	80	0	0	0	0	0	0,00
27	W3	T2	0	50	15	40	30	20	50	450	800	1.250,00
28	T1	T1a	0	90	0	0	45	45	90	0	0	0,00
29	T1a	S1	0	50	50	70	20	15	35	1.000	1.050	2.050,00
30	T1a	S2	0	50	35	20	25	25	50	875	500	1.375,00
31	T1a	S3	0	50	65	80	0	0	0	0	0	0,00
32	T1a	S4	0	50	40	50	0	5	5	0	250	250,00
33	T2	T2a	0	90	0	0	55	35	90	0	0	0,00
34	T2a	S1	0	50	40	65	0	0	0	0	0	0,00
35	T2a	S2	0	50	100	45	0	0	0	0	0	0,00
36	T2a	S3	0	50	25	20	30	10	40	750	200	950,00
37	T2a	S4	0	50	20	30	25	25	50	500	750	1.250,00
38	Summe											12.160

Abb. 1.105: Lösung für Fallstudie 1.13 b)

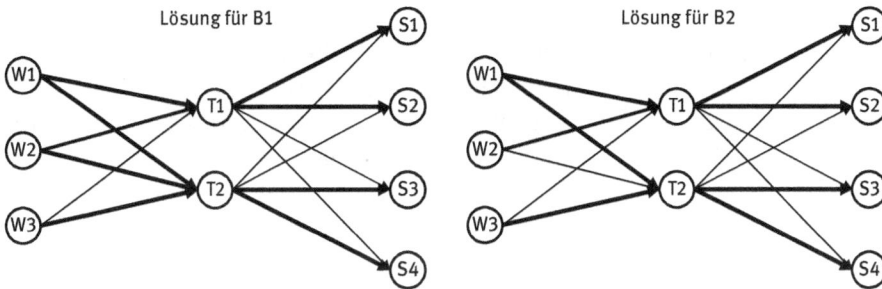

Abb. 1.106: Grafische Darstellung der Lösung für Fallstudie 1.13 b)

Für beide Logistikknoten ist ersichtlich, dass für beide Behältertypen eine gesplittete Lieferung aus den zentralen Warenlagern erfolgt. Die Belieferung der einzelnen Supermärkte erfolgt für beide Güterarten dagegen jeweils nur von einem Logistikknoten, wobei die Supermärkte S1 und S2 für beide Behältertypen komplett von Logistikknoten T1 und die Supermärkte S3 und S4 komplett von Logistikknoten T2 beliefert werden. Diese Lieferbeziehungen sind im Sinne der zu minimierenden gesamten Transportkosten optimal. Falls aus logistischen Gründen eine gesplittete Lieferung auf der ersten Stufe vermieden werden soll, ist dieses Problem mittels eines Single-Source-Modells zu lösen.

Fallstudie 1.14

a) Allgemeines mathematisches Modell

Bei diesem Modell handelt es sich um eine Kombination des *Minimum-Cost-Flow-Multicommodity-Modells* und des Modells für zweiseitig beschränkte Transportprobleme.

Dabei wird das Transportproblem als gerichteter Graph $G = (N, A)$ dargestellt, wobei N die Knotenmenge und A die Menge der Kanten bezeichnet. Die Menge der Knoten enthält neben ggf. vorliegenden Umladeknoten eine Menge von Versendern $S \subset N$ sowie eine Menge von Empfängern $D \subset N$. Zusätzlich wird die Menge K verwendet, die die Menge der unterschiedlichen Güter darstellt. Für jedes Gut $k \in K$ und jede gerichtete Kante $(i, j) \in A$ ist eine Bewertung c_{ijk} je Mengeneinheit des Gutes definiert. In diesem Anwendungsfall handelt es sich um die Stückdeckungsbeiträge.

Die Summe der Flussmengen aller Güter ist auf einer Kante $(i, j) \in A$ durch eine untere Flussschranke x_{ij}^u sowie eine obere Flussschranke x_{ij}^o beschränkt. Im vorliegenden Fall sind die Kanten de facto kapazitiv unbeschränkt.

Für jeden Versender $i \in S$ ist je Gut $k \in K$ ein Angebotsintervall $[a_{ik}^u, a_{ik}^o]$ zu definieren, in dem das eigentliche durch das Modell zu bestimmende Angebot a_{ik} (die gesamte Liefermenge des Gutes) $a_{ik}^u \le a_{ik} \le a_{ik}^o$ liegen muss. Dementsprechend hat für jeden Empfängerknoten $i \in D$ ein Bedarfsintervall $[b_{ik}^u, b_{ik}^o]$ für jedes Gut $k \in K$ vorzuliegen, wobei für die zu bestimmende gesamte Nachfrage dieses Knotens $b_{ik}^u \le b_{ik} \le b_{ik}^o$ gilt. Zusätzlich ist für jeden Versender $i \in S$ ein ganzzahliges maximales Angebot a_i sowie für jeden Empfänger $i \in D$ ein ganzzahliger maximaler Bedarf b_i zu definieren. Diese Größen gelten aufgrund der äquivalenten Mengeneinheiten summarisch für alle Güterarten. Für einen Umladeknoten liegt weder ein Angebot noch eine Nachfrage vor.

Die über die Kanten $(i, j) \in A$ zu transportierenden Flussmengen werden für die einzelnen Güterarten $k \in K$ in Form der Variablen x_{ijk} abgebildet. Auf der Basis dieser Definitionen lässt sich das Mehrgüter-Problem mit zweiseitig beschränkten Angeboten und Bedarfen wie folgt formulieren:

$$\sum_{(i,j) \in A} \sum_{k \in K} c_{ijk} \cdot x_{ijk} \to \max! \tag{1.41}$$

u.d.N.

$$\sum_{\{j:(i,j) \in A\}} x_{ijk} - \sum_{\{j:(j,i) \in A\}} x_{jik} = \begin{cases} a_{ik} & ;\text{für } i \in S \\ -b_{ik} & ;\text{für } i \in D \\ 0 & ;\text{sonst} \end{cases} \quad ; i \in N, k \in K \tag{1.42}$$

$$x_{ij}^u \le \sum_{k \in K} x_{ijk} \le x_{ij}^o \qquad\qquad ;(i,j) \in A \tag{1.43}$$

$$a_{ik}^u \le a_{ik} \le a_{ik}^o \qquad\qquad ; i \in S \subset N, k \in K \tag{1.44}$$

$$b_{ik}^u \le b_{ik} \le b_{ik}^o \qquad\qquad ; i \in D \subset N, k \in K \tag{1.45}$$

$$\sum_{k \in K} a_{ik} \le a_i \qquad\qquad ; i \in S \subset N \tag{1.46}$$

$$\sum_{k \in K} b_{ik} \le b_i \qquad\qquad ; i \in D \subset N \tag{1.47}$$

Indexmengen:

N — Menge der Knoten

A — Menge der Kanten

K — Menge der Güter

S — Menge der Versender $S \subset N$

D — Menge der Empfänger $D \subset N$

Indizes:

i, j — Indizes der Knoten, $i, j \in N$

(i, j)	–	Index der Kanten, $(i, j) \in A$
k	–	Index der Güter, $k \in K$

Parameter:

c_{ijk}	–	Stückdeckungsbeitrag für Gut k auf der Kante $(i, j) \in A$
x_{ij}^u	–	Untergrenze der Liefermenge auf der Kante $(i, j) \in A$
x_{ij}^o	–	Obergrenze der Liefermenge auf der Kante $(i, j) \in A$
a_{ik}^u	–	minimale Angebotsmenge des i-ten Knotens für das Gut k
a_{ik}^o	–	maximale Angebotsmenge des i-ten Knotens für das Gut k
a_i	–	maximale Angebotsmenge des i-ten Knotens
b_{ik}^u	–	minimale Bedarfsmenge des i-ten Knotens für das Gut k
b_{ik}^o	–	maximale Bedarfsmenge des i-ten Knotens für das Gut k
b_i	–	maximale Bedarfsmenge des i-ten Knotens

Variablen:

x_{ijk}	–	Liefermenge des Gutes k auf der Kante $(i, j) \in A$
a_{ik}	–	gesamte Liefermenge des i-ten Knotens für das Gut k
b_{ik}	–	gesamte Liefermenge des i-ten Knotens für das Gut k

Die Zielfunktion (1.41) stellt die zu maximierende Gesamtdeckungsbeitragsfunktion dar. Die Flusserhaltungsbedingungen (1.42) stellen für reine Umladeknoten sicher, dass die gesamte in einen Knoten eingehende Flussmenge einer Güterart den Knoten auch wieder vollständig verlässt, da die rechten Seiten dieser Bedingungen immer den Wert null besitzen. Für Versender- bzw. Empfängerknoten gilt, dass die aus- bzw. eingehende Menge einer Güterart dem variablen Angebot bzw. Bedarf des Knotens für diese Güterart entspricht. Für die variablen Angebote und Bedarfe gelten die in den Ausdrücken (1.44) und (1.45) definierten Ober- und Untergrenzen. Weiterhin wird mit den Ausdrücken (1.46) und (1.47) gefordert, dass die Summe der variablen Angebots- bzw. Bedarfsmengen der einzelnen Güterarten das gesamte Angebot bzw. den gesamten Bedarf des Knotens nicht überschreitet. Mit Ausdruck (1.43) werden die Kapazitätsrestriktionen für alle Kanten des Netzwerks definiert.

b) Lösung mit SolverStudio/Cmpl
(Beispieldatei: transport.xlsx → kosmetik)

Zur Lösung dieses Problems mit SolverStudio/Cmpl ist ein Excel-Arbeitsblatt für die Indexmengen, die Parameter und die Lösungsbereiche anzulegen. Im Zellbereich

B2:D2 wurden die Kurzbezeichnungen der drei einzubeziehenden Güterarten eingetragen (Abb. 1.107) und im SolverStudio-Dateneditor als Indexmenge K spezifiziert (Abb. 1.111). Wiederum werden eine Knoten- und eine Kantenliste definiert. Die Knotenliste startet mit den Bezeichnungen der Knoten im Zellbereich A7:A13 (Abb. 1.107). Diese werden im SolverStudio-Dateneditor zur Definition der Indexmenge $Nodes$ für alle Knoten und mit dem Zellbereich A7:A9 für die Indexmenge S für die Versender sowie mit dem Zellbereich A10:A13 für die Indexmenge D der Empfänger verwendet. In den Zellen B7:D13 und E7:G13 werden die minimalen und maximalen Angebote der Knoten (letztlich der Versender) eingetragen, für die im SolverStudio-Dateneditor die über die Indexmengen $Nodes$ und K definierten Parametermatrizen $minA$ bzw. $maxA$ spezifiziert werden. Analog wurde hinsichtlich der minimalen und maximalen Bedarfe der Knoten in den Zellen H7:J13 bzw. K7:M13 vorgegangen (Abb. 1.108), die zur Spezifikation der über die Indexmengen $Nodes$ und K definierten Parametermatrizen $minB$ bzw. $maxB$ dienen. Die über alle Güterarten hinweg geltenden gesamten Angebots- bzw. Bedarfsobergrenzen wurden für die Knoten im Zellbereich N7:N13 eingegeben und als Parametervektor $maxVol$ im SolverStudio-Dateneditor eingetragen. Im Zellbereich O7:R13 werden mittels Excel-Formeln die Nettoflüsse der Knoten gemäß der linken Seite im Ausdruck (1.42) auf der Basis der zu bestimmenden Flussmengen der Kanten durch SolverStudio und Excel nach Abschluss der Optimierung eingetragen.

Der Zellbereich A18:B29 in der Kantenliste (Abb. 1.109) dient der Bezeichnung der Kanten und letztlich der Definition der Kantenmenge $Arcs$ im SolverStudio-Dateneditor.

◢	A	B	C	D	E	F	G
1							
2	Güter	P	K	W			
3							
4	Knoten						
5		min. Angebot			max. Angebot		
6		P	K	W	P	K	W
7	W1	50	100	50	120	200	200
8	W2	40	80	50	75	120	100
9	W3	20	40	20	80	140	120
10	D1	0	0	0	0	0	0
11	D2	0	0	0	0	0	0
12	D3	0	0	0	0	0	0
13	D4	0	0	0	0	0	0

Abb. 1.107: Ausschnitt aus der Knotenliste für Fallstudie 1.14 b)

▲	A	H	I	J	K	L	M	N	O	P	Q	R
4	Knoten											
5		min. Nachfrage			max. Nachfrage			max.	NettoFluss			
6		P	K	W	P	K	W	Menge	P	K	W	Gesamt
7	W1	0	0	0	0	0	0	350	0	0	0	0
8	W2	0	0	0	0	0	0	250	0	0	0	0
9	W3	0	0	0	0	0	0	200	0	0	0	0
10	D1	30	60	20	50	100	120	150	0	0	0	0
11	D2	20	50	40	40	100	90	220	0	0	0	0
12	D3	25	60	20	50	80	70	180	0	0	0	0
13	D4	50	70	60	70	120	120	250	0	0	0	0

Abb. 1.108: Ausschnitt aus der Knotenliste für Fallstudie 1.14 b)

Da in diesem Problem die Kanten nicht kapazitätsbeschränkt sind, erhalten sie im Zellbereich C18:D29 jeweils eine Kapazitätsuntergrenze von null und mit dem Wert 1.000 Mengeneinheiten eine nicht zu erreichende Obergrenze. Diese Größen stellen im SolverStudio-Dateneditor die über die Indexmenge $Arcs$ definierten Parameterfelder $minCap$ und $maxCap$ dar. Die folgenden Zellen E18:G29 enthalten die Stückdeckungsbeiträge der drei Güterarten für die einzelnen Kanten. Für sie wurde im SolverStudio-Dateneditor das über die Indexmengen $Arcs$ und K definierte Parameterfeld c eingeführt.

▲	A	B	C	D	E	F	G
15	Kanten						
16	Von	Nach	Min. Kap.	Max. Kap	Deckungsbeiträge		
17					P	K	W
18	W1	D1	0	1.000	1386	730	650
19	W1	D2,	0	1.000	2002	1.032	912
20	W1	D3	0	1.000	2307	1.187	1.047
21	W1	D4	0	1.000	1849	959	849
22	W2	D1	0	1.000	1420	771	651
23	W2	D2	0	1.000	2092	1.126	946
24	W2	D3	0	1.000	2443	1.316	1.106
25	W2	D4	0	1.000	1971	1.075	910
26	W3	D1	0	1.000	1304	715	635
27	W3	D2	0	1.000	1964	1.080	960
28	W3	D3	0	1.000	2271	1.242	1.102
29	W3	D4	0	1.000	1857	1.034	924
30	Summe						

Abb. 1.109: Ausschnitt aus der Kantenliste für Fallstudie 1.14 b)

Die Zellen H18:29 bzw. K18:K29 in der Kantenliste sind zur Aufnahme der Flussmengen und ihrer Kantensummen vorgesehen (Abb. 1.110). Dazu wurde im SolverStudio-Dateneditor das über $Arcs$ und K definierte Feld x definiert, dass der Übernahme der mittels SolverStudio/Cmpl gefundenen Lösung dient. Die Kantenliste wird in den

Spalten L bis O durch eine Berechnung der Deckungsbeiträge auf der Basis der zu findenden Flussmengen und der Stückdeckungsbeiträge abgeschlossen.

	A	B	H	I	J	K	L	M	N	O
15	**Kanten**									
16	Von	Nach	Fluss				Deckungsbeitrag			
17			P	K	W	Gesamt	P	K	W	Gesamt
18	W1	D1				0	0	0	0	0
19	W1	D2				0	0	0	0	0
20	W1	D3				0	0	0	0	0
21	W1	D4				0	0	0	0	0
22	W2	D1				0	0	0	0	0
23	W2	D2				0	0	0	0	0
24	W2	D3				0	0	0	0	0
25	W2	D4				0	0	0	0	0
26	W3	D1				0	0	0	0	0
27	W3	D2				0	0	0	0	0
28	W3	D3				0	0	0	0	0
29	W3	D4				0	0	0	0	0
30	Summe									0

Abb. 1.110: Ausschnitt aus der Kantenliste für Fallstudie 1.14 b)

Name:	Cell Range:	Index Range(s):
<Add New Data Item>		
Arcs	A18:B29	
c	E18:G29	Arcs, K
destinations	A10:A13	
K	B2:D2	
maxA	E7:G13	Nodes, K
maxB	K7:M13	Nodes, K
maxCap	D18:D29	Arcs
maxVol	N7:N13	Nodes
minA	B7:D13	Nodes, K
minB	H7:J13	Nodes, K
minCap	C18:C29	Arcs
Nodes	A7:A13	
sources	A7:A9	
x	H18:J29	Arcs, K

Abb. 1.111: Ausschnitt aus SolverStudio-Dateneditor für Fallstudie 1.14 b)

Das CMPL-Modell 1.4 startet in der ersten Zeile mit dem Einlesen der benötigten Indexmengen und Parameter. Wie im ursprünglichen CMPL-Modell für das Mehrgüterproblem[8] werden in Zeile 4 die Flussmengen der Güterarten auf den einzelnen Kanten als nichtnegative kontinuierliche Variable definiert. Die Zeilen 5 bis 8 dienen der Definition der variablen Angebote (Zeile 6) und Bedarfe (Zeile 7) für jede Kombination

---

8 Vgl. Steglich et al. (2016), S. 193 f.

aus den Knoten und Güterarten. Da für diese kontinuierlichen Variablen gemäß der Ausdrücke (1.44) und (1.45) Unter- und Obergrenzen vorliegen müssen, werden diese über die entsprechenden Einträge in den Parameterfeldern minA[,], maxA[,], minB[,] und maxB[,] bei der Definition der Variablen spezifiziert.

CMPL-Modell 1.4: CMPL-Modell für Fallstudie 1.14 b)

```
1    %data: Nodes set, Arcs set[2], K set, minA[Nodes,K], maxA[Nodes,K], minB[Nodes,K],
         maxB[Nodes,K], c[Arcs,K],minCap[Arcs], maxCap[Arcs], sources set , destinations set,
         maxVol[Nodes]
2
3    variables:
4       { [i,j] in Arcs, k in K: x[i,j,k] : real[0..]; }
5       { i in Nodes, k in K:
6            a[i,k] : real[minA[i,k]..maxA[i,k]];
7            b[i,k] : real[minB[i,k]..maxB[i,k]];
8       }
9
10   objectives:
11      sum { [i,j] in Arcs, k in K: c[i,j,k] * x[i,j,k] } ->max;
12
13   constraints:
14      { i in Nodes, k in K :
15         sum{ j in Arcs *> [i,*] : x[i,j,k] } -
16         sum{ j in Arcs *> [*,i] : x[j,i,k] } = a[i,k] - b[i,k] ;
17      }
18
19      { [i,j] in Arcs: minCap[i,j] <= sum{k in K: x[i,j,k]} <= maxCap[i,j];}
20
21      { i in sources : sum{ k in K : a[i,k] } <= maxVol[i]; }
22      { i in destinations : sum{ k in K : b[i,k] } <= maxVol[i]; }
```

Die Zielfunktion in Zeile 11 dient der Maximierung des Gesamtdeckungsbeitrags gemäß Ausdruck (1.41). Die Flusserhaltungsbedingungen in den Zeilen 14 bis 17 und die Kapazitätsbedingungen entsprechen den Ausdrücken des originalen CMPL-Modells für das Mehrgüterproblem. Es ist lediglich zu beachten, dass in dieser Formulierung die Angebote a[,] und die Bedarfe b[,] keine konstanten Parameter, sondern Variablen darstellen. Die beiden letzten Zeilen stellen gemäß der Ausdrücke (1.46) und (1.47) sicher, dass die gesamte Liefermenge der Versender über alle Güterarten kleiner oder gleich zur gesamten Angebotsmenge (Zeile 21) sowie die gesamte Anlieferung an einen Empfängerknoten kleiner oder gleich zur gesamten Bedarfsmenge (Zeile 22) ist.

Nach Abschluss der Optimierung erhält man einen Transport- und Produktionsplan, der zu einem optimalen Gesamtdeckungsbeitrag von 995.760 Euro führt (Zelle O30 in Abb. 1.113). Anhand eines Vergleichs der Nettoflüsse und der Angebots-

und Bedarfsintervalle in der Knotenliste und der Flussmengen mit den Kantenkapazitäten in der Kantenliste ist ersichtlich, dass alle Angebots- Bedarfs- und Kapazitätsrestriktionen eingehalten werden (Abb. 1.112 und Abb. 1.113). Aus der Knoten- und der Kantenliste können weiterhin die einzelnen Lösungsinformationen, insbesondere die optimalen Produktionsprogramme der einzelnen Werke, die optimalen Bedarfssortimente der Distributionszentren und die optimalen Lieferbeziehungen zwischen den Werken und den Distributionszentren ermittelt werden.

	A	O	P	Q	R
4	**Knoten**				
5		NettoFluss			
6		P	K	W	Gesamt
7	W1	115	135	100	350
8	W2	75	120	55	250
9	W3	20	125	55	200
10	D1	-50	-80	-20	-150
11	D2	-40	-100	-80	-220
12	D3	-50	-80	-50	-180
13	D4	-70	-120	-60	-250

Abb. 1.112: Lösung für die Knoten für Fallstudie 1.14 b)

	A	B	H	I	J	K	L	M	N	O
15	**Kanten**									
16	Von	Nach	Fluss				Deckungsbeitrag			
17			P	K	W	Gesamt	P	K	W	Gesamt
18	W1	D1	50	80	20	130	69.300	58.400	13.000	140.700
19	W1	D2	40	55	80	95	80.080	56.760	72.960	209.800
20	W1	D3	0	0	0	0	0	0	0	0
21	W1	D4	25	0	0	25	46.225	0	0	46.225
22	W2	D1	0	0	0	0	0	0	0	0
23	W2	D2	0	40	0	40	0	45.040	0	45.040
24	W2	D3	50	80	50	130	122.150	105.280	55.300	282.730
25	W2	D4	25	0	5	25	49.275	0	4.550	53.825
26	W3	D1	0	0	0	0	0	0	0	0
27	W3	D2	0	5	0	5	0	5.400	0	5.400
28	W3	D3	0	0	0	0	0	0	0	0
29	W3	D4	20	120	55	140	37.140	124.080	50.820	212.040
30	Summe									995.760

Abb. 1.113: Lösung für die Kanten für Fallstudie 1.14 b)

Fallstudie 1.15

a) Mathematisches Modell

Für dieses Problem sind neben den variablen Transportkosten auch die sprungfixen Kosten für die gerichteten Kanten in die Zielfunktion (1.48) einzubeziehen.

Die variablen Transportkosten einer Kante $(i, j) \in \{W1T1, W2T2, \ldots, T2aS4\}$ ergeben sich für ein Transportmittel $v \in \{V1, V2\}$ aus der Multiplikation der Transportkostensätze c_{ijv} mit den nichtnegativen reellwertigen Flussvariablen x_{ijv}. Es ist zu beachten, dass aufgrund der Knotenbewertungen für die Logistikknoten T1 und T2 eine Knotensplittung vorzunehmen ist, aus der die zusätzlichen Knoten T1a und T2a resultieren. Die Kosten der künstlichen Kanten $T1 \rightarrow T1a$ und $T2 \rightarrow T2a$ sind gleich null und daher nicht in die Zielfunktion einzubeziehen. Allerdings ist zu beachten, dass die zwischen den Logistikknoten und den Supermärkten existierenden gerichteten Kanten von den künstlichen Knoten $T1a$ und $T2a$ ausgehen müssen.

Die Kostensätze für das Transportmittel $V2$ ergeben sich aus den auf ganze Euro gerundeten achtzigprozentigen Kostensätzen für das Transportmittel $V1$.

Zur Einbeziehung der sprungfixen Kosten sind diese mit den entsprechenden binären Kantennutzungsvariablen zu multiplizieren. Da in dieser Aufgabe nur bei Transportmittel V2 sprungfixe Kosten im Sinne der mengenunabhängigen Gebühren anfallen, wurden daher nur diese in die Zielfunktion gemäß (1.49) als Produkt der mengenunabhängigen Gebühren und der binären Kantennutzungsvariablen y_{ijV2} eingeführt.

$$
\begin{aligned}
&25x_{W1T1V1} + 30x_{W1T2V1} + 27x_{W2T1V1} + 25x_{W2T2V1} + 45x_{W3T1V1} + 15x_{W3T2V1} \\
&+20x_{W1T1V2} + 24x_{W1T2V2} + 22x_{W2T1V2} + 20x_{W2T2V2} + 36x_{W3T1V2} + 12x_{W3T2V2} \\
&+50x_{T1aS1V1} + 35x_{T1aS2V1} + 65x_{T1aS3V1} + 40x_{T1aS4V1} \\
&+40x_{T2aS1V1} + 100x_{T2aS2V1} + 25x_{T2aS3V1} + 20x_{T2aS4V1} \\
&+40x_{T1aS1V2} + 28x_{T1aS2V2} + 52x_{T1aS3V2} + 32x_{T1aS4V2} \\
&+32x_{T2aS1V2} + 80x_{T2aS2V2} + 20x_{T2aS3V2} + 16x_{T2aS4V2}
\end{aligned}
\tag{1.48}
$$

$$
\begin{aligned}
&+275x_{W1T1V2} + 275x_{W1T2V2} + 275x_{W2T1V2} + 275x_{W2T2V2} \\
&+275x_{W3T1V2} + 275x_{W3T2V2} \\
&+275y_{T1aS1V2} + 275y_{T1aS2V2} + 275y_{T1aS3V2} + 275y_{T1aS4V2} \\
&+275y_{T2aS1V2} + 275y_{T2aS2V2} + 275y_{T2aS3V2} + 275y_{T2aS4V2} \rightarrow \min!
\end{aligned}
\tag{1.49}
$$

$u.d.N.$

$$
\begin{aligned}
x_{W1T1V1} + x_{W1T2V1} + x_{W1T1V2} + x_{W1T2V2} &= 70 \\
x_{W2T1V1} + x_{W2T2V1} + x_{W2T1V2} + x_{W2T2V2} &= 60 \\
x_{W3T1V1} + x_{W3T2V1} + x_{W3T1V2} + x_{W3T2V2} &= 50
\end{aligned}
\tag{1.50}
$$

$$x_{T1T1a} - x_{W1T1V1} - x_{W2T1V1} - x_{W3T1V1} - x_{W1T1V2} - x_{W2T1V2} - x_{W3T1V2} = 0$$
$$x_{T2T2a} - x_{W1T2V1} - x_{W2T2V1} - x_{W3T2V1} - x_{W1T2V2} - x_{W2T2V2} - x_{W3T2V2} = 0$$

$$(1.51)$$

$$x_{T1aS1V1} + x_{T1aS2V1} + x_{T1aS3V1} + x_{T1aS4V1} +$$
$$x_{T1aS1V2} + x_{T1aS2V2} + x_{T1aS3V2} + x_{T1aS4V2} - x_{T1T1aV1} = 0$$
$$x_{T2aS1V1} + x_{T2aS2V1} + x_{T2aS3V1} + x_{T2aS4V1} +$$
$$x_{T2aS1V2} + x_{T2aS2V2} + x_{T2aS3V2} + x_{T2aS4V2} - x_{T2T2aV1} = 0$$

$$(1.52)$$

$$-\left(x_{T1aS1V1} + x_{T2aS1V1} + x_{T1aS1V2} + x_{T2aS1V2}\right) = -35$$
$$-\left(x_{T1aS2V1} + x_{T2aS2V1} + x_{T1aS2V2} + x_{T2aS2V2}\right) = -50$$
$$-\left(x_{T1aS3V1} + x_{T2aS3V1} + x_{T1aS3V2} + x_{T2aS3V2}\right) = -40$$
$$-\left(x_{T1aS4V1} + x_{T2aS4V1} + x_{T1aS4V2} + x_{T2aS4V2}\right) = -55$$

$$(1.53)$$

$$0 \le x_{ijV1} \le 50 \qquad ;(i,j) \in \{W1T1, W1T2, W2T1, W2T2, W3T1, W3T2 \qquad (1.54)$$
$$T1aS1, T1aS2, T1aS3, T1aS4,$$
$$T2aS1, T2aS2, T2aS3, T2aS4\}$$

$$0 \le x_{ijV2} \le 100 y_{ijV2} \qquad ;(i,j) \in \{W1T1, W1T2, \ldots, T2aS4\} \qquad (1.55)$$

$$0 \le x_{T1T1a} \le 90$$
$$0 \le x_{T2T2a} \le 90$$

$$(1.56)$$

$$y_{ijV2} \in \{0,1\} \qquad ;(i,j) \in \{W1T1, W1T2, \ldots, T2aS4\} \qquad (1.57)$$

Die folgenden Ausdrücke (1.50) bis (1.53) stellen die Flusserhaltungsbedingungen für die Angebots-, die Umlade- und die Empfängerknoten dar. Gemäß (1.50) muss die aus einem Warenlager über beide Transportmittelarten an die beiden Logistikknoten gelieferte Menge exakt der jeweiligen Kapazität entsprechen. Die Ausdrücke (1.51) bis (1.52) stellen für beide Logistikknoten sicher, dass die in einen Logistikknoten über beide Transportmittelarten eingehende Menge diesen Knoten vollständig in Richtung der Supermärkte über die beiden Transportmittelarten wieder verlässt. Gemäß Ausdruck (1.53) sind die Bedarfe der Supermärkte mittels der Lieferungen von den beiden Logistikknoten über beide Transportmittelarten exakt zu befriedigen. Mit (1.54) wird die maximale wöchentliche Transportkapazität für die eigenen Transportmittel auf allen gerichteten Kanten definiert. Für die vom Logistikdienstleister zur Verfügung gestellten Transportmittel geschieht das gemäß (1.55), wobei in diesem Ausdruck zusätzlich die Verbindung zwischen den Flussvariablen x_{ijV2} und den binären Kantennutzungsvariablen y_{ijV2} geschaffen wird. Eine Kantennutzungsvariable wird gemäß dieses Ausdrucks nur dann den Wert eins annehmen, wenn der Wert der korrespondierenden Flussvariablen größer null ist. Mit Ausdruck (1.56) werden die Kapazitäten der beiden Logistikknoten als Kapazitätsobergrenzen der aus der Knotensplittung resultierenden gerichteten Kanten abgebildet.

b) Lösung mit SolverStudio/Cmpl
(Beispieldatei: transport.xlsx → multimodal)

Da dieses Problem mit SolverStudio/Cmpl gelöst werden soll, ist im ersten Schritt ein Excel-Arbeitsblatt zu erstellen, das die Indexmengen, die Parameter des Problems sowie die Lösungsbereiche enthält (Abb. 1.114). So sind in der Knotenliste die Menge der Transportmittel im Zellbereich C1:D1, die Menge der Knoten in A6:A16, die Angebote und Nachfragen der Knoten (B6:C16) einzugeben. Weiterhin sollen nach Abschluss der Optimierung in Spalte D ausgehend von den zu bestimmenden Flussmengen der gerichteten Kanten die Nettoflüsse der Knoten ermittelt werden.

Die Kantenliste enthält im Bereich A21:B36 die Indexmenge der Kanten, gefolgt von den minimalen und maximalen Kapazitäten der beiden Transportmittel auf diesen Kanten in den Spalten C bis F. Es ist zu beachten, dass für die beiden kapazitierten Logistikknoten eine Knotensplittung vorgenommen und die Kapazität der Umladeknoten als Kantenkapazitäten der neuen künstlichen Kanten für das Transportmittel M1 bei einem Kostensatz von null eingeführt wurde (A27:H27 bzw. A32:H32). Da für diese künstlichen Kanten nicht zwischen den beiden Transportmitteln unterschieden werden muss, wurden die Kapazitäten des zweiten Transportmittels M2 auf den Wert null gesetzt.

Die Spalten G bis J enthalten die variablen Transportkostensätze sowie die sprungfixen Kosten für die beiden Transportmittel auf den Kanten. Im Zellbereich K21:L36 sollen nach der Optimierung die Lösungen der Flussvariablen automatisch durch SolverStudio/Cmpl eingetragen werden. Aus diesen Zellen leiten sich dann per Excel-Formeln die gesamten Flüsse in Spalte M sowie die gesamten Transportkosten in den Spalten N bis P ab.

Die Zellbereiche für die Indexmengen, Parameter und für die Lösungen der Flussvariablen wurden im SolverStudio-Dateneditor (Abb. 1.115) spezifiziert, sodass sie mit dem CMPL-Modell 1.5 verbunden werden können. Dieses CMPL-Modell ist identisch zu dem im Lehrbuch *Logistik-Entscheidungen* eingeführten CMPL-Modell.[9]

Nach dem Einlesen der Indexmengen und der benötigten Parameter in der ersten Zeile werden in der Sektion variables in Zeile 4 für alle Kombinationen aus den Kanten Arcs und den Transportmitteln V die Flussmengen x[i,j,v] als nichtnegative reellwertige Variablen und in Zeile 5 die korrespondierenden binären Variablen y[i,j,v] definiert. In der Sektion objectives wird in Zeile 8 die zu minimierende Zielfunktion als

---

9 Vgl. Steglich et al. (2016), S. 200 f.

Summe der über alle Kanten und Transportmittel zu berechnenden variablen Transportkosten c[i,j,v] * x[i,j,v] und der sprungfixen Transportkosten F[i,j,v] * y[i,j,v] spezifiziert. In der Sektion constraints werden in den Zeilen 11–13 die Flussrestriktionen und in Zeile 15 die Kapazitätsrestriktionen erzeugt.

	A	B	C	D	E	F	G	H	I	J	K	L	M	N	O	P
1	Transportmittel	M1	M2													
2																
3	Knoten															
4		An-	Nach-	Netto-												
5		gebot	frage	fluss												
6	W1	70	0	0												
7	W2	60	0	0												
8	W3	50	0	0												
9	T1	0	0	0												
10	T2	0	0	0												
11	T1a	0	0	0												
12	T2a	0	0	0												
13	S1	0	35	0												
14	S2	0	50	0												
15	S3	0	40	0												
16	S4	0	55	0												
17																
18	Kanten															
19	Von	Nach	Min. Kap.		Max. Kap.		Kostensatz		Fixkosten		Fluss			Kosten		
20			M1	M2	M1	M2	M1	M2	M1	M2	M1	M2	Ges.	M1	M2	Ges.
21	W1	T1	0	0	50	100	25	20	0	275			0	0	0	0
22	W1	T2	0	0	50	100	30	24	0	275			0	0	0	0
23	W2	T1	0	0	50	100	27	22	0	275			0	0	0	0
24	W2	T2	0	0	50	100	25	20	0	275			0	0	0	0
25	W3	T1	0	0	50	100	45	36	0	275			0	0	0	0
26	W3	T2	0	0	50	100	15	12	0	275			0	0	0	0
27	T1	T1a	0	0	90	0	0	0	0	0			0	0	0	0
28	T1a	S1	0	0	50	100	50	40	0	275			0	0	0	0
29	T1a	S2	0	0	50	100	35	28	0	275			0	0	0	0
30	T1a	S3	0	0	50	100	65	52	0	275			0	0	0	0
31	T1a	S4	0	0	50	100	40	32	0	275			0	0	0	0
32	T2	T2a	0	0	90	0	0	0	0	0			0	0	0	0
33	T2a	S1	0	0	50	100	40	32	0	275			0	0	0	0
34	T2a	S2	0	0	50	100	100	80	0	275			0	0	0	0
35	T2a	S3	0	0	50	100	25	20	0	275			0	0	0	0
36	T2a	S4	0	0	50	100	20	16	0	275			0	0	0	0
37	Summe															0

Abb. 1.114: Excel-Arbeitsblatt für Fallstudie 1.15 b)

Name:	Cell Range:	Index Range(s):
<Add New Data Item>		
a	B6:B16	Nodes
Arcs	A21:B36	
b	C6:C16	Nodes
c	G21:H36	Arcs, V
F	I21:J36	Arcs, V
maxCap	E21:F36	Arcs, V
minCap	C21:D36	Arcs, V
Nodes	A6:A16	
V	C1:D1	
x	K21:L36	Arcs, V

Abb. 1.115: Ausschnitt aus SolverStudio-Dateneditor für Fallstudie 1.15 b)

CMPL-Modell 1.5: CMPL-Modell für Fallstudie 1.15 b)

```
1    %data: Nodes set, Arcs set[2], V set, a[Nodes], b[Nodes], c[Arcs,V], F[Arcs,V], minCap[Arcs,V],
     maxCap[Arcs,V]
2
3    variables:
4      { [i,j] in Arcs, v in V: x[i,j,v] : real[0..]; }
5      { [i,j] in Arcs, v in V: y[i,j,v] : binary; }
6
7    objectives:
8      sum { [i,j] in Arcs, v in V: c[i,j,v] * x[i,j,v] + F[i,j,v] * y[i,j,v] } ->min;
9
10   constraints:
11     { i in Nodes :
12        sum{ j in Arcs *> [i,*], v in V : x[i,j,v] } - sum{ j in Arcs *> [*,i], v in V : x[j,i,v] } = a[i] - b[i];
13     }
14
15     { [i,j] in Arcs, v in V: minCap[i,j,v] <= x[i,j,v] <= maxCap[i,j,v] * y[i,j,v];}
```

Nach Abschluss der Optimierung erhält man die in Abb. 1.116 dargestellten Lösungen für die Knoten und die Kanten. Die gesamten variablen und sprungfixen Transportkosten betragen 9.515 Euro. Das entspricht gegenüber Fallstudie 1.13 einer Kostensenkung von 2.645 Euro. Dieser Effekt basiert einerseits auf der Standardisierung der Behälter und andererseits auf der partiellen Nutzung des bei größeren Mengen kostengünstigeren Angebots des Logistikdienstleisters.

Weiterhin ist aus dem Vergleich der Angebote und Bedarfe mit den Nettoflüssen in der Knotenliste ersichtlich, dass alle Angebots- und Nachfragebedingungen eingehalten werden. Auch die Flussmengen liegen innerhalb der für die Kanten angegebenen Unter- und Obergrenzen.

	A	B	C	D	E	F	G	H	I	J	K	L	M	N	O	P
3	**Knoten**															
4		An-	Nach-	Netto-												
5		gebot	frage	fluss												
6	W1	70	0	70												
7	W2	60	0	60												
8	W3	50	0	50												
9	T1	0	0	0												
10	T2	0	0	0												
11	T1a	0	0	0												
12	T2a	0	0	0												
13	S1	0	35	-35												
14	S2	0	50	-50												
15	S3	0	40	-40												
16	S4	0	55	-55												
17																
18	**Kanten**															
19	Von	Nach	Min. Kap.		Max. Kap.		Kostensatz		Fixkosten		Fluss			Kosten		
20			M1	M2	M1	M2	M1	M2	M1	M2	M1	M2	Ges.	M1	M2	Ges.
21	W1	T1	0	0	50	100	25	20	0	275	0	70	70	0	1.675	1.675
22	W1	T2	0	0	50	100	30	24	0	275	0	0	0	0	0	0
23	W2	T1	0	0	50	100	27	22	0	275	20	0	20	540	0	540
24	W2	T2	0	0	50	100	25	20	0	275	40	0	40	1.000	0	1.000
25	W3	T1	0	0	50	100	45	36	0	275	0	0	0	0	0	0
26	W3	T2	0	0	50	100	15	12	0	275	50	0	50	750	0	750
27	T1	T1a	0	0	90	0	0	0	0	0	90	0	90	0	0	0
28	T1a	S1	0	0	50	100	50	40	0	275	0	35	35	0	1.675	1.675
29	T1a	S2	0	0	50	100	35	28	0	275	0	50	50	0	1.675	1.675
30	T1a	S3	0	0	50	100	65	52	0	275	0	0	0	0	0	0
31	T1a	S4	0	0	50	100	40	32	0	275	5	0	5	200	0	200
32	T2	T2a	0	0	90	0	0	0	0	0	90	0	90	0	0	0
33	T2a	S1	0	0	50	100	40	32	0	275	0	0	0	0	0	0
34	T2a	S2	0	0	50	100	100	80	0	275	0	0	0	0	0	0
35	T2a	S3	0	0	50	100	25	20	0	275	40	0	40	1.000	0	1.000
36	T2a	S4	0	0	50	100	20	16	0	275	50	0	50	1.000	0	1.000
37	Summe															9.515

Abb. 1.116: Lösung für Fallstudie 1.15 b)

Fallstudie 1.16

(Beispieldatei: transport.xlsx → glaswaren)

Wie bei jeder mit SolverStudio/Cmpl zu lösenden Aufgabe ist ein Excel-Arbeitsblatt für die Indexmengen, die Parameter des Problems sowie die Lösungsbereiche zu erstellen. In diesem in Abb. 1.117 teilweise dargestellten Arbeitsblatt befinden sich im Bereich C2:D2 die Bezeichnungen der beiden alternativen Transportmittel. Zusätzlich wurde in C3:D3 angegeben, wie viele Transportmittel einer Art gleichzeitig auf einer Kante des Netzwerkes fahren dürfen. Die Zelle G2 wird in der Modellformulierung als Big-M-Wert verwendet.

In der Knotenliste im Bereich B6:E22 befinden sich in der Spalte B die Namen der Knoten, gefolgt von den Angeboten und Nachfragen.

	A	B	C	D	E	F	G
1							
2	Transportmittel	Bezeichung	Lkw	Bahn		M	1000
3		max. je Strecke	12	1			
4							
5	Knoten						
6			An-	Nach-	Netto-		
7			gebot	frage	fluss		
8		Stuttgart	1.200	0	0		
9		Chemnitz-T	0	0	0		
10		Hannover-T	0	0	0		
11		Koeln-T	0	0	0		
12		Frankfurt-T	0	0	0		
13		Nuernberg-T	0	0	0		
14		Muenchen-T	0	0	0		
15		Bremen-V	0	250	0		
16		Berlin-V	0	120	0		
17		Chemnitz-V	0	350	0		
18		Hannover-V	0	90	0		
19		Koeln-V	0	110	0		
20		Frankfurt-V	0	70	0		
21		Nuernberg-V	0	120	0		
22		Muenchen-V	0	90	0		

Abb. 1.117: Transportmittel und Knotenliste für Fallstudie 1.16

Da ein Teil der Knoten des originalen Netzes eine Doppelfunktion besitzt (Verteil- und Vertriebsknoten), ist es sinnvoll, für diese jeweils einen Umladeknoten für die Verteilfunktion und einen Empfängerknoten für die Vertriebsfunktion einzuführen. So wurde für Chemnitz in B9:E9 ein Verteilknoten *Chemnitz-T*, der weder ein Angebot noch einen Bedarf besitzt, und ein Vertriebsknoten *Chemnitz-V* in B17:E17 mit einem Bedarf von 350 Paletten angelegt.

In der Spalte E werden nach Abschluss der Optimierung die Nettoflüsse der Knoten auf der Basis der zu bestimmenden Flussmengen der Kanten des Netzwerkes mittels einfacher Excel-Formel bestimmt.

Die Kantenliste, die ausschnittweise in Abb. 1.118 zu sehen ist[10], enthält im Bereich A27:B44 die Indexmenge der Kanten. In den folgenden Spalten C bis F sind die minimalen und maximalen Kapazitäten der beiden Transportmittel auf diesen Kanten angegeben. Für den Schienentransport wurden die vom Anbieter angegebenen maximalen Mengen transportierbarer Paletten auf den einzelnen Strecken in Spalte F eingetragen. Da vor der Optimierung die Anzahl der auf einer Strecke fahrenden eigenen Fahrzeuge nicht bekannt ist, wurde in Spalte E die maximale Kapazität eines einzigen Lastkraftwagens von 30 Paletten als Kapazitätsobergrenze verwendet.

Für Kanten, die die Verbindung zwischen einem solchen Verteil- und einem Vertriebsknoten abbilden, ist die Wahl des Transportmittels irrelevant, da beide Knoten

---

10 Die Spalten M bis W wurden ausgeblendet.

sich am gleichen Ort befinden. Daher wird auf solchen Strecken per Definition das Transportmittel LKW kostenlos genutzt. Die Obergrenze der Kapazität auf dieser Kante wird mit dem Wert M aus der Zelle G2 belegt, während die Kapazität für das andere Verkehrsmittel gleich dem Wert null ist.

Die Spalten G bis J enthalten die variablen Transportkostensätze je Palette sowie die sprungfixen Kosten für die beiden Transportmittel für die Kanten. Offensichtlich haben für das Transportmittel LKW einzig die Kosten für Glasbruch hinsichtlich der Menge der zu transportierenden Paletten einen variablen Charakter. Daher wurde der Kostensatz für die Strecke *Stuttgart → Muenchen-T* in Zelle G27 mit vier Euro angegeben, was 0,05 % des Wertes einer einzelnen Palette entspricht. Da nicht davon ausgegangen werden kann, dass ein LKW auf jeder Tour vollständig ausgelastet wird, sind die für einen LKW pro Kilometer anfallenden variablen Transportkosten und leistungsabhängigen Abschreibungen in Bezug auf die Anzahl der zu transportierenden Paletten sprungfixe Kosten. Diese fallen pro LKW in Abhängigkeit der Distanz einer Teilstrecke für ein Mengenintervall von einer Palette bis zu 30 Paletten an. Die in Bezug auf die Anzahl der Paletten sprungfixen Kosten je LKW ergeben sich aus dem Produkt der Distanz mit der Summe des jeweiligen Transportkostensatzes und den leistungsabhängigen Abschreibungen pro Kilometer. Für die Strecke *Stuttgart → Muenchen-T* mit einer Distanz von 227 Kilometern, 0,49 Euro je Kilometer Transportkosten und 0,50 Euro leistungsabhängigen Abschreibungen je Kilometer ergeben sich daher sprungfixe Kosten je LKW in Höhe von $225 = 227 \cdot (0,49 + 0,5)$ Euro (Zelle K27). Die Anzahl an Lastkraftwagen, die auf einer Strecke fahren, soll explizit durch die Optimierung bestimmt werden.

Für das Transportmittel Bahn fallen laut Angebot keine mengenunabhängigen Gebühren an, sodass in Spalte L keine sprungfixen Kosten einzutragen sind. Die variablen Transportkostensätze je Palette ergeben sich aus dem Produkt der Distanz und des Preises pro Palette und Schienenkilometer zuzüglich des Kostensatzes für den Glasbruch. Für die Strecke *Stuttgart → Muenchen-T* mit einer Distanz von 241 Schienenkilometern, einem Transportpreis von 0,03 Euro je Palette und Kilometer und einem Kostensatz für Glasbruch von 1,60 Euro (0,2 % des Wertes einer Palette von 800 Euro) ergibt sich ein Kostensatz pro Palette von 8,83 Euro in Zelle J27 ($8,83 = 241 \cdot (0,03 + 1,60)$).

Die Kantenliste setzt sich in den Spalten M bis W fort, die in Abb. 1.119 dargestellt sind. Im Zellbereich M27:O45 werden nach der Optimierung die Flussmengen der Kanten x_{ijv} (Anzahl der auf einer Strecke je Transportmitteltyp zu transportierenden Paletten) und die entsprechenden Zeilen- und Spaltensummen durch SolverStudio und Excel automatisch eingetragen. Die folgenden Spalten P und Q sollen die Kantennutzungsvariablen y_{ijv} aufnehmen, die jedoch im Unterschied zum originalen Modell[11] nicht als binäre, sondern als ganzzahlige Variablen im CMPL-Modell definiert werden, um so die Anzahl auf einer Kante fahrenden Fahrzeuge eines Typs abzubilden. Der Zellbereich R27:R45 dient der Auswertung der Lösung des Problems, indem die Palettenkilometer als Produkt der Distanzen und der Anzahl der Paletten je Kante per Excel-Formel nach der Optimierung berechnet werden. Die folgenden Spalten dienen der Berechnung der gesamten Kosten, indem die Flussmengen in den Spalten M und N mit den variablen Kostensätzen in den Spalten I und J multipliziert und mit dem Produkt der sprungfixen Kosten in den Spalten K und L und der Anzahl der Fahrzeuge je Kante in den Spalten P und Q addiert werden.

	A	B	C	D	E	F	G	H	I	J	K	L
24	**Kanten**											
25	Von	Nach	Min. Kap.		Max. Kap.		Entfernung		Kostensatz		Fixkosten	
26			Lkw	Bahn	Lkw	Bahn	Lkw	Bahn	Lkw	Bahn	Lkw	Bahn
27	Stuttgart	Muenchen-T	0	0	30	300	227	241	4,00	8,83	225	0
28	Stuttgart	Nuernberg-T	0	0	30	150	206	200	4,00	7,60	204	0
29	Stuttgart	Frankfurt-T	0	0	30	180	206	203	4,00	7,69	204	0
30	Muenchen-T	Muenchen-V	0	0	1.000	0	0	0	4,00	1,60	0	0
31	Muenchen-T	Nuernberg-T	0	0	30	120	167	199	4,00	7,57	165	0
32	Frankfurt-T	Frankfurt-V	0	0	1.000	0	0	0	4,00	1,60	0	0
33	Frankfurt-T	Hannover-T	0	0	30	150	351	353	4,00	12,19	347	0
34	Frankfurt-T	Koeln-T	0	0	30	100	187	225	4,00	8,35	185	0
35	Hannover-T	Hannover-V	0	0	1.000	0	0	0	4,00	1,60	0	0
36	Hannover-T	Bremen-V	0	0	30	200	129	124	4,00	5,32	128	0
37	Hannover-T	Berlin-V	0	0	30	0	285	0	4,00	1,60	282	0
38	Koeln-T	Koeln-V	0	0	1.000	0	0	0	4,00	1,60	0	0
39	Koeln-T	Bremen-V	0	0	30	80	315	315	4,00	11,05	312	0
40	Nuernberg-T	Nuernberg-V	0	0	1.000	0	0	0	4,00	1,60	0	0
41	Nuernberg-T	Hannover-T	0	0	30	130	464	464	4,00	15,52	459	0
42	Nuernberg-T	Chemnitz-T	0	0	30	0	243	0	4,00	1,60	241	0
43	Chemnitz-T	Chemnitz-V	0	0	1.000	0	0	0	4,00	1,60	0	0
44	Chemnitz-T	Berlin-V	0	0	30	0	257	0	4,00	1,60	254	0
45	Summe											

Abb. 1.118: Ausschnitt der Kantenliste für Fallstudie 1.16

---

11 Vgl. Steglich et al. (2016), S. 196 f.

			Fluss			Fahrzeuge		Palettenkilometer			Kosten		
	A	B	M	N	O	P	Q	R	S	T	U	V	W
24	**Kanten**												
25	Von	Nach	Fluss			Fahrzeuge		Palettenkilometer			Kosten		
26			Lkw	Bahn	Ges.	Lkw	Bahn	Bahn	Bahn	Ges.	Lkw	Bahn	Ges.
27	Stuttgart	Muenchen-T			0			0	0	0	0	0	0
28	Stuttgart	Nuernberg-T			0			0	0	0	0	0	0
29	Stuttgart	Frankfurt-T			0			0	0	0	0	0	0
30	Muenchen-T	Muenchen-V			0			0	0	0	0	0	0
31	Muenchen-T	Nuernberg-T			0			0	0	0	0	0	0
32	Frankfurt-T	Frankfurt-V			0			0	0	0	0	0	0
33	Frankfurt-T	Hannover-T			0			0	0	0	0	0	0
34	Frankfurt-T	Koeln-T			0			0	0	0	0	0	0
35	Hannover-T	Hannover-V			0			0	0	0	0	0	0
36	Hannover-T	Bremen-V			0			0	0	0	0	0	0
37	Hannover-T	Berlin-V			0			0	0	0	0	0	0
38	Koeln-T	Koeln-V			0			0	0	0	0	0	0
39	Koeln-T	Bremen-V			0			0	0	0	0	0	0
40	Nuernberg-T	Nuernberg-V			0			0	0	0	0	0	0
41	Nuernberg-T	Hannover-T			0			0	0	0	0	0	0
42	Nuernberg-T	Chemnitz-T			0			0	0	0	0	0	0
43	Chemnitz-T	Chemnitz-V			0			0	0	0	0	0	0
44	Chemnitz-T	Berlin-V			0			0	0	0	0	0	0
45	Summe							0	0	0	0	0	0

Abb. 1.119: Ausschnitt der Kantenliste für Fallstudie 1.16

Die Zellbereiche für die Indexmengen, Parameter und für die Lösungen der Flussvariablen, die mit CMPL-Modell 1.6 in Verbindung stehen, sind im SolverStudio-Dateneditor (Abb. 1.120) zu definieren. Zusätzlich zu dem im Lehrbuch bzw. in Fallstudie 1.15 vorgestellten Ansatz wurde ein auf der Indexmenge V basierender Parametervektor $maxY$ für den Zellbereich C3:D3, der die maximal auf einer einzelnen Strecke einsetzbare Menge der Fahrzeugtypen festlegt, und ein Parameter M in G2 definiert.

Name:	Cell Range:	Index Range(s):
<Add New Data Item>		
a	C8:C23	Nodes
Arcs	A27:B44	
b	D8:D23	Nodes
c	I27:J44	Arcs, V
F	K27:L44	Arcs, V
M	G2	
maxCap	E27:F44	Arcs, V
maxY	C3:D3	V
minCap	C27:D44	Arcs, V
Nodes	B8:B23	
V	C2:D2	
x	M27:N44	Arcs, V
y	P27:Q44	Arcs, V

Abb. 1.120: Ausschnitt aus SolverStudio-Dateneditor für Fallstudie 1.16

Das für dieses Problem verwendete CMPL-Modell 1.6 stellt eine Variante des im Lehrbuch *Logistik-Entscheidungen* eingeführten und schon für Fallstudie 1.15 verwendeten CMPL-Modells dar.[12] Es wird daher nur auf die unterschiedlichen Bestandteile eingegangen. So werden die in Zeile 5 spezifizierten Kantennutzungsvariablen nicht als Binärvariablen, sondern als nichtnegative ganzzahlige Variablen definiert. Zusätzlich erhalten sie eine Obergrenze, die sich für die einzelnen Fahrzeugtypen aus dem entsprechenden Element im Vektor yMax[] ergibt. Da die Obergrenze für die Schienenstrecken mit dem Wert eins belegt wurde, sind die dazugehörigen Kantennutzungsvariablen wiederum de facto binäre Variable. Da die Obergrenze für die LKW-Strecken je Einzelstrecke gleich dem Wert zwölf ist, bilden die Kantennutzungsvariablen für die Lastkraftwagen die Menge der auf einer Einzelstrecke einzusetzenden Fahrzeuge ab. In der unveränderten Zielfunktion in Zeile 8 sind die sprungfixen Kosten für das Transportmittel LKW von der Anzahl der Fahrzeuge abhängig, während die des Transportmittels Bahn nur einmalig bei einer Kantennutzung auftreten können. Die Verbindung zwischen den Fluss- und Kantennutzungsvariablen wird wiederum in Zeile 15 hergestellt. Da die dazugehörige Nebenbedingung allerdings nicht für die Kanten zwischen den aufgespaltenen Verteil- und Vertriebsknoten relevant ist, wurde mit maxCap[i,j,v]<>M eine zusätzliche Bedingung in den Schleifenkopf eingeführt. Da diese Kanten eine Kapazitätsobergrenze besitzen, die gleich dem im Parameter M gespeicherten Wert ist, werden diese Kanten bei der Erzeugung der im Schleifenkörper spezifizierten Nebenbedingung ausgeschlossen.

CMPL-Modell 1.6: CMPL-Modell für Fallstudie 1.16

```
1   %data: Nodes set, Arcs set[2], V set, a[Nodes], b[Nodes], c[Arcs,V], F[Arcs,V], minCap[Arcs,V],
    maxCap[Arcs,V], maxY[V], M
2
3   variables:
4     { [i,j] in Arcs, v in V: x[i,j,v] : real[0..]; }
5     { [i,j] in Arcs, v in V: y[i,j,v] : integer[0..maxY[v]]; }
6
7   objectives:
8     sum { [i,j] in Arcs, v in V: c[i,j,v] * x[i,j,v] + F[i,j,v] * y[i,j,v] } ->min;
9
10  constraints:
11    { i in Nodes :
12      sum{ j in Arcs *> [i,*], v in V : x[i,j,v] } - sum{ j in Arcs *> [*,i], v in V : x[j,i,v] } = a[i] - b[i];
13    }
14
15    { [i,j] in Arcs, v in V, maxCap[i,j,v]<>M: minCap[i,j,v] <= x[i,j,v] <= maxCap[i,j,v] * y[i,j,v];}
```

12 Vgl. Steglich et al. (2016), S. 200 ff.

Nach Abschluss der Optimierung werden die Werte der Variablenvektoren x und y automatisch in den im SolverStudio-Dateneditor vorgesehenen Bereichen eingetragen und die davon abhängigen Formeln berechnet. Die Ergebnisse für die Knoten und Kanten sind in Abb. 1.121 und Abb. 1.122 dargestellt. Anhand der Gegenüberstellung der Nettoflüsse in der Knotenliste und der dazugehörigen Angebote und Bedarfe ist ersichtlich, dass alle Angebots-, Nachfrage- und Flusserhaltungsbedingungen eingehalten werden.

Der eigentliche optimale Transportplan kann im Zellbereich M27:N44 anhand der Flussmengen eingesehen werden und hat sich aus der spezifischen Struktur der Kosten und der Kapazitäten der beiden Transportmitteltypen auf den einzelnen Kanten ergeben. In den nachfolgenden Spalten P und Q ist die Anzahl der einzusetzenden Fahrzeuge der beiden Fahrzeugtypen auf den einzelnen Strecken ersichtlich. Während das Transportmittel Bahn jeweils einmal mit der vom Anbieter angegebenen Kapazität zu nutzen ist, variiert die Anzahl der Lastkraftwagen auf den einzelnen Strecken.

	A	B	C	D	E
5	**Knoten**				
6			An-	Nach-	Netto-
7			gebot	frage	fluss
8		Stuttgart	1.200	0	1.200
9		Chemnitz-T	0	0	0
10		Hannover-T	0	0	0
11		Koeln-T	0	0	0
12		Frankfurt-T	0	0	0
13		Nuernberg-T	0	0	0
14		Muenchen-T	0	0	0
15		Bremen-V	0	250	-250
16		Berlin-V	0	120	-120
17		Chemnitz-V	0	350	-350
18		Hannover-V	0	90	-90
19		Koeln-V	0	110	-110
20		Frankfurt-V	0	70	-70
21		Nuernberg-V	0	120	-120
22		Muenchen-V	0	90	-90

Abb. 1.121: Lösung für die Knoten für Fallstudie 1.16

	A	B	M	N	O	P	Q	R	S	T	U	V	W
24	**Kanten**												
25	Von	Nach	Fluss			Fahrzeuge		Palettenkilometer			Kosten		
26			Lkw	Bahn	Ges.	Lkw	Bahn	Bahn	Bahn	Ges.	Lkw	Bahn	Ges.
27	Stuttgart	Muenchen-T	0	150	150	0	1	0	36.150	36.150	0	1.325	1.325
28	Stuttgart	Nuernberg-T	360	150	510	12	1	74.160	30.000	104.160	3.887	1.140	5.027
29	Stuttgart	Frankfurt-T	360	180	540	12	1	74.160	36.540	110.700	3.887	1.384	5.271
30	Muenchen-T	Muenchen-V	90	0	90	0	0	0	0	0	360	0	360
31	Muenchen-T	Nuernberg-T	0	60	60	0	1	0	11.940	11.940	0	454	454
32	Frankfurt-T	Frankfurt-V	70	0	70	0	0	0	0	0	280	0	280
33	Frankfurt-T	Hannover-T	150	150	300	5	1	52.650	52.950	105.600	2.337	1.829	4.166
34	Frankfurt-T	Koeln-T	90	80	170	3	1	16.830	18.000	34.830	915	668	1.583
35	Hannover-T	Hannover-V	90	0	90	0	0	0	0	0	360	0	360
36	Hannover-T	Bremen-V	0	190	190	0	1	0	23.560	23.560	0	1.011	1.011
37	Hannover-T	Berlin-V	120	0	120	4	0	34.200	0	34.200	1.609	0	1.609
38	Koeln-T	Koeln-V	110	0	110	0	0	0	0	0	440	0	440
39	Koeln-T	Bremen-V	0	60	60	0	1	0	18.900	18.900	0	663	663
40	Nuernberg-T	Nuernberg-V	120	0	120	0	0	0	0	0	480	0	480
41	Nuernberg-T	Hannover-T	0	100	100	0	1	0	46.400	46.400	0	1.552	1.552
42	Nuernberg-T	Chemnitz-T	350	0	350	12	0	85.050	0	85.050	4.287	0	4.287
43	Chemnitz-T	Chemnitz-V	350	0	350	0	0	0	0	0	1.400	0	1.400
44	Chemnitz-T	Berlin-V	0	0	0	0	0	0	0	0	0	0	0
45	Summe							337.050	274.440	611.490	20.243	10.025	30.268

Abb. 1.122: Lösung für die Kanten für Fallstudie 1.16

Insgesamt führt dieser Transportplan zu minimalen Kosten von 30.268 Euro (Zelle W45), wobei die Kosten für die LKW ca. doppelt so hoch wie die Kosten für die Schienennutzung von 10.025 Euro sind (Zellbereich U45:V45). Betrachtet man allerdings die Verteilung der in Palettenkilometern ausgedrückten Nutzung dieser Transportmittel, so betragen die 337.050 Palettenkilometer für die Lastkraftwagen lediglich das 1,23-fache der 274.440 Palettenkilometer auf der Schiene (Zellbereich R45:S45). Beim Vergleich der Kosten mit den Palettenkilometer fällt auf, dass die Nutzung der Bahn effizienter ist. Auf rund 44,9 % der Palettenkilometer entfallen nur 33,1 % der Kosten. Eine weitere Erhöhung der Bahntransporte wird aber durch das Kapazitätslimit des Bahntransportunternehmens begrenzt. Es sollte versucht werden, eine Erweiterung dieser Kapazitäten zu erreichen.

Fallstudie 1.17

(Beispieldatei: transport.xlsx → gasrohr)

Im ersten Schritt ist ein Excel-Arbeitsblatt für die Indexmengen, die Parameter des Problems sowie die Lösungsbereiche zu erstellen, das für diese Aufgabe, wie in Abb. 1.123 zu sehen, im Bereich C2:D2 mit den Bezeichnungen der beiden alternativen Transportmittel startet. In der Knotenliste im Bereich A6:D17 befinden sich in der Spalte A die Namen der Knoten, die die Basis der im SolverStudio-Dateneditor definierten Indexmenge *Nodes* bilden (Abb. 1.126). In den folgenden Spalten B und C

wurden die Angebote und Bedarfe der einzelnen Knoten eingegeben. Da das Rohrwerk gemäß der Aufgabenstellung alle Bedarfe befriedigen kann, bekam es als Angebot die Summe aller Bedarfe der Knoten B1–B7 zu gewiesen. Das Zentrallager ZL und
die Gaskombinate GK1–GK3 fungieren als reine Umladeknoten und besitzen daher
weder Angebote noch Bedarfe. Im SolverStudio-Dateneditor wurden für diese Größen
die über *Nodes* definierten Angebots- und Nachfragevektoren a und b spezifiziert. In
der Spalte D werden nach Abschluss der Optimierung die Nettoflüsse der einzelnen
Knoten auf der Basis der zu bestimmenden Flussmengen der Kanten mittels einfacher
Excel-Formeln bestimmt.

◢	A	B	C	D
1	**Transportmittel**	LKW	Bahn	
2				
3	**Knoten**			
4		An-	Nach-	Netto-
5		gebot	frage	fluss
6	RW	420	0	0
7	ZL	0	0	0
8	GK1	0	0	0
9	GK2	0	0	0
10	GK3	0	0	0
11	B1	0	100	0
12	B2	0	20	0
13	B3	0	30	0
14	B4	0	110	0
15	B5	0	70	0
16	B6	0	60	0
17	B7	0	30	0

Abb. 1.123: Transportmittel und Knotenliste für Fallstudie 1.17

Die Kantenliste, für die in Abb. 1.124 ausschnittweise nur die Spalten A bis J zu sehen
sind, enthält im Bereich A22:B42 die Bezeichnungen der Kanten, für die im SolverStudio-Dateneditor als Indexmenge *Arcs* definiert wurde. In den folgenden Spalten C bis
F sind die minimalen und maximalen Kapazitäten der beiden Transportmittel auf diesen Kanten angegeben. Die Untergrenzen wurden mit dem Wert null belegt, während
für die Obergrenzen die mit einem Transportmittel maximal transportierbare Anzahl
von Paletten angegeben wurde. Im SolverStudio-Dateneditor wurden für die Kapazitäten der Kanten die über die Indexmenge *Arcs* definierten Parameterfelder *minCap*
und *maxCap* spezifiziert. Die Spalten G bis J enthalten die variablen Transportkostensätze je Palette sowie die sprungfixen Kosten für die beiden Transportmittel. Für
die LKW sind die in der Aufgabenstellung gegebenen Transportkostensätze je Palette
als variable Kosten anzugeben. Sprungfixe Kosten sind für die Lastkraftwagen nicht
einzubeziehen. Hinsichtlich des Schienentransports stehen lediglich die Umschlag-

kosten in einem Zusammenhang mit der Anzahl der Paletten. Daher sind die Umschlagkosten je Palette als Transportkostensatz für dieses Transportmittel einzutragen. Als sprungfixe Kosten sind die Gebühren je Waggon zu verwenden. Für die Transportkostensätze wurde im SolverStudio-Dateneditor das Parameterfeld c und für die sprungfixen Kosten das Parameterfeld F definiert.

	A	B	C	D	E	F	G	H	I	J
19	**Kanten**									
20	Von	Nach	Min. Kap.		Max. Kap.		Kostensatz		Fixkosten	
21			LKW	Bahn	LKW	Bahn	LKW	Bahn	LKW	Bahn
22	RW	GK1	0	0	10	20	83	10	0	1.360
23	RW	GK2	0	0	10	20	113	5	0	1.880
24	RW	GK3	0	0	10	20	51	7	0	900
25	RW	ZL	0	0	10	20	67	7	0	1.180
26	GK1	B3	0	0	10	0	32	0	0	0
27	GK1	B4	0	0	10	0	39	0	0	0
28	GK1	B5	0	0	10	0	59	0	0	0
29	GK1	B6	0	0	10	0	18	0	0	0
30	GK1	B7	0	0	10	0	16	0	0	0
31	GK2	B3	0	0	10	0	55	0	0	0
32	GK2	B4	0	0	10	0	44	0	0	0
33	GK2	B5	0	0	10	0	13	0	0	0
34	GK2	B6	0	0	10	0	42	0	0	0
35	GK2	B7	0	0	10	0	53	0	0	0
36	GK3	B1	0	0	10	0	27	0	0	0
37	GK3	B2	0	0	10	0	9	0	0	0
38	ZL	B3	0	0	10	0	5	0	0	0
39	ZL	B4	0	0	10	0	9	0	0	0
40	ZL	B5	0	0	10	0	46	0	0	0
41	ZL	B6	0	0	10	0	11	0	0	0
42	ZL	B7	0	0	10	0	34	0	0	0
43	Summe									

Abb. 1.124: Ausschnitt aus der Kantenliste für Fallstudie 1.17

Die Kantenliste setzt sich in den Spalten K bis R fort, die in Abb. 1.125 dargestellt sind. Der Zellbereich K22:L42 dient der Aufnahme der Flussmengen der Kanten (Anzahl der auf einer Strecke je Transportmitteltyp zu transportierende Paletten). Dazu wurde im SolverStudio-Dateneditor das über die Indexmenge *Arcs* definierte Feld x spezifiziert. In die Spalten N und O sollen die Kantennutzungsvariablen nach Abschluss der Optimierung automatisch eingetragen werden. Dazu wurde im SolverStudio-Dateneditor das Feld y definiert, das den Kantennutzungsvariablen im CMPL-Modell 1.7 entspricht. Diese werden im Unterschied zum originalen Modell[13] nicht als binäre,

---

13 Vgl. Steglich et al. (2016), S. 196 f.

sondern als ganzzahlige Variable im CMPL-Modell definiert, um so die Anzahl auf einer Kante fahrenden Fahrzeuge eines Typs abzubilden.

Die Flussmengen und die Kantennutzungsvariablen werden mit den korrespondierenden Transportkostensätzen und den sprungfixen Kosten multipliziert, um in den Spalten P und Q die Summe der Kantenkosten der beiden Transportmittel und letztlich die entsprechenden Gesamtkosten zu bilden.

	A	B	K	L	M	N	O	P	Q	R
19	**Kanten**									
20	Von	Nach	Fluss			Anz. Fahrzeug		Kosten		
21			LKW	Bahn	Ges.	LKW	Bahn	LKW	Bahn	Ges.
22	RW	GK1			0			0	0	0
23	RW	GK2			0			0	0	0
24	RW	GK3			0			0	0	0
25	RW	ZL			0			0	0	0
26	GK1	B3			0			0	0	0
27	GK1	B4			0			0	0	0
28	GK1	B5			0			0	0	0
29	GK1	B6			0			0	0	0
30	GK1	B7			0			0	0	0
31	GK2	B3			0			0	0	0
32	GK2	B4			0			0	0	0
33	GK2	B5			0			0	0	0
34	GK2	B6			0			0	0	0
35	GK2	B7			0			0	0	0
36	GK3	B1			0			0	0	0
37	GK3	B2			0			0	0	0
38	ZL	B3			0			0	0	0
39	ZL	B4			0			0	0	0
40	ZL	B5			0			0	0	0
41	ZL	B6			0			0	0	0
42	ZL	B7			0			0	0	0
43	Summe									0

Abb. 1.125: Ausschnitt aus der Kantenliste für Fallstudie 1.17

Name:	Cell Range:	Index Range(s):
<Add New Data Item>		
a	B6:B17	Nodes
Arcs	A22:B42	
b	C6:C17	Nodes
c	G22:H42	Arcs, V
F	I22:J42	Arcs, V
maxCap	E22:F42	Arcs, V
minCap	C22:D42	Arcs, V
Nodes	A6:A17	
V	C1:D1	
x	K22:L42	Arcs, V
y	N22:O42	Arcs, V

Abb. 1.126: Ausschnitt aus SolverStudio-Dateneditor für Fallstudie 1.17

Das für diese Aufgabe zu verwendende CMPL-Modell 1.7 stellt eine Variante des im Lehrbuch *Logistik-Entscheidungen* eingeführten CMPL-Modells dar.[14] Es wird daher nur auf die unterschiedlichen Bestandteile eingegangen. So werden die in Zeile 6 spezifizierten Kantennutzungsvariablen nicht als Binärvariablen, sondern als nichtnegative ganzzahlige Variablen definiert. Zusätzlich werden die Fluss- und die Kantenvariablen nur für Kanten definiert, deren Kapazitätsobergrenze größer null ist und die daher im realen Problem tatsächlich nutzbare Transportrelationen darstellen. Dieser Sachverhalt wird in Zeile 4 im Kopf der Schleife durch die zusätzliche Bedingung maxCap[i,j,v]>0 definiert. Mit diesem einfachen Trick kann die Anzahl der Variablen gegenüber der ursprünglichen Formulierung stark reduziert werden. Um einen Zugriff auf nicht definierte Variable zu verhindern, ist diese Bedingung in allen Schleifen in den Zeilen 10, 14, 15 und 18 zu verwenden.

CMPL-Modell 1.7: CMPL-Modell für Fallstudie 1.17

```
1    %data: Nodes set, Arcs set[2], V set, a[Nodes], b[Nodes], c[Arcs,V], F[Arcs,V], minCap[Arcs,V],
     maxCap[Arcs,V]
2
3    variables:
4      { [i,j] in Arcs, v in V, maxCap[i,j,v]>0:
5          x[i,j,v] : real[0..];
6          y[i,j,v] : integer;
7      }
8
9    objectives:
10     sum { [i,j] in Arcs, v in V, maxCap[i,j,v]>0: c[i,j,v] * x[i,j,v] + F[i,j,v] * y[i,j,v] } ->min;
11
12   constraints:
13     { i in Nodes :
14       sum{ j in Arcs *> [i,*], v in V , maxCap[i,j,v]>0: x[i,j,v] } -
15       sum{ j in Arcs *> [*,i], v in V , maxCap[j,i,v]>0: x[j,i,v] } = a[i] - b[i];
16     }
17
18     { [i,j] in Arcs, v in V, maxCap[i,j,v]>0 : minCap[i,j,v] <= x[i,j,v] <= maxCap[i,j,v] * y[i,j,v];}
```

Nach Abschluss der Optimierung werden die Werte der Fluss- und der Kantennutzungsvariablen automatisch in die im SolverStudio-Dateneditor vorgesehenen Bereiche eingetragen und die davon abhängigen Formeln berechnet. Die Ergebnisse für die Knoten und Kanten sind in Abb. 1.127 und Abb. 1.128 dargestellt. Anhand der Gegenüberstellung der Nettoflüsse in der Knotenliste und der dazugehörigen Angebote

---

14 Vgl. Steglich et al. (2016), S. 200 f.

und Bedarfe ist ersichtlich, dass alle Angebots-, Nachfrage- und Flusserhaltungsbedingungen eingehalten werden.

Anhand der Lösungen der Fluss- und der Kantennutzungsvariablen kann in der in Abb. 1.128 dargestellten Kantenliste der eigentliche optimale Transportplan analysiert werden. Die Transporte zwischen dem Rohrwerk RW und den Gaskombinaten GK1 und GK2 bzw. dem Zentrallager ZL erfolgen mehrheitlich auf dem Schienenweg mit jeweils voll ausgelasteten Waggons. Lediglich eine geringe Restmenge, für die sich der Einsatz eines Waggons nicht lohnt, wird mittels Lastkraftwagen transportiert. Der Transport zum Gaskombinat GK3 erfolgt vollständig auf der Straße. Auf dieser gegenüber den anderen Strecken kürzeren Distanz sind die variablen Transportkosten der Lastkraftwagen offensichtlich günstiger als die zum größeren Teil durch die sprungfixen Waggongebühren geprägten Kosten des Schienenverkehrs. Die sibirischen Baustellen B1 und B2 müssen mangels alternativer Gaskombinate in dieser Region vollständig durch das Gaskombinat GK3 bedient werden. Im europäischen Bereich übernimmt das Zentrallager ZL die vollständige Belieferung der Baustellen B3, B4 und B6 und teilweise die Belieferung der Baustelle B5, die vor allem durch das Gaskombinat GK2 beliefert wird. Baustelle B7 wird vollständig durch das Gaskombinat GK1 betreut.

Die Anzahl der einzusetzenden Kraftfahrzeuge bzw. der anzumietenden Waggons kann dem Zellbereich N22:O42 entnommen werden.

◢	A	B	C	D
3	**Knoten**			
4		An-	Nach-	Netto-
5		gebot	frage	fluss
6	RW	420	0	420
7	ZL	0	0	0
8	GK1	0	0	0
9	GK2	0	0	0
10	GK3	0	0	0
11	B1	0	100	-100
12	B2	0	20	-20
13	B3	0	30	-30
14	B4	0	110	-110
15	B5	0	70	-70
16	B6	0	60	-60
17	B7	0	30	-30

Abb. 1.127: Lösung für die Knoten für Fallstudie 1.17 unter Einbeziehung aller Transportmittel

	A	B	E	F	K	L	M	N	O	P	Q	R
19	**Kanten**											
20	Von	Nach	Max. Kap.		Fluss			Anz. Fahrzeug		Kosten		
21			LKW	Bahn	LKW	Bahn	Ges.	LKW	Bahn	LKW	Bahn	Ges.
22	RW	GK1	10	20	10	20	30	1	1	830	1.560	2.390
23	RW	GK2	10	20	0	60	60	0	3	0	5.940	5.940
24	RW	GK3	10	20	120	0	120	12	0	6.120	0	6.120
25	RW	ZL	10	20	10	200	210	1	10	670	13.200	13.870
26	GK1	B3	10	0	0	0	0	0	0	0	0	0
27	GK1	B4	10	0	0	0	0	0	0	0	0	0
28	GK1	B5	10	0	0	0	0	0	0	0	0	0
29	GK1	B6	10	0	0	0	0	0	0	0	0	0
30	GK1	B7	10	0	30	0	30	3	0	480	0	480
31	GK2	B3	10	0	0	0	0	0	0	0	0	0
32	GK2	B4	10	0	0	0	0	0	0	0	0	0
33	GK2	B5	10	0	60	0	60	6	0	780	0	780
34	GK2	B6	10	0	0	0	0	0	0	0	0	0
35	GK2	B7	10	0	0	0	0	0	0	0	0	0
36	GK3	B1	10	0	100	0	100	10	0	2.700	0	2.700
37	GK3	B2	10	0	20	0	20	2	0	180	0	180
38	ZL	B3	10	0	30	0	30	3	0	150	0	150
39	ZL	B4	10	0	110	0	110	11	0	990	0	990
40	ZL	B5	10	0	10	0	10	1	0	460	0	460
41	ZL	B6	10	0	60	0	60	6	0	660	0	660
42	ZL	B7	10	0	0	0	0	0	0	0	0	0
43	Summe									14.020	20.700	34.720

Abb. 1.128: Lösung für die Kanten für Fallstudie 1.17 unter Einbeziehung aller Transportmittel

Dieser Transportplan führt zu minimalen Kosten von 34.720 Euro, die sich aus 14.020 Euro variablen Transportkosten und 20.700 Euro sprungfixen Kosten für die Waggons zusammensetzen (Zellen P43:R43).

Möchte man die Kosten dieses Transportplans unter Einbeziehung aller Transportmittel mit den Kosten vergleichen, die bei alleiniger Nutzung von Lastkraftwagen anfallen, sind die Kapazitätsgrenzen für das Transportmittel Bahn auf den Kanten zwischen dem Rohrwerk RW und den Gaswerken GK1–GK3 bzw. dem Zentrallager ZL im Zellbereich F22:F25 auf den Wert null zu setzen und das Problem erneut zu lösen (Abb. 1.129).

Betrachtet man die Lösung für dieses abgewandelte Problem in Abb. 1.129, erkennt man, dass diese Art des Transports zu höheren Kosten von 35.080 Euro führt. Wie bisher übernimmt das Gaskombinat GK3 die Versorgung der sibirischen Baustellen B1 und B2. Im europäischen Teil werden die Baustellen fast vollständig vom Zentrallager ZL und im geringem Maße vom Gaskombinat GK1 beliefert, während das Gaskombinat GK2 funktional vollständig aus dem Distributionsnetz entfernt wurde.

Von	Nach	Max. Kap.		Fluss			Anz. Fahrzeug		Kosten		
		LKW	Bahn	LKW	Bahn	Ges.	LKW	Bahn	LKW	Bahn	Ges.
RW	GK1	10	0	30	0	30	3	0	2.490	0	2.490
RW	GK2	10	0	0	0	0	0	0	0	0	0
RW	GK3	10	0	120	0	120	12	0	6.120	0	6.120
RW	ZL	10	0	270	0	270	27	0	18.090	0	18.090
GK1	B3	10	0	0	0	0	0	0	0	0	0
GK1	B4	10	0	0	0	0	0	0	0	0	0
GK1	B5	10	0	0	0	0	0	0	0	0	0
GK1	B6	10	0	0	0	0	0	0	0	0	0
GK1	B7	10	0	30	0	30	3	0	480	0	480
GK2	B3	10	0	0	0	0	0	0	0	0	0
GK2	B4	10	0	0	0	0	0	0	0	0	0
GK2	B5	10	0	0	0	0	0	0	0	0	0
GK2	B6	10	0	0	0	0	0	0	0	0	0
GK2	B7	10	0	0	0	0	0	0	0	0	0
GK3	B1	10	0	100	0	100	10	0	2.700	0	2.700
GK3	B2	10	0	20	0	20	2	0	180	0	180
ZL	B3	10	0	30	0	30	3	0	150	0	150
ZL	B4	10	0	110	0	110	11	0	990	0	990
ZL	B5	10	0	70	0	70	7	0	3.220	0	3.220
ZL	B6	10	0	60	0	60	6	0	660	0	660
ZL	B7	10	0	0	0	0	0	0	0	0	0
Summe									35.080	0	35.080

Abb. 1.129: Lösung für Fallstudie 1.17 nur für LKW-Transporte

2 Logistische Zuordnungsprobleme

Fallstudie 2.1

a) Mathematisches Modell

Ein klassisches lineares Zuordnungsproblem kann als Transportproblem angesehen werden, bei dem die Angebote und Bedarfe mit dem Wert eins belegt sind. Die Transportmengenvariablen x_{ij} nehmen daher nur die Werte null oder eins an und fungieren als Zuordnungsvariablen. Die zu minimierende Zielfunktion (2.1) ergibt sich aus der Summe der mit den Zuordnungsvariablen zu multiplizierenden Transportzeiten je Stück. Mit (2.2) wird sichergestellt, dass eine Versandstation exakt einen Auftrag übernimmt. Da mehr Aufträge als Versandstationen existieren, können nicht alle Aufträge ausgeführt werden. Daher wird gemäß (2.3) gefordert, dass ein Auftrag von maximal einer Versandstation übernommen wird. Da die rechten Seiten der Restriktionen (2.2) und (2.3) den Wert eins besitzen, kann auf eine Ganzzahligkeitsbedingung hinsichtlich der Zuordnungsvariablen verzichtet und diese können gemäß (2.4) als nichtnegative kontinuierliche Variablen definiert werden.

$$
\begin{aligned}
&12x_{11} + 25x_{12} + 2x_{13} + \\
&20x_{21} + 12x_{23} + \\
&30x_{31} + 6x_{32} + 10x_{33} + 5x_{34} \rightarrow \min! \\
&u.d.N.
\end{aligned}
\tag{2.1}
$$

$$
\begin{aligned}
x_{11} + x_{12} + x_{13} &= 1 \\
x_{21} + x_{23} &= 1 \\
x_{31} + x_{32} + x_{33} + x_{34} &= 1
\end{aligned}
\tag{2.2}
$$

$$
\begin{aligned}
x_{11} + x_{21} + x_{31} &\leq 1 \\
x_{11} + x_{32} &\leq 1 \\
x_{13} + x_{23} + x_{33} &\leq 1 \\
x_{34} &\leq 1
\end{aligned}
\tag{2.3}
$$

$$
x_{ij} \geq 0 \qquad ; (i,j) \in \{11,12,13,21,23,31,32,33,34\}
\tag{2.4}
$$

b) Lösung mit LogisticsLab/TPP
(Beispieldatei: express-zuordnung.tpp)

Zur Lösung dieses Problems ist in LogisticsLab/TPP ein neues Transportproblem mit drei *sources* (Versandstationen) und vier *destinations* (Aufträge) anzulegen (Abb. 2.1). Die Werte für die Angebote und Bedarfe können für ein Zuordnungsproblem mit einem konstanten Wert eins belegt werden (*Supplies, Demands, Supplies/Demands* → *Constant*). Für alle anderen Größen können die Standardwerte verwendet werden.

Nachdem das angelegte Problem im Hauptfenster im Bereich *Netzwerk* als Netzwerkgrafik erscheint, können die Daten für die Versandstationen im Datenbereich *Sources* (Abb. 2.2), die der Aufträge im Datenbereich *Destinations* (Abb. 2.3) sowie die Transportzeiten je Stück im Datenbereich *Variable Costs* (Abb. 2.4) eingegeben werden. Unzulässige Kombinationen von Versandstationen und Aufträgen sind im Bereich *Variable costs* mit einem symbolischen *Big-M* zu sperren.

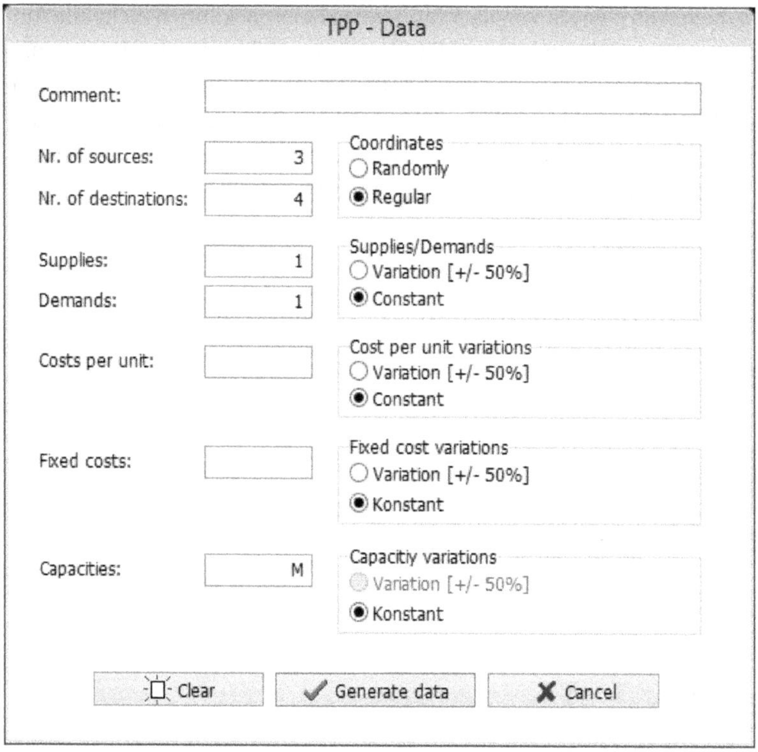

Abb. 2.1: Anlegen des Problems für Fallstudie 2.1 in LogisticsLab/TPP

| Problem | Sources | Destinations | Variable costs | Fixed costs | Capacities | Solution |

Sources: 3   Edit mode:

Nr	Name	X-Pos	Y-Pos	Supply	Min. supply	Max. supply	Flow
1	S01	0,00	1000,00	1	1	1
2	S02	0,00	500,00	1	1	1
3	S03	0,00	0,00	1	1	1

Abb. 2.2: Eingabe der Daten der Versandstationen für Fallstudie 2.1

| Problem | Sources | Destinations | Variable costs | Fixed costs | Capacities | Solution |

Destinations: 4   Edit mode:

Nr	Name	X-Pos.	Y-Pos.	Demand	Min. demand	Max. demand	Flow
1	D01	1000,00	1000,00	1	1	1
2	D02	1000,00	667,00	1	1	1
3	D03	1000,00	334,00	1	1	1
4	D04	1000,00	1,00	1	1	1

Abb. 2.3: Eingabe der Daten der Aufträge für Fallstudie 2.1

| Problem | Sources | Destinations | Variable costs | Fixed costs | Capacities | Solution |

Problem size: 3 x 4   Edit mode:

Nr. from\to	1 D01	2 D02	3 D03	4 D04
1 S01	12	25	2	M
2 S02	20	M	12	M
3 S03	30	6	10	5

Abb. 2.4: Eingabe der Transportzeiten für Fallstudie 2.1 in LogisticsLab/TPP

Wenn alle Daten vorliegen, kann das Problem gelöst werden, indem entweder das Menü *Optimisation → Start Optimisation* oder die Schaltfläche *Optimise* in der Symbolleiste gewählt wird und der in Abb. 2.5 dargestellte Dialog erscheint. Es sind als Zielfunktionsrichtung *Min* und als Problemtyp *Standard TPP* zu wählen und die Optimierung zu starten.

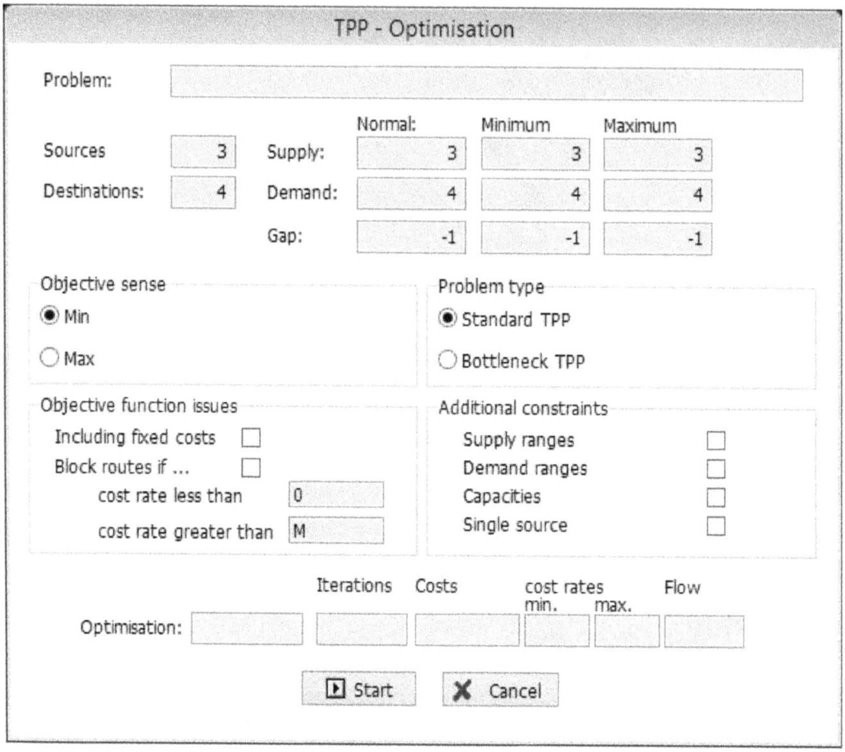

Abb. 2.5: Optimierungseinstellungen für Fallstudie 2.1 in LogisticsLab/TPP

Nach dem Lösen dieses Transportproblems erscheint im Bereich *Netzwerk* die optimale Lösung als Netzwerkgrafik (Abb. 2.6). Die optimalen Zuordnungen können dieser Grafik bzw. der Spalte *Flow* im Datenbereich *Solution* (Abb. 2.7) entnommen werden. Die gesamte Anzahl übernommener Aufträge beträgt erwartungsgemäß drei Stück (*Flow*). Die gesamte Transportzeit (*Total costs* bzw. *Variable costs*) beträgt 27 Stunden, wobei die längste Transportzeit von 20 Stunden (*Max. cost rate*) zwischen der Versandstation S2 und dem Kunden D1 auftritt.

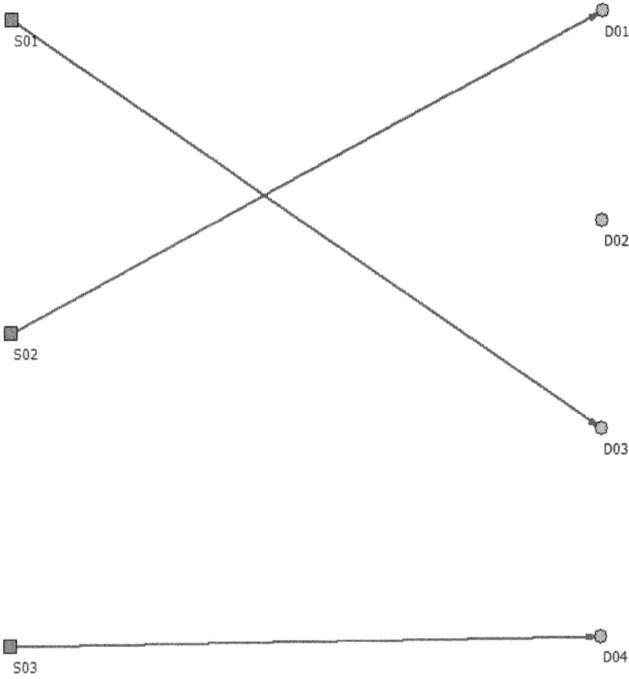

Abb. 2.6: Grafische Darstellung der Lösung für Fallstudie 2.1 in LogisticsLab/TPP

Problem	Sources	Destinations	Variable costs	Fixed costs	Capacities	Solution

Supply:	3	Total costs:	27	Min. cost rate	2	
Demand:	4	Variable costs:	27	Max. cost rate:	20	
Gap:	-1	Fixed costs:	0			
Flow:	3					

From	Source	To	Destination	Cost per unit	Capacity	Flow	Variable costs	Fixe
1	S01	3	D03	2	M	1	2	
2	S02	1	D01	20	M	1	20	
3	S03	4	D04	5	M	1	5	

Abb. 2.7: Lösung für Fallstudie 2.1 in LogisticsLab/TPP

Fallstudie 2.2

a) Mathematisches Modell

Wie das klassische Zuordnungsmodell als Variante des klassischen Transportmodells kann auch das Bottleneck-Zuordnungsmodell als Variante des Bottleneck-Transportmodells mit Angeboten und Bedarfen, die den Wert eins besitzen, angesehen werden. Für das vorliegende Problem ist gemäß Ausdruck (2.5) die maximale Fahrtzeit T zu minimieren, die die Obergrenze der Fahrtzeiten der genutzten Relationen in den Ausdrücken (2.6) darstellt. Diese ergeben sich aus dem Produkt der Zuordnungsvariablen x_{ij} und den Transportzeiten für die einzelnen Zuordnungskombinationen. Die Ausdrücke (2.7) und (2.8) entsprechen denen des klassischen Zuordnungsmodells. Gemäß (2.7) muss eine Versandstation exakt einen Auftrag übernehmen, während aufgrund des Auftragsüberhangs ein Kundenauftrag von maximal einer Versandstation übernommen werden darf. Die Zuordnungsvariablen x_{ij} sind gemäß Ausdruck (2.9) als binäre Variablen zu definieren.

$$T \to \min! \tag{2.5}$$

u.d.N.

$$
\begin{aligned}
12x_{11} &\leq T \\
25x_{12} &\leq T \\
2x_{13} &\leq T \\
20x_{21} &\leq T \\
12x_{23} &\leq T \\
30x_{31} &\leq T \\
6x_{32} &\leq T \\
10x_{33} &\leq T \\
5x_{34} &\leq T
\end{aligned}
\tag{2.6}
$$

$$
\begin{aligned}
x_{11} + x_{12} + x_{13} &= 1 \\
x_{21} + x_{23} &= 1 \\
x_{31} + x_{32} + x_{33} + x_{34} &= 1
\end{aligned}
\tag{2.7}
$$

$$
\begin{aligned}
x_{11} + x_{21} + x_{31} &\leq 1 \\
x_{11} + x_{32} &\leq 1 \\
x_{13} + x_{23} + x_{33} &\leq 1 \\
x_{34} &\leq 1
\end{aligned}
\tag{2.8}
$$

$$x_{ij} \in \{0,1\} \qquad ; (i,j) \in \{11,12,13,21,23,31,32,33,34\} \tag{2.9}$$

b) Lösung als Bottleneck-Zuordnungsproblem mit LogisticsLab/TPP
(Beispieldatei: express-bottleneck.tpp)

Zur Lösung dieses Problems kann die für Fallstudie 2.1 erstellte Problemdatei unter einem anderen Namen gespeichert und verwendet werden. Anschließend kann das Problem als Bottleneck-Zuordnungsproblem gelöst werden, indem im Optimierungsdialog als Problemtyp *Bottleneck TPP* und als Optimierungsziel *MiniMax* gewählt wird (Abb. 2.8).

Objective sense	Problem type
◉ MiniMax	○ Standard TPP
○ MaxiMin	◉ Bottleneck TPP

Objective function issues		Additional constraints	
Including fixed costs	☐	Supply ranges	☐
Block routes if ...	☐	Demand ranges	☐
cost rate less than	0	Capacities	☐
cost rate greater than	M	Single source	☐

Abb. 2.8: Ausschnitt aus dem Optimierungsdialog für Fallstudie 2.2 b)

Nach Abschluss der Optimierung kann die optimale Zuordnung der Kundenaufträge zu den Versandstationen im Datenbereich *Solution* und im Bereich Netzwerk eingesehen werden (Abb. 2.9 und Abb. 2.10). Die maximale Transportzeit zwischen einer Versandstation und einem Kunden beträgt zwölf Stunden (Abb. 2.9 → *Max. cost rate*). Allerdings hat sich die gesamte Transportzeit gegenüber der Lösung für Fallstudie 2.1 um drei Stunden auf 30 Stunden erhöht (*Total costs*).

Problem	Sources	Destinations	Variable costs	Fixed costs	Capacities	Solution

Supply:	3	Total costs:	30	Min. cost rate	6
Demand:	4	Variable costs:	30	Max. cost rate:	12
Gap:	-1	Fixed costs:	0		
Flow:	3				

From	Source	To	Destination	Cost per unit	Capacity	Flow	Variable costs	Fixe
1	S01	1	D01	12	M	1	12	
2	S02	3	D03	12	M	1	12	
3	S03	2	D02	6	M	1	6	

Abb. 2.9: Lösung für Fallstudie 2.2 b) in LogisticsLab/TPP

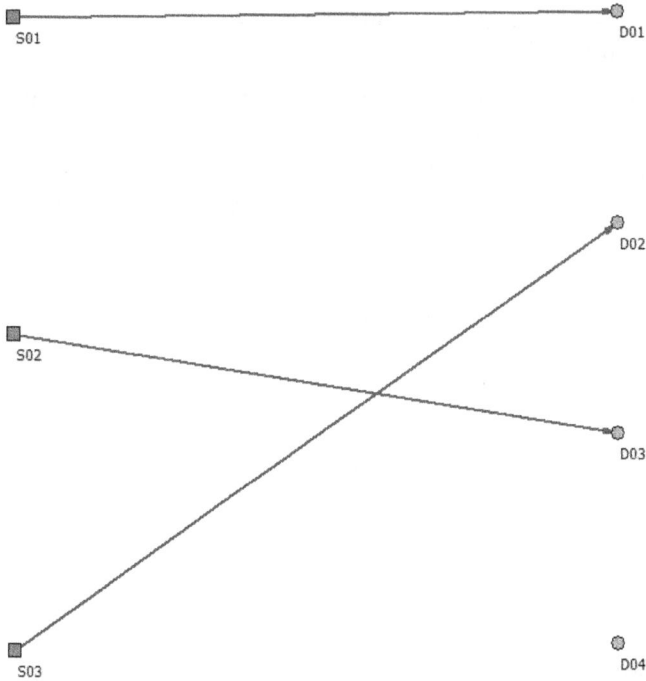

Abb. 2.10: Grafische Darstellung der Lösung für Fallstudie 2.2 b) in LogisticsLab/TPP

c) Nachoptimierung als lineares Zuordnungsproblem mit LogisticsLab/TPP
(Beispieldatei: express-bottleneck.tpp)

Im letzten Schritt soll die Zuordnung gefunden werden, die die gesamte Transportzeit unter Einhaltung der zuvor gefundenen minimalen Engpasszeit minimiert. Dazu ist im Optimierungsdialog (Abb. 2.11) wiederum als Problemtyp *Standard TPP* zu wählen und alle potenziellen Zuordnungen mit einer Bewertung größer als zwölf zu sperren (*Block routes if ... cost rate greater than* 12). Mit dieser Nachoptimierung kann die gesamte Transportzeit um eine Stunde auf 29 Stunden (Abb. 2.13 → *Total costs*) reduziert werden, wobei die maximale Transportzeit von zwölf Stunden zwischen den Versendern und den Kunden eingehalten wird (*Max. cost rate*). Die optimalen Zuordnungen können im Bereich Netzwerk und im Datenbereich *Solution* eingesehen werden (Abb. 2.12 und Abb. 2.13).

Objective sense		Problem type	
◉ Min		◉ Standard TPP	
○ Max		○ Bottleneck TPP	

Objective function issues		Additional constraints	
Including fixed costs	☐	Supply ranges	☐
Block routes if ...	☑	Demand ranges	☐
cost rate less than	0	Capacities	☐
cost rate greater than	12	Single source	☐

Abb. 2.11: Ausschnitt aus dem Optimierungsdialog für Fallstudie 2.2 c)

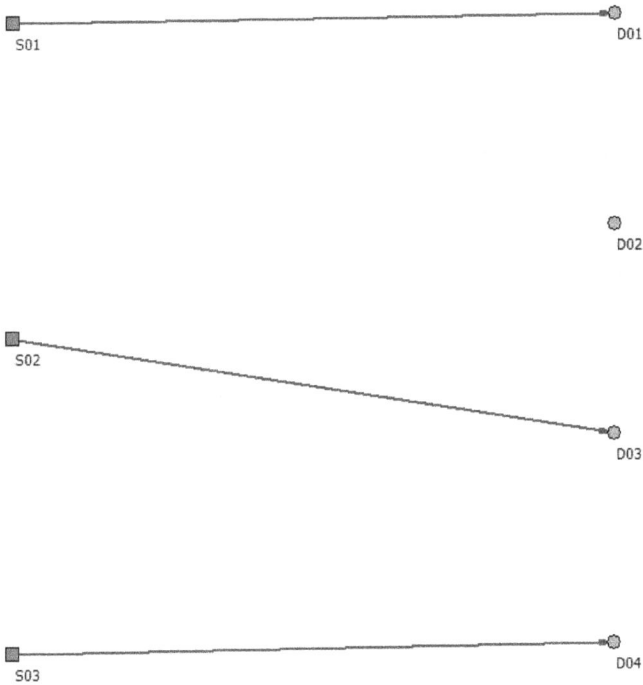

Abb. 2.12: Grafische Darstellung der Lösung für Fallstudie 2.2 c) in LogisticsLab/TPP

| Problem | Sources | Destinations | Variable costs | Fixed costs | Capacities | Solution |

Supply: 3   Total costs: 29   Min. cost rate 5
Demand: 4   Variable costs: 29   Max. cost rate: 12
Gap: -1   Fixed costs: 0
Flow: 3

From	Source	To	Destination	Cost per unit	Capacity	Flow	Variable costs	Fixe
1	S01	1	D01	12	M	1	12	
2	S02	3	D03	12	M	1	12	
3	S03	4	D04	5	M	1	5	

Abb. 2.13: Lösung für Fallstudie 2.2 c) in LogisticsLab/TPP

Fallstudie 2.3

a) Lösung als lineares Zuordnungsproblem
(Beispieldatei: personal.tpp)

Dieses Zuordnungsproblem kann als spezielles Transportproblem mit acht Versendern (Bewerber) und sieben Empfängern (Stellen), die jeweils ein Angebot bzw. einen Bedarf mit dem Wert eins besitzen, mit LogisticsLab/TPP gelöst werden.

Nach dem Anlegen des Problems können im Datenbereich *Sources* die Daten der Bewerber sowie im Datenbereich *Destinations* die Daten der Stellen eingegeben werden (Abb. 2.14 und Abb. 2.15).

| Problem | Sources | Destinations | Variable costs | Fixed costs | Capacities | Solution |

Sources: 8   Edit mode:

Nr	Name	X-Pos	Y-Pos	Supply	Min. supply	Max. supply	Flow
1	MEIER	0,00	10,00	1	1	M	
2	SCHMID	0,00	9,00	1	1	M	
3	BANK	0,00	8,00	1	1	M	
4	ZECK	0,00	7,00	1	1	M	
5	DAUM	0,00	6,00	1	1	M	
6	DENK	0,00	5,00	1	1	M	
7	MANN	0,00	4,00	1	1	M	
8	SCHICK	0,00	3,00	1	1	M	

Abb. 2.14: Daten der Bewerber für Fallstudie 2.3 in LogisticsLab/TPP

| Problem | Sources | Destinations | Variable costs | Fixed costs | Capacities | Solution |

Destinations: 7   Edit mode:

Nr	Name	X-Pos.	Y-Pos.	Demand	Min. demand	Max. demand	Flow
1	DIREKTOR	5,00	9,00	1	1	M	
2	KD-BETREUU	5,00	8,00	1	1	M	
3	LOGISTIK	5,00	7,00	1	1	M	
4	FUHRPARK	5,00	6,00	1	1	M	
5	ASSISTENT	5,00	5,00	1	1	M	
6	BEREICHSLE	5,00	4,00	1	1	M	
7	CONTROLLIN	5,00	3,00	1	1	M	

Abb. 2.15: Daten der Stellen für Fallstudie 2.3 in LogisticsLab/TPP

Als Bewertungen der potenziellen Zuordnungen wird die in der Aufgabenstellung gegebene Bewertungsmatrix verwendet. Diese ist im Datenbereich *Variable costs* einzugeben (Abb. 2.16). In dieser Matrix sind nicht zulässige Zuordnungen aufgrund fehlender Berufserfahrungen, persönlicher Präferenzen und nicht geeigneter Persönlichkeitsstrukturen mittels eines *Big-M*-Wertes zu sperren.

| Problem | Sources | Destinations | Variable costs | Fixed costs | Capacities | Solution |

Problem size: 8 x 7   Edit mode:

	Nr.	1	2	3	4	5	6	7
Nr.	from\to	DIREKTOR	KD-BETREUU	LOGISTIK	FUHRPARK	ASSISTENT	BEREICHSLE	CONTROLLIN
1	MEIER	8	5	7	9	2	3	2
2	SCHMID	M	4	2	4	8	8	M
3	BANK	9	10	6	7	10	2	8
4	ZECK	6	9	9	8	6	9	3
5	DAUM	M	M	1	5	7	3	2
6	DENK	M	M	4	2	6	3	5
7	MANN	10	7	9	2	5	7	M
8	SCHICK	10	5	10	10	3	6	M

Abb. 2.16: Eingabe der Bewertungsmatrix für Fallstudie 2.3 in LogisticsLab/TPP

Um die Summe der Bewertungen zu maximieren, ist im Optimierungsdialog als Problemtyp *Standard TPP* und als Optimierungsrichtung *Max* zu wählen (Abb. 2.17).

Objective sense	Problem type
○ Min	● Standard TPP
● Max	○ Bottleneck TPP

Abb. 2.17: Ausschnitt aus dem Optimierungsdialog für Fallstudie 2.3 a)

Als Ergebnis erhält man eine Gesamtbewertung von 61 Punkten (Abb. 2.19 → *Total costs*). Die eigentlichen Zuordnungen der Bewerber zu den Stellen können dem Bereich *Netzwerk* und dem Datenbereich *Solution* entnommen werden (Abb. 2.18 und Abb. 2.19). Bis auf Herrn Daum bekommen alle Bewerber eine Stelle zugeordnet. Die am niedrigsten notwendige Bewertung tritt bei der Zuordnung von Herrn Denk zur Stelle Controlling mit einem Wert von fünf Punkten auf (Abb. 2.19 → *Min. cost rate* und Spalte *Variable costs*).

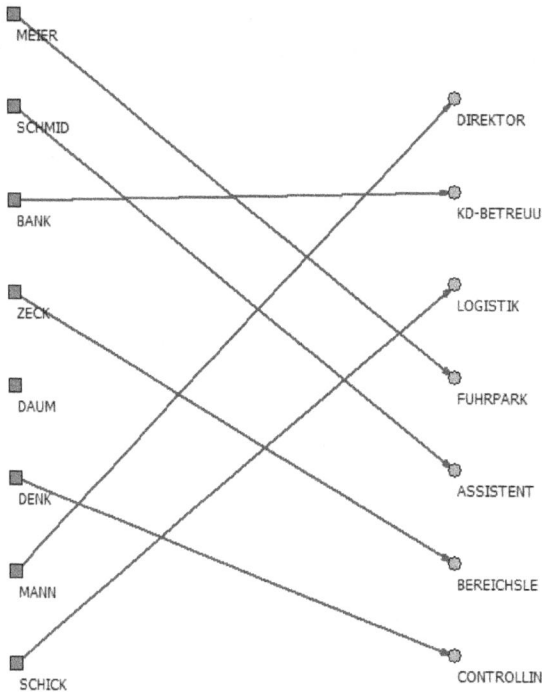

Abb. 2.18: Grafische Darstellung der Lösung für Fallstudie 2.3 a) in LogisticsLab/TPP

| Problem | Sources | Destinations | Variable costs | Fixed costs | Capacities | Solution |

Supply: 8   Total costs: 61   Min. cost rate 5
Demand: 7   Variable costs: 61   Max. cost rate: 10
Gap: 1   Fixed costs: 0
Flow: 7

From	Source	To	Destination	Cost per unit	Capacity	Flow	Variable costs	Fix
1	MEIER	4	FUHRPARK	9	M	1	9	
2	SCHMID	5	ASSISTENT	8	M	1	8	
3	BANK	2	KD-BETREUU	10	M	1	10	
4	ZECK	6	BEREICHSLE	9	M	1	9	
6	DENK	7	CONTROLLIN	5	M	1	5	
7	MANN	1	DIREKTOR	10	M	1	10	
8	SCHICK	3	LOGISTIK	10	M	1	10	

Abb. 2.19: Lösung für Fallstudie 2.3 a) in LogisticsLab/TPP

b) Lösung als Bottleneck-Zuordnungsproblem
(Beispieldatei: personal.tpp)

Um die niedrigste Qualifikationsbewertung aller Stellenzuordnungen zu maximieren, ist im Optimierungsdialog als Problemtyp *Bottleneck TPP* und als Optimierungsrichtung *MaxiMin* zu wählen (Abb. 2.20).

Objective sense
○ MiniMax
● MaxiMin

Problem type
○ Standard TPP
● Bottleneck TPP

Abb. 2.20: Ausschnitt aus dem Optimierungsdialog für Fallstudie 2.3 b)

Mit diesem Ansatz wird zwar nur eine Gesamtbewertung von 59 Punkten erreicht (Abb. 2.22 → *Total costs*), wobei die niedrigste Qualifikationsbewertung aller Zuordnungen jetzt den Wert sieben aufweist (Abb. 2.22 → *Min. cost rate*). Diese tritt bei der Zuordnung von Herrn Daum auf die Stelle des Assistenten der Geschäftsleitung auf. Alle Zuordnungen können dem Bereich Netzwerk und dem Datenbereich *Solution* entnommen werden (Abb. 2.21 und Abb. 2.22).

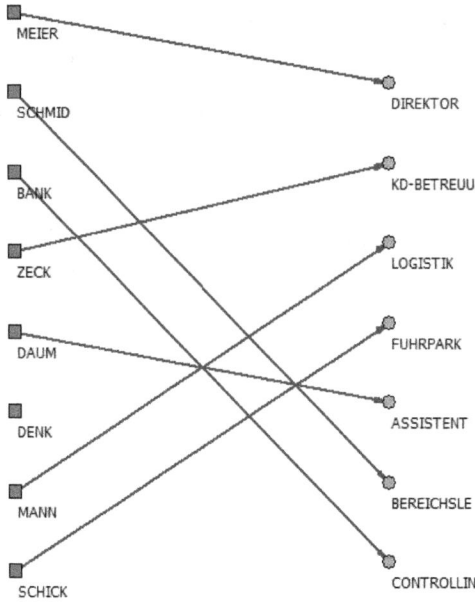

Abb. 2.21: Grafische Darstellung der Lösung für Fallstudie 2.3 b) in LogisticsLab/TPP

| Problem | Sources | Destinations | Variable costs | Fixed costs | Capacities | Solution |

Supply:	8	Total costs:	59	Min. cost rate	7	
Demand:	7	Variable costs:	59	Max. cost rate:	10	
Gap:	1	Fixed costs:	0			
Flow:	7					

From	Source	To	Destination	Cost per unit	Capacity	Flow	Variable costs	Fix
1	MEIER	1	DIREKTOR	8	M	1	8	
2	SCHMID	6	BEREICHSLE	8	M	1	8	
3	BANK	7	CONTROLLIN	8	M	1	8	
4	ZECK	2	KD-BETREUU	9	M	1	9	
5	DAUM	5	ASSISTENT	7	M	1	7	
7	MANN	3	LOGISTIK	9	M	1	9	
8	SCHICK	4	FUHRPARK	10	M	1	10	

Abb. 2.22: Lösung für Fallstudie 2.3 b) in LogisticsLab/TPP

c) Nachoptimierung des Bottleneck-Zuordnungsproblems
(Beispieldatei: personal.tpp)

Da jetzt bekannt ist, dass es eine Lösung gibt, bei der die schlechteste notwendige Bewertung einem Wert von sieben Punkten entspricht, ist nun zu untersuchen, ob es ggf. eine höhere Gesamtbewertung gibt, bei der die untere Schranke von sieben Punkten nicht unterschritten wird.

Dazu ist im Optimierungsdialog (Abb. 2.23) als Problemtyp *Standard TPP* und als Optimierungsrichtung *Max* zu wählen sowie zusätzlich alle Kombinationen mit einer Bewertung kleiner als sieben zu sperren (*Block routes if ... cost rate less than* 7).

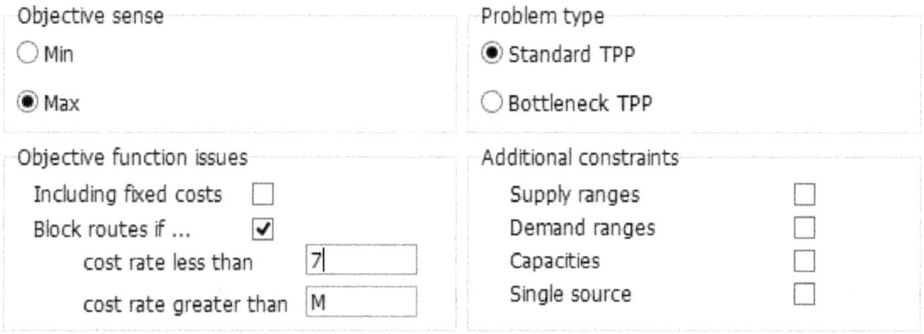

Abb. 2.23: Ausschnitt aus dem Optimierungsdialog für Fallstudie 2.3 c)

Als Ergebnis erhält man eine Gesamtqualifikationsbewertung von 61 (Abb. 2.25 → *Total costs*), wobei die niedrigste notwendige Bewertung wiederum bei einem Wert von sieben Punkten liegt (Abb. 2.25 → *Min. cost rate*). Insgesamt erscheinen die im Bereich Netzwerk und im Datenbereich Solution angegebenen Zuordnungen von Bewerbern und Stellen ausgewogener als in den beiden bisher gefundenen Lösungen (Abb. 2.24 und Abb. 2.25).

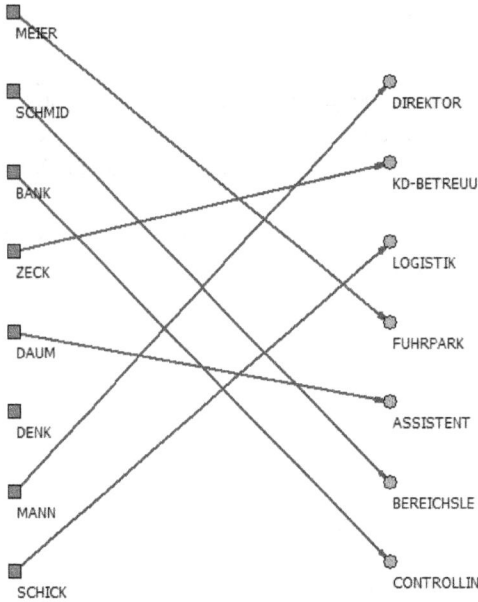

Abb. 2.24: Grafische Darstellung der Lösung für Fallstudie 2.3 c) in LogisticsLab/TPP

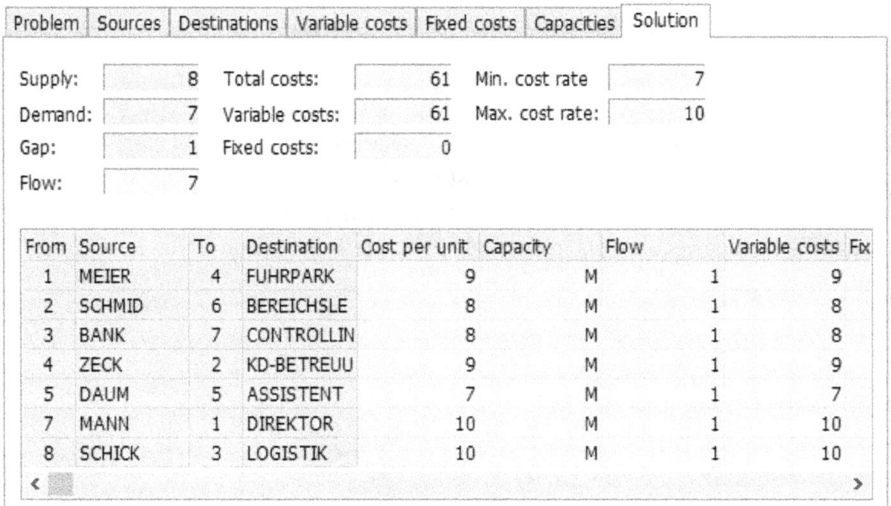

| Problem | Sources | Destinations | Variable costs | Fixed costs | Capacities | Solution |

Supply:	8	Total costs:	61	Min. cost rate	7		
Demand:	7	Variable costs:	61	Max. cost rate:	10		
Gap:	1	Fixed costs:	0				
Flow:	7						

From	Source	To	Destination	Cost per unit	Capacity	Flow	Variable costs	Fix
1	MEIER	4	FUHRPARK	9	M	1	9	
2	SCHMID	6	BEREICHSLE	8	M	1	8	
3	BANK	7	CONTROLLIN	8	M	1	8	
4	ZECK	2	KD-BETREUU	9	M	1	9	
5	DAUM	5	ASSISTENT	7	M	1	7	
7	MANN	1	DIREKTOR	10	M	1	10	
8	SCHICK	3	LOGISTIK	10	M	1	10	

Abb. 2.25: Lösung für Fallstudie 2.3 c) in LogisticsLab/TPP

Fallstudie 2.4

a) Netzwerkgrafik

Es handelt sich bei diesem Problem um ein *kardinalitätsmaximales Zuordnungsproblem*, das sich generell als *Max-Flow-Problem* lösen lässt. Dabei ist das Netzwerk als gerichtetes *q-s-Netzwerk* $G = (N_1 \cup N_2, A)$ zu formulieren.[1] N_1 und N_2 bezeichnen die beiden disjunkten Mengen der Fahrzeuge und der Aufträge und A die Menge der gerichteten Kanten, die alle eine maximale Kantenkapazität mit dem Wert eins besitzen. Die gerichteten Kanten zwischen den Mengen N_1 und N_2 der Zuordnungsobjekte stellen die zulässigen Zuordnungen zwischen diesen beiden Mengen dar, wobei zusätzlich alle Knoten der Fahrzeuge N_1 vollständig mit der Quelle q durch eingehende gerichtete Kanten und die Menge der Aufträge N_2 vollständig mit der Senke s durch ausgehende gerichtete Kanten verbunden sind. Die Netzwerkgrafik für dieses Problem ist Abb. 2.26 in dargestellt.

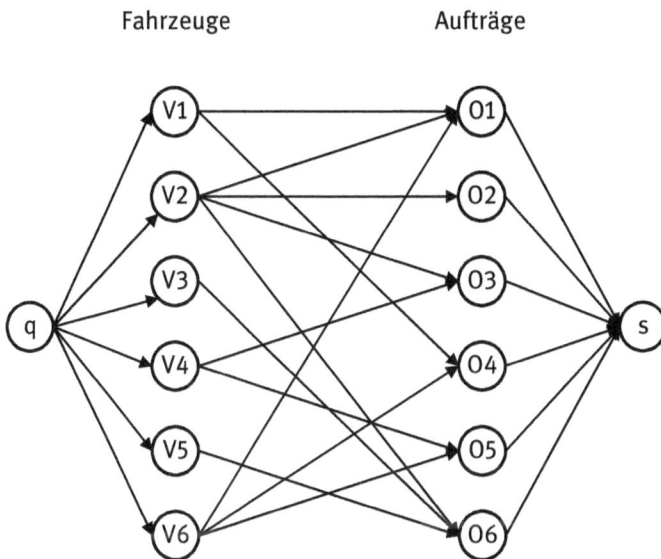

Abb. 2.26: Netzwerkgrafik für Fallstudie 2.4

---

1 Vgl. Steglich et al. (2016), S. 237 f.

b) Mathematisches Modell

Das Modell leitet sich aus dem *Max-Flow-Problem* ab. Der gemäß der Zielfunktion (2.10) zu bestimmende Maximalfluss f gibt die maximal mögliche Anzahl von Zuordnungen von Fahrzeugen zu Aufträgen an. Die Restriktionen (2.11) bis (2.14) stellen die Flussbedingungen dar, wobei gemäß (2.11) der Quellknoten q die Flussvariable f als variables Angebot und gemäß (2.14) die Senke t die variable Nachfrage $-f$ als rechte Seiten aufweist. Alle weiteren Knoten, für die die Zuordnungen gefunden werden sollen, werden als Umladeknoten abgebildet und besitzen daher gemäß (2.12) und (2.13) rechte Seite mit dem Wert null. Die Kantenflüsse sind gemäß Ausdruck (2.15) auf das Intervall [0,1] beschränkt. Die eigentlichen Zuordnungen können an den Lösungen der Zuordnungsvariablen x_{ij} auf den Kanten zwischen den Knoten der Fahrzeuge und den Knoten der Aufträge abgelesen werden.

$$f \to \max! \tag{2.10}$$

u.d.N.

$$x_{qV1} + x_{qV2} + x_{qV3} + x_{qV4} + x_{qV5} + x_{qV6} \le f \tag{2.11}$$

$$
\begin{aligned}
&x_{V101} + x_{V104} - x_{qV1} = 0 \\
&x_{V201} + x_{V202} + x_{V203} + x_{V206} - x_{qV2} = 0 \\
&x_{V306} - x_{qV3} = 0 \\
&x_{V403} + x_{V405} - x_{qV4} = 0 \\
&x_{V506} + x_{qV5} = 0 \\
&x_{V601} + x_{V604} + x_{V605} - x_{qV6} = 0
\end{aligned}
\tag{2.12}
$$

$$
\begin{aligned}
&-x_{O1s} - x_{V101} - x_{V201} - x_{V601} = 0 \\
&x_{O2s} - x_{V202} = 0 \\
&x_{O3s} - x_{V203} - x_{V403} = 0 \\
&x_{O4s} - x_{V104} - x_{V604} = 0 \\
&x_{O5s} - x_{V405} - x_{V605} = 0 \\
&x_{O6s} - x_{V206} - x_{V306} - x_{V506} = 0
\end{aligned}
\tag{2.13}
$$

$$-x_{O1s} - x_{O2s} - x_{O3s} - x_{O4s} - x_{O5s} - x_{O6s} = -f \tag{2.14}$$

$$0 \le x_{ij} \le 1 \qquad ;(i,j) \in \left\{ \begin{array}{l} qV1, qV2, qV3, qV4, qV5, qV6, \\ V101, V104, V201, V202, V203, V206, \\ V306, V403, V405, V506, V601, V604, V605 \\ O1s, O2s, O3s, O4s, O5s, O6s \end{array} \right\} \tag{2.15}$$

c) Lösung mit SolverStudio/Cmpl
(Beispieldatei: zuordnung.xlsx → fahrzeuge)

In einem ersten Schritt ist die für das Max-Flow-Problem notwendige Knoten- sowie die Kantenliste in einem Excel-Arbeitsblatt zu erstellen (Abb. 2.27). Die Knotenliste enthält im Zellbereich A3:A16 die Bezeichnungen der Fahrzeuge, der Aufträge sowie Q und S als Bezeichnungen für die Quelle und die Senke des Netzwerkes. Mittels dieser Bezeichnungen wird im SolverStudio-Dateneditor die Indexmenge *Nodes* definiert (Abb. 2.28). Weiterhin werden im SolverStudio-Dateneditor die Parameter *s* und *t* für die im CMPL-Modell benötigten Bezeichnungen der Quelle und der Senke eingeführt.[2] In den Zellen B3:B16 werden nach Abschluss der Optimierung die Nettoflüsse je Knoten aus der eigentlichen Lösung in der Kantenliste per Excel-Formeln übernommen.

Die Kantenliste enthält in den Zellen D3:E27 die Bezeichnungen der per Kante zu verbindenden Knoten, wobei zu erkennen ist, dass der Quellknoten *Q* mit allen Knoten für die Fahrzeuge (V1–V6) und alle Knoten für die Aufträge (O1–O6) mit der Senke *S* verbunden sind. Alle anderen Kanten bilden die zulässigen Kombinationen der Fahrzeuge und der Aufträge ab. Die Bezeichnungen der Kanten stellen die Basis der im SolverStudio-Dateneditor definierten Indexmenge *Arcs* dar.

In den folgenden Spalten F und G befinden sich die minimalen und maximalen Kantenkapazitäten, wobei ersichtlich ist, dass die Flussmengen aller Kanten eine untere Grenze von null und eine obere Grenze von eins haben. Die Kantenkapazitäten finden im SolverStudio-Dateneditor ihren Niederschlag in den Parameterfeldern *minCap* und *maxCap*.

Der Zellbereich H3:H27 dient der Aufnahme der Flussmengen als Ergebnis der Optimierung dieses Max-Flow-Problems. Für diesen Zellbereich wurde im SolverStudio-Dateneditor das über *Arcs* definierte Feld *x* definiert.

Die Indexmengen und die Parameter werden in der ersten Zeile des CMPL-Modells 2.1 eingelesen. In der Sektion *variables* werden in Zeile 12 die Flussvariablen x[i,j] als reellwertige Variablen mit den Kapazitätsschranken minCap und maxCap definiert (Zeile 12). Zusätzlich ist eine Variable f für den gesamten Fluss über das Netzwerk einzuführen. Diese Variable wird in der Zielfunktion maximiert (Zeile 16).

---

2 *s – source* für Quelle, *t – target* für Senke.

	A	B	C	D	E	F	G	H
1	Knoten			Kanten				
2		Nettofluss		Von	Nach	Min.Kap.	Max.Kap.	Fluss
3	Q	0		Q	V1	0	1	
4	V1	0		Q	V2	0	1	
5	V2	0		Q	V3	0	1	
6	V3	0		Q	V4	0	1	
7	V4	0		Q	V5	0	1	
8	V5	0		Q	V6	0	1	
9	V6	0		V1	O1	0	1	
10	O1	0		V1	O4	0	1	
11	O2	0		V2	O1	0	1	
12	O3	0		V2	O2	0	1	
13	O4	0		V2	O3	0	1	
14	O5	0		V2	O6	0	1	
15	O6	0		V3	O6	0	1	
16	S	0		V4	O3	0	1	
17				V4	O5	0	1	
18				V5	O6	0	1	
19				V6	O1	0	1	
20				V6	O4	0	1	
21				V6	O5	0	1	
22				O1	S	0	1	
23				O2	S	0	1	
24				O3	S	0	1	
25				O4	S	0	1	
26				O5	S	0	1	
27				O6	S	0	1	

Abb. 2.27: Kanten- und Knotenliste für Fallstudie 2.4 c)

Name:	Cell Range:	Index Range(s):
<Add New Data Item>		
Arcs	D3:E27	
maxCap	G3:G27	Arcs
minCap	F3:F27	Arcs
Nodes	A3:A16	
s	A3	
t	A16	
x	H3:H27	Arcs

Abb. 2.28: Ausschnitt aus SolverStudio-Dateneditor für Fallstudie 2.4 c)

Zeile 19 dient der Definition der Flussbedingungen, wobei auf der linken Seite die Differenz der in einen Knoten ein- und ausgehenden Mengen steht. Die rechten Seiten sind davon abhängig, ob es sich bei dem jeweils betrachteten Knoten um die Quelle, die Senke oder sonstige Knoten handelt. Das wird durch das Produkt des Parameters q[i] und der Flussvariable f abgebildet, wobei die Belegung des Vektors q in der Sektion *parameters* in den Zeilen 4 bis 9 vorgenommen wird. Mit der von der Art des Knotens (Quelle i=s, Senke i=t, sonstige Knoten) abhängigen Belegung dieses Vektor entsprechen die Produkte q[i] * f den originalen rechten Seiten gemäß den Ausdrucken (2.11) bis (2.14).

CMPL-Modell 2.1: CMPL-Modell für Fallstudie 2.4 c)

```
1    %data: Nodes set, Arcs set[2], minCap[Arcs], maxCap[Arcs], s, t
2
3    parameters:
4      { i in Nodes :
5        { i = s:   q[i] := 1; |
6          i = t:   q[i] := -1; |
7          default: q[i] := 0;
8        }
9      }
10
11   variables:
12     { [i,j] in Arcs: x[i,j] : real[minCap[i,j]..maxCap[i, j]]; }
13     f : real;
14
15   objectives:
16     f ->max;
17
18   constraints:
19     { i in Nodes : sum{ j in Arcs *> [i,*] : x[i,j] } - sum{ j in Arcs *> [*,i] : x[j,i] } = q[i]*f; }
```

Nach Abschluss der Optimierung erhält man die in Abb. 2.29 dargestellte Lösung. An den Nettoflüssen für die Quelle und die Senke (Abb. 2.29 → B3 und B16) erkennt man, dass maximal fünf Zuordnungen von Fahrzeugen und Aufträgen möglich sind. Anhand der Flussmengen zwischen den Knoten der Fahrzeuge und den Knoten der Aufträge kann eine zulässige Zuordnung abgelesen werden (H9:H21). Diese Lösung wurde nochmals in tabellarischer Form in Tab. 2.1 dargestellt.

	A	B	C	D	E	F	G	H
1	Knoten			Kanten				
2		Nettofluss		Von	Nach	Min.Kap.	Max.Kap.	Fluss
3	Q	5		Q	V1	0	1	1
4	V1	0		Q	V2	0	1	1
5	V2	0		Q	V3	0	1	1
6	V3	0		Q	V4	0	1	1
7	V4	0		Q	V5	0	1	0
8	V5	0		Q	V6	0	1	1
9	V6	0		V1	O1	0	1	0
10	O1	0		V1	O4	0	1	1
11	O2	0		V2	O1	0	1	0
12	O3	0		V2	O2	0	1	1
13	O4	0		V2	O3	0	1	0
14	O5	0		V2	O6	0	1	0
15	O6	0		V3	O6	0	1	1
16	S	-5		V4	O3	0	1	0
17				V4	O5	0	1	1
18				V5	O6	0	1	0
19				V6	O1	0	1	1
20				V6	O4	0	1	0
21				V6	O5	0	1	0
22				O1	S	0	1	1
23				O2	S	0	1	1
24				O3	S	0	1	0
25				O4	S	0	1	1
26				O5	S	0	1	1
27				O6	S	0	1	1

Abb. 2.29: Lösung der Knoten- und Kantenliste für Fallstudie 2.4 c)

Tab. 2.1: Lösung für Fallstudie 2.4 c)

	O1	O2	O3	O4	O5	O6
V1				x		
V2		x				
V3						x
V4					x	
V5						
V6	x					

Fallstudie 2.5

(Beispieldatei: zuordnung.xlsx → maschinenpositionen)

Die Lösung dieses Problems startet mit dem Erstellen eines Excel-Arbeitsblattes, das die Indexmengen, Parameter und die Lösungsbereiche enthält (Abb. 2.30). So wurden im Zellbereich B4:G9 die Bezeichnungen der Maschinen (B5:B9) und die zwischen ihnen anfallenden mengenabhängigen Kosten (C5:G9) eingegeben. Diese Daten wurden im SolverStudio-Dateneditor zur Definition der Indexmenge *machines* und der Parametermatrix *g* verwendet (Abb. 2.31). Weiterhin gehen die Bezeichnungen der Positionen im Zellbereich B13:B17 in die Definition der Indexmenge *locations* ein. Schließlich wird die Parametermatrix *d* der distanzabhängigen Kosten anhand dieser Indexmenge und der in C13:G17 eingegebenen Daten im SolverStudio-Dateneditor spezifiziert. Die Zuordnungen der Maschinen zu den Positionen sollen nach Abschluss der Optimierung durch SolverStudio automatisch in den Zellbereich C22:G26 eingetragen werden. Dazu wird im SolverStudio-Dateneditor die über die Indexmengen *machines* und *locations* definierte Matrix *x* eingeführt, die der Matrix der Zuordnungsvariablen im CMPL-Modell 2.2 entspricht. Weiterhin ist Zelle C29 für den Wert der Zielfunktion vorgesehen, auf den mittels des Schlüsselwortes *model.objValue* zugegriffen wird.

Das CMPL-Modell 2.2 ist die Umsetzung des mathematischen Modells für quadratische Zuordnungsmodelle. Es startet mit dem Einlesen der Indexmengen und der Parameter in der ersten Zeile des CMPL-Modells.

In der Sektion variables werden in der vierten Zeile die Zuordnungsvariablen x[i,j] als Binärvariablen für alle Kombinationen der Maschinen und Positionen erzeugt. Die folgende fünfte Zeile dient der Spezifikation der Variablen w[i,j,k,l] als nichtnegative, reellwertige Größen. Diese das Ergebnis des Variablenproduktes $x_{ij} \cdot x_{kl}$ abbildenden Variablen gehen in der Sektion objectives in die Definition der zu minimierenden Zielfunktion in den Zeilen 8 und 9 ein, in der sie mit den mengen- und distanzabhängigen Kostenfaktoren multipliziert (g[i,k]*d[j,l]*w[i,j,k,l]) und diese Produkte über alle relevanten Kombinationen addiert werden.

In der Sektion constraints werden in den Zeilen 12 und 13 die Zuordnungsnebenbedingungen spezifiziert, sodass eine Maschine exakt einer Position zugeordnet wird und eine Position nur von einer einzigen Maschine eingenommen werden kann. Abschließend wird in Zeile 15 für alle relevanten Kombinationen die für die Auflösung der Variablenprodukte notwendige Nebenbedingung generiert.

	A	B	C	D	E	F	G	H
1		**Parameter:**						
2								
3		Mengenabhängige Kosten						
4		Maschinen	M1	M2	M3	M4	M5	
5		M1	0	10	3	0	20	
6		M2	0	0	15	0	0	
7		M3	0	0	0	5	20	
8		M4	0	0	0	0	35	
9		M5	0	0	0	0	0	
10								
11		Distanabhängige Kosten						
12		Positionen	L1	L2	L3	L4	L5	
13		L1	0	1	2	3	4	
14		L2	1	0	1	2	3	
15		L3	2	1	0	1	2	
16		L4	3	2	1	0	1	
17		L5	4	3	2	1	0	
18								
19		**Solution**						
20		Zuordnungen						
21		Maschinen/Positionen	L1	L2	L3	L4	L5	Gesamt
22		M1						0
23		M2						0
24		M3						0
25		M4						0
26		M5						0
27		Gesamt	0	0	0	0	0	0
28								
29		Gesamte Kosten	0					

Abb. 2.30: Excel-Arbeitsblatt für Fallstudie 2.5

Name:	Cell Range:	Index Range(s):
<Add New Data Item>		
d	C13:G17	locations, locations
g	C5:G9	machines, machines
locations	C4:G4	
machines	B5:B9	
model.objValue	C29	
x	C22:G26	machines, locations

Abb. 2.31: Ausschnitt aus SolverStudio-Dateneditor für Fallstudie 2.5

CMPL-Modell 2.2: CMPL-Modell für Fallstudie 2.5

```
1    %data : machines set, locations set, g[machines, machines], d[locations, locations]
2
3    variables:
4      x[machines,locations]: binary;
5      w[machines,locations,machines,locations] : real[0..1];
6
7    objectives:
8      sum{ i in machines, j in locations, k in machines, l in locations :
9          g[i,k]*d[j,l]*w[i,j,k,l] } ->min;
10
11   constraints:
12     { i in machines: sum{j in locations: x[i,j]} = 1; }
13     { j in locations: sum{i in machines: x[i,j]} = 1; }
14
15     { i in machines, j in locations, k in machines, l in locations: -w[i,j,k,l] + x[i,j] + x[k,l]<= 1; }
```

Nach Abschluss der Optimierungsrechnung erscheint die in Abb. 2.32 dargestellte Lösung. An den Spalten- und Zeilensummen (C27:G27 und H22:H26) mit dem Wert eins ist ersichtlich, dass eine zulässige Zuordnung von Maschinen zu Positionen erfolgt ist. Die eigentliche Zuordnung kann dem Zellbereich C22:G27 entnommen werden. Zugleich stellt diese Zuordnung das Optimum im Sinne der zu minimierenden gesamten mengen- und distanzabhängigen Kosten dar. Die gesamten Kosten betragen 148 Euro (Zelle C29).

◢ A	B	C	D	E	F	G	H
19	**Solution**						
20	Zuordnungen						
21	Maschinen/Positionen	L1	L2	L3	L4	L5	Gesamt
22	M1	0	**1**	0	0	0	1
23	M2	**1**	0	0	0	0	1
24	M3	0	0	**1**	0	0	1
25	M4	0	0	0	0	**1**	1
26	M5	0	0	0	**1**	0	1
27	Gesamt	1	1	1	1	1	5
28							
29	Gesamte Kosten	148					

Abb. 2.32: Lösung für Fallstudie 2.5

Fallstudie 2.6

a) Ermittlung der zulässigen Umläufe und der Kosten für Umläufe und Einzeltouren
(Beispieldatei: zuordnung.xlsx → umlaufplanung-daten)

Zur Berechnung der zulässigen Umläufe und der Kosten für die Umläufe und die Einzeltouren ist es sinnvoll, wie auszugsweise in Abb. 2.36 in den Zeilen 3–20 zusehen, die Distanzmatrix in Excel einzugeben.

	A	B	C	D	E	F	G	H	I	J	K	L	M	N	O
1															
2		Distanzen in Kilometern													
3			AMBERG	BASSUM	BERLIN	BRAUNSCHW	COTTBUS	DRESDEN	ERLANGEN	ESSEN	HAMBURG	HEILBRONN	KASSEL	LEIPZIG	MAGDEBURG
4		AMBERG	0	593	431	509	409	309	80	528	675	215	365	272	374
5		BASSUM	593	0	375	161	472	467	517	228	150	561	242	364	236
6		BERLIN	431	375	0	241	136	196	443	529	283	592	387	188	153
7		BRAUNS	509	161	241	0	339	334	434	316	212	459	150	231	102
8		COTTBU	409	472	136	339	0	108	421	627	439	570	485	212	251
9		DRESDE	309	467	196	334	108	0	320	587	498	469	353	111	234
10		ERLANG	80	517	443	434	421	320	0	451	600	190	290	283	386
11		ESSEN	528	228	529	316	627	587	451	0	372	380	207	511	390
12		HAMBU	675	150	283	212	439	498	600	372	0	625	320	416	287
13		HEILBRO	215	561	592	459	570	469	190	380	625	0	315	432	553
14		KASSEL	365	242	387	150	485	353	290	207	320	315	0	276	248
15		LEIPZIG	272	364	188	231	212	111	283	511	416	432	276	0	131
16		MAGDE	374	236	153	102	251	234	386	390	287	553	248	131	0
17		MUENC	193	722	592	639	570	469	198	638	805	271	495	433	535
18		NEUBRA	565	386	130	357	300	359	576	607	250	725	502	322	269
19		OFFENB	276	418	545	338	563	462	199	256	504	150	194	386	432
20		STUTTG	255	583	632	499	610	509	231	432	665	52	356	473	594
21															
22		Distanzen für Laststrecken für Umläufe in Kilometern													
23			A1	A2	A3	A4	A5	A6	A7	A8	A9	A10	A11	A12	
24		A1		1038	792	1134	981	785	943	765	1195	978	1231	883	
25		A2	1038		812	1154	1001	805	963	785	1215	998	1251	903	
26		A3	792	812		908	755	559	717	539	969	752	1005	657	
27		A4	1134	1154	908		1097	901	1059	881	1311	1094	1347	999	
28		A5	981	1001	755	1097		748	906	728	1158	941	1194	846	
29		A6	785	805	559	901	748		710	532	962	745	998	650	
30		A7	943	963	717	1059	906	710		690	1120	903	1156	808	
31		A8	765	785	539	881	728	532	690		942	725	978	630	
32		A9	1195	1215	969	1311	1158	962	1120	942		1155	1408	1060	
33		A10	978	998	752	1094	941	745	903	725	1155		1191	843	
34		A11	1231	1251	1005	1347	1194	998	1156	978	1408	1191		1096	
35		A12	883	903	657	999	846	650	808	630	1060	843	1096		

Abb. 2.33: Distanzmatrix und Distanzen der Laststrecken für Fallstudie 2.6

Anhand der in der Aufgabenstellung gegebenen Distanzen der einzelnen Aufträge bzw. anhand der Distanzmatrix ist im folgenden Schritt die Distanz der in einem Umlauf zusammenzufassenden Aufträge zu berechnen. So ergibt sich die gesamte Laststrecke von 1.038 Kilometern in Zelle E24 für den Umlauf A1A2 aus der Distanz des Auftrags A1 (Dresden → Stuttgart) mit 509 Kilometern und der Distanz des Auftrags A2 (Berlin → Essen) mit 529 Kilometern.

Im folgenden Schritt sind die Distanzen der Leertouren und die der Rücktouren der Umläufe zu berechnen (Abb. 2.34). Die Leertourdistanz berechnet sich aus der Distanz zwischen dem Zielort des ersten Auftrags und dem Startort des zweiten Auftrags. So ergibt sich die Leertour des Umlaufs A1A2 aus der Distanz zwischen dem Zielort Stuttgart des ersten Auftrags A1 und dem Startort Berlin des zweiten Auftrags A2. Diese Distanz kann mittels der Distanzmatrix mit 632 Kilometern bestimmt werden. In der Beispieldatei wurde dazu in Zelle E40 die Formel =INDEX($C$4: $S$20;VERGLEICH($C40;$B$4:$B$20); VERGLEICH(E$39;$C$3:$S$3)) verwendet.

Distanzen für Leertouren für Umläufe in Kilometern

		A1 DRESDE	A2 BERLIN	A3 HAMBU	A4 HAMBU	A5 BASSUN	A6 KASSEL	A7 BRAUNS	A8 ESSEN	A9 OFFENB	A10 MUENC	A11 MUENC	A12 AMBER
A1	STUTTG	-	632	665	665	583	356	499	432	210	214	214	255
A2	ESSEN	587	-	372	372	228	207	316	0	256	638	638	528
A3	BERLIN	196	0	-	283	375	387	241	529	545	592	592	431
A4	HEILBR	469	592	625	-	561	315	459	380	150	271	271	215
A5	COTTBU	108	136	439	439	-	485	339	627	563	570	570	409
A6	LEIPZIG	111	188	416	416	364	-	231	511	386	433	433	272
A7	ERLANG	320	443	600	600	517	290	-	451	199	198	198	80
A8	OFFENB	462	545	504	504	418	194	338	-	0	406	406	276
A9	NEUBRA	359	130	250	250	386	502	357	607	-	725	725	565
A10	DRESDE	0	196	498	498	467	353	334	587	462	-	469	309
A11	BASSUN	467	375	150	150	0	242	161	228	418	722	-	593
A12	MAGDE	234	153	287	287	236	248	102	390	432	535	535	-

Distanzen für Rückkehrtouren für Umläufe in Kilometern

		A1 STUTTG	A2 ESSEN	A3 BERLIN	A4 HEILBR	A5 COTTBU	A6 LEIPZIG	A7 ERLANG	A8 OFFENB	A9 NEUBRA	A10 DRESDE	A11 BASSUN	A12 MAGDE
A1	DRESDE	-	587	196	469	108	111	320	462	359	0	467	234
A2	BERLIN	632	-	0	592	136	188	443	545	130	196	375	153
A3	HAMBU	665	372	-	625	439	416	600	504	250	498	150	287
A4	HAMBU	665	372	283	-	439	416	600	504	250	498	150	287
A5	BASSUN	583	228	375	561	-	364	517	418	386	467	0	236
A6	KASSEL	356	207	387	315	485	-	290	194	502	353	242	248
A7	BRAUNS	499	316	241	459	339	231	-	338	357	334	161	102
A8	ESSEN	432	0	529	380	627	511	451	-	607	587	228	390
A9	OFFENB	210	256	545	150	563	386	199	0	-	462	418	432
A10	MUENC	214	638	592	271	570	433	198	406	725	-	722	535
A11	MUENC	214	638	592	271	570	433	198	406	725	469	-	535
A12	AMBER	255	528	431	215	409	272	80	276	565	309	593	-

Abb. 2.34: Distanzen für Leerfahrten und Rücktouren für Fallstudie 2.6

Diese Formel gibt das Element einer Matrix (hier $C$4:$S$20) unter Angabe der Zeilen- und Spaltenposition zurück. Die Positionen können mit der Excel-Formel Vergleich() ermittelt werden. So bestimmt VERGLEICH($C40;$B$4:$B$20), dass die Zeichenkette in Zelle C40 (STUTTGART) in der ersten Zeile im B4:B20 steht.

Die Umläufe, deren Leerstreckendistanz 400 Kilometer und 50 % der Summe der beiden Auftragsstrecken nicht überschreiten, können jetzt mittels bedingter Formatierung als zulässige Umläufe markiert werden.

Analog wird bei der Ermittlung der Distanzen der Rückkehrtouren vorgegangen, wobei in diesem Fall die Distanz zwischen dem Zielort des zweiten Auftrags und dem Startort des ersten Auftrags zu bestimmen ist. Die Distanz der Rücktour des Umlaufs A1A2 in Zelle E56 ergibt sich aus der Distanz zwischen dem Zielort Essen des zweiten Auftrags A2 und dem Startort Dresden des ersten Auftrags A1 und beträgt 587 Kilometer. Im Sinne der Bedingung, dass eine Rückkehrtour eine Distanz von 150 Kilometern nicht überschreiten darf, sind alle zulässigen Umläufe per bedingter Formatierung zu markieren.

Für die Umläufe, die sowohl in der Leertourenmatrix als auch in der Rückkehrtourenmatrix als zulässig markiert wurden, sind im folgenden Schritt die gesamten Distanzen (Laststrecken, Leer- und Rückkehrtour) und die darauf basierenden Kosten zu berechnen (Abb. 2.35). Da z. B. A1A2 nicht zu den zulässigen Umläufen gehört, ist es nicht notwendig, für diese Kombination die Distanzen und die Kosten zu berechnen. Für den zulässigen Umlauf A1A6 (Dresden → Stuttgart → Kassel → Leipzig → Dresden) tritt eine gesamte Distanz von 1.252 Kilometern auf. Dazu wurden die vorher berechneten Distanzen der Laststrecken (I24), der Leertouren (I40) und der Rücktouren (I56) addiert. Unter Einbeziehung der Bedingungen für die Leer- und die Rücktour lautet die Formel in Zelle I71 =WENN(UND(I56<=150;I40<=400;I40<=I24/2);I24+I40+I56;"-").

Der Umlauf A7A12 besitzt die identische Distanz wie der gegenläufige Umlauf A12A7, sodass lediglich einer von beiden (hier A7A12) in die weitere Optimierung einzubeziehen ist.

Für jeden zulässigen Umlauf (i, j) ist die Summe der variablen und sprungfixen Kosten c_{ij} auf der Basis der gesamten Distanz der d_{ij} wie folgt zu berechnen.

$$c_{ij} = \begin{cases} 250 + 0,4 \cdot d_{ij} & ; \text{für } d_{ij} \leq 650 \ km \\ 400 + 0,4 \cdot d_{ij} & ; \text{sonst} \end{cases} \tag{2.16}$$

Die so berechneten Kosten der zulässigen Umläufe sind im Zellbereich D86:O97 zu sehen.

Gesamte Fahrstrecke für Umläufe in Kilometern

	A1	A2	A3	A4	A5	A6	A7	A8	A9	A10	A11	A12
A1	-	-	-	-	-	1252	-	-	-	1192	-	-
A2	-	-	1184	-	1365	-	-	-	1601	-	-	-
A3	-	-	-	-	-	-	-	-	-	-	-	-
A4	-	-	-	-	-	-	-	-	-	-	1768	-
A5	-	-	-	-	-	-	-	-	-	-	-	-
A6	-	-	-	-	-	-	-	-	-	-	-	-
A7	-	-	-	-	-	-	-	-	-	-	-	990
A8	-	-	-	-	-	-	-	-	-	-	-	-
A9	-	-	-	1711	-	-	-	-	-	-	-	-
A10	-	-	-	-	-	-	-	-	-	-	-	-
A11	-	-	-	-	-	-	-	-	-	-	-	-
A12	-	-	-	-	-	-	990	-	-	-	-	-

Kosten für Umläufe in Euro

	A1	A2	A3	A4	A5	A6	A7	A8	A9	A10	A11	A12
A1	-	-	-	-	-	901	-	-	-	877	-	-
A2	-	-	874	-	946	-	-	-	1040	-	-	-
A3	-	-	-	-	-	-	-	-	-	-	-	-
A4	-	-	-	-	-	-	-	-	-	-	1107	-
A5	-	-	-	-	-	-	-	-	-	-	-	-
A6	-	-	-	-	-	-	-	-	-	-	-	-
A7	-	-	-	-	-	-	-	-	-	-	-	796
A8	-	-	-	-	-	-	-	-	-	-	-	-
A9	-	-	-	1084	-	-	-	-	-	-	-	-
A10	-	-	-	-	-	-	-	-	-	-	-	-
A11	-	-	-	-	-	-	-	-	-	-	-	-
A12	-	-	-	-	-	-	796	-	-	-	-	-

Abb. 2.35: Gesamte Distanzen und Kosten für zulässige Umläufe für Fallstudie 2.6

Zur Berechnung der Kosten der Einzeltouren sind die PLZ-Gebiete der Zielorte der Aufträge zu bestimmen (Abb. 2.36 → Zellbereich F102:F113) und die dazugehörigen Gebietsfaktoren den einzelnen Aufträgen zuzuordnen (G102:G113).

Für jeden Einzelauftrag i ist die Summe der variablen und sprungfixen Kosten F_i auf der Basis der gesamten Distanz d_i und des Gebietsfaktors r_i wie folgt zu berechnen.

$$F_i = \begin{cases} 250+0,4 \cdot d_i \cdot r_i & ; f\ddot{u}r\, d_i \leq 650\, km \\ 400+0,4 \cdot d_i \cdot r_i & ; sonst \end{cases} \qquad (2.17)$$

Die so berechneten Kosten der Einzelaufträge sind im Zellbereich H102:H113 eingetragen. Insgesamt würden bei einer vollständigen Einzeldurchführung aller Aufträge Kosten von 7.498 Euro auftreten (Zelle H114).

	A	B	C	D	E	F	G	H
100		**Daten der Einzeltouren**						
101		Auftrag	von	nach	Distanz	PLZ-Geb	K.-Fakto	Kosten
102		A1	DRESDE	STUTTG	509	70	1,2	494
103		A2	BERLIN	ESSEN	529	45	1,5	717
104		A3	HAMBU	BERLIN	283	10	2	476
105		A4	HAMBU	HEILBR(	625	74	1,2	700
106		A5	BASSUN	COTTBU	472	03	2	778
107		A6	KASSEL	LEIPZIG	276	04	2	471
108		A7	BRAUNS	ERLANG	434	91	1,2	458
109		A8	ESSEN	OFFENB	256	63	1,2	373
110		A9	OFFENB	NEUBRA	686	17	2	949
111		A10	MUENC	DRESDE	469	01	2	775
112		A11	MUENC	BASSUN	722	27	1,5	833
113		A12	AMBER(	MAGDE	374	39	1,5	474
114		Gesamt						7498

Abb. 2.36: Kosten der Einzeltouren für Fallstudie 2.6

b) Mathematisches Modell

Es wird von einem ungerichteten Graphen $G = (N, A)$ ausgegangen, wobei die Knotenmenge N die einzelnen Aufträge und die Menge A der ungerichteten Kanten des Netzwerkes die zulässigen Zuordnungen von jeweils zwei Aufträgen zu einem Umlauf bezeichnen. Die Zuordnungen werden gemäß (2.21) durch binäre Variablen x_{ij}; $[i,j] \in A$ und die Einzeldurchführungen von Aufträgen gemäß (2.22) durch kontinuierliche Variablen y_i; $i \in N$ abgebildet.

Die Zielfunktion besteht in der zu minimierenden Summe der Zuordnungskosten und der Kosten der Einzeldurchführungen. Die Zuordnungskosten ergeben sich gemäß (2.18) aus der Summe der Produkte der Kosten der Umläufe mit den binären Zuordnungsvariablen x_{ij}. Zusätzlich ist die Summe der Kosten der Einzeldurchführungen, die sich gemäß (2.19) aus dem Produkt der Kosten einer Einzeldurchführung und den Realisationsvariablen für eine Einzeldurchführung y_i ergeben, zu berechnen.

Für jeden Auftrag i wird gemäß (2.20) festgelegt, dass die Summe der Zuordnungsvariablen x_{ij} für potenzielle Umläufe dieses Auftrags und der Realisationsvariable y_i der Einzeldurchführung gleich dem Wert eins sein muss. Das bedeutet, dass jeder Auftrag entweder in exakt einem Umlauf enthalten oder als Einzelauftrag durchzuführen ist.

$$901x_{A1A6} + 877x_{A1A10} + 874x_{A2A3} + 946x_{A2A5} +$$
$$1040x_{A2A9} + 1107x_{A4A11} + 796x_{A7A12} + 1084x_{A9A4} + \qquad (2.18)$$

$$494y_{A1} + 717y_{A2} + 476y_{A3} + 700y_{A4} + 778y_{A5} +$$
$$471y_{A6} + 458y_{A7} + 373y_{A8} + 949y_{A9} + 775y_{A10} + \qquad (2.19)$$
$$833y_{A11} + 474y_{A12} \to \min!$$

u.d.N.

$$\begin{aligned}
&X_{A1A6} + x_{A1A10} + y_{A1} = 1\\
&X_{A2A3} + x_{A2A5} + x_{A2A9} + y_{A2} = 1\\
&X_{A2A3} + y_{A3} = 1\\
&X_{A4A11} + x_{A9A4} + y_{A4} = 1\\
&X_{A2A5} + y_{A5} = 1\\
&X_{A1A6} + y_{A6} = 1\\
&X_{A7A12} + y_{A7} = 1\\
&y_{A8} = 1\\
&X_{A2A9} + x_{A9A4} + y_{A9} = 1\\
&X_{A1A10} + y_{A10} = 1\\
&X_{A4A11} + y_{A11} = 1\\
&X_{A7A12} + y_{A12} = 1
\end{aligned} \qquad (2.20)$$

$$x_{ij} \in \{0,1\} \qquad ; [i,j] \in \left\{ \begin{matrix} A1A6, A1A10, A2A3, A2A5,\\ A2A9, A4A11, A7A12, A9A4 \end{matrix} \right\} \qquad (2.21)$$

$$y_i \ge 0 \qquad ; i \in \{A1, A2, \ldots, A12\} \qquad (2.22)$$

c) Lösung mit SolverStudio/Cmpl
(Beispieldatei: zuordnung.xlsx → umlaufplanung)

Zur Lösung dieses Problems ist mit einem Excel-Arbeitsblatt, das die Indexmengen, die Parameter und die Lösungsbereiche enthält, zu starten. Dieses in Abb. 2.37 dargestellte Arbeitsblatt enthält im Zellbereich B4:B15 die Bezeichnungen der Aufträge und im Bereich C3:J3 die Bezeichnungen der möglichen Umläufe. Die Bezeichnungen der Aufträge werden im SolverStudio-Dateneditor (Abb. 2.38) für die Definition der Indexmenge *Nodes* und die Bezeichnungen der Umläufe für die Indexmenge *Arcs* verwendet. Der Zellbereich C4:J15 enthält die Inzidenzmatrix der die Aufträge darstellenden Knotenmenge *Nodes* und der die potenziellen Umläufe abbildenden ungerichteten

Kanten *Arcs*. Der Wert eins bedeutet, dass der entsprechende Auftrag mit einem anderen Auftrag zu dem speziellen Umlauf verbunden werden kann. Dieser Zellbereich wurde im SolverStudio-Dateneditor für die Definition der Parametermatrix I verwendet. Im Zellbereich C16:J16 sind die Kosten der Umläufe und im Zellbereich K4:K15 die Kosten der Einzeldurchführung der Aufträge gegeben, für die im SolverStudio-Dateneditor die Parametervektoren c und F definiert werden. Für den Vektor der Zuordnungsvariablen x werden der Zellbereich C17:J17 und für den Vektor y der Realisationsvariablen der Einzeldurchführungen die Zellen L4:L15 im SolverStudio-Dateneditor spezifiziert. Die gesamten Kosten sollen nach Abschluss der Optimierung in die Zelle K18 mittels des Schlüsselwortes $model.objValue$ übernommen werden.

A	B	C	D	E	F	G	H	I	J	K	L
1											
2	Aufträge	Umläufe								Einzeldurchf.	
3		A1A6	A1A10	A2A3	A2A5	A2A9	A4A11	A7A12	A9A4	Kosten	y
4	A1	1	1	0	0	0	0	0	0	494	
5	A2	0	0	1	1	1	0	0	0	717	
6	A3	0	0	1	0	0	0	0	0	476	
7	A4	0	0	0	0	0	1	0	1	700	
8	A5	0	0	0	1	0	0	0	0	778	
9	A6	1	0	0	0	0	0	0	0	471	
10	A7	0	0	0	0	0	0	1	0	458	
11	A8	0	0	0	0	0	0	0	0	373	
12	A9	0	0	0	0	1	0	0	1	949	
13	A10	0	1	0	0	0	0	0	0	775	
14	A11	0	0	0	0	0	1	0	0	833	
15	A12	0	0	0	0	0	0	1	0	474	
16	Kosten	901	877	874	946	1040	1107	796	1084		
17	x										
18	Ges. Kosten									0	

Abb. 2.37: Excel-Arbeitsblatt für Fallstudie 2.6

Die Indexmengen und die Parameter werden in der ersten Zeile des CMPL-Modells eingelesen. In der Sektion variables werden in der vierten Zeile die binären Variablen x[Arcs] für alle Zuordnungskombinationen (Arcs) sowie in der folgenden Zeile die nichtnegativen, reellwertigen Variablen y[Nodes] der Einzeldurchführung für alle Aufträge (Nodes) definiert.

Name:	Cell Range:	Index Range(s):
<Add New Data Item>		
Arcs	C3:J3	
c	C16:J16	Arcs
F	K4:K15	Nodes
I	C4:J15	Nodes, Arcs
model.objValue	K18	
Nodes	B4:B15	
x	C17:J17	Arcs
y	L4:L15	Nodes

Abb. 2.38: Ausschnitt aus SolverStudio-Dateneditor für Fallstudie 2.6

Anschließend wird in Zeile 8 mit dem Ausdruck c[]T*x[] + F[]T*y[] ->min; die zu minimierende Zielfunktion als Summe der Zuordnungs- und der Einzeldurchführungskosten definiert.

CMPL-Modell 2.3: CMPL-Modell für Fallstudie 2.6

```
1    %data: Nodes set, Arcs set, c[Arcs], I[Nodes, Arcs], F[Nodes]
2
3    variables:
4      x[Arcs] : binary;
5      y[Nodes]: real[0..];
6
7    objectives:
8      c[]T*x[] + F[]T*y[] ->min;
9
10   constraints:
11     { i in Nodes : sum{e in Arcs, I[i,e]=1: x[e]}+y[i] = 1;  }
```

Abschließend sind in der Sektion **constraints** in Zeile 11 für alle Aufträge (Nodes) die Nebenbedingungen gemäß (2.20) zu generieren. Dazu ist die Summe der Zuordnungsvariablen über alle potenzielle Umläufe dieses Auftrags und der Realisationsvariable der Einzeldurchführung zu berechnen, die gleich dem Wert eins sein muss. Die Summe der Zuordnungsvariablen über alle potenzielle Umläufe wird dabei über den Ausdruck sum{e in Arcs, I[i,e]=1: x[e]} berechnet, indem in diese Summe für einen Auftrag i lediglich die Umläufe aufgenommen werden, deren korrespondierender Wert in der Inzidenzmatrix I[i,e] gleich dem Wert eins ist.

Nachdem dieses Modell durch CMPL gelöst wurde, trägt SolverStudio die Lösungen der Zuordnungs- und der Einzeldurchführungsvariablen automatisch in die vorgesehenen Zellbereiche ein (Abb. 2.39).

▲ A	B		C	D	E	F	G	H	I	J	K	L
1												
2	Aufträge		Umläufe								Einzeldurchf.	
3			A1A6	A1A10	A2A3	A2A5	A2A9	A4A11	A7A12	A9A4	Kosten	y
4	A1		1	1	0	0	0	0	0	0	494	0
5	A2		0	0	1	1	1	0	0	0	717	0
6	A3		0	0	1	0	0	0	0	0	476	1
7	A4		0	0	0	0	0	1	0	1	700	0
8	A5		0	0	0	1	0	0	0	0	778	0
9	A6		1	0	0	0	0	0	0	0	471	1
10	A7		0	0	0	0	0	0	1	0	458	0
11	A8		0	0	0	0	0	0	0	0	373	1
12	A9		0	0	0	0	1	0	0	1	949	0
13	A10		0	1	0	0	0	0	0	0	775	0
14	A11		0	0	0	0	0	1	0	0	833	1
15	A12		0	0	0	0	0	0	1	0	474	0
16	Kosten		901	877	874	946	1040	1107	796	1084		
17	x		0	1	0	1	0	0	1	1		
18	Ges. Kosten										5856	

Abb. 2.39: Lösung für Fallstudie 2.6

Insgesamt sind vier Umläufe und vier Einzeltouren durchzuführen, die zu gesamten Kosten von 5.856 Euro (Zelle K18) führen. Gegenüber den Kosten von 7.498 Euro für eine vollständige Einzeldurchführung aller Aufträge bedeutet das eine Kostensenkung von 1.642 Euro bzw. von 22 %. In Tab. 2.2 und Abb. 2.40 sind nochmals die vier Umläufe und die vier Einzeltouren detailliert angegeben.

Tab. 2.2: Lösung für die Umläufe und die Einzeltouren für Fallstudie 2.6

Tour	Kosten [€]	Route
A1A10	877	Dresden → Stuttgart → München → Dresden
A2A5	946	Berlin → Essen → Bassum → Cottbus → Berlin
A7A12	796	Braunschweig → Erlangen → Amberg → Magdeburg → Braunschweig
A9A4	1084	Offenbach → Neubrandenburg → Hamburg → Heilbronn → Offenbach
A3	476	Hamburg → Berlin → Hamburg
A6	471	Kassel → Leipzig → Kassel
A8	373	Essen → Offenbach → Essen
A11	833	München → Bassum → München

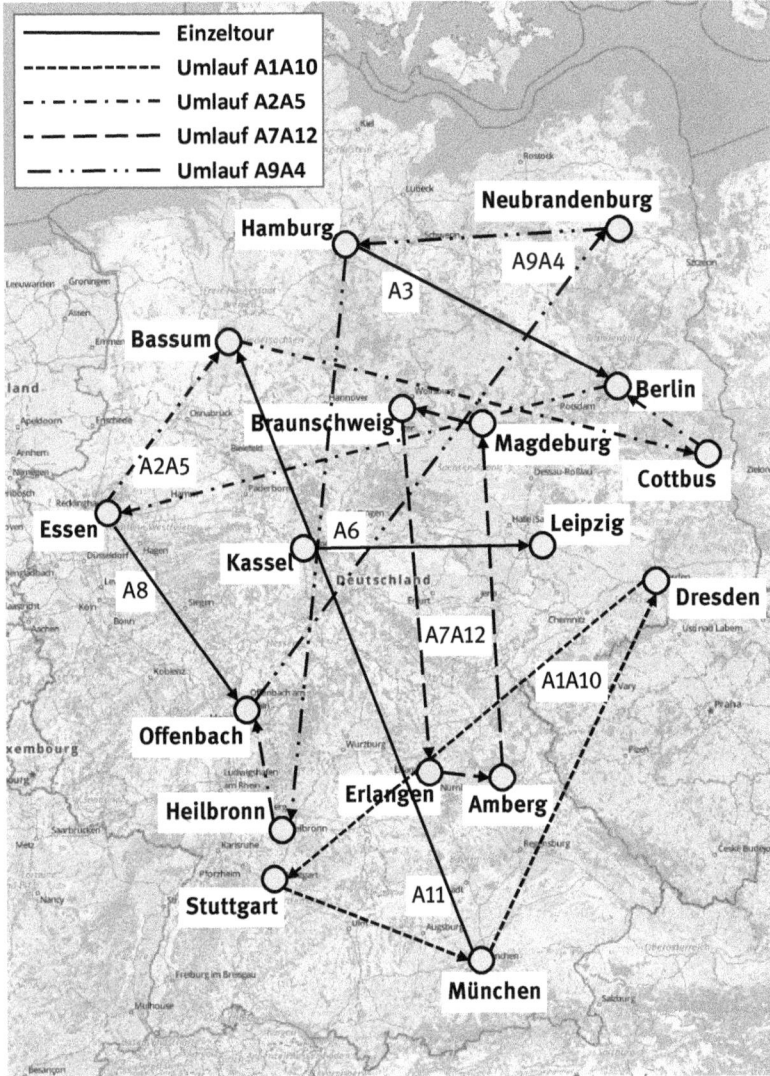

Abb. 2.40: Grafische Darstellung der Lösung für Fallstudie 2.6

3 Planung von Touren und Routen

3.1 Kürzeste Wege und Entfernungen

Fallstudie 3.1

a) Mathematisches Modell

Das mathematische Modell für dieses Problem basiert auf dem *Min-Cost-Flow-Modell*, wobei für den Startknoten ein Angebot und für den Zielknoten ein Bedarf jeweils mit dem Wert eins festgelegt werden. Alle anderen Knoten fungieren als angebots- und bedarfslose Umladeknoten.

Da es sich um ein gemischtes Netzwerk handelt, ist es in ein gerichtetes Netzwerk zu transformieren, indem für eine ungerichtete Kante zwei gegenläufige gerichtete Kanten mit identischen Kantengewichten eingeführt werden.

Die zu minimierende Zielfunktion (3.1) ergibt sich aus der über alle gerichteten Kanten zu bildenden Summe der mit den Kantennutzungsvariablen zu multiplizierenden Distanzen der Kanten. Die Ausdrücke (3.2) bis (3.4) stellen die Flusserhaltungsbedingungen dar. Gemäß (3.2) ist der Startknoten 1 auf exakt einer ausgehenden Kante zu verlassen, während gemäß (3.4) der Zielknoten 6 auf exakt einer eingehenden Kante zu erreichen ist. Alle anderen Knoten stellen nur Zwischenstationen dar, oder liegen nicht auf dem Weg zwischen dem Start- und dem Zielknoten. Daher hat gemäß (3.3) die Summe der genutzten eingehenden Kanten identisch zur Summe der genutzten ausgehenden Kanten zu sein.

Die Kantennutzungsvariablen sind gemäß (3.5) als nichtnegative, kontinuierliche Variable zu definieren, die aufgrund der Struktur der Nebenbedingungen entweder den Wert null oder den Wert eins annehmen.

$$3x_{12} + 4x_{13} + 3x_{21} + 5x_{23} + 6x_{25} + 4x_{31} + 4x_{32} + 2x_{34} + 2x_{37}$$
$$+ 4x_{43} + 1x_{45} + 6x_{46} + 7x_{52} + 1x_{54} + 4x_{56} + 6x_{64} + 4x_{65} + 8x_{68} \qquad (3.1)$$
$$+ 2x_{73} + 3x_{78} + 6x_{86} + 3x_{87} \rightarrow \min!$$

u.d.N.

$$x_{12} + x_{13} - x_{21} - x_{31} = 1 \qquad (3.2)$$

$$x_{21} + x_{23} + x_{25} - x_{12} - x_{32} - x_{52} = 0$$

$$x_{31} + x_{32} + x_{34} + x_{37} - x_{13} - x_{23} - x_{43} - x_{73} = 0$$

$$x_{43} + x_{45} + x_{46} - x_{34} - x_{54} - x_{64} = 0$$

$$x_{52} + x_{54} + x_{56} - x_{25} - x_{45} - x_{65} = 0 \qquad (3.3)$$

$$x_{73} + x_{78} - x_{37} - x_{87} = 0$$

$$x_{86} + x_{87} - x_{68} - x_{78} = 0$$

$$x_{64} + x_{65} + x_{68} - x_{46} - x_{56} - x_{86} = -1 \qquad (3.4)$$

$$x_{ij} \geq 0 \quad ; (i,j) \in \left\{ \begin{array}{l} 12,13,21,23,25,31,32,34,37,43,45,46, \\ 52,56,64,65,68,73,78,86,87 \end{array} \right\} \qquad (3.5)$$

b) Lösung mit LogisticsLab/NWF
(Beispieldatei: kuerzester-weg.nwf)

Zur Lösung dieses Entscheidungsproblems ist in LogisticsLab/NWF ein neues Problem mit acht Knoten anzulegen und die Daten der Knoten sind im Datenbereich Nodes einzugeben (Abb. 3.1). Hinsichtlich der Koordinaten bietet es sich an, über die grafische Darstellung des Netzwerks in der Aufgabenstellung ein Raster zu legen und die untere linke Ecke als Ursprung des Koordinatensystems zu definieren.

In der Spalte *Volume* sind die Angebote und Bedarfe der Knoten einzugeben, wobei der Startknoten N01 ein Angebot mit dem Wert eins und der Zielknoten N06 gemäß Ausdruck (3.4) einen Bedarf mit dem Wert minus eins zugeordnet bekommt. Hinsichtlich des Bedarfs für Knoten 6 ist zu beachten, dass dieser im Sinne der Notation des *Min-Cost-Flow-Modells* mit einem negativen Vorzeichen zu versehen ist. Alle anderen Knoten besitzen weder ein Angebot noch einen Bedarf.

Die Kanten sind im Kanteneditor *Arc editor* einzugeben (Abb. 3.2). Dabei sind die aus einem Knoten (*From node*) ausgehenden gerichteten Kanten mit den Kantengewichten (*Costs*) und den Kantenkapazitäten (*Min. Cap.* und *Max. Cap.*) zu spezifizieren. Bei den Kantengewichten handelt es sich bei diesem Problem um die Distanzen zwischen den einzelnen Knoten. Die Kapazitätsuntergrenzen sind auf den Wert null und die Obergrenzen auf den symbolischen Wert *M* zu setzen.

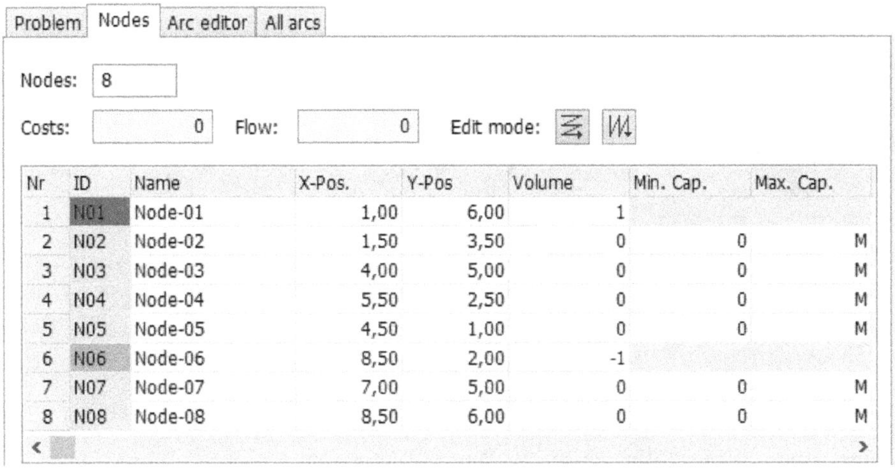

Nr	ID	Name	X-Pos.	Y-Pos	Volume	Min. Cap.	Max. Cap.
1	N01	Node-01	1,00	6,00	1		
2	N02	Node-02	1,50	3,50	0	0	M
3	N03	Node-03	4,00	5,00	0	0	M
4	N04	Node-04	5,50	2,50	0	0	M
5	N05	Node-05	4,50	1,00	0	0	M
6	N06	Node-06	8,50	2,00	-1		
7	N07	Node-07	7,00	5,00	0	0	M
8	N08	Node-08	8,50	6,00	0	0	M

Abb. 3.1: Eingabe der Daten der Knoten für Fallstudie 3.1 in LogisticsLab/NWF

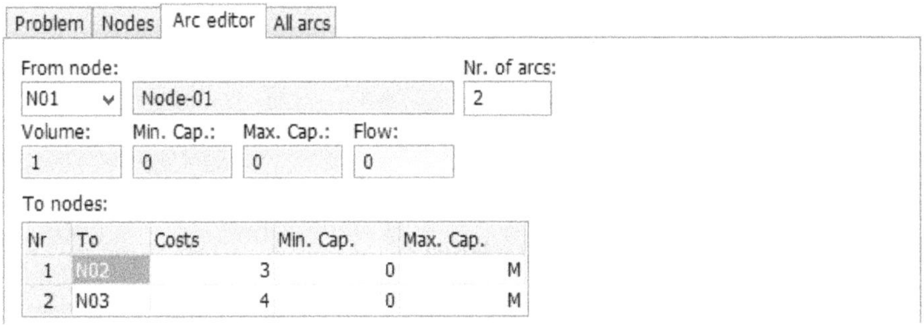

Nr	To	Costs	Min. Cap.	Max. Cap.
1	N02	3	0	M
2	N03	4	0	M

Abb. 3.2: Eingabe der Daten der Kanten für Fallstudie 3.1 in LogisticsLab/TPP

Nachdem alle Daten vorliegen, kann das Problem gelöst werden, indem entweder das Menü *Optimisation → Start Optimisation* oder die Schaltfläche *Optimise* in der Symbolleiste gewählt wird.

Nach dem Lösen dieses Problems erscheint im Datenbereich *All arcs* die Lösung (Abb. 3.3), die im Bereich *Network* zusätzlich grafisch dargestellt wird (Abb. 3.4). Der kürzeste Weg vom Knoten N01 zum Knoten N06 verläuft über die Knoten N03, N04 und N05 und besitzt eine gesamte Distanz von 11 Kilometern (*All arcs → Costs*).

Problem	Nodes	Arc editor	All arcs

Arcs: 22

Costs: 11   Flow: 1

Nr	From	To	Cost rate	Min. Cap.	Max. Cap.	Flow	Costs
1	N01	N02	3	0	M		
2	N01	N03	4	0	M	1	4
3	N02	N01	3	0	M		
4	N02	N03	5	0	M		
5	N02	N05	6	0	M		
6	N03	N01	4	0	M		
7	N03	N02	4	0	M		
8	N03	N04	2	0	M	1	2
9	N03	N07	2	0	M		
10	N04	N03	4	0	M		
11	N04	N05	1	0	M	1	1
12	N04	N06	6	0	M		
13	N05	N02	7	0	M		
14	N05	N04	1	0	M		
15	N05	N06	4	0	M	1	4
16	N06	N04	6	0	M		
17	N06	N05	4	0	M		
18	N06	N08	8	0	M		
19	N07	N03	2	0	M		
20	N07	N08	3	0	M		
21	N08	N06	6	0	M		
22	N08	N07	3	0	M		

Abb. 3.3: Lösung für Fallstudie 3.1 in LogisticsLab/TPP

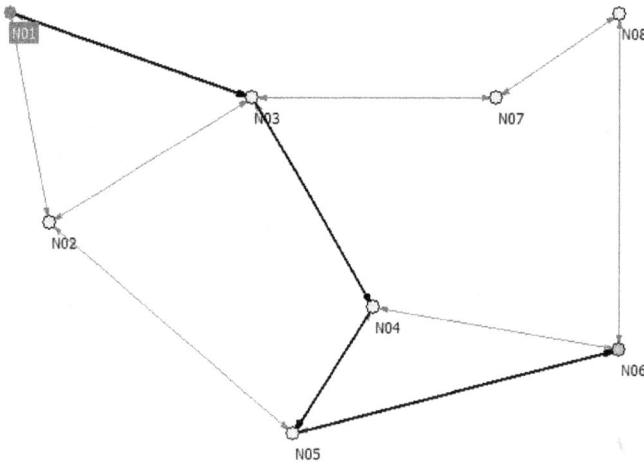

Abb. 3.4: Grafische Darstellung der Lösung für Fallstudie 3.1 in LogisticsLab/TPP

Fallstudie 3.2

a) Netzwerk

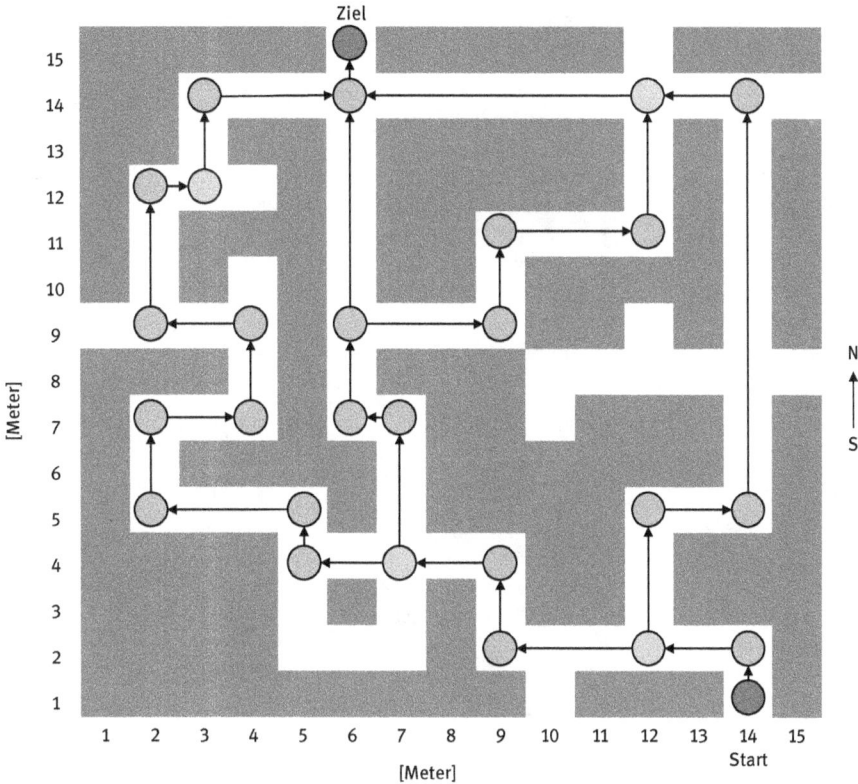

Abb. 3.5: Netzwerk für Fallstudie 3.2

b) Lösung mit LogisticsLab/NWF
(Beispieldatei: labyrinth.nwf)

Die Netzwerkgrafik zeigt, dass das Netzwerk aus 28 Knoten und 30 gerichteten Kanten besteht, für die in LogisticsLab/NWF ein entsprechendes Problem anzulegen ist und die Daten einzugeben sind. Wie in Abb. 3.6 zu sehen, enthält die Knotenliste im Datenbereich *Nodes* 28 Knoten, deren X-Y-Koordinaten der grafischen Darstellung in der Aufgabenstellung entnommen wurden. Als *ID* und *Name* wurden die mit einem Bindestrich verbundenen X-Y-Koordinaten gewählt. Der Knoten mit den X-Y-Koordinaten (14,1) dient als Startknoten 14-1 und besitzt ein Angebot (Spalte *Volume*) mit dem Wert eins. Dem Zielknoten 6-15 mit den Koordinaten (6,15) wurde ein Bedarf ebenfalls mit dem Wert eins zugeordnet, der im Sinne des *Min-Cost-Flow-Modells* mit einem negativen Vorzeichen in der Spalte *Volume* eingetragen wurde. Alle anderen Knoten besitzen weder ein Angebot noch einen Bedarf.

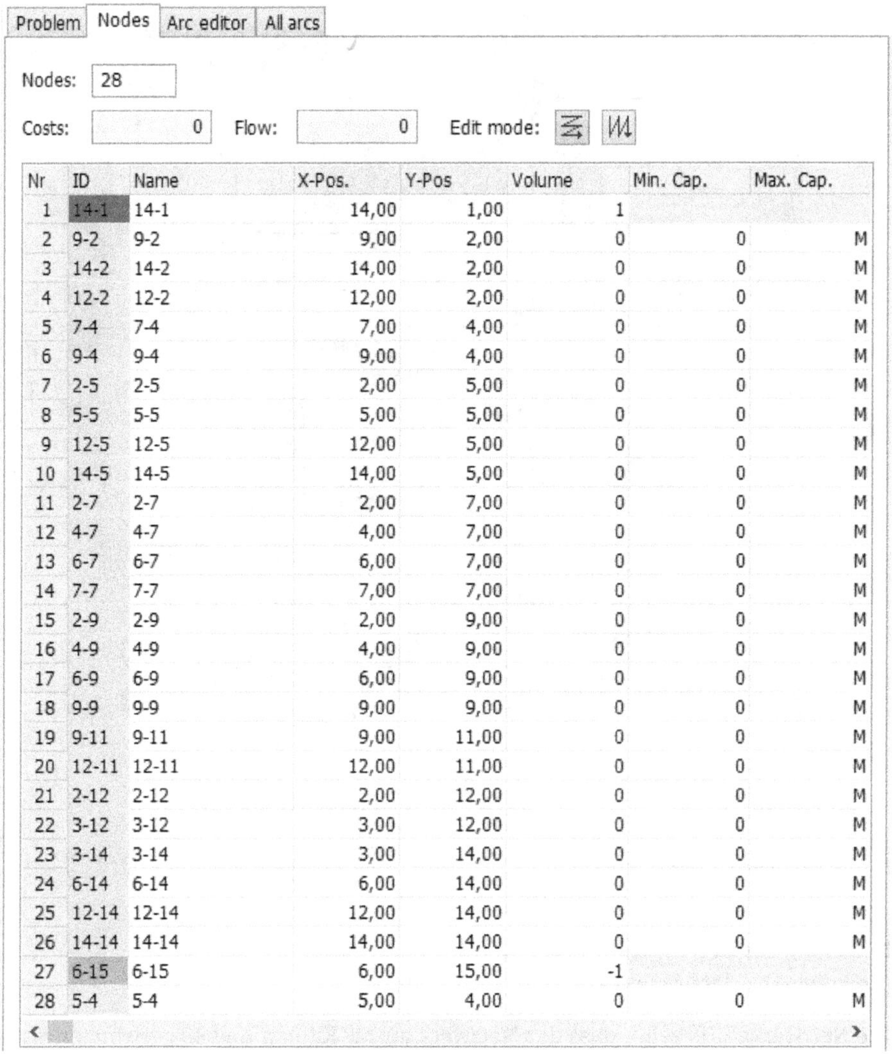

Problem | Nodes | Arc editor | All arcs

Nodes: 28

Costs: 0 Flow: 0 Edit mode:

Nr	ID	Name	X-Pos.	Y-Pos	Volume	Min. Cap.	Max. Cap.
1	14-1	14-1	14,00	1,00	1		
2	9-2	9-2	9,00	2,00	0	0	M
3	14-2	14-2	14,00	2,00	0	0	M
4	12-2	12-2	12,00	2,00	0	0	M
5	7-4	7-4	7,00	4,00	0	0	M
6	9-4	9-4	9,00	4,00	0	0	M
7	2-5	2-5	2,00	5,00	0	0	M
8	5-5	5-5	5,00	5,00	0	0	M
9	12-5	12-5	12,00	5,00	0	0	M
10	14-5	14-5	14,00	5,00	0	0	M
11	2-7	2-7	2,00	7,00	0	0	M
12	4-7	4-7	4,00	7,00	0	0	M
13	6-7	6-7	6,00	7,00	0	0	M
14	7-7	7-7	7,00	7,00	0	0	M
15	2-9	2-9	2,00	9,00	0	0	M
16	4-9	4-9	4,00	9,00	0	0	M
17	6-9	6-9	6,00	9,00	0	0	M
18	9-9	9-9	9,00	9,00	0	0	M
19	9-11	9-11	9,00	11,00	0	0	M
20	12-11	12-11	12,00	11,00	0	0	M
21	2-12	2-12	2,00	12,00	0	0	M
22	3-12	3-12	3,00	12,00	0	0	M
23	3-14	3-14	3,00	14,00	0	0	M
24	6-14	6-14	6,00	14,00	0	0	M
25	12-14	12-14	12,00	14,00	0	0	M
26	14-14	14-14	14,00	14,00	0	0	M
27	6-15	6-15	6,00	15,00	-1		
28	5-4	5-4	5,00	4,00	0	0	M

Abb. 3.6: Eingabe der Daten der Knoten für Fallstudie 3.2 in LogisticsLab/NWF

Bevor die Kanten im Kanteneditor *Arc editor* eingegeben werden können, sind die Distanzen für die einzelnen Kanten zu bestimmen. Da es sich um ein zweidimensionales Koordinatensystem in der Ebene handelt und die einzelnen Labyrinthwege rechtwinklig voneinander abzweigen, ist die Länge des Weges zwischen zwei Knoten als Manhattan-Distanz, d. h. als Summe der absoluten Koordinatendifferenzen, zu bestimmen.[1] Das kann z. B. in LogisticsLab/TSP erfolgen, indem die Knoten in TSP eingegeben werden und die Distanzmatrix mittels der Manhattan-Distanz bestimmt und anschließend exportiert wird. In Abb. 3.7 ist exemplarisch die Eingabe der aus dem Knoten 6-9 ausgehenden gerichteten Kanten dargestellt.

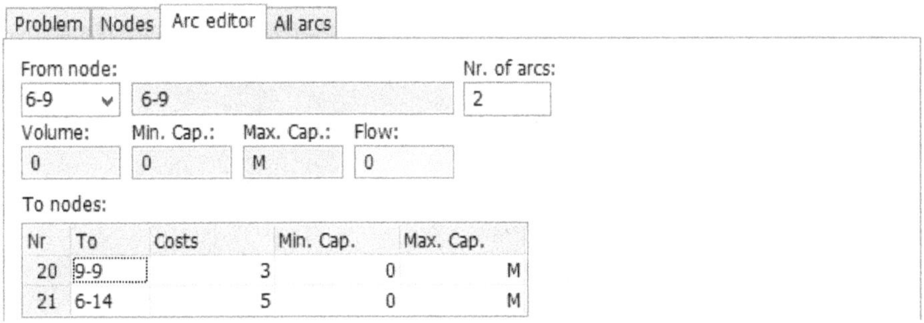

Abb. 3.7: Eingabe der Daten der Kanten für Fallstudie 3.2 in LogisticsLab/TPP

Nach dem Lösen dieses Problems erscheint im Datenbereich *All arcs* die Lösung (Abb. 3.8) und im Bereich *Network* die dazugehörige Netzwerkgrafik (Abb. 3.9). Der kürzeste Weg vom Startknoten 14-1 zum Zielknoten 6-15 geht über die Knoten 14-2, 12-2, 9-2, 9-4, 7-4, 7-7, 6-7, 6-9 und 6-14 und besitzt eine gesamte Distanz von 22 Metern (*All arcs → Costs*).

1 Vgl. Steglich et al. (2016), S. 52 f.

Problem	Nodes	Arc editor	All arcs

Arcs: 30

Costs: 22   Flow: 1

Nr	From	To	Cost rate	Min. Cap.	Max. Cap.	Flow	Costs
1	14-1	14-2	1	0	M	1	1
2	9-2	9-4	2	0	M	1	2
3	14-2	12-2	2	0	M	1	2
4	12-2	9-2	3	0	M	1	3
5	12-2	12-5	3	0	M		
6	7-4	7-7	3	0	M	1	3
7	7-4	5-4	2	0	M		
8	9-4	7-4	2	0	M	1	2
9	2-5	2-7	2	0	M		
10	5-5	2-5	3	0	M		
11	12-5	14-5	2	0	M		
12	14-5	14-14	9	0	M		
13	2-7	4-7	2	0	M		
14	4-7	4-9	2	0	M		
15	6-7	6-9	2	0	M	1	2
16	7-7	6-7	1	0	M	1	1
17	2-9	2-12	3	0	M		
18	4-9	2-9	2	0	M		
19	6-9	9-9	3	0	M		
20	6-9	6-14	5	0	M	1	5
21	9-9	9-11	2	0	M		
22	9-11	12-11	3	0	M		
23	12-11	12-14	3	0	M		
24	2-12	3-12	1	0	M		
25	3-12	3-14	2	0	M		
26	3-14	6-14	3	0	M		
27	6-14	6-15	1	0	M	1	1
28	12-14	6-14	6	0	M		
29	14-14	12-14	2	0	M		
30	5-4	5-5	1	0	M		

Abb. 3.8: Lösung für Fallstudie 3.2 in LogisticsLab/TPP

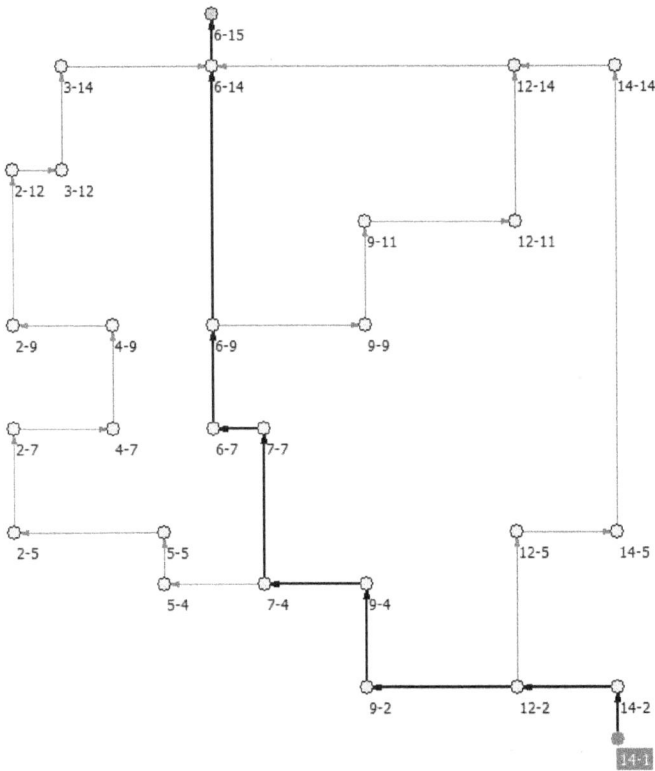

Abb. 3.9: Grafische Darstellung der Lösung für Fallstudie 3.2 in LogisticsLab/TPP

3.2 Rundreiseprobleme

Fallstudie 3.3
(Beispieldatei: europa.tsp)

Im ersten Schritt ist in LogisticsLab/TSP ein neues Problem mit zehn Knoten anzulegen (Abb. 3.10) und es sind die Daten der zehn Städte im Datenbereich Nodes einzugeben (Abb. 3.11). Es ist zu beachten, dass in LogisticsLab/TSP die Koordinaten als X-Y-Werte eingegeben werden, sodass die Längengrade als X-Werte vor den Breitengraden als Y-Werte einzutragen sind.

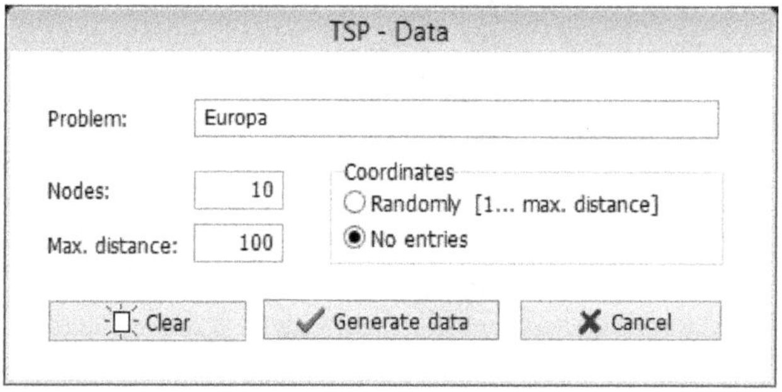

Abb. 3.10: Eingabe eines neuen Problems für Fallstudie 3.3 in LogisticsLab/TSP

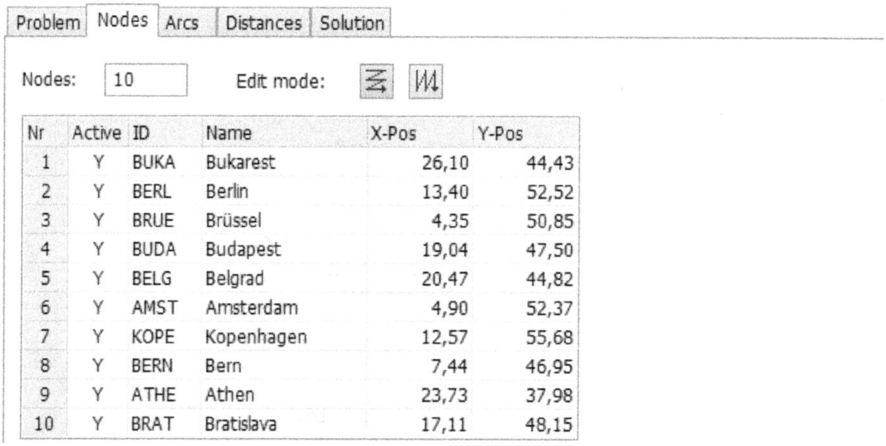

Nr	Active	ID	Name	X-Pos	Y-Pos
1	Y	BUKA	Bukarest	26,10	44,43
2	Y	BERL	Berlin	13,40	52,52
3	Y	BRUE	Brüssel	4,35	50,85
4	Y	BUDA	Budapest	19,04	47,50
5	Y	BELG	Belgrad	20,47	44,82
6	Y	AMST	Amsterdam	4,90	52,37
7	Y	KOPE	Kopenhagen	12,57	55,68
8	Y	BERN	Bern	7,44	46,95
9	Y	ATHE	Athen	23,73	37,98
10	Y	BRAT	Bratislava	17,11	48,15

Nodes: 10   Edit mode:

Tabs: Problem | Nodes | Arcs | Distances | Solution

Abb. 3.11: Eingabe der Knoten für Fallstudie 3.3 in LogisticsLab/TSP

Im folgenden Schritt sind die Entfernungen zwischen allen Städten zu berechnen. Dieser Schritt kann entweder über das Menü *Optimisation → Calculate Distance Matrix* oder über die Schaltfläche *Calculate Distance Matrix* in der Symbolleiste erfolgen, worauf der in Abb. 3.12 dargestellte Dialog zur Berechnung der Distanzmatrix erscheint. Da Luftliniendistanzen über große Distanzen vorliegen, hat die Berechnung der Distanzen über die Orthodrome *(Great Circle Distance)* zu erfolgen. Als Umwegfaktor *(Detour factor)* ist der Wert 1,5 einzugeben. Nach Abschluss der Berechnungen erscheint die Distanzmatrix im Datenbereich *Distances*, die in Abb. 3.13 auszugsweise dargestellt ist.

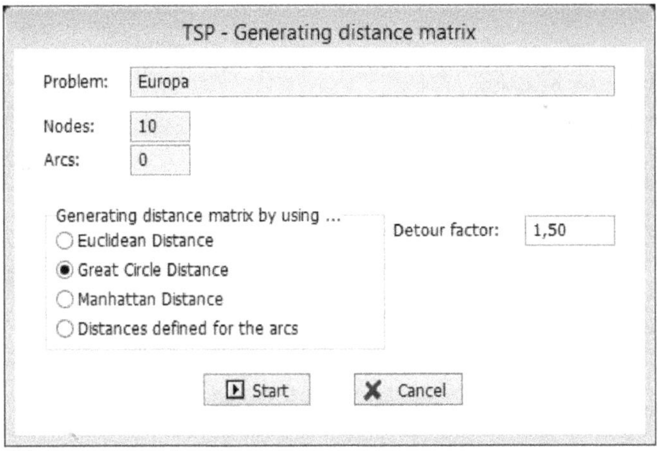

TSP - Generating distance matrix

Problem: Europa

Nodes: 10

Arcs: 0

Generating distance matrix by using ...
- ○ Euclidean Distance
- ● Great Circle Distance
- ○ Manhattan Distance
- ○ Distances defined for the arcs

Detour factor: 1,50

▶ Start   ✗ Cancel

Abb. 3.12: Dialog zur Berechnung der Distanzmatrix für Fallstudie 3.3 in LogisticsLab/TSP

| Problem | Nodes | Arcs | Distances | Solution |

Method: Great Circle Distance   Edit mode: ⩾ 𝕎

Detour factor: 1,50

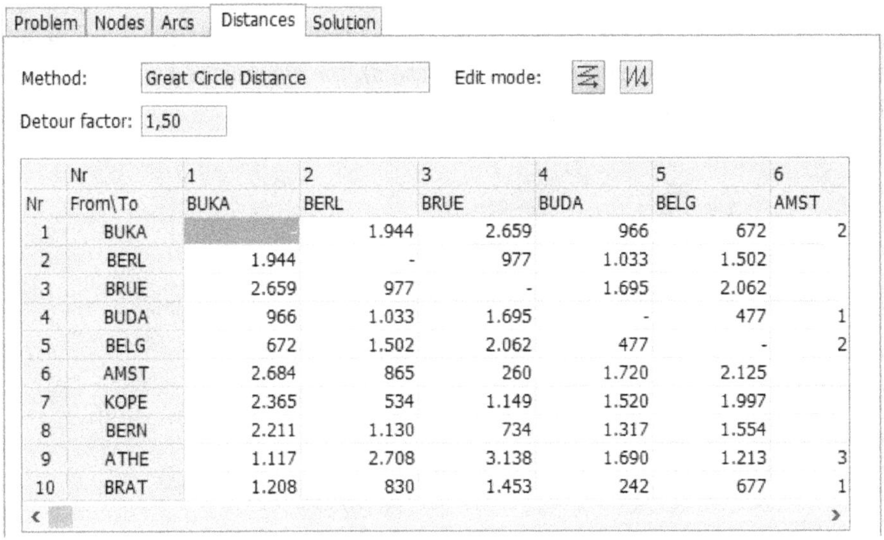

Nr		1	2	3	4	5	6
Nr	From\To	BUKA	BERL	BRUE	BUDA	BELG	AMST
1	BUKA		1.944	2.659	966	672	2
2	BERL	1.944	-	977	1.033	1.502	
3	BRUE	2.659	977	-	1.695	2.062	
4	BUDA	966	1.033	1.695	-	477	1
5	BELG	672	1.502	2.062	477	-	2
6	AMST	2.684	865	260	1.720	2.125	
7	KOPE	2.365	534	1.149	1.520	1.997	
8	BERN	2.211	1.130	734	1.317	1.554	
9	ATHE	1.117	2.708	3.138	1.690	1.213	3
10	BRAT	1.208	830	1.453	242	677	1

Abb. 3.13: Berechnete Distanzmatrix für Fallstudie 3.3 in LogisticsLab/TSP

Nach Eingabe aller Daten und der Berechnung der Distanzmatrix kann das Problem gelöst werden, indem entweder das Menü *Optimisation → Start Optimisation* oder die Schaltfläche *Optimise* in der Symbolleiste gewählt wird. Im erscheinenden Optimierungsdialog (Abb. 3.14) sind als Problemtyp *TSP* und als Algorithmus *Complete multistart + 3opt* zu wählen.

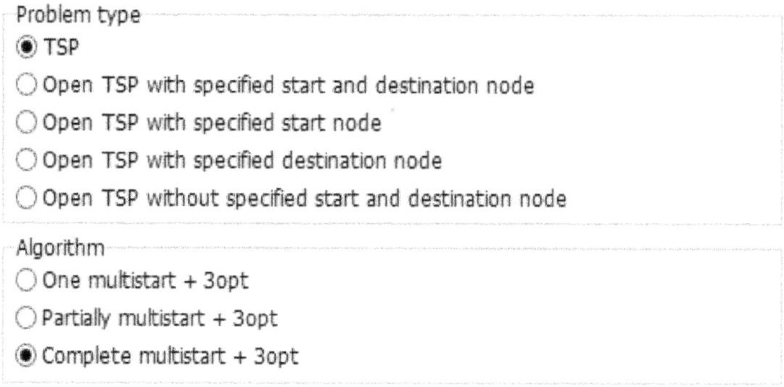

Problem type
◉ TSP
○ Open TSP with specified start and destination node
○ Open TSP with specified start node
○ Open TSP with specified destination node
○ Open TSP without specified start and destination node

Algorithm
○ One multistart + 3opt
○ Partially multistart + 3opt
◉ Complete multistart + 3opt

Abb. 3.14: Ausschnitt des Optimierungsdialogs für Fallstudie 3.3 in LogisticsLab/TSP

Nach dem Lösen dieses Rundreiseproblems erscheint im Bereich *Network* die grafische Darstellung der Lösung (Abb. 3.15) sowie im Datenbereich *Solution* die numerische Lösung (Abb. 3.16). Die gesamte Rundreise weist keine Überschneidungen der Route auf. Jede Stadt wird nur ein einziges Mal aufgesucht. Die gesamte Distanz beträgt 8.295 Kilometer. (Abb. 3.16 → *Length*). Die eigentliche Rundreise ist im Datenbereich *Solution* als Liste angeben.

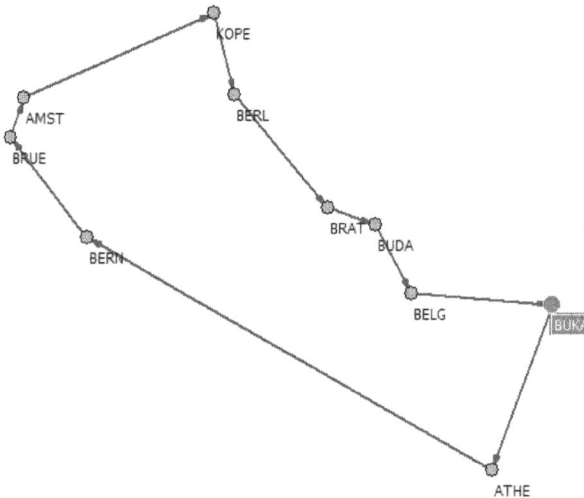

Abb. 3.15: Grafische Darstellung der Lösung für Fallstudie 3.3 in LogisticsLab/TSP

Problem	Nodes	Arcs	Distances	Solution

Total stops:	10	Problem type:	TSP
Length:	8.295	Algorithm:	Complete (multistart + 3opt)

From	ID	To	ID	Distance	Trip Length
1	BUKA	9	ATHE	1.117	1.117
9	ATHE	8	BERN	2.496	3.613
8	BERN	3	BRUE	734	4.347
3	BRUE	6	AMST	260	4.607
6	AMST	7	KOPE	933	5.540
7	KOPE	2	BERL	534	6.074
2	BERL	10	BRAT	830	6.904
10	BRAT	4	BUDA	242	7.146
4	BUDA	5	BELG	477	7.623
5	BELG	1	BUKA	672	8.295

Abb. 3.16: Lösung für Fallstudie 3.3 in LogisticsLab/TSP

Fallstudie 3.4

a) Ermittlung der bisherigen Tourzeit

Zunächst ist für den bisherigen Verlauf der Tour die erforderliche Distanz berechnet. Sie beträgt 413 Kilometer. Unter der Annahme der mittleren Geschwindigkeit von 45 Kilometer je Stunde errechnet sich daraus eine reine Fahrtdauer von 9,18 Stunden, was 9 Stunden und 11 Minuten entspricht. Addiert man dazu die Zeit von 75 Minuten, die für das Entleeren der Container benötigt wird, ergibt sich eine Schichtzeit von 10 Stunden und 26 Minuten. Damit wird die arbeitsrechtlich maximale Schichtzeit von 10 Stunden um 26 Minuten überschritten.

b) Lösung mit LogisticsLab/NWF
(Beispieldatei: glascontainer.nwf)

Für dieses symmetrische Rundreiseproblem in einem nicht vollständigen Graphen ist in einem ersten Schritt ein neues Problem mit 15 Knoten in LogisticsLab/TSP anzulegen und es sind die Daten der 14 Orte und des Depots im Datenbereich *Nodes* einzugeben (Abb. 3.17). Zur Bestimmung der Koordinaten kann das Kartenraster der in der Aufgabenstellung gegebenen grafischen Darstellung des Entsorgungsgebietes verwendet werden.

Die Kanten sind im Datenbereich *Arcs* einzugeben. Dabei sind die mit einem Knoten (*From node*) verbundenen Kanten mit den Kantengewichten (*Length*) und dem

Kantentyp (*Type*) zu spezifizieren. Wie in Abb. 3.18 exemplarisch für das Depot dargestellt, handelt es sich bei den Kantengewichten um die Distanzen zwischen den einzelnen Knoten. Da es sich um ein symmetrisches Problem und damit um ein ungerichtetes Netzwerk handelt, sind alle Kanten mit dem Typ *U* für ungerichtete Kanten zu versehen.

Problem	Nodes	Arcs	Distances	Solution

Nodes: 15   Edit mode:

Nr	Active	ID	Name	X-Pos	Y-Pos
1	Y	DEPOT	Depot	8,00	9,50
2	Y	WIESA	Wiesa	3,00	7,50
3	Y	NIEDE	Niederdorf	5,00	9,50
4	Y	OBERD	Oberdorf	11,00	11,50
5	Y	WEINB	Weinborn	12,50	10,00
6	Y	SIEBE	Siebenbaum	1,00	1,00
7	Y	TANNE	Tannenberg	1,50	3,00
8	Y	MOECK	Möckern	3,00	3,50
9	Y	UNTER	Unterberg	6,50	5,50
10	Y	WILLE	Willerdamm	8,00	7,50
11	Y	PAPEN	Papenburg	11,00	7,50
12	Y	ECKEN	Eckenwald	13,50	8,00
13	Y	AMWIN	AmWinkel	8,00	2,50
14	Y	HOCHW	Hochwald	12,00	3,50
15	Y	VORWE	Vorwerk	12,50	4,50

Abb. 3.17: Eingabe der Knoten für Fallstudie 3.4 in LogisticsLab/TSP

Problem	Nodes	Arcs	Distances	Solution

From node: DEPOT   Name: Depot   Nr. of arcs: 5

To nodes:

Nr	Node	Length	Type
1	NIEDE	25	U
2	OBERD	32	U
3	WEINB	37	U
4	WILLE	18	U
5	PAPEN	27	U

Abb. 3.18: Eingabe der Daten der Kanten für Fallstudie 3.4 in LogisticsLab/TPP

Im folgenden Schritt ist vor der Bestimmung der optimalen Rundreise die Distanzmatrix zu berechnen, wobei im Dialog zur Berechnung der Distanzen *Generating distance matrix by using ... Distances defined for the arcs* zu wählen ist (Abb. 3.19). Es ist
darauf hinzuweisen, dass der in LogisticsLab/TSP implementierte Lösungsalgorithmus eine vollständige Matrix der kürzesten Entfernungen zwischen allen Knotenpaa-
ren und nicht nur die Distanzen der eingegebenen Kanten benötigt. Eine nicht vollständige Distanzmatrix wird daher in LogisticsLab/TSP, wie in Abb. 3.20 zu sehen,
automatisch mit einem Verfahren zur Ermittlung kürzester Wege vervollständigt.

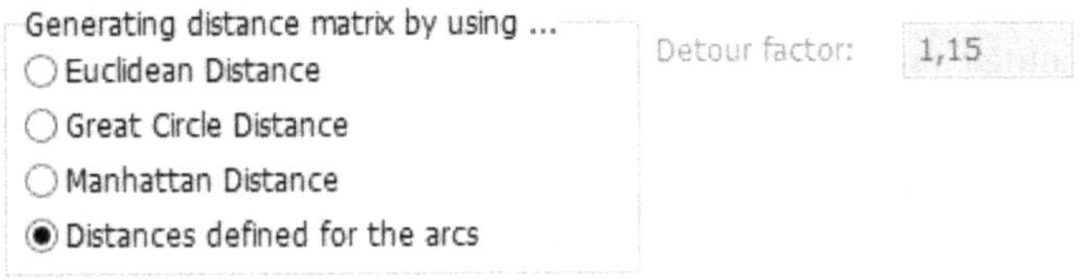

Generating distance matrix by using ...
- ○ Euclidean Distance
- ○ Great Circle Distance
- ○ Manhattan Distance
- ● Distances defined for the arcs

Detour factor: 1,15

Abb. 3.19: Ausschnitt aus dem Dialog zur Berechnung der Distanzmatrix für Fallstudie 3.4

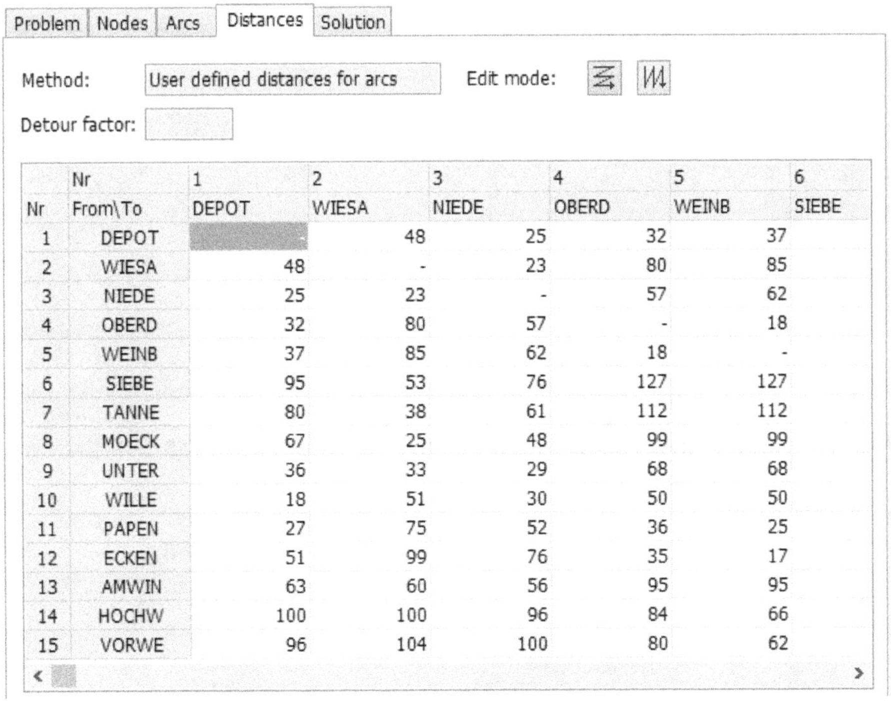

| Problem | Nodes | Arcs | Distances | Solution |

Method: User defined distances for arcs   Edit mode:

Detour factor:

Nr	From\To	1 DEPOT	2 WIESA	3 NIEDE	4 OBERD	5 WEINB	6 SIEBE
1	DEPOT		48	25	32	37	
2	WIESA	48	-	23	80	85	
3	NIEDE	25	23	-	57	62	
4	OBERD	32	80	57	-	18	
5	WEINB	37	85	62	18	-	
6	SIEBE	95	53	76	127	127	
7	TANNE	80	38	61	112	112	
8	MOECK	67	25	48	99	99	
9	UNTER	36	33	29	68	68	
10	WILLE	18	51	30	50	50	
11	PAPEN	27	75	52	36	25	
12	ECKEN	51	99	76	35	17	
13	AMWIN	63	60	56	95	95	
14	HOCHW	100	100	96	84	66	
15	VORWE	96	104	100	80	62	

Abb. 3.20: Berechnete Distanzmatrix für Fallstudie 3.4 in LogisticsLab/TSP

Nach Eingabe aller Daten kann das Problem gelöst werden, wobei im Optimierungs-dialog als Problemtyp *TSP* und als Algorithmus *Complete multistart + 3opt* zu wählen sind. Nach dem Lösen dieses Rundreiseproblems erscheint im Bereich *Network* die grafische Darstellung der Lösung (Abb. 3.21) sowie im Datenbereich *Solution* die numerische Lösung (Abb. 3.22).

Durch die Optimierung der Reihenfolge wird es möglich, die gesamte Tour um 25 Kilometer zu verkürzen, da die die Gesamtlänge der neuen Tour 388 Kilometer be-trägt.

Der Fahrer benötigt für diese Strecke bei einer Durchschnittsgeschwindigkeit von 45 Kilometer je Stunde nur noch 8 Stunden und 37 Minuten. Zusammen mit der Ent-leerungszeit von 75 Minuten ergibt sich eine Gesamtfahrzeit von 9 Stunden und 52 Minuten. Damit wird die arbeitsrechtliche Höchstarbeitszeit von 10 Stunden pro Schicht eingehalten.

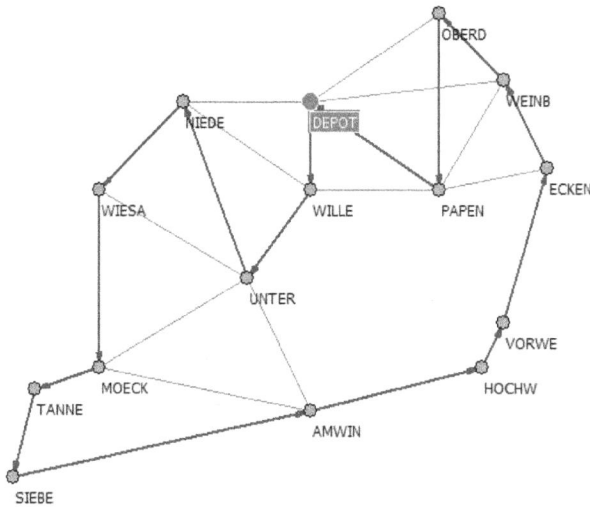

Abb. 3.21: Grafische Darstellung der Lösung für Fallstudie 3.4 in LogisticsLab/TSP

Problem	Nodes	Arcs	Distances	Solution		

Total stops:	15	Problem type:	TSP
Length:	388	Algorithm:	Complete (multistart + 3opt)

From ID		To ID		Distance	Trip Length
1	DEPOT	10	WILLE	18	18
10	WILLE	9	UNTER	18	36
9	UNTER	3	NIEDE	29	65
3	NIEDE	2	WIESA	23	88
2	WIESA	8	MOECK	25	113
8	MOECK	7	TANNE	13	126
7	TANNE	6	SIEBE	15	141
6	SIEBE	13	AMWIN	60	201
13	AMWIN	14	HOCHW	40	241
14	HOCHW	15	VORWE	4	245
15	VORWE	12	ECKEN	45	290
12	ECKEN	5	WEINB	17	307
5	WEINB	4	OBERD	18	325
4	OBERD	11	PAPEN	36	361
11	PAPEN	1	DEPOT	27	388

Abb. 3.22: Lösung für Fallstudie 3.4 in LogisticsLab/TSP

Fallstudie 3.5

a) Mathematisches Modell

Für Probleme in gerichteten Netzwerken ist das Modell für asymmetrische Rundrei-seprobleme zu verwenden. Die Knoten des Netzes werden durch gerichtete Kanten (i, j) verbunden, deren Nutzung gemäß (3.10) durch binäre Variablen x_{ij} abgebildet werden. Die zu minimierende Zielfunktion (3.6) besteht in der über alle Kanten zu bildenden Summe der Produkte der Kantengewichte (Distanzen) und der korrespon-dierenden Kantennutzungsvariablen. Für jeden Knoten ist gemäß (3.7) sichergestellt, dass er auf exakt einer der ausgehenden gerichteten Kanten verlassen und gemäß (3.8) auf exakt einer der eingehenden gerichteten Kanten erreicht wird. Die Ausdrü-cke (3.9) verhindern Kurzyklen, indem für jede genutzte Kante mit $x_{ij} = 1$ letztlich der Wert der Positionsvariable u_i des Ausgangsknotens i kleiner als der Wert der Po-sitionsvariable u_j des Zielknotens j sein muss. Die Positionsvariablen sind gemäß (3.11) als nichtnegative, kontinuierliche Variablen definiert.

$$3x_{12} + 2x_{13} + 3x_{23} + 4x_{24} + 2x_{32} + 2x_{34} + 2x_{35} + 4x_{43} + 5x_{45} + 5x_{51} \rightarrow min! \qquad (3.6)$$

u.d.N.

$$x_{12} + x_{13} = 1$$
$$x_{23} + x_{24} = 1$$
$$x_{32} + x_{34} + x_{35} = 1 \qquad (3.7)$$
$$x_{43} + x_{45} = 1$$
$$x_{51} = 1$$

$$x_{51} = 1$$
$$x_{12} + x_{32} = 1$$
$$x_{13} + x_{23} + x_{43} = 1 \qquad (3.8)$$
$$x_{24} + x_{34} = 1$$
$$x_{35} + x_{45} = 1$$

$$u_1 - u_2 + 5x_{12} \leq 4$$
$$u_1 - u_3 + 5x_{13} \leq 4$$
$$u_2 - u_3 + 5x_{23} \leq 4$$
$$u_2 - u_4 + 5x_{24} \leq 4$$
$$u_3 - u_2 + 5x_{32} \leq 4 \qquad (3.9)$$
$$u_3 - u_4 + 5x_{34} \leq 4$$
$$u_3 - u_5 + 5x_{35} \leq 4$$
$$u_4 - u_3 + 5x_{43} \leq 4$$
$$u_4 - u_5 + 5x_{45} \leq 4$$

$$x_{ij} \in \{0,1\} \qquad ; (i,j) \in \{12,13,23,24,32,34,35,43,45,51\} \qquad (3.10)$$
$$u_i \geq 0 \qquad ; i = 1,2,\ldots,5 \qquad (3.11)$$

b) Lösung mit SolverStudio/Cmpl
(Beispieldatei: tourenrouten.xlsx → asymmetrischTSP)

In einem ersten Schritt sind in einem Excel-Arbeitsblatt eine Knoten- und eine Kantenliste anzulegen, die die Indexmengen, die Parameter und die Lösungsbereiche aufnehmen (Abb. 3.23). Die Knotenliste enthält in den Zellen A3:A7 die Bezeichnungen der Knoten, die im SolverStudio-Dateneditor zur Spezifikation der Indexmenge *Nodes* verwendet werden (Abb. 3.24). Die Zellen B3:B7 dienen zur Aufnahme der Lösungen der Positionsvariablen, für die im SolverStudio-Dateneditor der über *Nodes* definierte Vektor u eingeführt wird. Zusätzlich ist der erste Knoten als Startknoten festzulegen. Das erfolgt im SolverStudio-Dateneditor über die Definition des Parameters q, der auf die Zelle A3 verweist.

Die Kantenliste startet im Zellbereich A11:B20 mit den Bezeichnungen der Kanten, die die Basis der im SolverStudio-Dateneditor spezifizierten Indexmenge *Arcs* bilden. Zusätzlich wird mit den im Zellbereich C11:C20 eingegebenen Kantendistanzen das über *Arcs* definierte Parameterfeld c eingeführt. Im folgenden Zellbereich D11:D20 sollen nach Abschluss der Optimierung die Lösungen der Kantennutzungsvariablen durch SolverStudio automatisch eingetragen werden. Dazu existiert im SolverStudio-Dateneditor das über *Arcs* definierte Feld x. In der anschließenden Spalte E werden mittels Multiplikation der Distanzen in Spalte C und der Lösungen der Kantennutzungsvariablen in Spalte D die tatsächlich benötigten Distanzen und die Gesamtdistanz per Excel-Formel berechnet.

	A	B	C	D	E
1	**Knoten**				
2		Position			
3	1				
4	2				
5	3				
6	4				
7	5				
8					
9	**Kanten**				
10		Von	Nach	Distanz	Kanten-nutzung	Ges. Distanz
11	1	2	3		0
12	1	3	2		0
13	2	3	3		0
14	2	4	4		0
15	3	2	2		0
16	3	4	2		0
17	3	5	2		0
18	4	3	4		0
19	4	5	5		0
20	5	1	5		0
21	Summe				0

Abb. 3.23: Excel-Arbeitsblatt für Fallstudie 3.5

Name:	Cell Range:	Index Range(s):
<Add New Data Item>		
Arcs	A11:B20	
c	C11:C20	Arcs
Nodes	A3:A7	
q	A3	
u	B3:B7	Nodes
x	D11:D20	Arcs

Abb. 3.24: Ausschnitt aus SolverStudio-Dateneditor für Fallstudie 3.5

Die im SolverStudio-Dateneditor definierten Indexmengen und Parameter werden in der ersten Zeile im CMPL-Modell 3.1 eingelesen. Da in den Restriktionen zur Vermeidung von Kurzzyklen die Mächtigkeit der Knotenmenge zu verwenden ist, wird in der Sektion parameters in Zeile 4 der Parameter N eingeführt und diesem mittels der Funktion len(Nodes) die Anzahl der Elemente der Indexmenge Nodes zugewiesen. In der Sektion variables werden in der siebten Zeile die binären Kantennutzungsvariablen x[Arcs] und in Zeile 8 die nichtnegativen, kontinuierlichen Positionsvariablen u[Nodes] definiert. Die zu minimierende Zielfunktion in Zeile 11 besteht in der über alle Kanten ([i,j] in Arcs) zu berechnenden Summe der Produkte der Distanzen der Kanten und der Kantennutzungsvariablen ($c[i,j]* x[i,j]$). In den Zeilen 14 und 15 wird für alle Knoten (i in Nodes bzw. j in Nodes) definiert, dass die Anzahl der in einen Knoten ein- bzw. von einem Knoten ausgehenden genutzten gerichteten Kanten jeweils exakt dem Wert eins entspricht, indem die Summe der Kantennutzungsvariablen dem Wert eins zu entsprechen hat. In diesem Zusammenhang ist zu erwähnen, dass die entsprechenden Indizes der Vor- bzw. Nachfolgerknoten aus der Indexmenge Arcs mittels der Ausdrücke j in Arcs *> [i,*] bzw. i in Arcs *> [*,j] extrahiert werden. Die letzte Restriktion in Zeile 17 definiert für alle Kanten ([i,j] in Arcs) exklusive der in den Startknoten eingehenden Kanten (j<>q) die Restriktionen zur Vermeidung von Kurzzyklen gemäß der Ausdrücke (3.9) in Teilaufgabe a).

Nach Abschluss der Optimierung erhält man die in Abb. 3.25 dargestellte Lösung dieses Problems. Anhand der Lösungen der Kantennutzungsvariablen in D11:20 bzw. der Positionsvariablen in B3:B7 ist ersichtlich, dass die optimale Rundtour 1 → 3 → 2 → 4 → 5 → 1 lautet und eine Gesamtdistanz mit dem Wert 18 (Zelle E21) besitzt.

CMPL-Modell 3.1: CMPL-Modell für Fallstudie 3.5

```
1    %data : Nodes set, Arcs set[2], c[Arcs], q
2
3    parameters:
4       N:=len(Nodes);
5
6    variables:
7       x[Arcs]: binary;
8       u[Nodes]: real[0..];
9
10   objectives:
11      sum{ [i,j] in Arcs: c[i,j]* x[i,j]} ->min;
12
13   constraints:
14      {i in Nodes:  sum{j in Arcs *> [i,*]: x[i,j]}=1; }
15      {j in Nodes:  sum{i in Arcs *> [*,j]: x[i,j]}=1; }
16
17      { [i,j] in Arcs, j<>q: u[i] - u[j] + N * x[i,j] <= N-1; }
```

⊿	A	B	C	D	E
1	**Knoten**				
2		Position			
3	1	0			
4	2	2			
5	3	1			
6	4	3			
7	5	4			
8					
9	**Kanten**				
10		Von	Nach	Distanz	Kanten-nutzung	Ges. Distanz
11	1	2	3	0	0
12	1	3	2	1	2
13	2	3	3	0	0
14	2	4	4	1	4
15	3	2	2	1	2
16	3	4	2	0	0
17	3	5	2	0	0
18	4	3	4	0	0
19	4	5	5	1	5
20	5	1	5	1	5
21	Summe				18

Abb. 3.25: Lösung für Fallstudie 3.5

Fallstudie 3.6

a) Lösung mit LogisticsLab/NWF
(Beispieldatei: laborlogistik.tsp)

Es handelt sich bei diesem Problem um einen gemischten Graphen, der gerichtete und ungerichtete Kanten enthält. Für dieses asymmetrische Rundreiseproblem ist in einem ersten Schritt in LogisticsLab/TSP ein neues Problem mit zehn Knoten anzulegen und die Daten der zehn klinischen Einrichtungen sind im Datenbereich *Nodes* einzugeben (Abb. 3.26). Als Koordinaten kann das Kartenraster der in der Aufgabenstellung gegebenen grafischen Darstellung der betrachteten Universitätsklinik verwendet werden.

Im folgenden Schritt sind die Kanten im Datenbereich *Arcs* einzugeben. Dabei sind die mit einem Knoten (*From node*) verbundenen Kanten mit den dazugehörigen Fahrtzeiten (*Length*) und dem Kantentyp (*Type*) zu definieren (Abb. 3.27). Die Fahrtzeiten können der grafischen Darstellung des Transportnetzwerkes in der Aufgabenstellung entnommen werden. Die Stoppzeiten für die einzelnen klinischen Einrichtungen sind für die Ermittlung der schnellsten Rundreise irrelevant und werden erst nach Abschluss der Bestimmung der optimalen Rundreise auf die gesamte Transportzeit aufaddiert, um die maximale Zeit von zwei Stunden überprüfen zu können.

Da in diesem Problem ungerichtete und gerichtete Kanten auftreten, ist als Kantentyp *U* für *undirected* oder *D* für *directed* zu wählen.

Nr	Active	ID	Name	X-Pos	Y-Pos
1	Y	HN	HNO-Klinik	7,50	1,50
2	Y	KI_VI	Pädiatrie	3,50	7,50
3	Y	KOK	Kopfklinik	3,50	12,00
4	Y	CHZLM	AlteMedizin	6,50	6,00
5	Y	NOZ	Nichtop.Zentru	7,00	9,50
6	Y	ST_IM	Strahlenther.	8,50	4,50
7	Y	MIKRO	Inst.Mikrob.	1,00	6,00
8	Y	PA_FK	Pathologie	6,00	3,50
9	Y	ZMK	Zahnklinik	8,00	6,50
10	Y	DERMA	Dermatologie	11,00	1,00

Abb. 3.26: Eingabe der Knoten für Fallstudie 3.6 in LogisticsLab/TSP

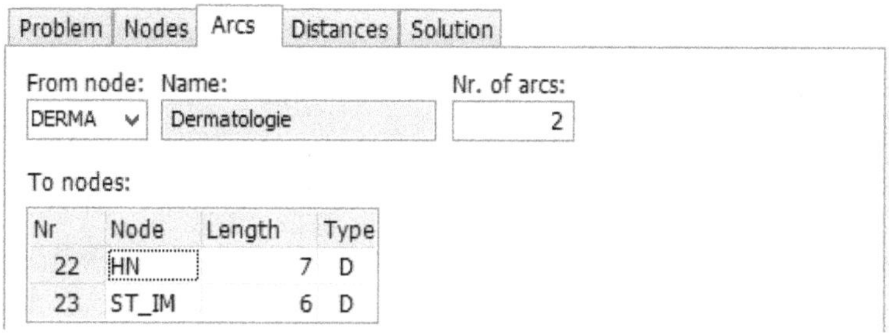

Abb. 3.27: Eingabe der Daten der Kanten für Fallstudie 3.6 in LogisticsLab/TPP

Im folgenden Schritt ist die Fahrtzeitmatrix zu berechnen, wobei im Dialog zur Berechnung der Distanzmatrix *Generating distance matrix by using ... Distances defined for the arcs* zu wählen ist (Abb. 3.28). Die berechnete Fahrtzeitmatrix kann im Datenbereich *Distances* eingesehen werden (Abb. 3.29).

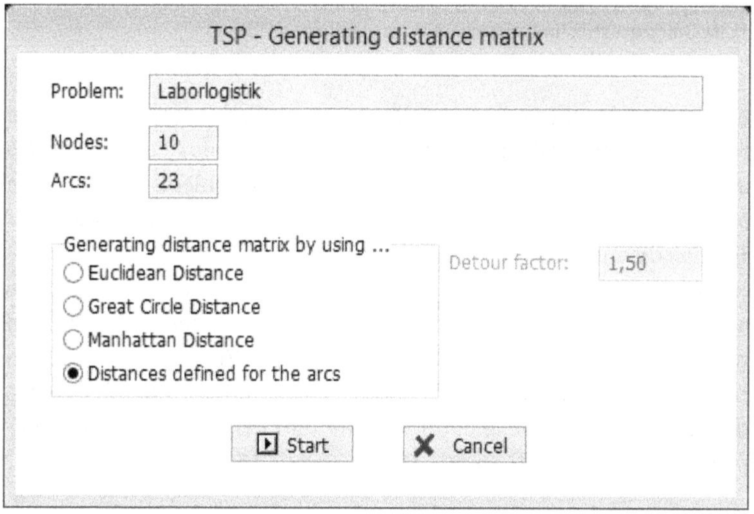

Abb. 3.28: Dialog zur Berechnung der Distanzmatrix für Fallstudie 3.6 in LogisticsLab/TSP

| Problem | Nodes | Arcs | Distances | Solution |

Method: | User defined distances for arcs | Edit mode: ⇄ ⋈⋈

Detour factor: [ ]

Nr		1	2	3	4	5	6
Nr	From\To	HN	KI_VI	KOK	CHZLM	NOZ	ST_IM
1	HN		8	14	3	9	
2	KI_VI	9	-	6	5	3	
3	KOK	15	6	-	11	5	
4	CHZLM	4	5	11	-	8	
5	NOZ	10	3	5	6	-	
6	ST_IM	5	8	11	3	6	
7	MIKRO	13	4	10	9	7	
8	PA_FK	3	6	12	1	7	
9	ZMK	8	5	7	6	2	
10	DERMA	7	14	17	9	12	

Abb. 3.29: Berechnete Distanzmatrix für Fallstudie 3.6 in LogisticsLab/TSP

Im Anschluss an die Eingabe aller relevanten Daten ist das Problem zu lösen. Dabei ist im Optimierungsdialog als Problemtyp *TSP* und als Algorithmus *Complete multi-start + 3opt* zu wählen. Nach dem Lösen dieses Rundreiseproblems erscheint im Bereich *Network* die grafische Darstellung der Lösung (Abb. 3.30) sowie im Datenbereich *Solution* die numerische Lösung (Abb. 3.31).

Die Fahrtzeit beträgt 45 Minuten (Abb. 3.31 → *Length*). Addiert man auf diese Fahrtzeit die insgesamt an allen Knoten des Netzwerks einzuhaltenden Standzeiten von 73 Minuten, ist ersichtlich, dass die schnellste Rundtour für den Transport von Laborproben und -resultaten 118 Minuten erfordert und damit unter der Zeitgrenze von zwei Stunden liegt. Die eigentliche optimale Rundtour kann der Liste im Datenbereich *Solution* entnommen werden.

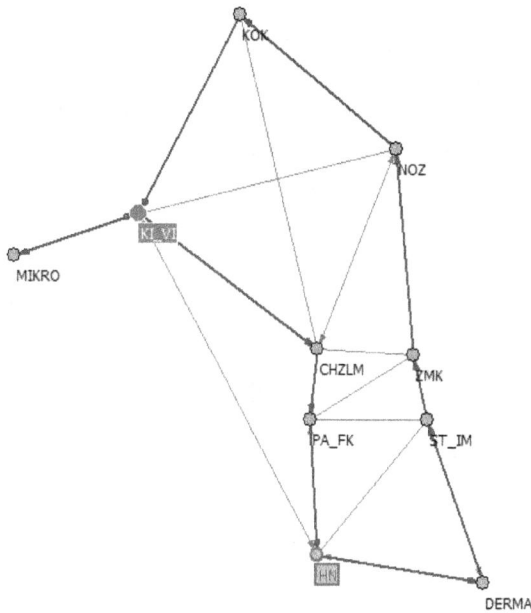

Abb. 3.30: Grafische Darstellung der Lösung für Fallstudie 3.6 in LogisticsLab/TSP

Problem	Nodes	Arcs	Distances	Solution

Total stops:	11	Problem type:	TSP
Length:	45	Algorithm:	Complete (multistart + 3opt)

From	ID	To	ID	Distance	Trip Length
1	HN	10	DERMA	5	5
10	DERMA	6	ST_IM	6	11
6	ST_IM	9	ZMK	4	15
9	ZMK	5	NOZ	2	17
5	NOZ	3	KOK	5	22
3	KOK	2	KI_VI	6	28
2	KI_VI	7	MIKRO	4	32
7	MIKRO	2	KI_VI	4	36
2	KI_VI	4	CHZLM	5	41
4	CHZLM	8	PA_FK	1	42
8	PA_FK	1	HN	3	45

Abb. 3.31: Lösung für Fallstudie 3.6 in LogisticsLab/TSP

b) Fahrplan

Die in Teilaufgabe a) gefundene optimale Rundreise wird für die Entwicklung eines Fahrplans verwendet. Die Fahrten starten im Zeitraum von 8:00 bis 16:00 Uhr zu allen geradzahligen Stunden an der HNO-Klinik (Knoten HN). Die Wartezeit an der HNO-Klinik wird von fünf auf sieben Minuten erhöht, wodurch ein Umlauf exakt zwei Stunden dauert. Die übrigen klinischen Einrichtungen werden relativ zur Startzeit nach dem in Tab. 3.1 gegebenen Plan angefahren.

Tab. 3.1: Fahrplan für den Transport von Laborproben und -resultaten für Fallstudie 3.6

Nr.	ID	Klinische Einrichtung	Ankunft [hh:mm]	Abfahrt [hh:mm]	Standzeit [hh:mm]	Fahrtzeit [hh:mm]
1	HN	HNO-Klinik	00:00	00:00	00:00	00:05
2	DERMA	Dermatologie	00:05	00:10	00:05	00:06
3	ST_IM	Strahlentherapie	00:16	00:28	00:12	00:04
4	ZMK	Zahnklinik	00:32	00:37	00:05	00:02
5	NOZ	Nichtop. Zentrum	00:39	00:44	00:05	00:05
6	KOK	Kopfklinik	00:49	00:54	00:05	00:06
7	KI_VI	Pädiatrie	01:00	01:10	00:10	00:04
8	MIKRO	Institut für Mikrobiologie	01:14	01:18	00:04	00:09
9	CHZLM	Alte Medizin	01:27	01:37	00:10	00:01
10	PA_FK	Pathologie	01:38	01:50	00:12	00:03
11	HN	HNO-Klinik	01:53	02:00	00:07	
					01:15	00:45

3.3 Durchfahrtprobleme

Fallstudie 3.7

a) Netzwerk

Das Problem lässt sich als ungerichtetes, nicht vollständiges Netzwerk darstellen. Die Städte stellen die Knoten, die sie verbindenden Straßen die Kanten und die Distanzen die Kantengewichte dar. Die Kantengewichte können der für Fallstudie 3.3 berechneten Distanzmatrix entnommen werden (Abb. 3.13).

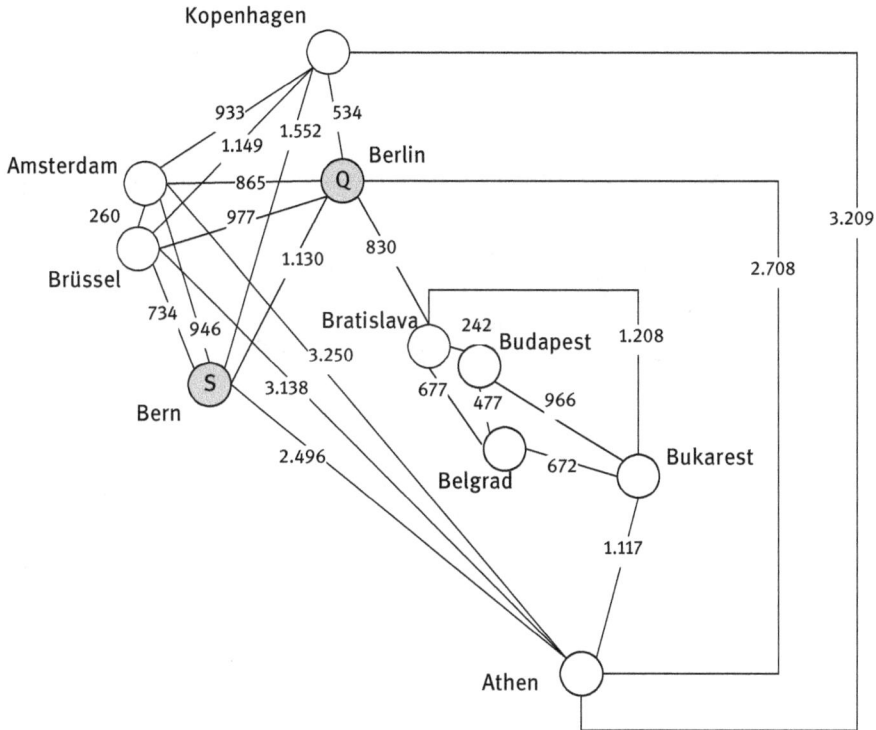

Abb. 3.32: Originales Netzwerk für Fallstudie 3.7

b) Transformation des Netzwerkes in ein Rundreiseproblem

Es handelt sich um ein Durchfahrtproblem mit einem fixierten Start- (Quelle Q) und Endpunkt (Senke S), dass mittels einer veränderten Netzstruktur in ein äquivalentes Rundreiseproblem zu überführen ist. So sind für den Startknoten Q nur ausgehende gerichtete Kanten zu den übrigen Knoten mit Ausnahme des Zielknotens S zugelassen. Für den Zielknoten S sind nur eingehende gerichtete Kanten von den übrigen Knoten mit Ausnahme des Startknotens Q erlaubt. Zusätzlich existiert eine gerichtete Kante mit einer Bewertung von null vom Ziel- zum Startknoten, der eine fiktive Rückfahrt vom Ziel- zum Startknoten erzwingt. Das so transformierte Netzwerk für das betrachtete Problem ist in Abb. 3.33 dargestellt.

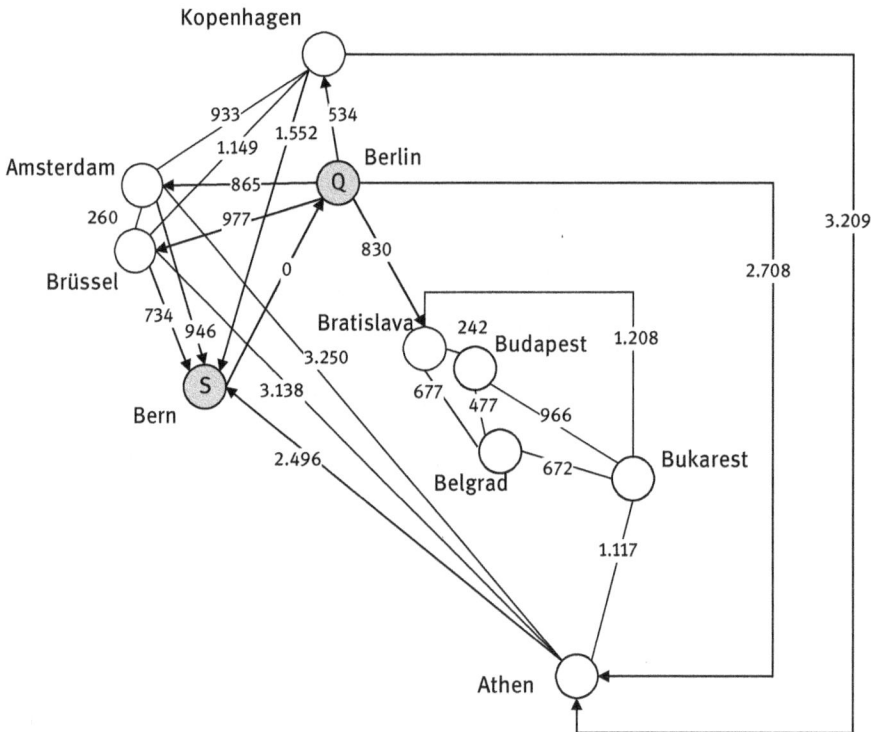

Abb. 3.33: Transformiertes Netzwerk für Fallstudie 3.7

c) Lösung mit LogisticsLab/TSP
(Beispieldatei: europadurchfahrt.tsp)

Da diese Fallstudie die identischen Knoten wie in Fallstudie 3.3 verwendet, bietet es sich an, die Problemdatei für Fallstudie 3.3 unter einem anderen Dateinamen weiterzuverwenden. Damit sind im folgenden Schritt die lediglich Kanten für das veränderte Netzwerk im Kanteneditor *Arcs* einzugeben. Da die in Teilaufgabe b) vorzunehmenden Transformationen des Netzwerks automatisch von LogisticsLab/TSP vorgenommen werden, sind die Kanten und Kantengewichte des originalen Netzwerks aus Teilaufgabe a) im Datenbereich *Arcs* einzugeben (Abb. 3.34). Nach Eingabe aller Kanten ist die Distanzmatrix zu berechnen, wobei im erscheinenden Dialog *Generating distance matrix by using ... Distances defined for the arcs* als Methode zur Berechnung der Distanzen zu wählen ist. Die so generierte Matrix der kürzesten Distanzen ist auszugsweise in Abb. 3.35 zu sehen.

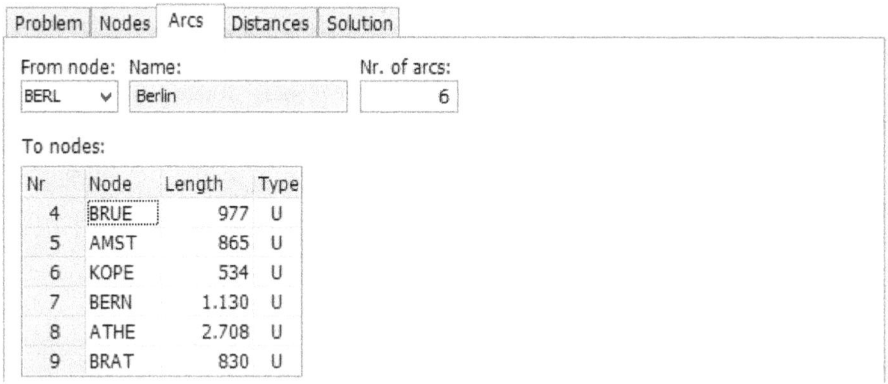

Abb. 3.34: Eingabe der Daten der Kanten für Fallstudie 3.7 in LogisticsLab/TPP

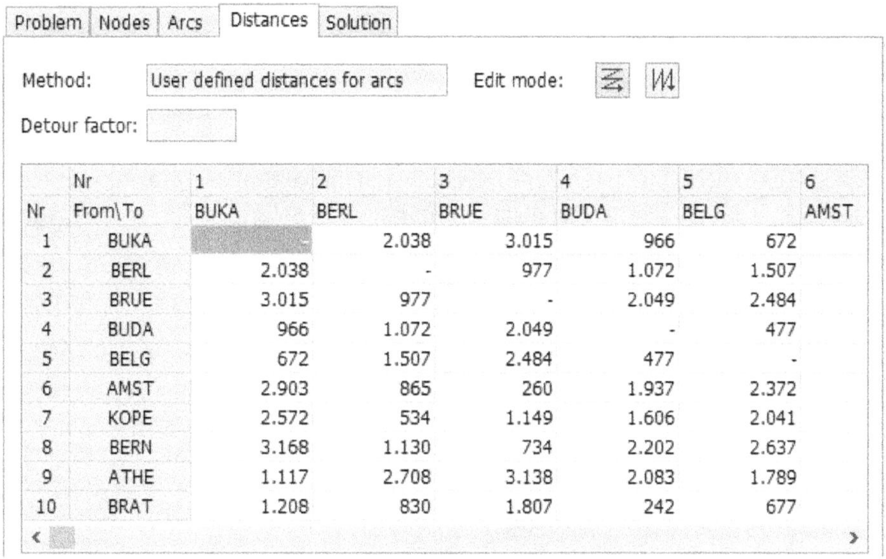

Abb. 3.35: Berechnete Distanzmatrix für Fallstudie 3.7 in LogisticsLab/TPP

Nach Eingabe aller Daten ist das Problem zu lösen, wobei im Optimierungsdialog (Abb. 3.36) Berlin als Startknoten (*Start node*) mit der *Nr* 2 oder der *ID* BERL und Bern als Zielknoten (*Destination node*) mit der *Nr* 8 oder der *ID* BERN festzulegen ist. Als Problemtyp ist *Open TSP with specified start and destination node* und als Algorithmus *Complete multistart + 3opt* zu wählen.

	Nr	ID	Name
Start node	2	BERL	Berlin
Destination node:	8	BERN	Bern

Problem type
○ TSP
◉ Open TSP with specified start and destination node
○ Open TSP with specified start node
○ Open TSP with specified destination node
○ Open TSP without specified start and destination node

Algorithm
○ One multistart + 3opt
○ Partially multistart + 3opt
◉ Complete multistart + 3opt

Abb. 3.36: Ausschnitt des Optimierungsdialogs für Fallstudie 3.7 in LogisticsLab/TSP

Nach dem Lösen dieses Durchfahrtproblems erscheint im Bereich *Network* die grafische Darstellung der Lösung (Abb. 3.37) sowie im Datenbereich *Solution* die numerische Lösung (Abb. 3.38). Die gesamte Distanz beträgt 8.474 Kilometer. (Abb. 3.38 → *Length*). Die eigentliche Durchfahrt ist im Datenbereich *Solution* als Liste angeben und lautet Berlin → Bratislava → Budapest → Belgrad → Bukarest → Athen → Kopenhagen → Amsterdam → Brüssel → Bern.

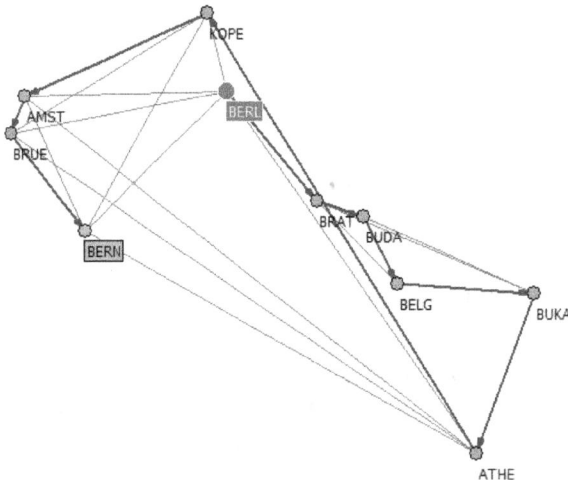

Abb. 3.37: Grafische Darstellung der Lösung für Fallstudie 3.7 in LogisticsLab/TSP

Problem	Nodes	Arcs	Distances	Solution

Total stops:	9	Problem type:	Open TSP with starting and de
Length:	8.474	Algorithm:	Complete (multistart + 3opt)

From	ID	To	ID	Distance	Trip Length
2	BERL	10	BRAT	830	830
10	BRAT	4	BUDA	242	1.072
4	BUDA	5	BELG	477	1.549
5	BELG	1	BUKA	672	2.221
1	BUKA	9	ATHE	1.117	3.338
9	ATHE	7	KOPE	3.209	6.547
7	KOPE	6	AMST	933	7.480
6	AMST	3	BRUE	260	7.740
3	BRUE	8	BERN	734	8.474

Abb. 3.38: Lösung für Fallstudie 3.7 in LogisticsLab/TSP

Fallstudie 3.8

a) Lösung Szenario 1
(Beispieldatei: forst.tsp)

Im Szenario 1 sind die Buslinien von Bad Gottleuba startend über die Wohnorte zu den Parkplätzen P1 (Brand) bzw. P2 (Schaftwald) und zurückkehrend nach Bad Gottleuba kostenminimal zu bestimmen. Zusätzlich sollen die gesamten zu fahrenden Distanzen beider Linien, die Fahrtzeiten sowie die Gesamtkosten ausgewiesen werden.

Grundsätzlich kann man beide Buslinien als Durchfahrtsproblem mit fixiertem Startpunkt (Bad Gottleuba) und fixiertem Endpunkt (Parkplatz P1 bzw. Parkplatz P2) ansehen, wobei alle Wohnorte anzufahren sind. Die jeweilige Rückfahrt von P1 bzw. P2 nach Bad Gottleuba kann bei der Bestimmung der eigentlichen Buslinien ignoriert werden, da sie von der Struktur und Länge der Linien unabhängig ist und immer auf dem kürzesten Weg zu erfolgen hat.

Es sind die gesamten Kosten zu minimieren, wobei es aufgrund der Struktur des Netzwerks ausreicht, die gesamte zu fahrende Distanz zu minimieren, da die tägliche Gebühr von 45 Euro je Buslinie unabhängig von der Länge und Struktur der zufahrenden Tour und daher entscheidungsirrelevant ist und sich die Kilometergebühren (50 Cent je Kilometer) proportional zur gefahrenen Distanz verhalten. Zusätzlich kann konstatiert werden, dass sich auch die Fahrtzeiten und damit die fahrtzeitabhängigen Kosten proportional zur gefahrenen Distanz verhalten, da auf der Mehrzahl der Straßen eine einheitliche durchschnittliche Geschwindigkeit von 45 Kilometern je Stunde und einzig auf den ohne Alternativstrecken existierenden Sackgassen Bahratal $\leftrightarrow$ Buchenhain, A3 $\leftrightarrow$ P1 und A4 $\leftrightarrow$ P2 eine verminderte Geschwindigkeit von 25 Kilometer je Stunde gefahren wird.

Zur Lösung dieser Teilaufgabe ist in LogisticsLab/TSP ein neues Problem mit 16 Knoten anzulegen, die Daten der Knoten im Datenbereich *Nodes* sind gemäß der in der Aufgabenstellung gegebenen Knotenliste einzugeben (Abb. 3.39) und im Datenbereich *Arcs* die insgesamt 22 Kanten entsprechend der gegebenen Kantenliste anzulegen (Abb. 3.40). Hinsichtlich der Distanzen ist zu beachten, dass LogisticsLab nur ganzzahlige Werte akzeptiert, sodass die originalen Distanzen mit dem Wert zehn zu multiplizieren sind. Dieser Sachverhalt ist bei der Analyse der Matrix der kürzesten Distanzen und der Lösung zu beachten, indem die dort ausgewiesenen Werte wiederum mit dem Wert zehn zu dividieren sind.

	Problem	Nodes	Arcs	Distances	Solution		

Nodes: [16]   Edit mode: ⋛ 𝖄

Nr	Active	ID	Name	X-Pos	Y-Pos
1	Y	BDGOT	BadGottleuba	27,00	53,00
2	Y	BGGIE	Berggiesshübel	32,00	81,00
3	Y	LEUPO	Leupoldishain	74,00	106,00
4	Y	LANG	Langenhennersdo	73,00	91,00
5	Y	BAHRA	Bahra	70,00	74,00
6	Y	BATAL	Bahratal	59,00	45,00
7	Y	HELLE	Hellendorf	48,00	32,00
8	Y	BUCH	Buchenhain	70,00	40,00
9	Y	BIELA	Bielatal	96,00	78,00
10	Y	ROSE	Rosental	110,00	50,00
11		A1	Abzw.Hellendor	30,00	35,00
12		A2	Abzw.Bahra	86,00	62,00
13		A3	Abzw.Bahratal	79,00	48,00
14	Y	P1	Parkpl.-Brand	73,00	29,00
15		P2	Parkpl.-Schaftw	87,00	14,00
16		A4	Abzw.Rosental	96,00	50,00

Abb. 3.39: Eingabe der Knoten für Fallstudie 3.8 in LogisticsLab/TSP

Problem	Nodes	Arcs	Distances	Solution

From node: Name: Nr. of arcs:
BGGIE ∨   Berggiesshübel   4

To nodes:

Nr	Node	Length	Type
2	BDGOT	42	U
3	LANG	50	U
4	BAHRA	48	U
5	HELLE	69	U

Abb. 3.40: Eingabe der Kanten für Fallstudie 3.8 in LogisticsLab/TSP

Nach Eingabe aller Daten ist die Distanzmatrix mittels *Generating distance matrix by using ... Distances defined for the arcs* zu berechnen, sodass die auszugsweise in Abb. 3.41 dargestellte Matrix der kürzesten Entfernungen erscheint.

Problem	Nodes	Arcs	Distances	Solution

Method: User defined distances for arcs   Edit mode: ⩶ ⋈

Detour factor:

Nr		11	12	13	14	15	16
Nr	From\To	A1	A2	A3	P1	P2	A4
1	BDGOT	22	123	109	149	241	
2	BGGIE	64	81	112	152	199	
3	LEUPO	152	94	125	165	179	
4	LANG	114	56	87	127	149	
5	BAHRA	107	33	64	104	172	
6	BATAL	65	56	22	62	195	
7	HELLE	32	89	55	95	228	
8	BUCH	76	67	33	73	206	
9	BIELA	163	42	76	116	97	
10	ROSE	197	76	110	150	87	
11	A1	-	121	87	127	260	
12	A2	121	-	34	74	139	
13	A3	87	34	-	40	173	
14	P1	127	74	40	-	213	
15	P2	260	139	173	213	-	
16	A4	197	76	110	150	63	

Abb. 3.41: Ausschnitt aus der berechneten Distanzmatrix für Fallstudie 3.8 in LogisticsLab/TSP

Im folgenden Schritt können die Durchfahrtprobleme für die beiden Buslinien optimiert werden. Dazu sind in der Knotenliste der Ausgangsort Bad Gottleuba, die Wohnorte und der jeweils eine anzufahrende Parkplatz (P1 oder P2) als aktive Knoten zu definieren. Das erfolgt, indem für diese Knoten im Datenbereich *Nodes* in der Spalte *Active* ein *Y* eingetragen wird. Die Abzweigknoten und der nicht anzufahrende Parkplatz werden inaktiv gesetzt, indem entweder ein *N* eingetragen oder das *Y* gelöscht wird (Abb. 3.39).

Nach Eingabe aller Daten ist das Problem zu lösen, wobei im Optimierungsdialog Bad Gottleuba als Startknoten (*Start node*) mit der *Nr* 1 oder der *ID* BDGOT und Parkplatz P1 bzw. Parkplatz P2 als Zielknoten (*Destination node*) mit der *Nr* 14 bzw. 15 oder der *ID* P1 bzw. P2 festzulegen sind. Als Problemtyp ist *Open TSP with specified start and destination node* und als Algorithmus *Complete multistart + 3opt* zu wählen.

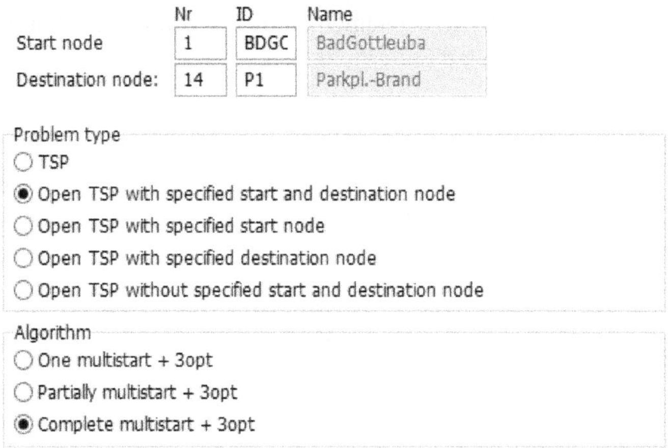

	Nr	ID	Name
Start node	1	BDGC	BadGottleuba
Destination node:	14	P1	Parkpl.-Brand

Problem type
○ TSP
◉ Open TSP with specified start and destination node
○ Open TSP with specified start node
○ Open TSP with specified destination node
○ Open TSP without specified start and destination node

Algorithm
○ One multistart + 3opt
○ Partially multistart + 3opt
◉ Complete multistart + 3opt

Abb. 3.42: Ausschnitt des Optimierungsdialogs für Fallstudie 3.8 in LogisticsLab/TSP

Nach dem Lösen dieses Durchfahrtproblems kann die Lösung im Bereich *Network* als grafische Darstellung sowie im Datenbereich *Solution* als numerische Lösung eingesehen werden. Die grafische Darstellung der Lösungen für beide Linien ist in Abb. 3.43 abgebildet.

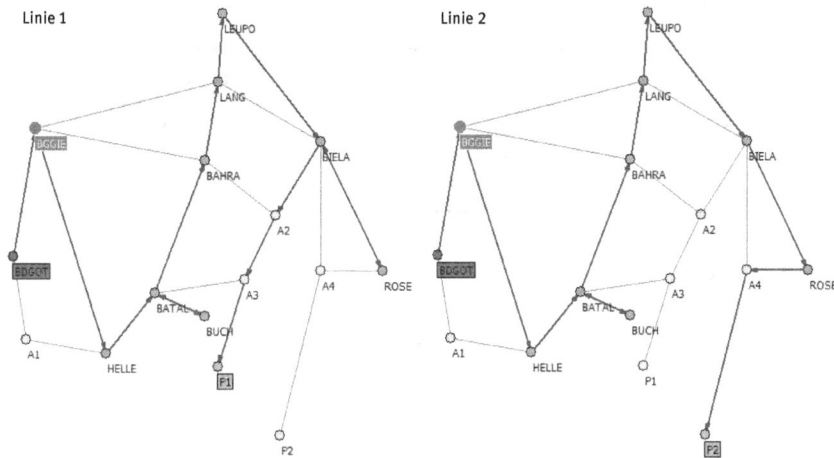

Abb. 3.43: Grafische Darstellung der Lösung für Fallstudie 3.8 a) in LogisticsLab/TSP

In Tab. 3.2 ist die Linienführung für beide Buslinien inklusive der Leerfahrt zurück zum Ausgangsort Bad Gottleuba in Tabellenform aufgearbeitet. Dabei wurden die auf der Strecke liegende Abzweige nicht ausgewiesen, sondern nur die Wohnorte und der Zielort als Haltestellen angegeben. Für die Rücktouren nach Bad Gottleuba sind die kürzesten Wege zu bestimmen. Sie lautet für Linie 1 P1 → A3 → BATAL → HELLE → A1 → BDGOT mit einer Distanz von 14,9 Kilometer und einer Fahrtzeit von 24 Minuten. Die kürzeste Distanz zwischen P1 und Bad Gottleuba kann der berechneten Distanzmatrix entnommen und die dazugehörige Tour in der Netzwerkgrafik nachvollzogen werden. Anschließend sind die in der Aufgabenstellung gegebenen Fahrtzeiten der einzelnen Teilstrecken auf den kürzesten Weg zu summieren. Für Linie 2 ist der kürzeste Weg P2 → A4 → BIELA → LANG → BGGIE → BDGOT mit einer Distanz von 24,1 Kilometer und einer Fahrtzeit von 40 Minuten zu nehmen.

Auf der Basis dieser Linienführungen können die Kosten für dieses Szenario berechnet werden (Tab. 3.3). Dazu sind der Tagessatz von 45 Euro je Linie sowie die distanzabhängigen und die zeitabhängigen Kosten einzubeziehen, wobei zu beachten ist, dass die Distanzen und die Fahrtzeiten zu verdoppeln sind, da beide Linie zweimal täglich (morgens und abends) zu betreiben sind. Insgesamt fallen für dieses Szenario täglich 411,40 Euro an.

Tab. 3.2: Linienführung für Szenario 1 gemäß Fallstudie 3.8 a)

		Linie 1					Linie 2		
Nr.	von	nach	Distanz [km]	Fahrt- zeit [min]	Nr.	von	nach	Distanz [km]	Fahrt- zeit [min]
1	BDGOT	BGGIE	4,2	6	1	BDGOT	BGGIE	4,2	6
2	BGGIE	HELLE	6,9	9	2	BGGIE	HELLE	6,9	9
3	HELLE	BATAL	3,3	4	3	HELLE	BATAL	3,3	4
4	BATAL	BUCH	1,1	3	4	BATAL	BUCH	1,1	3
5	BUCH	BAHRA	5,3	9	5	BUCH	BAHRA	5,3	9
6	BAHRA	LANG	2,3	3	6	BAHRA	LANG	2,3	3
7	LANG	LEUPO	3,8	5	7	LANG	LEUPO	3,8	5
8	LEUPO	BIELA	8,2	11	8	LEUPO	BIELA	8,2	11
9	BIELA	ROSE	3,4	5	9	BIELA	ROSE	3,4	5
10	ROSE	P1	15,0	26	10	ROSE	P2	8,7	18
11	P1	BDGOT	14,9	24	11	P2	BDGOT	24,1	40
	Gesamt		68,4	105		Gesamt		71,3	113
	bis P1		53,5	81		bis P2		47,2	73

Tab. 3.3: Kosten für Szenario 1 gemäß Fallstudie 3.8 a)

		Linie 1	Linie 2	Gesamt
Basissatz	[€]	45,0	45,0	90,0
Distanz je Tag	[km]	136,8	142,6	279,4
Distanzabhängige Kosten	[€]	68,4	71,3	139,7
Fahrtzeit je Tag	[min]	210,0	226,0	436,0
Zeitabhängige Kosten	[€]	87,5	94,2	181,7
Summe	**[€]**	**200,9**	**210,5**	**411,4**

b) Lösung Szenario 2
(Beispieldateien: forst-ak-zuordnung.tpp, forst.tsp)

Auch im zweiten Szenario sind zwei Buslinien für den Transport der Arbeitskräfte zu den beiden Arbeitsorten P1 und P2 zu bestimmen, die in Bad Gottleuba starten und enden. Allerdings sollen nicht alle Wohnorte von beiden Linien angefahren werden, sondern es soll eine Zuordnung von Arbeitskräften zu Arbeitsorten und damit zu den beiden Buslinien so vorgenommen werden, dass die gesamten zu fahrenden Personenkilometer minimiert werden.

Diese Zuordnungsaufgabe kann als klassisches Transportproblem modelliert werden. Die Versender des Modells sind die Wohnorte der Arbeiter, wobei die Anzahl der in einem Ort wohnenden Arbeiter als Angebot fungiert. Die Empfänger sind die beiden Arbeitsorte, die mit den beiden Parkplätzen P1 und P2 als Endpunkte der Linien gleichgesetzt werden. Die Anzahl der benötigten Arbeitskräfte an jedem Arbeitsort bildet jeweils den Bedarf.

In diesem Sinne ist in LogisticsLab/TPP ein neues Problem mit zehn Versendern und zwei Empfängern anzulegen. In den Datenbereichen *Sources* und *Destinations* sind die Daten der Wohnorte (Abb. 3.44) und der beiden Arbeitsorte (Abb. 3.45) einzugeben.

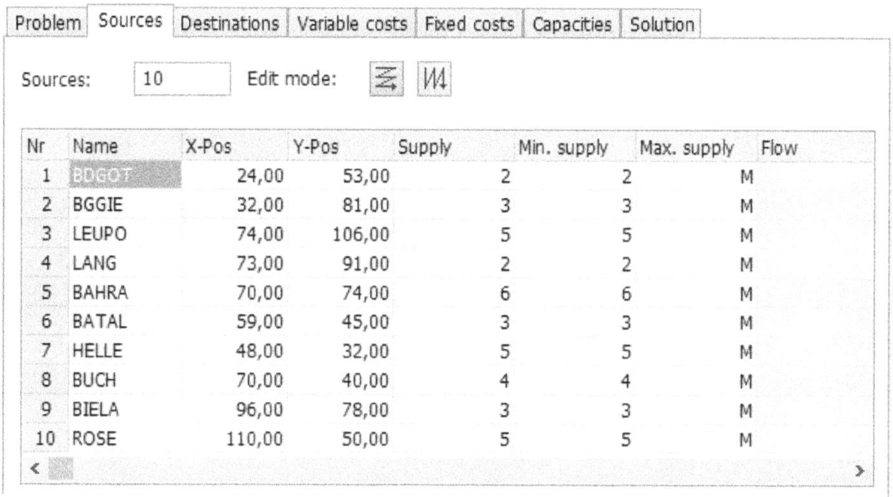

Nr	Name	X-Pos	Y-Pos	Supply	Min. supply	Max. supply	Flow
1	BDGOT	24,00	53,00	2	2		M
2	BGGIE	32,00	81,00	3	3		M
3	LEUPO	74,00	106,00	5	5		M
4	LANG	73,00	91,00	2	2		M
5	BAHRA	70,00	74,00	6	6		M
6	BATAL	59,00	45,00	3	3		M
7	HELLE	48,00	32,00	5	5		M
8	BUCH	70,00	40,00	4	4		M
9	BIELA	96,00	78,00	3	3		M
10	ROSE	110,00	50,00	5	5		M

Sources: 10, Edit mode

Abb. 3.44: Eingabe der Wohnorte des Transportproblems für Fallstudie 3.8 b) in LogisticsLab/TPP

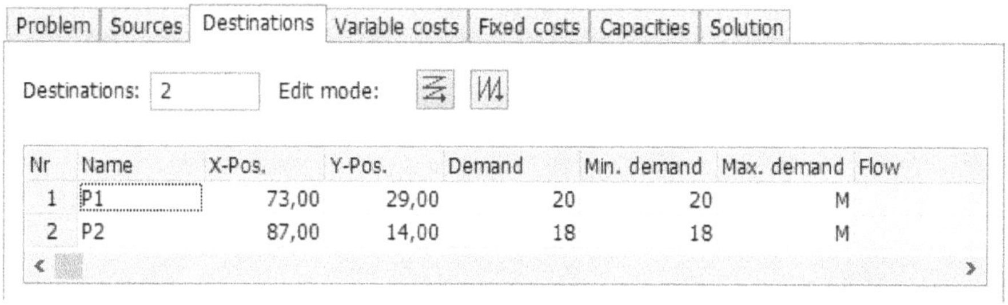

Nr	Name	X-Pos.	Y-Pos.	Demand	Min. demand	Max. demand	Flow
1	P1	73,00	29,00	20	20		M
2	P2	87,00	14,00	18	18		M

Destinations: 2, Edit mode

Abb. 3.45: Eingabe der Arbeitsorte des Transportproblems für Fallstudie 3.8 b) in LogisticsLab/TPP

Die Kostensätze des Modells sind die kürzesten Entfernungen zwischen den Wohnorten und den Parkplätzen, die aus der für Teilaufgabe a) ermittelten Entfernungsmatrix (Abb. 3.41) übernommen werden können.

| Problem | Sources | Destinations | Variable costs | Fixed costs | Capacities | Solution |

Problem size: 10 x 2   Edit mode: ⤨ ∿

Nr.		1	2
Nr.	from\to	P1	P2
1	BDGOT	149	241
2	BGGIE	152	199
3	LEUPO	165	179
4	LANG	127	149
5	BAHRA	104	172
6	BATAL	62	195
7	HELLE	95	228
8	BUCH	73	206
9	BIELA	116	97
10	ROSE	150	87

Abb. 3.46: Eingabe der Distanzen des Transportproblems für Fallstudie 3.8 b) in LogisticsLab/TPP

Anschließend ist das Problem als klassisches Transportproblem zu lösen, wobei im Optimierungsdialog als Zielfunktionsrichtung *Min* und als Problemtyp *Standard* zu wählen ist.

Wie man anhand der grafischen Darstellung der Lösung im Bereich *Network* (Abb. 3.47) und der in Tab. 3.4 aufbereiteten numerischen Lösung im Datenbereich *Solution* sieht, werden die Wohnorte Bad Gottleuba, Bahra, Bahratal, Hellendorf und Buchenhain dem Arbeitsort P1 und damit der ersten Buslinie und Berggießhübel, Leupoldishain, Langenhennersdorf, Bielatal und Rosental dem Arbeitsort P2 und damit der zweiten Buslinie zugeordnet. Der optimale Wert der Zielfunktion beträgt 439,1 Personenkilometer. Mit diesen Zuordnungen kann die Anzahl der Haltepunkte auf jeder Linie halbiert werden, da jeweils nur noch fünf Wohnorte angefahren werden müssen.

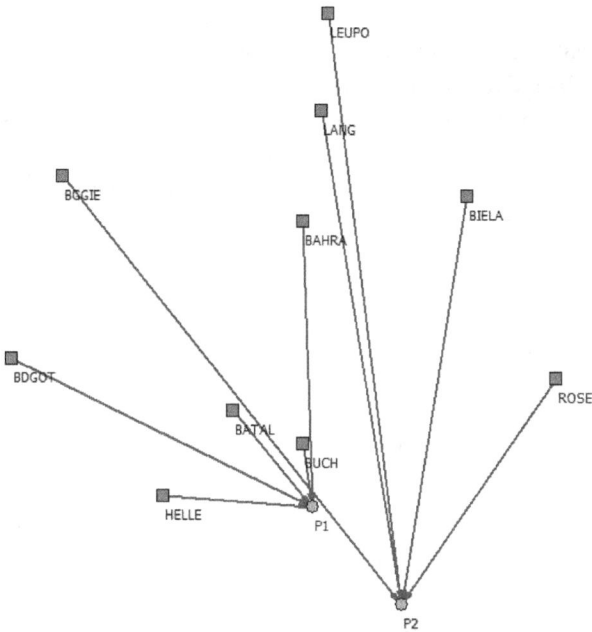

Abb. 3.47: Grafische Darstellung der Lösung des Transportproblems für Fallstudie 3.8 b)

Tab. 3.4: Lösung des Transportproblems für Fallstudie 3.8 a)

Wohnorte	Arbeitsorte	Distanz [km]	Arbeitskräfte [AK]	Personen-kilometer [AK*km]
BDGOT	P1	14,9	2	29,8
BGGIE	P2	19,9	3	59,7
LEUPO	P2	17,9	5	89,5
LANG	P2	14,9	2	29,8
BAHRA	P1	10,4	6	62,4
BATAL	P1	6,2	3	18,6
HELLE	P1	9,5	5	47,5
BUCH	P1	7,3	4	29,2
BIELA	P2	9,7	3	29,1
ROSE	P2	8,7	5	43,5
Gesamt [km]				**439,1**

Mit diesen Zuordnungen sind im folgenden Schritt die beiden Buslinien gemäß Szenario 2 zu planen. Da die identischen Knoten und Kanten wie im Szenario 1 zu nutzen sind, kann die bisherige Problemdatei weiterhin verwendet werden. Allerdings sind für die beiden Linien, wie in Abb. 3.48 exemplarisch für die erste Buslinie zu sehen, der Ausgangsort Bad Gottleuba, der jeweilige Arbeitsort P1 oder P2 und die zugeordneten Wohnorte als aktive Knoten im Arbeitsbereich *Nodes* zu aktivieren und alle anderen Knoten als inaktive Knoten zu setzen.

| Problem | Nodes | Arcs | Distances | Solution |

Nodes: 16   Edit mode: ⊟ ₩

Nr	Active	ID	Name	X-Pos	Y-Pos
1	Y	BDGOT	BadGottleuba	27,00	53,00
2		BGGIE	Berggiesshübel	32,00	81,00
3		LEUPO	Leupoldishain	74,00	106,00
4		LANG	Langenhennersdo	73,00	91,00
5	Y	BAHRA	Bahra	70,00	74,00
6	Y	BATAL	Bahratal	59,00	45,00
7	Y	HELLE	Hellendorf	48,00	32,00
8	Y	BUCH	Buchenhain	70,00	40,00
9		BIELA	Bielatal	96,00	78,00
10		ROSE	Rosental	110,00	50,00
11		A1	Abzw.Hellendor	30,00	35,00
12		A2	Abzw.Bahra	86,00	62,00
13		A3	Abzw.Bahratal	79,00	48,00
14	Y	P1	Parkpl.-Brand	73,00	29,00
15		P2	Parkpl.-Schaftw	87,00	14,00
16		A4	Abzw.Rosental	96,00	50,00

Abb. 3.48: Knotenliste für Buslinie 1 für Fallstudie 3.8 b) in LogisticsLab/TSP

Anschließend sind für beide Buslinien die Durchfahrtprobleme mit fixiertem Start- und Zielort erneut zu lösen, indem im Optimierungsdialog Bad Gottleuba als Startknoten (*Start node*) mit der *Nr* 1 oder der *ID* BDGOT und Parkplatz P1 bzw. Parkplatz P2 als Zielknoten (*Destination node*) mit der *Nr* 14 bzw. 15 oder der *ID* P1 bzw. P2 festgelegt werden, wobei als Problemtyp *Open TSP with specified start and destination node* und als Algorithmus *Complete multistart + 3opt* zu wählen sind.

Wie in Teilaufgabe a) kann nach dem Lösen die grafische Darstellung der Lösung im Bereich *Network* sowie die numerische Lösung im Datenbereich *Solution* eingesehen werden. Die grafische Darstellung der Lösungen für beide Linien ist in Abb. 3.49 abgebildet.

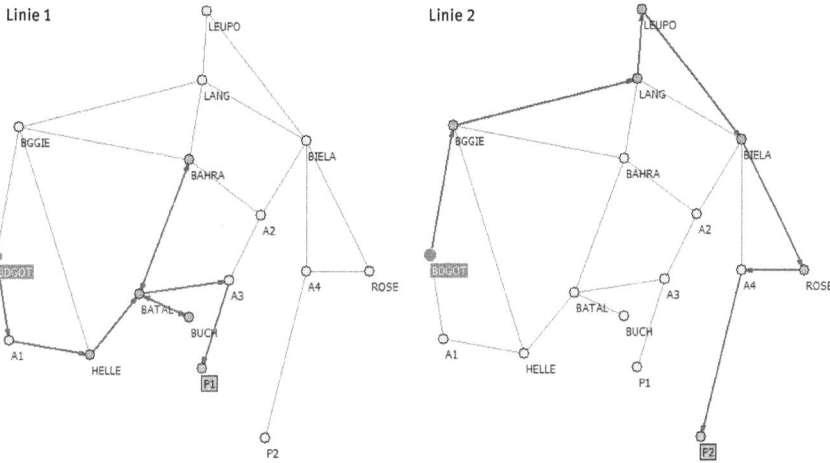

Abb. 3.49: Grafische Darstellung der Lösung für Fallstudie 3.8 b) in LogisticsLab/TSP

In Tab. 3.5 ist die Linienführung für beide Buslinien inklusive der Leerfahrt zurück zum Ausgangsort Bad Gottleuba in Tabellenform dargestellt. Es ist sofort ersichtlich, dass sowohl die Distanzen als auch die Fahrtzeiten beider Buslinien gegenüber dem ersten Szenario deutlich geringer sind. Das spiegelt sich auch in der in Tab. 3.6 abgebildeten Kostensituation wieder.

Tab. 3.5: Linienführung für Szenario 2 gemäß Fallstudie 3.8 b)

	Linie 1					Linie 2			
Nr.	von	nach	Distanz [km]	Fahrt- zeit [min]	Nr.	von	nach	Distanz [km]	Fahrt- zeit [min]
1	BDGOT	HELLE	5,4	7	1	BDGOT	BGGIE	4,2	6	1
2	HELLE	BATAL	3,3	4	2	BGGIE	LANG	5,0	7	2
3	BATAL	BAHRA	4,2	6	3	LANG	LEUPO	3,8	5	3
4	BAHRA	BUCH	5,3	9	4	LEUPO	BIELA	8,2	11	4
5	BUCH	P1	7,3	16	5	BIELA	ROSE	3,4	5	5
6	P1	BDGOT	14,9	24	6	ROSE	P2	8,7	18	6
					7	P2	BDGOT	24,1	40
	Gesamt		40,4	66		Gesamt	57,4	92	
	bis P1		25,5	42		bis P2	33,3	52	

So ist die gesamte zu fahrende Distanz um 83,8 auf 195,6 Kilometer und die Fahrtzeit um 120 auf 316 Minuten gesunken. Das führt zu den gesamten täglichen Kosten der beiden Buslinien von 319,50 Euro, was gegenüber Szenario 1 eine Kostensenkung von 91,90 Euro pro Tag führt.

Tab. 3.6: Kosten für Szenario 2 gemäß Fallstudie 3.8 b)

		Linie 1		Linie 2		Gesamt
Basissatz	[€]		45,0		45,0		90,0
Distanz je Tag	[km]	80,8		114,8		195,6	
Distanzabhängige Kosten	[€]		40,4		57,4		97,8
Fahrtzeit je Tag	[min]	132,0		184,0		316,0	
Zeitabhängige Kosten	[€]		55,0		76,7		131,7
Summe	**[€]**		**140,4**		**179,1**		**319,5**

Auffällig ist bei Buslinie 2, dass der Ausgangsort Bad Gottleuba nicht zu den zugeordneten Wohnorten zu dieser Buslinie gehört. In diesem Zusammenhang stellt sich die Frage, ob weitere Kostensenkungen möglich sind, wenn die Ausgangorte dieser bzw. beider Buslinien frei wählbar sind. Diese Fragestellung entspricht dem dritten Szenario.

c) Lösung Szenario 3
(Beispieldateien: forst-ak-zuordnung.tpp, forst.tsp)

Im dritten Szenario ist ähnlich wie im dem zweiten Szenario vorzugehen, sodass die bisherigen Problemdateien unverändert weiterverwendet werden können. Allerdings handelt es sich nicht mehr um Durchfahrtprobleme mit fixierten Start- und Zielorten, sondern um solche mit freiem Start- und fixiertem Zielort. Als Zielorte agieren in diesem Szenario die beiden Arbeitsorte P1 und P2, während die Startorte frei und damit nicht im Optimierungsdialog zu spezifizieren sind. Weiterhin ist für die zweite Buslinie zum Parkplatz P2 der Knoten Bad Gottleuba als inaktiv zu setzen, da er nicht mehr als Startknoten fungieren muss und als Wohnort nicht dem Arbeitsort P2 zugeordnet ist. Wie in Abb. 3.50 für die erste Buslinie abgebildet, sind Parkplatz P1 oder Parkplatz P2 als Zielknoten (*Destination node*) mit der *Nr* 14 bzw. 15 oder der *ID* P1 bzw. P2 festzulegen, als Problemtyp *Open TSP with specified destination node* und als Algorithmus *Complete multistart + 3opt* zu wählen.

	Nr	ID	Name
Start node			
Destination node:	14	P1	Parkpl.-Brand

Problem type
- ○ TSP
- ○ Open TSP with specified start and destination node
- ○ Open TSP with specified start node
- ● Open TSP with specified destination node
- ○ Open TSP without specified start and destination node

Algorithm
- ○ One multistart + 3opt
- ○ Partially multistart + 3opt
- ● Complete multistart + 3opt

Abb. 3.50: Ausschnitt des Optimierungsdialogs für Fallstudie 3.8 c) in LogisticsLab/TSP

Wie in Abb. 3.51 und Tab. 3.7 zu sehen ist, stimmen die Linienführung sowie die Distanz und die Fahrtzeit der ersten Buslinie mit dem Ergebnis für die erste Buslinie im Szenario 2 überein.

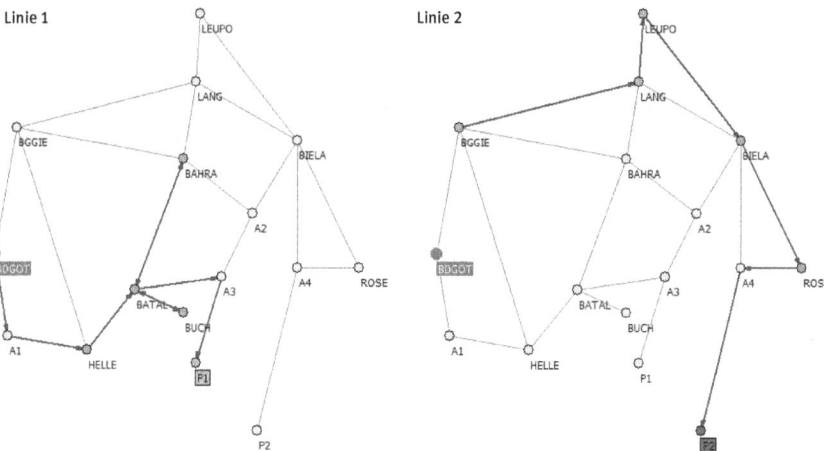

Abb. 3.51: Grafische Darstellung der Lösung für Fallstudie 3.8 c) in LogisticsLab/TSP

Für die zweite Buslinie ergeben sich Berggießhübel als Start- und Parkplatz P2 als Zielort. Damit fällt gegenüber dem zweiten Szenario lediglich die Teilstrecke Bad

Gottleuba → Berggießhübel weg und die Rücktour vom Parkplatz P2 hat nun zum neuen Ausgangsort Berggießhübel zu erfolgen.

Tab. 3.7: Linienführung für Szenario 3 gemäß Fallstudie 3.8 c)

	Linie 1					Linie 2			
Nr.	von	nach	Distanz [km]	Fahrt-zeit [min]	Nr.	von	nach	Distanz [km]	Fahrt-zeit [min]
1	BDGOT	HELLE	5,4	7	1	BGGIE	LANG	5,0	7	1
2	HELLE	BATAL	3,3	4	2	LANG	LEUPO	3,8	5	2
3	BATAL	BAHRA	4,2	6	3	LEUPO	BIELA	8,2	11	3
4	BAHRA	BUCH	5,3	9	4	BIELA	ROSE	3,4	5	4
5	BUCH	P1	7,3	16	5	ROSE	P2	8,7	18	5
6	P1	BDGOT	14,9	24	6	P2	BGGIE	19,9	34	6
	Gesamt		40,4	66		Gesamt	49,0	80	
	bis P1		25,5	42		bis P2	29,1	46	

Die im Vergleich der Ergebnisse in Tab. 3.8 und Tab. 3.6 erkennbaren Verringerungen der Distanz um 16,8 Kilometer und der Fahrtzeit um 24 Minuten gegenüber Szenario 2 sind auf den Wegfall der Teilstrecke Bad Gottleuba → Berggießhübel für die zweite Buslinie und den kürzeren Rückweg zum neuen Ausgangsort Berggießhübel zurückzuführen. Letztlich führen beide Effekte zu einer Kostensenkung von täglich 18,4 Euro gegenüber dem zweiten Szenario und zu den gesamten Kosten von 301,10 Euro.

Tab. 3.8: Kosten für Szenario 3 gemäß Fallstudie 3.8 c)

		Linie 1	Linie 2	Gesamt
Basissatz	[€]	45,0	45,0	90,0
Distanz je Tag	[km]	80,8	98	178,8
Distanzabhängige Kosten	[€]	40,4	49	89,4
Fahrtzeit je Tag	[min]	132	160	292,0
Zeitabhängige Kosten	[€]	55	66,7	121,7
Summe	[€]	**140,4**	**160,7**	**301,1**

3.4 Briefträgerprobleme

Fallstudie 3.9

a) Euler-Netzwerk und Euler-Tour ohne Beachtung der Distanzen

Offensichtlich ist das in der Aufgabenstellung gegebene gerichtete Netzwerk kein Euler-Netzwerk, da die Anzahl der ein- und ausgehenden Kanten für die Knoten 4 und 5 nicht identisch ist (Abb. 3.52).

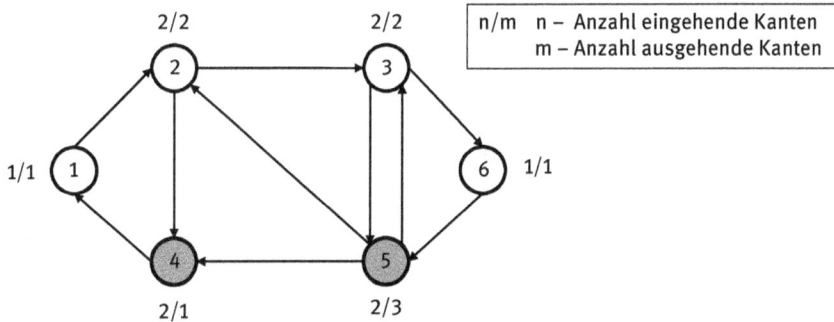

Abb. 3.52: Anzahl der ein- und ausgehenden Kanten des Netzwerks für Fallstudie 3.9

Zur Überführung dieses Netzwerkes in ein Euler-Netzwerk sind zusätzliche gerichtete Kanten einzuführen, bis für alle Knoten die jeweilige Anzahl der ein- und die Anzahl der ausgehenden gerichteten Kanten identisch ist. Ein Hinzufügen einer gerichteten Kante bedeutet, dass eine originale gerichtete Kante mehrfach zu durchlaufen ist. Der in ein Euler-Netzwerk transformierte Graph ist in Abb. 3.53 gegeben.

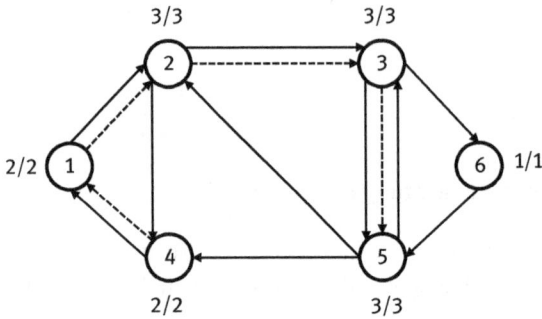

Abb. 3.53: In ein Euler-Netzwerk transformierter Graph für Fallstudie 3.9 a)

Die Grundidee zur Bestimmung einer Euler-Tour in einem Euler-Netzwerk besteht darin, in einem ersten Schritt alle Zyklen zu bestimmen (Abb. 3.54), wobei eine Kante in nur einem Zyklus enthalten sein darf. Im zweiten Schritt sind die Zyklen zu einer Euler-Tour zusammenzufassen (Abb. 3.55), indem ein Zyklus A in einem Zyklus B an der Stelle eingefügt wird, an der der Startknoten des einzufügenden Zyklus A steht.

Zyklus 1: 1→2→3→6→5→4→1

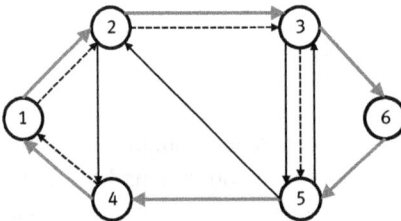

Zyklus 3: 3→5→3

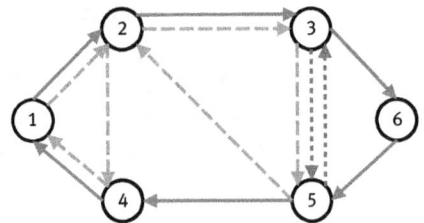

Zyklus 2: 1→2→3→5→2→4→1

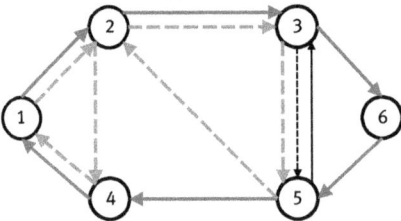

Abb. 3.54: Bestimmung der Zyklen des Netzwerkes für Fallstudie 3.9 a)

Die Euler-Tour für dieses Netzwerk ist nochmals in Abb. 3.56 dargestellt, wobei die Gewichte an den Kanten die Position in der Euler-Tour angeben.

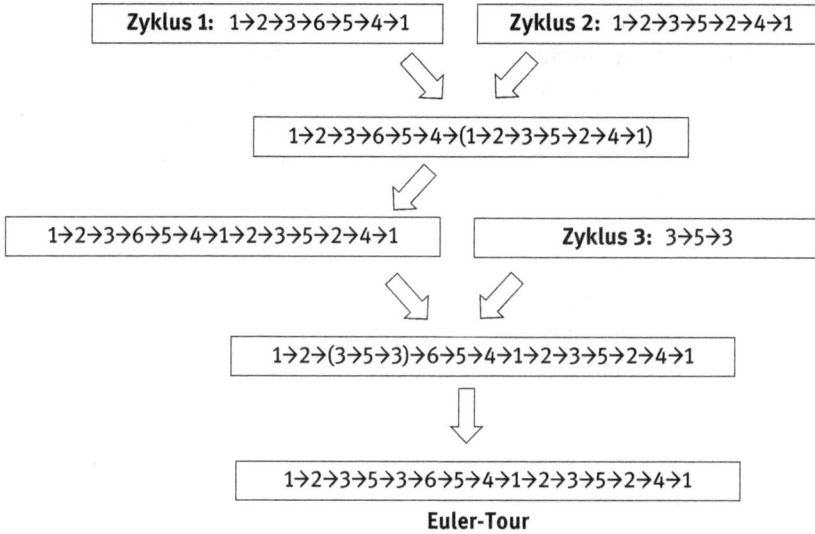

Abb. 3.55: Bestimmung der Euler-Tour für Fallstudie 3.9 a)

Euler-Tour:
1→2→3→5→3→6→5→4→1→2→3→5→2→4→1

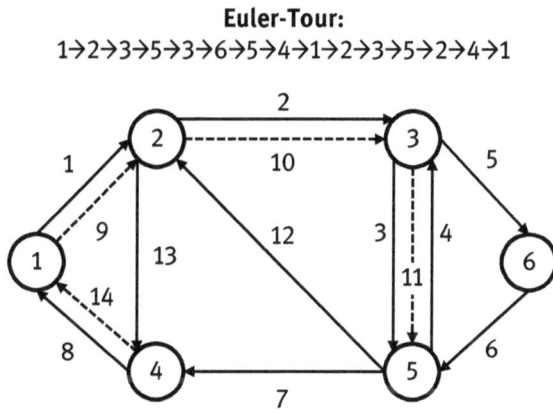

Abb. 3.56: Euler-Tour für Fallstudie 3.9 a)

b) Mathematisches Modell zur kostenminimalen Erweiterung des Netzwerkes

Bevor für das betrachte Netzwerk eine Euler-Tour gefunden werden kann, ist es in ein Euler-Netzwerk unter Beachtung der Kantengewichte zu transformieren, indem zusätzliche Kanten eingefügt werden. Letztlich bedeutet die Einführung zusätzlicher Kanten, dass eine existierende Kante des originalen Modells mehrfach durchlaufen werden muss. In dem im Lehrbuch *Logistik-Entscheidungen* vorgestellten Modell der kosten- bzw. distanzminimalen Erweiterung eines Graphen[2] wird grundsätzlich von einem gemischten Graphen ausgegangen, sodass dieses Modell vereinfacht für das vorliegende gerichtete Netzwerk angewendet werden kann. Es wird ein gerichtetes Netzwerk $G = (N, A)$ mit der Knotenmenge N und der Menge der gerichteten Kanten A betrachtet. Für jede Kante $(i, j) \in A$ wird gemäß (3.14) eine ganzzahlige Variable x_{ij} eingeführt, die die Anzahl der Nutzungen der jeweiligen Kante abbildet. Die dabei anfallenden Kosten bzw. Distanzen gilt es zu minimieren, wobei diese durch Kantengewichte c_{ij} abgebildet werden. In diesem Sinn besteht die Zielfunktion (3.12) aus der zu minimierenden und über alle gerichteten Kanten zu bildenden Summe der Produkte der Distanzen der Kanten c_{ij} und der Anzahl der Kantennutzungen x_{ij}. Die für alle Knoten zu definierenden Nebenbedingungen (3.13) stellen sicher, dass die Anzahl der eingehenden genutzten Kanten identisch zur Anzahl der ausgehenden genutzten Kanten ist. Damit wird die für die Bildung eines Euler-Netzwerkes notwendige Bedingung sichergestellt.

$$2x_{12} + 2x_{23} + 2x_{24} + 2x_{35} + 2x_{36} + 2x_{41} + 3x_{52} + 2x_{53} + 2x_{54} + 2x_{65} \rightarrow \min! \quad (3.12)$$

$u.d.N.$

$$x_{12} = x_{41}$$
$$x_{23} + x_{24} = x_{12} + x_{52}$$
$$x_{35} + x_{36} = x_{23} + x_{53}$$
$$x_{41} = x_{24} + x_{54} \quad\quad (3.13)$$
$$x_{52} + x_{53} + x_{54} = x_{35} + x_{65}$$
$$x_{65} = x_{36}$$

$$x_{ij} \in \{1, 2, \dots\} \quad ; (i, j) \in \{12, 23, 24, 35, 36, 41, 52, 53, 54, 65\} \quad (3.14)$$

c) Lösung mit LogisticsLab/CPP
(Beispieldatei: euler.cpp)

Die Vorgehensweise zum Erstellen eines Problems in LogisticsLab/CPP entspricht der in LogisticsLab/TSP. Es ist ein neues Problem mit sechs Knoten anzulegen und es sind die Daten der Knoten im Datenbereich *Nodes* einzugeben (Abb. 3.57). Für die Koordinaten des Netzwerks kann ein einfaches Raster verwendet werden, dessen Ursprung in der unteren linken Ecke liegt. Anschließend sind die zehn gerichteten Kanten im Datenbereich *Arcs* zu definieren (Abb. 3.58).

---

2 Vgl. Steglich et al. (2016), S. 325 f.

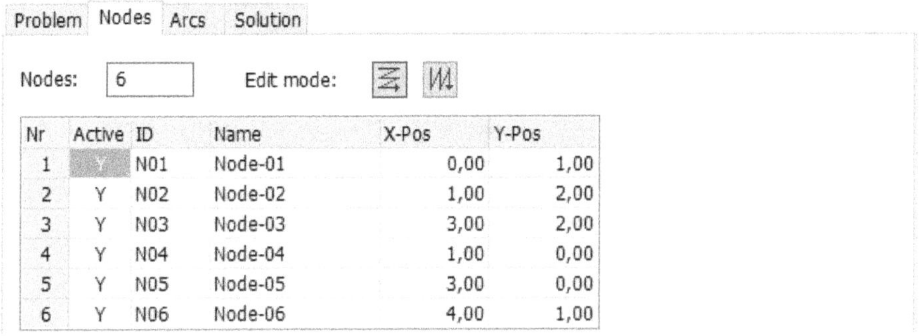

Nr	Active	ID	Name	X-Pos	Y-Pos
1	Y	N01	Node-01	0,00	1,00
2	Y	N02	Node-02	1,00	2,00
3	Y	N03	Node-03	3,00	2,00
4	Y	N04	Node-04	1,00	0,00
5	Y	N05	Node-05	3,00	0,00
6	Y	N06	Node-06	4,00	1,00

Nodes: 6 — Edit mode: (Problem / Nodes / Arcs / Solution)

Abb. 3.57: Eingabe der Knoten für Fallstudie 3.9 c) in LogisticsLab/CPP

Problem / Nodes / Arcs / Solution

From node: N02 — Name: Node-02 — Nr. of arcs: 2

To nodes:

Nr	Node	Length	Type
2	N03	2	D
3	N04	2	D

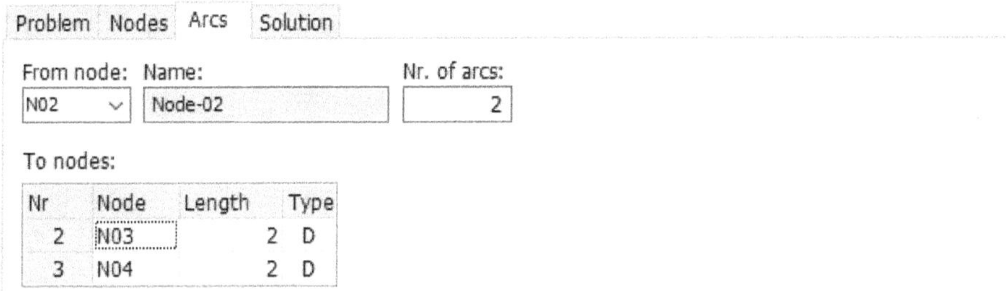

Abb. 3.58: Eingabe der Kanten für Fallstudie 3.9 c) in LogisticsLab/CPP

Wenn für ein Briefträgerproblem ein Startknoten spezifiziert werden soll, kann das im Datenbereich *Problem* mittels der *ID* des Startknotens (hier N01) erfolgen (Abb. 3.59). Ist kein Startknoten spezifiziert, wird automatisch der erste Knoten in der Knotenliste als Startknoten gewählt.

Problem / Nodes / Arcs / Solution

Problem: euler.CPP
Comment:
Starting node: N01 Node-01

Abb. 3.59: Eingabe des Startknotens für Fallstudie 3.9 **c)** in LogisticsLab/CPP

Anschließend kann die Optimierung über das Menü *Optimisation → Start Optimisation* oder die Schaltfläche *Optimise* in der Symbolleiste gestartet werden, sodass die grafische Darstellung der Lösung im Bereich *Netzwerk* (Abb. 3.60) und die gesuchte Euler-Tour im Datenbereich *Solution* erscheint (Abb. 3.61).

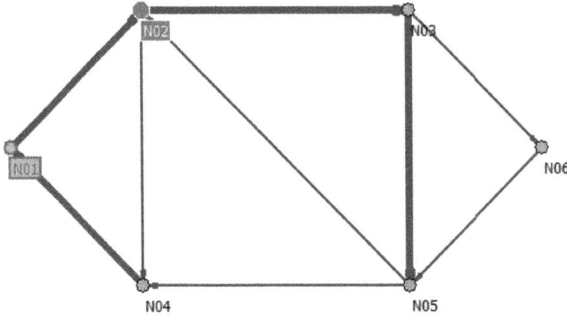

Abb. 3.60: Grafische Darstellung der Lösung für Fallstudie 3.9 c) in LogisticsLab/CPP

Problem	Nodes	Arcs	Solution

Total legs: 14

Length: 29

From	ID	To	ID	Distance	Trip Length
1	N01	2	N02	2	2
2	N02	3	N03	2	4
3	N03	5	N05	2	6
5	N05	2	N02	3	9
2	N02	3	N03	2	11
3	N03	5	N05	2	13
5	N05	3	N03	2	15
3	N03	6	N06	2	17
6	N06	5	N05	2	19
5	N05	4	N04	2	21
4	N04	1	N01	2	23
1	N01	2	N02	2	25
2	N02	4	N04	2	27
4	N04	1	N01	2	29

Abb. 3.61: Lösung für Fallstudie 3.9 c) in LogisticsLab/CPP

Die gefundene Euler-Tour besitzt eine Gesamtdistanz von 29 Kilometer und lautet N1 → N2 → N3 → N5 → N2 → N3 → N5 → N3 → N6 → N5 → N4 → N1 → N2 → N4 → N1.

Wie an der Stärke der Kanten in der grafischen Darstellung der Lösung und der eigentlichen Lösung im Datenbereich Solution zu sehen, werden die Kanten N1 → N2, N2 → N3, N3 → N5 und N4 → N1 mehrfach durchlaufen.

Fallstudie 3.10
(Beispieldatei: strassenzustand.cpp)

Zur Lösung dieses Briefträgerproblems ist ein neues Problem in LogisticsLab/CPP mit
15 Knoten anzulegen und die Daten der Knoten (ID, Name und Koordinaten) sind im
Datenbereich *Nodes* einzugeben (Abb. 3.62). Anschließend sind analog zur Fallstudie 3.4 die 26 ungerichteten Kanten mit ihren Distanzen im Datenbereich *Arcs* zu definieren (Abb. 3.63).

Nr	Active	ID	Name	X-Pos	Y-Pos
1	Y	DEPOT	Depot	8,00	9,50
2	Y	WIESA	Wiesa	3,00	7,50
3	Y	NIEDE	Niederdorf	5,00	9,50
4	Y	OBERD	Oberdorf	11,00	11,50
5	Y	WINB	Weinborn	12,50	10,00
6	Y	SIEBE	Siebenbaum	1,00	1,00
7	Y	TANNE	Tannenberg	1,50	3,00
8	Y	MOECK	Möckern	3,00	3,50
9	Y	UNTER	Unterberg	6,50	5,50
10	Y	WILLE	Willerdamm	8,00	7,50
11	Y	PAPEN	Papenburg	11,00	7,50
12	Y	ECKEN	Eckenwald	13,50	8,00
13	Y	AMWIN	AmWinkel	8,00	2,50
14	Y	HOCHW	Hochwald	12,00	3,50
15	Y	VORWE	Vorwerk	12,50	4,50

Abb. 3.62: Eingabe der Knoten für Fallstudie 3.10 in LogisticsLab/CPP

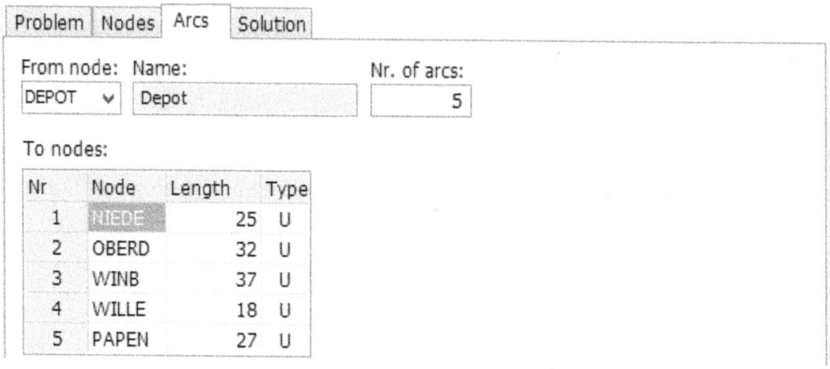

Abb. 3.63: Eingabe der Kanten für Fallstudie 3.10 in LogisticsLab/CPP

Da die Straßenbegutachtungstour am Knoten Depot startet und endet, ist dieser Knoten im Datenbereich *Problem* als Startknoten zu spezifizieren (Abb. 3.64).

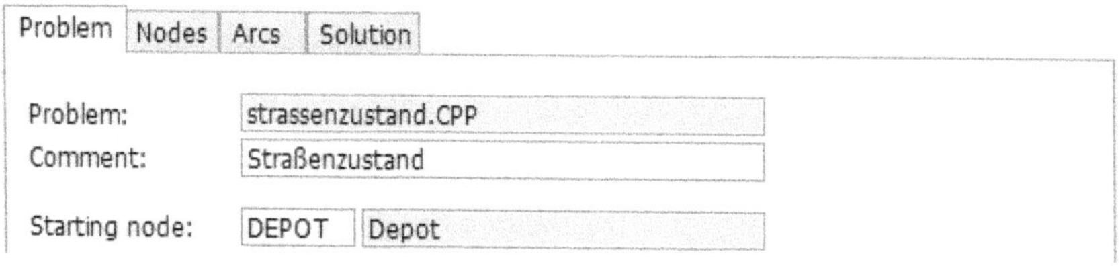

Abb. 3.64: Eingabe des Startknotens für Fallstudie 3.10 in LogisticsLab/CPP

Nach Abschluss der Optimierung kann man die Nutzung der Straßen im Bereich *Network* (Abb. 3.65) und die eigentliche Tour im Datenbereich *Solution* einsehen. Diese ist in Tab. 3.9 tabellarisch dargestellt. Die kürzeste Route über alle Straßen des Landkreises, die im Depot startet und endet, besitzt eine Länge von 803 Kilometer. Aufgrund der Struktur des Straßennetzes sind die Kanten DEPOT ↔ OBERD (Oberdorf), PAPEN (Papenburg) ↔ ECKEN (Eckenwald) und WIESA (Wiesa) ↔ UNTER (Unterberg) mehrfach zu befahren.

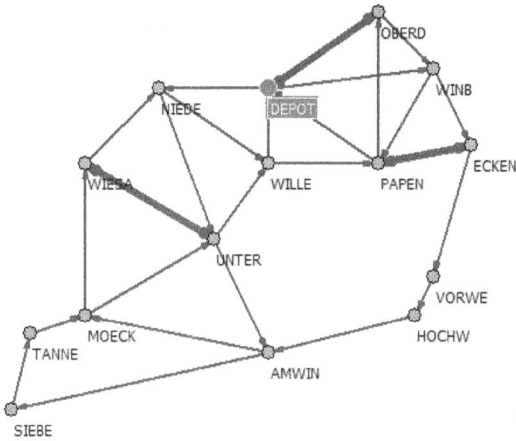

Abb. 3.65: Grafische Darstellung der Lösung für Fallstudie 3.10 in LogisticsLab/CPP

Tab. 3.9: Lösung für Fallstudie 3.10

von		nach		Distanz [km]	Gesamtdistanz [km]
DEPOT	Depot	NIEDE	Niederdorf	25	25
NIEDE	Niederdorf	UNTER	Unterberg	29	54
UNTER	Unterberg	WIESA	Wiesa	33	87
WIESA	Wiesa	NIEDE	Niederdorf	23	110
NIEDE	Niederdorf	WILLE	Willerdamm	30	140
WILLE	Willerdamm	DEPOT	Depot	18	158
DEPOT	Depot	OBERD	Oberdorf	32	190
OBERD	Oberdorf	DEPOT	Depot	32	222
DEPOT	Depot	WINB	Weinborn	37	259
WINB	Weinborn	PAPEN	Papenburg	25	284
PAPEN	Papenburg	OBERD	Oberdorf	36	320
OBERD	Oberdorf	WINB	Weinborn	18	338
WINB	Weinborn	ECKEN	Eckenwald	17	355
ECKEN	Eckenwald	PAPEN	Papenburg	24	379
PAPEN	Papenburg	ECKEN	Eckenwald	24	403
ECKEN	Eckenwald	VORWE	Vorwerk	45	448
VORWE	Vorwerk	HOCHW	Hochwald	4	452
HOCHW	Hochwald	AMWIN	Am Winkel	40	492
AMWIN	Am Winkel	SIEBE	Siebenbaum	60	552

von		nach		Distanz [km]	Gesamtdistanz [km]
SIEBE	Siebenbaum	TANNE	Tannenberg	15	567
TANNE	Tannenberg	MOECK	Möckern	13	580
MOECK	Möckern	UNTER	Unterberg	31	611
UNTER	Unterberg	AMWIN	AmWinkel	27	638
AMWIN	AmWinkel	MOECK	Möckern	37	675
MOECK	Möckern	WIESA	Wiesa	25	700
WIESA	Wiesa	UNTER	Unterberg	33	733
UNTER	Unterberg	WILLE	Willerdamm	18	751
WILLE	Willerdamm	PAPEN	Papenburg	25	776
PAPEN	Papenburg	DEPOT	Depot	27	803

3.5 Tourenplanung

Fallstudie 3.11
(Beispieldatei: backwaren.vrp)

Zur Lösung dieses symmetrischen, kapazitierten Tourenproblems ist im ersten Schritt ein neues Problem mit 22 Orten (*Nodes*) und 47 Kunden (*Stops*) anzulegen (Abb. 3.66).

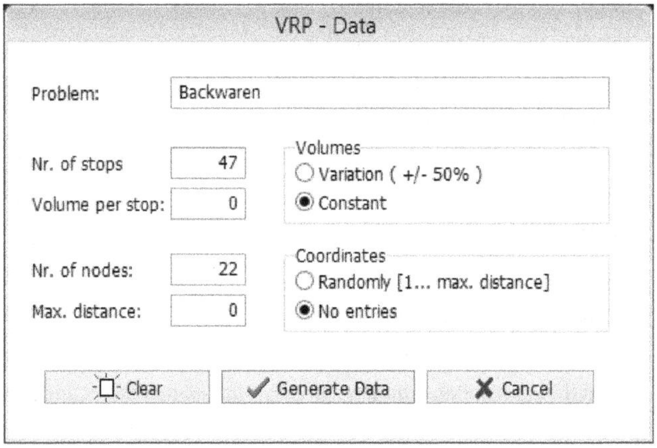

Abb. 3.66: Anlegen des Problems für Fallstudie 3.11 in LogisticsLab/VRP

Im folgenden Schritt sind im Datenbereich *Nodes* die Daten der Knoten mit der in der Aufgabenstellung angegebenen ID, den Namen und den Koordinaten einzugeben (Abb. 3.67). Anschließend sind im Datenbereich *Stops* die Daten der Kunden aus der Aufgabenstellung zu übernehmen (Abb. 3.68). In der Spalte *Node* ist der Knoten, an dem der Kunde sich befindet, über die entsprechende *ID* zu spezifizieren. In den folgenden Spalten *Volume* und *Stop time* sind die Bedarfe sowie die Servicezeiten der Kunden einzugeben.

| Problem | Settings | Nodes | Arcs | Distances | Stops | Routes | Route details |

Nodes: 22   Edit modus:

Nr.	ID	Name	X-Pos	Y-Pos
1	ERLAN	Erlangen	73,00	111,00
2	NÜRNB	Nürnberg	78,00	96,00
3	WENDE	Wendelstein	83,00	86,00
4	HERZO	Herzogenaurach	63,00	109,00
5	SWABA	Schwabach	74,00	83,00
6	LAUF	Lauf	93,00	103,00
7	HERSB	Hersbruck	104,00	103,00
8	SNAIT	Schnaittach	97,00	109,00
9	POTTE	Pottenstein	101,00	132,00
10	FORCH	Forchheim	76,00	126,00
11	HÖCHS	Höchstadt	58,00	124,00
12	EBERM	Ebermannstadt	85,00	133,00
13	AUFSE	Aufsess	88,00	144,00
14	NEUST	Neustadt	44,00	110,00
15	BWIND	BadWindsheim	30,00	101,00
16	MERLB	MarktErlbach	47,00	101,00
17	MTASC	MarktTaschendo	40,00	124,00
18	ANSBA	Ansbach	41,00	79,00
19	BAYRE	Bayreuth	112,00	151,00
20	BAMBE	Bamberg	67,00	144,00
21	SLÜSS	Schlüsselfeld	44,00	130,00
22	IPHOF	Iphofen	19,00	124,00

Abb. 3.67: Eingabe der Knoten für Fallstudie 3.11 in LogisticsLab/VRP

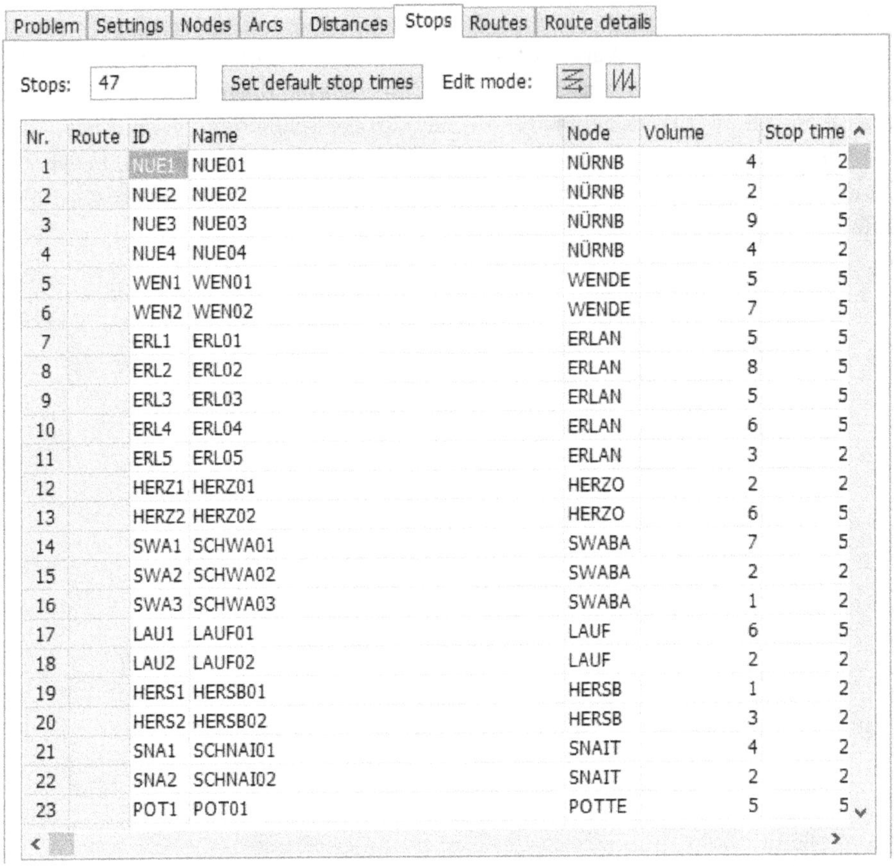

Nr.	Route	ID	Name	Node	Volume	Stop time
1		NUE1	NUE01	NÜRNB	4	2
2		NUE2	NUE02	NÜRNB	2	2
3		NUE3	NUE03	NÜRNB	9	5
4		NUE4	NUE04	NÜRNB	4	2
5		WEN1	WEN01	WENDE	5	5
6		WEN2	WEN02	WENDE	7	5
7		ERL1	ERL01	ERLAN	5	5
8		ERL2	ERL02	ERLAN	8	5
9		ERL3	ERL03	ERLAN	5	5
10		ERL4	ERL04	ERLAN	6	5
11		ERL5	ERL05	ERLAN	3	2
12		HERZ1	HERZ01	HERZO	2	2
13		HERZ2	HERZ02	HERZO	6	5
14		SWA1	SCHWA01	SWABA	7	5
15		SWA2	SCHWA02	SWABA	2	2
16		SWA3	SCHWA03	SWABA	1	2
17		LAU1	LAUF01	LAUF	6	5
18		LAU2	LAUF02	LAUF	2	2
19		HERS1	HERSB01	HERSB	1	2
20		HERS2	HERSB02	HERSB	3	2
21		SNA1	SCHNAI01	SNAIT	4	2
22		SNA2	SCHNAI02	SNAIT	2	2
23		POT1	POT01	POTTE	5	5

Tabs: Problem | Settings | Nodes | Arcs | Distances | Stops | Routes | Route details

Stops: 47   Set default stop times   Edit mode:

Abb. 3.68: Eingabe der Kunden (Stops) für Fallstudie 3.11 in LogisticsLab/VRP

Im folgenden Schritt sind die Vorgabedaten des Problems im Datenbereich *Settings* anzugeben (Abb. 3.69). So ist im Feld *Depot (at node)* die ID ERLAN anzugeben, da der Knoten Erlangen das Depot enthält. Die Kapazität der Fahrzeuge ist im Feld *Capacity per vehicle* festzulegen. In Abhängigkeit der drei von den Fahrzeugtypen abhängigen Szenarien sind in dieses Feld die Werte 21, 30 oder 90 einzutragen. Weiterhin ist die für alle Szenarien gültige Höchstdauer einer einzelnen Tour im Feld *Max. route duration* mit 2,5 Stunden anzugeben. Die durchschnittliche Distanz von zwei Kilometern zwischen den in einem Ort gelegenen Verkaufsstellen ist im Feld *Avg. distance between stops at one node* zu vermerken. Damit die Dauer der Routen in Abhängigkeit der Distanzen berechnet werden kann, sind die distanzabhängigen Durchschnittsgeschwindigkeiten im Bereich *Avg. speed* gemäß der Aufgabenstellung festzulegen.

Problem	Settings	Nodes	Arcs	Distances	Stops	Routes	Route details

Depot (at node):   ERLAN   Erlangen

Zone radius: 0   [km]

Capacity per vehicle: 21   [kg]

Max. route length: 2.000   [km]

Max. route duration: 02:30   [hh:mm]

Avg. distance between
stops at one node: 2,0   [km]

Weight conversion: 1   [kg/unit]

Avg. speed:

Distance [km]	Speed [km/h]
<= 5	30
<= 15	40
<= 30	60
<= 60	70
> 60	80

Avg. time per stop:

Weight [kg]	Stop time [min]
<= 100	10
<= 500	15
<= 1.000	20
<= 2.500	25
<= 5.000	30
> 5.000	45

Abb. 3.69: Eingabe der Vorgabedaten des Problems für Fallstudie 3.11 in LogisticsLab/VRP

Bevor mit der Optimierung gestartet werden kann, ist die Distanzmatrix zu berechnen. Dieser Schritt erfolgt entweder über das Menü *Optimisation → Calculate Distance Matrix* oder über die Schaltfläche *Calculate Distance Matrix* in der Symbolleiste, worauf der in Abb. 3.70 dargestellte Dialog zur Berechnung der Distanzmatrix erscheint, in dem als Methode die Euklidische Distanz (*Euclidean distance*) zu wählen und als Umwegfaktor (*Detour factor*) der Wert 1,3 einzugeben ist.[3] Nach Abschluss der Distanzberechnung erscheint im Datenbereich *Distances* (Abb. 3.71) die berechnete symmetrische Distanzmatrix.

---

3 Da sich die zu zahlenden Transportentgelte proportional zur Distanz verhalten, reicht es für die Minimierung der Transportkosten aus, die zu fahrenden Distanzen zu minimieren.

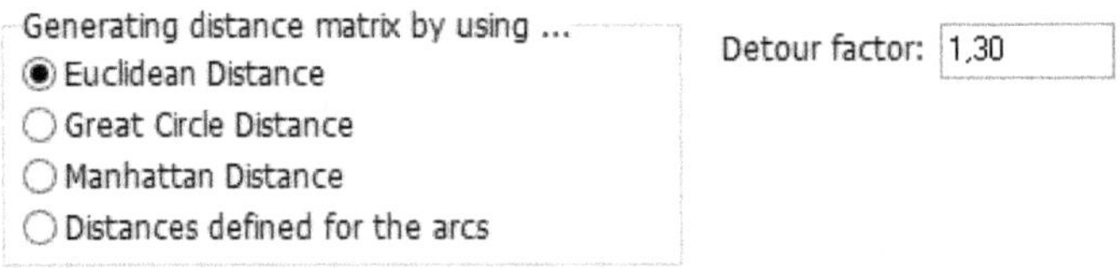

Generating distance matrix by using ...
- ⦿ Euclidean Distance
- ○ Great Circle Distance
- ○ Manhattan Distance
- ○ Distances defined for the arcs

Detour factor: 1,30

Abb. 3.70: Ausschnitt des Dialogs zur Berechnung der Distanzmatrix für Fallstudie 3.11

| Problem | Settings | Nodes | Arcs | Distances | Stops | Routes | Route details |

Method: Euclidean   Edit mode: ⋧ ⩗

Detour factor: 1,30

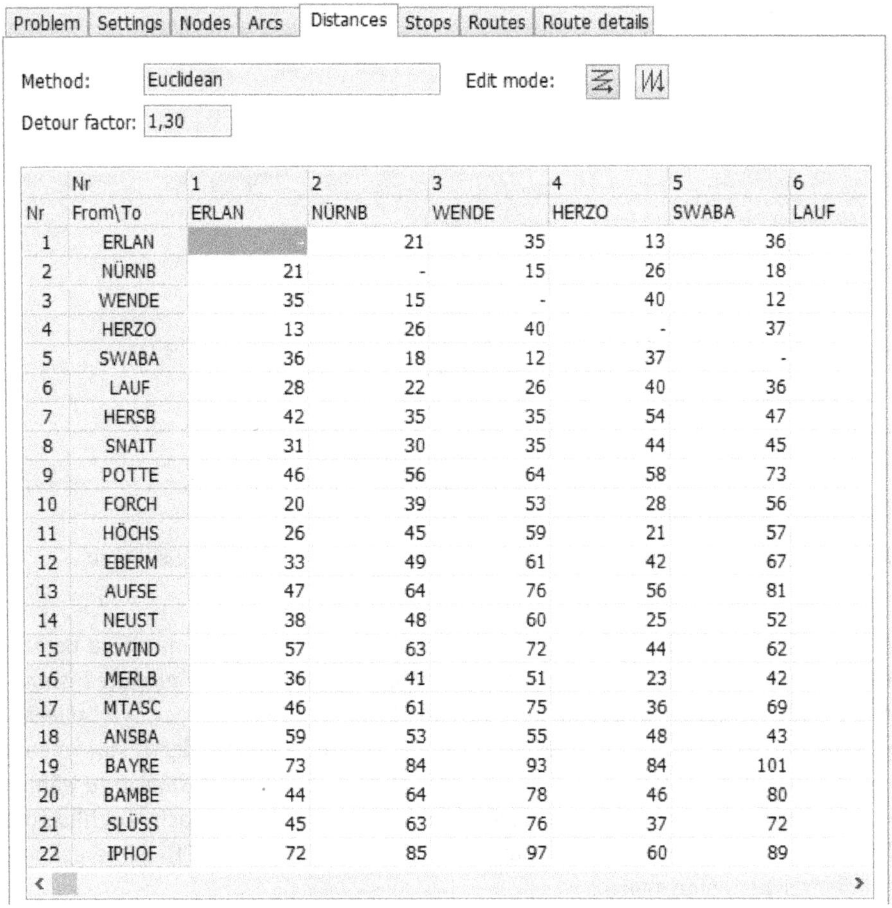

Nr		1	2	3	4	5	6
Nr	From\To	ERLAN	NÜRNB	WENDE	HERZO	SWABA	LAUF
1	ERLAN		21	35	13	36	
2	NÜRNB	21	-	15	26	18	
3	WENDE	35	15	-	40	12	
4	HERZO	13	26	40	-	37	
5	SWABA	36	18	12	37	-	
6	LAUF	28	22	26	40	36	
7	HERSB	42	35	35	54	47	
8	SNAIT	31	30	35	44	45	
9	POTTE	46	56	64	58	73	
10	FORCH	20	39	53	28	56	
11	HÖCHS	26	45	59	21	57	
12	EBERM	33	49	61	42	67	
13	AUFSE	47	64	76	56	81	
14	NEUST	38	48	60	25	52	
15	BWIND	57	63	72	44	62	
16	MERLB	36	41	51	23	42	
17	MTASC	46	61	75	36	69	
18	ANSBA	59	53	55	48	43	
19	BAYRE	73	84	93	84	101	
20	BAMBE	44	64	78	46	80	
21	SLÜSS	45	63	76	37	72	
22	IPHOF	72	85	97	60	89	

Abb. 3.71: Berechnete Distanzmatrix für Fallstudie 3.11 in LogisticsLab/VRP

Im folgenden Schritt kann das Problem gelöst werden, indem entweder das Menü *Op-timisation → Start Optimisation* oder die Schaltfläche *Optimise* in der Symbolleiste ge-wählt wird. Im erscheinenden Optimierungsdialog (Abb. 3.72) ist sinnvollerweise im Bereich *Algorithm* als Lösungsalgorithmus *Savings/PM* und im Bereich *Conditions* die

Option *Post optimisation* zu wählen. Zusätzlich ist, da die maximale Zeitdauer einer Tour auf 2,5 Stunden beschränkt ist, in diesem Bereich die Option *Limited route duration* anzuklicken.

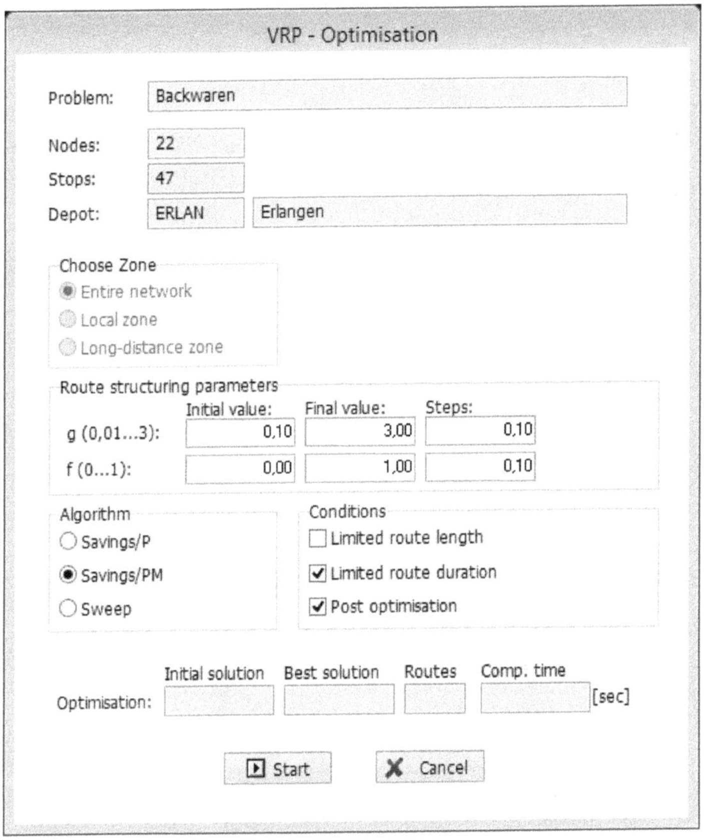

Abb. 3.72: Optimierungsdialog für Fallstudie 3.11 in LogisticsLab/VRP

Nach dem Lösen dieses Tourenproblems können im Datenbereich *Routes* eine Übersicht über die gebildeten Routen (Abb. 3.73 für Transporter-2,8) und im Datenbereich *Route details* die eigentlichen Routen eingesehen werden (Abb. 3.74 für Transporter-2,8). Zusätzlich kann eine grafische Darstellung einer jeden Route bzw. der gesamten Lösung im Bereich *Network* eingesehen werden. Zur Darstellung einer einzelnen Route ist diese im Datenbereich *Route details* im Feld *Route* auszuwählen.

Betrachtet man die in Tab. 3.10 zusammengefassten Ergebnisse, ist ersichtlich, dass der Einsatz des größten Fahrzeugtyps Lkw-7,5 mit insgesamt acht Touren eine minimale Distanz von 937 Kilometern aufweist. Zusätzlich besitzt dieses Szenario auch die geringste gesamte Fahrtzeit von 18 Stunden und 40 Minuten. Alle Szenarien halten die maximale Dauer von zwei Stunden und 30 Minuten einer Einzeltour ein. Alle acht Einzeltouren des optimalen Szenarios Lkw-7,5 sind zusammenfassend in Abb. 3.85 grafisch dargestellt.

Problem	Settings	Nodes	Arcs	Distances	Stops	Routes	Route details

Total routes: 11

Total distance: 1.106 [km] Total duration: 20:54 [h:mm]

Route	Stops	Volume	Distance	Duration
1	3	21	73	01:32
2	6	20	83	01:41
3	2	14	6	00:22
4	4	18	32	01:09
5	7	21	93	02:07
6	5	21	121	02:26
7	5	20	105	02:05
8	4	21	156	02:24
9	4	21	145	02:25
10	3	9	163	02:29
11	4	20	129	02:14

Abb. 3.73: Übersicht über die Routen für Fallstudie 3.11 und Transporter-2,8 in LogisticsLab/VRP

Problem	Settings	Nodes	Arcs	Distances	Stops	Routes	Route details

Routes: 11 Route: 1

Nr	Stop	Name	Node	Volume	Distance	Trav.time	Stop time	Duration
1	NUE3	NUE03	NÜRNB	9	21	00:21	00:05	00:26
2	WEN1	WEN01	WENDE	5	15	00:22	00:05	00:27
3	WEN2	WEN02	WENDE	7	2	00:04	00:05	00:09
4	DEP	Depot	ERLAN	0	35	00:30	00:00	00:30
Tour		3 stops		21	73	01:17	00:15	01:32

Abb. 3.74: Details der Routen für Fallstudie 3.11 und Transporter-2,8 in LogisticsLab/VRP

Transporter-2,8

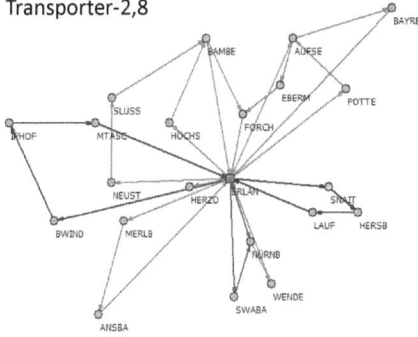

Transporter-3,5

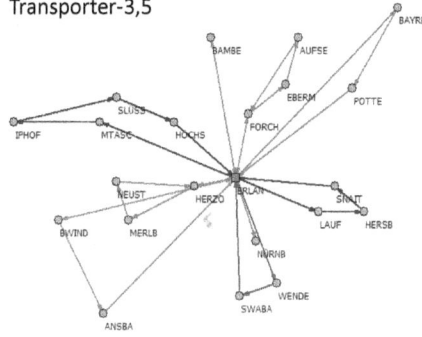

Lkw-7,5

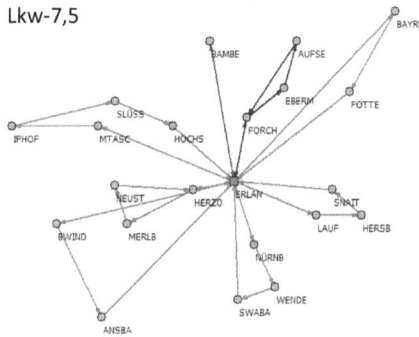

Abb. 3.75: Grafische Darstellung der Tourenpläne für Fallstudie 3.11 in LogisticsLab/VRP

Tab. 3.10: Lösung für Fallstudie 3.11

	Transporter-2,8	Transporter-3,5	Lkw-7,5
Anzahl Touren	11	10	8
Gesamtdistanz [km]	1.106	980	937
Gesamtfahrtzeit [hh.mm]	20:54	19:13	18:40
Max. Tourzeit [hh.mm]	02:29	02:29	02:29

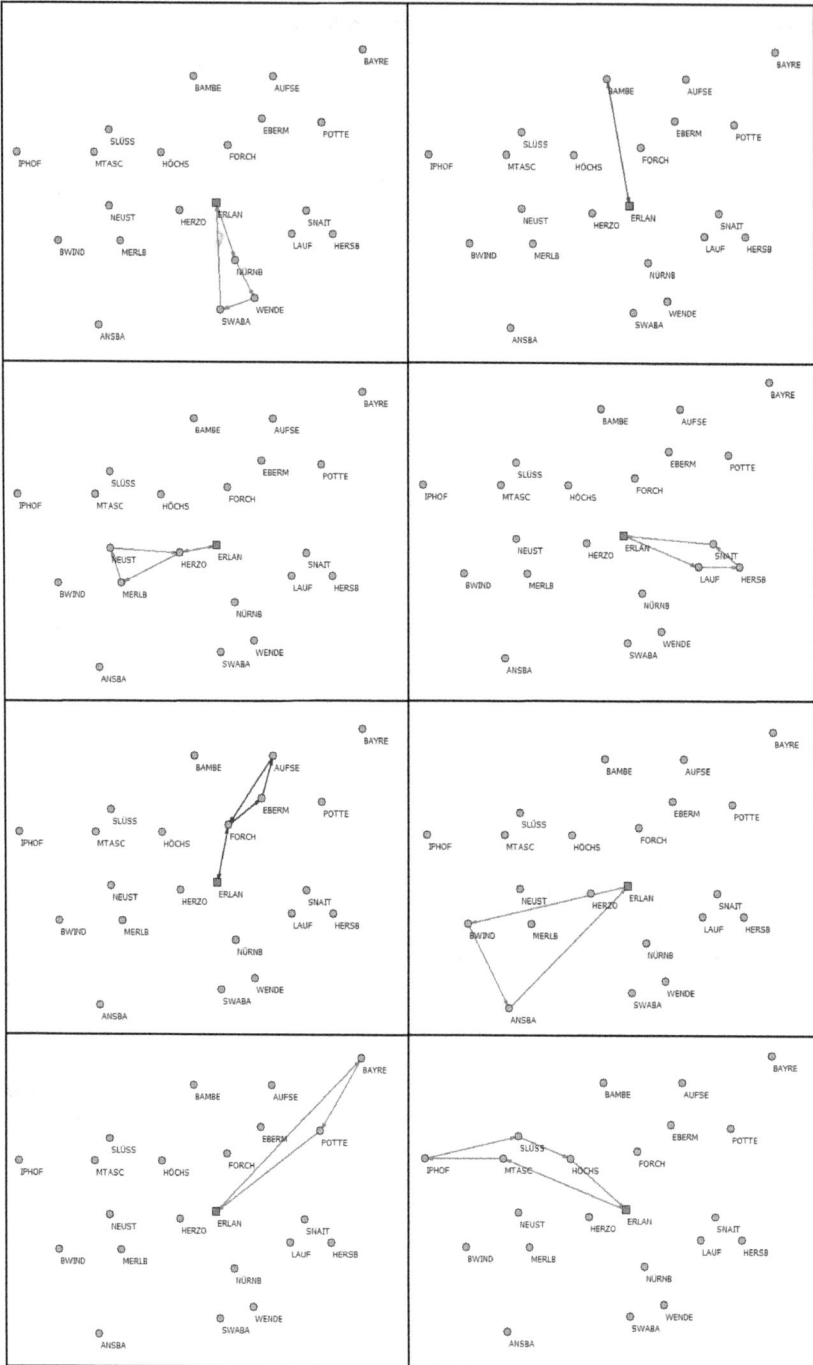

Abb. 3.76: Grafische Darstellung der Tourenpläne für Fallstudie 3.11 in LogisticsLab/VRP

Fallstudie 3.12
(Beispieldatei: bekleidung.vrp)

Zur Lösung dieses symmetrischen, kapazitierten Tourenproblems ist im ersten Schritt ein neues Problem mit 15 Orten (*Nodes*) bzw. 31 Kunden (*Stops*) anzulegen. Im Datenbereich *Nodes* sind die Daten der Orte (Abb. 3.77) einzugeben. Da die Luftlinienentfernungen sinnvollerweise auf der Basis der Orthodrome berechnet werden sollen, sind die gegebenen geografischen Koordinaten in Grad und Minuten in das Dezimalsystem umzurechnen, indem die Gradzahlen übernommen und mit den durch den Wert 60 dividierten Minuten addiert werden.[4] Im folgenden Schritt sind im Datenbereich *Stops* die Kundendaten einzugeben (Abb. 3.78).

Problem	Settings	Nodes	Arcs	Distances	Stops	Routes	Route details

Nodes: 16   Edit modus:

Nr.	ID	Name	X-Pos	Y-Pos
1	K1	Düren	6,48	50,80
2	K2	Geilenkirchen	6,12	50,97
3	K3	Hückelhoven	6,22	51,07
4	K4	Brühl	6,90	50,83
5	K5	Dormagen	6,85	51,10
6	K6	Hilden	6,93	51,17
7	K7	Wipperführt	7,40	51,12
8	K8	Gummersbach	7,57	51,03
9	K9	Remscheid	7,20	51,18
10	K10	Siegburg	7,20	50,80
11	K11	Grevenbroich	6,58	51,08
12	K12	Erkelenz	6,32	51,08
13	K13	Bergheim	6,65	50,97
14	K14	Hennef	7,28	50,78
15	K15	Troisdorf	7,15	50,82
16	K16	Depot(Hührt)	6,87	50,87

Abb. 3.77: Eingabe der Knoten für Fallstudie 3.12 in LogisticsLab/VRP

---

4 Vgl. Steglich et al. (2016), S. 54 f.

| | | Problem | Settings | Nodes | Arcs | Distances | Stops | Routes | Route details |

Stops: 31   Set default stop times   Edit mode: ⇅ ⋀⋀

Nr.	Route	ID	Name	Node	Volume	Stop time
1		KD1	Dagmar_König	K1	2	10
2		KD2	Inge_Schwinn	K2	2	10
3		KD3	Gabi_Welser	K3	3	10
4		KD4	Petra_Finke	K3	3	10
5		KD5	Bush_Jeans_Shop	K3	66	15
6		KD6	Walter_Schröder	K4	6	10
7		KD7	Bert_Göbel	K4	4	10
8		KD8	Maria_Wesseling	K4	4	10
9		KD9	Western_Store	K5	58	15
10		KD10	Hermine_Seifert	K5	2	10
11		KD11	Anton_Manger	K6	1	10
12		KD12	Trend_And_Fashi	K6	62	15
13		KD13	Karlheinz_Wilms	K7	3	10
14		KD14	Gertrud_Strauß	K7	4	10
15		KD15	Nina_Anderle	K8	1	10
16		KD16	Boutique_Jaquel	K9	54	15
17		KD17	Jeans_Wear_Wert	K9	87	15
18		KD18	Laura_Gaspari	K9	3	10
19		KD19	Brigitte_Schäfe	K10	3	10
20		KD20	Hennes_Hamann	K10	5	10
21		KD21	Modehaus_Müller	K10	87	15
22		KD22	Trends_2002	K11	55	15
23		KD23	Outdoor-Shop	K11	57	15
24		KD24	Dieter_Schulze	K11	6	10
25		KD25	Gerhard_Schmidt	K11	1	10
26		KD26	Holger_Weiß	K11	10	10
27		KD27	Herrenmoden_Mei	K11	61	15
28		KD28	Sabine_Witte	K12	3	10
29		KD29	Verena_Thiels	K13	2	10
30		KD30	Hubert_Huissern	K14	3	10
31		KD31	Troisdorfer_Mod	K15	46	20

Abb. 3.78: Eingabe der Kunden (Stops) für Fallstudie 3.12 in LogisticsLab/VRP

Weiterhin sind die Vorgabedaten des Problems aus der Aufgabenstellung im Datenbereich *Settings* zu übernehmen (Abb. 3.79).

Bevor mit der Optimierung gestartet werden kann, ist die Distanzmatrix zu berechnen, wobei im Dialog zur Berechnung der Distanzmatrix als Methode *Great Circle Distance* zu wählen und als Umwegfaktor (*Detour factor*) der Wert 1,4 einzugeben ist. Nach Abschluss der Distanzberechnung erscheint im Datenbereich *Distances* (Abb. 3.71) die berechnete symmetrische Distanzmatrix.

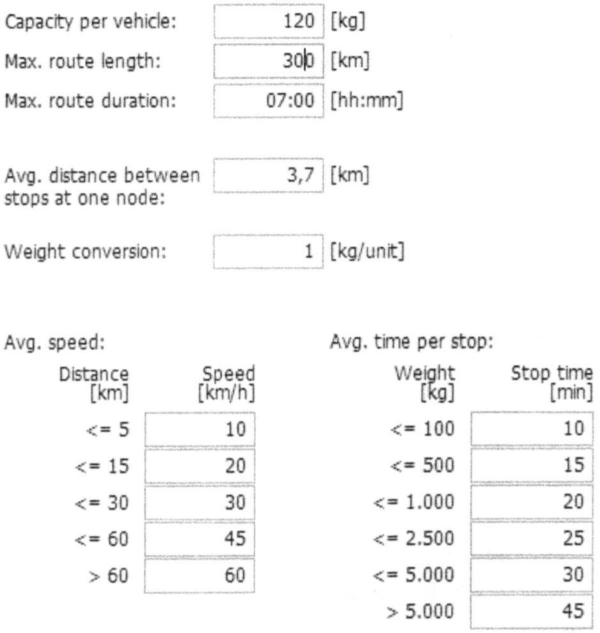

Capacity per vehicle:	120	[kg]
Max. route length:	300	[km]
Max. route duration:	07:00	[hh:mm]
Avg. distance between stops at one node:	3,7	[km]
Weight conversion:	1	[kg/unit]

Avg. speed:

Distance [km]	Speed [km/h]
<= 5	10
<= 15	20
<= 30	30
<= 60	45
> 60	60

Avg. time per stop:

Weight [kg]	Stop time [min]
<= 100	10
<= 500	15
<= 1.000	20
<= 2.500	25
<= 5.000	30
> 5.000	45

Abb. 3.79: Eingabe der Vorgabedaten des Problems für Fallstudie 3.12 in LogisticsLab/VRP

Problem | Settings | Nodes | Arcs | Distances | Stops | Routes | Route details

Method: GreatCircle   Edit mode:

Detour factor: 1,40

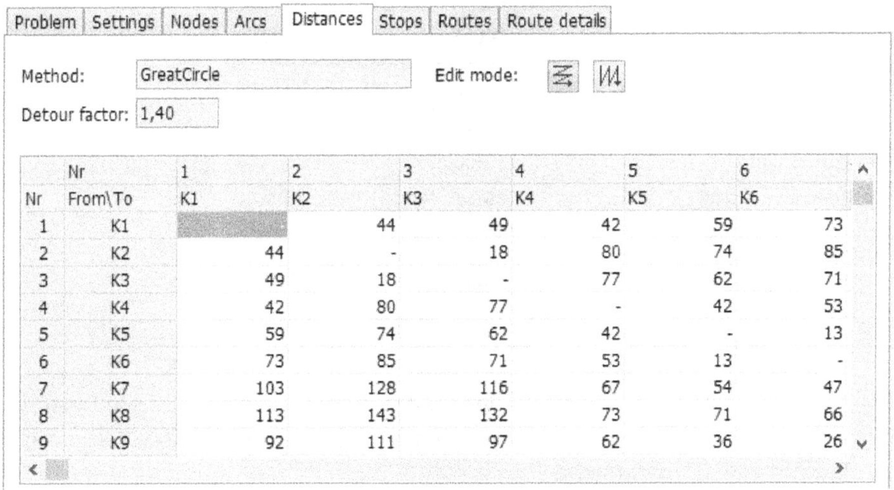

Nr	Nr From\To	1 K1	2 K2	3 K3	4 K4	5 K5	6 K6
1	K1		44	49	42	59	73
2	K2	44	-	18	80	74	85
3	K3	49	18	-	77	62	71
4	K4	42	80	77	-	42	53
5	K5	59	74	62	42	-	13
6	K6	73	85	71	53	13	-
7	K7	103	128	116	67	54	47
8	K8	113	143	132	73	71	66
9	K9	92	111	97	62	36	26

Abb. 3.80: Berechnete Distanzmatrix für Fallstudie 3.12 in LogisticsLab/VRP

Nach Eingabe aller relevanter Daten kann das Problem gelöst werden, wobei im Optimierungsdialog (Abb. 3.81) im Bereich *Algorithm Savings/PM* und Bereich *Condi-*

tions die Option *Post optimisation* sowie zusätzlich aufgrund der Beschränkungen hinsichtlich der maximalen Distanz und der maximalen Zeitdauer einer Tour die Optionen *Limited route lenght* und *Limited route duration* zu wählen sind.

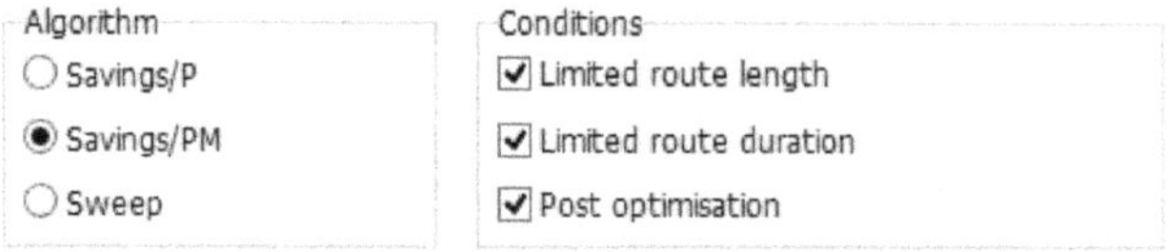

Algorithm	Conditions
○ Savings/P	☑ Limited route length
◉ Savings/PM	☑ Limited route duration
○ Sweep	☑ Post optimisation

Abb. 3.81: Ausschnitt des Optimierungsdialogs für Fallstudie 3.12 in LogisticsLab/VRP

Betrachtet man die in Tab. 3.11 zusammengefassten Lösungen für beide Fahrzeugtypen, ist ersichtlich, dass in beiden Szenarien die maximal erlaubten Distanzen und Fahrtzeiten eingehalten werden. Der Fahrzeugtyp T250 mit einer Kapazität von 250 Kleidungsstücken stellt mit Gesamtkosten von 3.608,50 Euro die kostengünstigere Variante dar, wobei dieses Szenario sowohl hinsichtlich der Distanzen bzw. den davon abhängigen variablen Transportkosten als auch hinsichtlich der sprungfixen Kosten bessere Werte aufweist.

Tab. 3.11: Lösung für Fallstudie 3.12

	T120	T250
Anzahl Touren	7	5
Gesamtdistanz [km]	907	678
Max. Distanz [km]	200	187
Max. Tourzeit [hh.mm]	06:57	06:40
Transportkosten [km]	589,55	508,50
Sprungfixe Kosten [km]	4.130,00	3.100,00
Gesamtkosten [km]	4.719,55	3.608,50

Die Details der optimalen Routen für den Fahrzeugtyp T250 können in den Datenbereichen *Routes* und *Route details* eingesehen werden und sind in Abb. 3.82 zusammenfassend grafisch dargestellt.

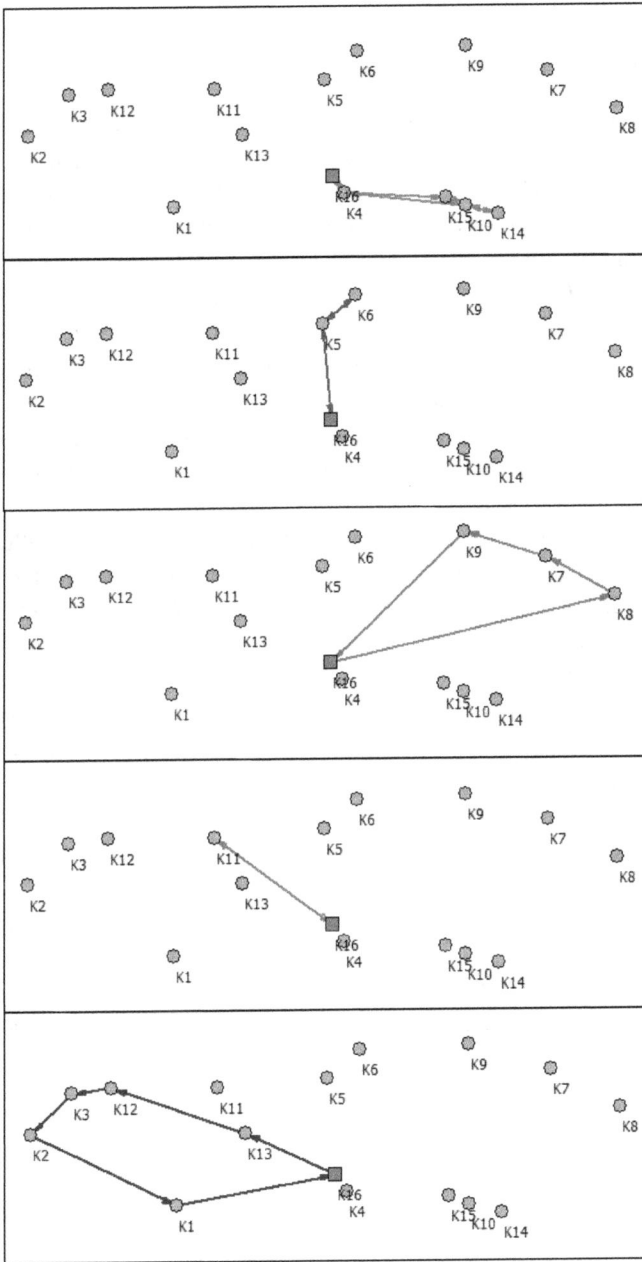

Abb. 3.82: Grafische Darstellung der Lösung für Fallstudie 3.12 in LogisticsLab/VRP

Fallstudie 3.13

a) Mathematisches Modell

Für dieses Problem kann das asymmetrische Tourenplanungsmodell mit expliziter Bestimmung der Touren verwendet werden. Es wird dabei von einem zusammenhängenden gerichteten Graphen $G = (N, A)$ mit der Knotenmenge N und der Menge der gerichteten Kanten A ausgegangen. Zusätzlich existiert eine Menge K der verfügbaren Fahrzeuge bzw. der mit diesen Fahrzeugen durchzuführenden Touren. Die Knoten des Netzes werden durch gerichtete Kanten $(i, j) \in A$ verbunden, deren Nutzung in einer Tour $k \in K$ gemäß (3.22) durch binäre Variablen x_{ijk} abgebildet werden. Die Entscheidung, ob ein Knoten $i \in N$ in einer Tour $k \in K$ enthalten ist, findet gemäß (3.23) ihren Niederschlag in der binären Variablen y_{ik}.

Die zu minimierende Zielfunktion (3.15) besteht in der über alle Kanten und Touren zu bildenden Summe der Produkte der Kantengewichte (Distanzen) und der korrespondierenden Kantennutzungsvariablen.

In der ersten Gruppe der Nebenbedingungen wird gemäß (3.16) sichergestellt, dass die Summe der Bedarfe der in einer Tour enthaltenen Knoten die Kapazität einer Tour nicht überschreitet. Mit (3.17) wird definiert, dass das Depot (Knoten 3) in jeder der beiden Touren enthalten ist, während (3.18) für jeden der anderen Knoten die Aufnahme in exakt einer Tour sicherstellt.

Wenn ein Knoten $i \in N$ in einer Tour $k \in K$ enthalten ist und daher die korrespondierende Variable y_{ik} gleich dem Wert eins ist, muss gemäß (3.19) eine der ausgehenden Kanten in dieser Tour genutzt werden und daher eine der binären Kantennutzungsvariablen x_{ijk} den Wert eins zugewiesen bekommen. Analog wird mit (3.20) festgelegt, dass ein in einer Tour enthaltener Knoten exakt auf einer eingehenden Kante angefahren wird.

Die Ausdrücke (3.21) verhindern Kurzyklen, indem für jede der in einer Tour $k \in K$ genutzte Kante $(i, j) \in A$ ($x_{ijk} = 1$) der Wert der Positionsvariablen des Ausgangsknotens u_{ik} kleiner als der Wert der Positionsvariablen des Zielknotens u_{jk} sein muss. Die Positionsvariablen sind gemäß (3.24) als nichtnegative, kontinuierliche Variable definiert.

$$3x_{121} + 2x_{131} + 3x_{231} + 4x_{241} + 2x_{321}$$
$$+2x_{341} + 2x_{351} + 4x_{431} + 5x_{451} + 5x_{511}$$
$$+3x_{122} + 2x_{132} + 3x_{232} + 4x_{242} + 2x_{322}$$
$$+2x_{342} + 2x_{352} + 4x_{432} + 5x_{452} + 5x_{512} \rightarrow \min!$$
$$(3.15)$$

u.d.N.

$$3y_{11} + 5y_{21} + 4y_{41} + 3y_{51} \leq 9$$
$$3y_{12} + 5y_{22} + 4y_{42} + 3y_{52} \leq 9$$
$$(3.16)$$

$$y_{31} + y_{32} = 2 \qquad (3.17)$$

$$y_{11} + y_{12} = 1$$
$$y_{21} + y_{22} = 1$$
$$y_{41} + y_{42} = 1$$
$$y_{51} + y_{52} = 1$$
$$(3.18)$$

$$x_{121} + x_{131} = y_{11}$$
$$x_{122} + x_{132} = y_{12}$$
$$x_{231} + x_{241} = y_{21}$$
$$x_{232} + x_{242} = y_{22}$$
$$x_{321} + x_{341} + x_{351} = y_{31}$$
$$x_{322} + x_{342} + x_{352} = y_{32}$$
$$x_{431} + x_{451} = y_{41}$$
$$x_{432} + x_{452} = y_{42}$$
$$x_{51} = y_{51}$$
$$x_{52} = y_{52}$$
$$(3.19)$$

$$x_{511} = y_{11}$$
$$x_{512} = y_{12}$$
$$x_{121} + x_{321} = y_{21}$$
$$x_{122} + x_{322} = y_{22}$$
$$x_{131} + x_{231} + x_{431} = y_{31}$$
$$x_{132} + x_{232} + x_{432} = y_{32}$$
$$x_{241} + x_{341} = y_{41}$$
$$x_{242} + x_{342} = y_{42}$$
$$x_{351} + x_{451} = y_{51}$$
$$x_{352} + x_{452} = y_{52}$$
$$(3.20)$$

$$u_{11} - u_{21} + 5x_{121} \leq 4$$
$$u_{12} - u_{22} + 5x_{122} \leq 4$$
$$u_{21} - u_{41} + 5x_{241} \leq 4$$
$$u_{22} - u_{42} + 5x_{242} \leq 4$$
$$u_{31} - u_{21} + 5x_{321} \leq 4$$
$$u_{32} - u_{22} + 5x_{322} \leq 4$$
$$u_{31} - u_{41} + 5x_{341} \leq 4$$
$$u_{32} - u_{42} + 5x_{342} \leq 4 \qquad (3.21)$$
$$u_{31} - u_{51} + 5x_{351} \leq 4$$
$$u_{32} - u_{52} + 5x_{352} \leq 4$$
$$u_{41} - u_{51} + 5x_{451} \leq 4$$
$$u_{42} - u_{52} + 5x_{452} \leq 4$$
$$u_{51} - u_{11} + 5x_{511} \leq 4$$
$$u_{52} - u_{12} + 5x_{512} \leq 4$$

$$x_{ijk} \in \{0,1\} \qquad ; (i,j) \in \{12,13,23,24,32,34,35,43,45,51\}, k \in \{1,2\} \qquad (3.22)$$
$$y_{ik} \in \{0,1\} \qquad ; i \in \{1,2,\ldots,5\}, k \in \{1,2\} \qquad (3.23)$$
$$u_{ik} \geq 0 \qquad ; i \in \{1,2,\ldots,5\}, k \in \{1,2\} \qquad (3.24)$$

b) Lösung mit SolverStudio/Cmpl
(Beispieldatei: tourenrouten.xlsx → asymmetrischCVRP)

In einem ersten Schritt sind in einem Excel-Arbeitsblatt eine Knoten- und eine Kantenliste, die die Indexmengen, die Parameter und die Lösungsbereiche aufnehmen, sowie Informationen über die Kapazität der Fahrzeuge und des Depots anzulegen (Abb. 3.83). In den Zellen D2 und D3 wurden die Kapazität der verwendeten Fahrzeuge und die Bezeichnung des Depots eingegeben und für diese im SolverStudio-Dateneditor die Parameter *Cap* und *q* definiert (Abb. 3.84). Die Knotenliste enthält in den Zellen B8:B12 die Bezeichnungen der Knoten, die im SolverStudio-Dateneditor zur Spezifikation der Indexmenge *Nodes* verwendet werden. Die Zellen C8:C12 stellen die Bedarfe der Knoten dar und dienen der Spezifikation des über *Nodes* definierten Parametervektors *b*. Mit den Bezeichnungen der Touren in den Zellen D7:E7 wird im SolverStudio-Dateneditor die dazugehörige Indexmenge *Routes* spezifiziert. Die Zellbereiche D8:E12 und F8:G12 sollen nach Abschluss der Optimierung die Lösungen der Zuordnungsvariablen und der Positionsvariablen aufnehmen. Dazu sind im Solver-Studio-Dateneditor die über die Indexmengen *Nodes* und *Routes* definierten Felder *y* und *u* einzuführen. Als weiteres Lösungselement für die in einer Tour tatsächlich transportierte Menge dient der über die Indexmenge *Routes* definierte Vektor *routeCapa*, der auf den Zellbereich D13:E13 verweist.

Die Kantenliste startet mit den Bezeichnungen der Kanten im Zellbereich B18:C27, die der Definition der Indexmenge *Arcs* dienen. Für die Kantendistanzen in D18:D27 ist das über *Arcs* definierte Parameterfeld *c* zu spezifizieren. Die Lösungen der Kantennutzungsvariablen sollen nach Abschluss der Optimierung in E18:F27 automatisch durch SolverStudio über das im SolverStudio-Dateneditor eingeführte und über die Indexmengen *Arcs* und *Routes* definierte Feld *x* eingetragen werden. In den folgenden Spalten G bis I werden die Distanzen der genutzten Kanten anhand der Produkte der Kantennutzungsvariablen in den Spalten E und F mit den Kantendistanzen in Spalte D berechnet und summiert.

	A	B	C	D	E	F	G	H	I
1	**Parameter**								
2		Fahrzeugkapazität		9					
3		Depot		3					
4									
5	**Knoten**								
6		Knoten	Bedarf	Zuordnung zu		Position in			
7				Tour1	Tour2	Tour1	Tour2		
8		1	3						
9		2	5						
10		3	0						
11		4	4						
12		5	3						
13		Gelieferte Menge							
14									
15	**Kanten**								
16		Von	Nach	Distanz	Kantennutzung		Distanzen		
17					Tour1	Tour2	Tour1	Tour2	Ges.
18		1	2	3			0	0	0
19		1	3	2			0	0	0
20		2	3	3			0	0	0
21		2	4	4			0	0	0
22		3	2	2			0	0	0
23		3	4	2			0	0	0
24		3	5	2			0	0	0
25		4	3	4			0	0	0
26		4	5	5			0	0	0
27		5	1	5			0	0	0
28		Summe					0	0	0

Abb. 3.83: Excel-Arbeitsblatt für Fallstudie 3.13

Name:	Cell Range:	Index Range(s):
<Add New Data Item>		
Arcs	B18:C27	
b	C8:C12	Nodes
c	D18:D27	Arcs
Cap	D2	
Nodes	B8:B12	
q	D3	
routeCapa	D13:E13	Routes
Routes	D7:E7	
u	F8:G12	Nodes, Routes
x	E18:F27	Arcs, Routes
y	D8:E12	Nodes, Routes

Abb. 3.84: Ausschnitt aus SolverStudio-Dateneditor für Fallstudie 3.13

Die im SolverStudio-Dateneditor definierten Indexmengen und Parameter werden in der ersten Zeile im CMPL-Modell 3.2 eingelesen. Da die Mächtigkeit der Knotenmenge für die Restriktionen zur Vermeidung von Kurzzyklen zu verwenden ist, wird in der Sektion parameters in Zeile 4 der Parameter n eingeführt und diesem mittels der Funktion len(Nodes) die Anzahl der Elemente der Indexmenge Nodes zugewiesen. Zusätzlich wird in der folgenden Zeile dem Parameter m die Mächtigkeit der Menge Routes zugewiesen. Neben den binären Variablen x[Arcs,Routes] für die Kantennutzung in den einzelnen Touren werden in der Sektion variables die binären Zuordnungsvariablen der Knoten zu den Touren y[Nodes, Routes] und die nichtnegativen, kontinuierlichen Positionsvariablen u[Nodes, Routes] definiert (Zeilen 8–10). Die zu minimierende Zielfunktion besteht in der über alle Touren und alle Kanten zu berechnenden Summe der Produkte der Distanzen der Kanten und der Kantennutzungsvariablen ($c[i,j]* x[i,j,k]$). In der ersten Restriktion in der Sektion constraints in Zeile 16 wird für alle Touren (k in Routes) festgelegt, dass die in einer Tour enthaltene Menge des betrachteten Gutes die Kapazität der Tour nicht überschreitet. Gemäß Zeile 18 muss das Depot q in jeder Tour vertreten sein, während mit Zeile 19 sichergestellt wird, dass alle anderen Knoten in exakt eine Tour aufgenommen werden. In den Zeilen 21 bis 24 wird für alle in die Touren aufgenommenen Knoten definiert, dass die Anzahl der ein- bzw. ausgehenden genutzten gerichteten Kanten eines Knotens jeweils exakt dem Wert eins entspricht, indem die Summe der Aktivitäten der Kantennutzungsvariablen dem Wert eins zu entsprechen hat. Die letzte Restriktion in Zeile 26 definiert für alle Kanten ([i,j] in Arcs) und Touren (k in Routes) exklusive der in den Startknoten eingehenden Kanten (j<>q) die Restriktionen zur Vermeidung von Kurzzyklen.

CMPL-Modell 3.2: CMPL-Modell für Fallstudie 3.13

```
1    %data  : Nodes set, Arcs set[2], Routes set, c[Arcs], b[Nodes], Cap, q
2
3    parameters:
4      m := len(Routes);
5      n := len(Nodes);
6
7    variables:
8      x[Arcs, Routes] : binary;
9      y[Nodes, Routes] : binary;
10     u[Nodes, Routes] : real [0..];
11
12   objectives:
13     sum{k in Routes, [i,j] in Arcs: c[i,j]*x[i,j,k]} ->min;
14
15   constraints:
16     routeCapa {k in Routes: sum{i in Nodes,i<>q: b[i]*y[i,k]}<=Cap;}
17
18     sum{k in Routes: y[q,k] } = m;
19     {i in Nodes, i<>q: sum{k in Routes: y[i,k] } = 1;}
20
21     { k in Routes, i in Nodes:
22       sum{ j in Arcs *> [i,*] : x[i,j,k] } = y[i,k];
23       sum{ j in Arcs *> [*,i] : x[j,i,k] } = y[i,k];
24     }
25
26     { [i,j] in Arcs, j<>q, k in Routes: u[i,k] - u[j,k] + n * x[i,j,k] <= n -1;  }
```

Nach Abschluss der Optimierung erhält man die in Abb. 3.85 dargestellte Lösung. Anhand der Lösungen der Tourzuordnungsvariablen in D8:E12 bzw. der Positionsvariablen in F8:G12 ist ersichtlich, dass die erste Tour $3 \rightarrow 5 \rightarrow 1 \rightarrow 3$ und die zweite Tour $3 \rightarrow 2 \rightarrow 4 \rightarrow 3$ lautet. In der ersten Tour werden sechs und in der zweiten Tour neun Stück des betrachteten homogenen Gutes transportiert und damit die Kapazitäten der beiden Touren eingehalten (Zellen D13:E13). Die Gesamtdistanz beträgt 19 Kilometer (Zelle I28).

	A	B	C	D	E	F	G	H	I
5	**Knoten**								
6		Knoten	Bedarf	Zuordnung zu		Position in			
7				Tour1	Tour2	Tour1	Tour2		
8		1	3	1	0	2	0		
9		2	5	0	1	0	1		
10		3	0	1	1	0	0		
11		4	4	0	1	0	2		
12		5	3	1	0	1	0		
13		Gelieferte Menge		6	9				
14									
15	**Kanten**								
16		Von	Nach	Distanz	Kantennutzung		Distanzen		
17					Tour1	Tour2	Tour1	Tour2	Ges.
18		1	2	3	0	0	0	0	0
19		1	3	2	1	0	2	0	2
20		2	3	3	0	0	0	0	0
21		2	4	4	0	1	0	4	4
22		3	2	2	0	1	0	2	2
23		3	4	2	0	0	0	0	0
24		3	5	2	1	0	2	0	2
25		4	3	4	0	1	0	4	4
26		4	5	5	0	0	0	0	0
27		5	1	5	1	0	5	0	5
28		Summe					9	10	19

Abb. 3.85: Lösung für Fallstudie 3.13

Fallstudie 3.14

(Beispieldatei: tourenrouten.xlsx → zeitfenster)

Im ersten Schritt ist in Excel ein Arbeitsblatt für die Indexmengen, die Parameter und die Lösungselemente des betrachteten Problems (Abb. 3.86) anzulegen.

In den Zellen F2:F5 sind die Fahrzeugkapazität, die durchschnittliche Geschwindigkeit der Fahrzeuge, die maximale Dauer der Touren und die Bezeichnung des Depots angegeben. Zusätzlich werden für die Fahrzeugkapazität, die maximale Dauer der Touren und die Bezeichnung des Depots im SolverStudio-Dateneditor (Abb. 3.87) die Namen *Cap*, *Tmax* und *q* vergeben und die entsprechenden Zellbezüge spezifiziert.

Die Zellen B10:B17 bezeichnen die einzelnen Knoten und werden im SolverStudio-Dateneditor zur Definition der Indexmenge *Nodes* verwendet.

Da eine vollständige Distanzmatrix verwendet werden soll, sind die Distanzen zwischen zwei nicht direkt verbundenen Knoten als Kürzeste-Wege-Distanz zu berechnen. Diese Transformationen wurden für das Distributionsnetz vorgenommen und als entsprechende Distanzmatrix im Zellbereich C10:J17 eingegeben und im SolverStudio-Dateneditor als Matrix c unter Verwendung der Indexmenge $Nodes$ spezifiziert.[5] Die Zellen K10:K17 enthalten die Bedarfe der einzelnen Knoten, für die im SolverStudio-Dateneditor der Bedarfsvektor b eingeführt wird.

Da die Kundenzeitfenster einzuhalten sind, ist es notwendig, eine Fahrtzeitmatrix auf der Basis der Distanzen und der durchschnittlichen Geschwindigkeit zu definieren. Die Fahrtzeiten in den Zellen C22:J29 ergeben sich aus der Division der Distanzen durch die in Kilometer je Minute umgerechnete durchschnittliche Geschwindigkeit. Für die Fahrtzeitmatrix wird im SolverStudio-Dateneditor die über die Indexmenge $Nodes$ definierte Matrix zt spezifiziert. Die Servicezeiten der einzelnen Knoten befinden im Zellbereich K22:K29 und bilden die Basis des im SolverStudio-Dateneditor spezifizierten Vektors zs.

Die in Uhrzeiten vereinbarten Lieferzeitfenster sind für die Verwendung im Optimierungsmodell, ausgehend vom Beginn aller Touren im Depot ab 06:00 Uhr, als zeitlicher Abstand in Minuten umzurechnen. Die so berechneten frühesten und spätesten Termine der Belieferungen befinden sich im Zellbereich L22:M29. Sie werden mittels des SolverStudio-Dateneditors als über die Indexmenge $Nodes$ definierte Vektoren mit den Namen $zMin$ und $zMax$ für das CMPL-Modell bereitgestellt.

Für die im Fuhrpark existierenden drei identischen Fahrzeugen sind die entsprechenden Touren zu bilden. Zu ihrer Benennung wird die Indexmenge $Routes$ über den Zellbereich D36:F36 im SolverStudio-Dateneditor definiert.

Da in den Zellen F32 und F33 die gesamte zu minimierende Distanz sowie die maximale Rückkehrzeit aller Touren im Depot nach der Optimierung angezeigt werden sollen, werden für den Zielfunktionswert im SolverStudio-Dateneditor das Schlüsselwort $model.objValue$ und für die Rückkehrzeit das Element $zDep$ eingeführt.

In die Zellen C37:C44 sollen nach der Optimierung die Anfangszeiten der kundenspezifischen Belieferungen auf der Basis des im SolverStudio-Dateneditor spezifizierten Vektors z gespeichert werden. Für die in jeder Tour zu transportierenden Mengen werden die Aktivitäten der Restriktionen mit dem Namen $routeCapa$ in die Zellen D45:F45 eingelesen. Für die Tourzuordnungen und die Bestimmung der eigentlichen Routen sind die Zellbereiche D37:F44 und J37:O44 vorgesehen, für die die Variablenmatrizen y und u, die über die Indexmengen $Nodes$ und $Routes$ definiert sind, eingelesen werden.

---

5 Die Bestimmung der Matrix der kürzesten Distanzen kann für dieses sehr kleine Netzwerk per Hand erfolgen. Für größere Probleme empfiehlt sich dazu der Einsatz von LogisticsLab/TSP, indem nach Eingabe der Knoten- und Kantendaten die Distanzmatrix berechnet und exportiert wird.

	A	B	C	D	E	F	G	H	I	J	K	L	M
1	**Parameter**												
2		Fahrzeugkapazität [kg]				750							
3		Geschwindigkeit [km/h]				40							
4		Max. Dauer einer Tour [min]				720							
5		Depot				DEP							
6													
7		**Bedarfe und Distanzen**											
8			Distances in km								Bedarf		
9			DEP	K1	K2	K3	K4	K5	K6	K7			
10		DEP	0	60	65	20	10	40	40	70	0		
11		K1	60	0	30	40	70	100	60	90	130		
12		K2	60	30	0	40	60	100	60	90	200		
13		K3	20	40	45	0	30	60	20	50	170		
14		K4	15	75	60	35	0	50	55	85	150		
15		K5	40	100	105	60	50	0	80	60	450		
16		K6	40	60	65	20	50	80	0	30	100		
17		K7	70	90	95	50	80	60	30	0	400		
18													
19		**Fahrtzeiten und Servicezeiten**											
20			Fahrtzeiten								Serv.-	Lieferfenster	
21			DEP	K1	K2	K3	K4	K5	K6	K7	zeit	min.	max.
22		DEP	0	90	98	30	15	60	60	105	0	0	720
23		K1	90	0	45	60	105	150	90	135	10	30	720
24		K2	90	45	0	60	90	150	90	135	10	60	180
25		K3	30	60	68	0	45	90	30	75	10	120	240
26		K4	23	113	90	53	0	75	83	128	10	30	150
27		K5	60	150	158	90	75	0	120	90	10	180	300
28		K6	60	90	98	30	75	120	0	45	10	120	240
29		K7	105	135	143	75	120	90	45	0	10	30	150
30													
31	**Lösung**												
32		Gesamtdistanz				380							
33		Max. Rückkehrzeit zum Depot			720								
34													
35			An-	Tourzuordnung			Tourreihenfolge						
36			kunft	1	2	3	1	2	3				
37		DEP											
38		K1											
39		K2											
40		K3											
41		K4											
42		K5											
43		K6											
44		K7											
45		Mengen											

Abb. 3.86: Excel-Arbeitsblatt für Fallstudie 3.14

Name:	Cell Range:	Index Range(s):
<Add New Data Item>		
b	K10:K17	Nodes
c	C10:J17	Nodes, Nodes
Cap	F2	
model.objValue	F32	
Nodes	B10:B17	
q	F5	
routeCapa	D45:F45	Routes
Routes	D36:F36	
Tmax	F4	
u	G37:I44	Nodes, Routes
y	D37:F44	Nodes, Routes
z	C37:C44	Nodes
zDep	F33	
zMax	M22:M29	Nodes
zMin	L22:L29	Nodes
zs	K22:K29	Nodes
zt	C22:J29	Nodes, Nodes

Abb. 3.87: SolverStudio-Dateneditor Fallstudie 3.14

Das CMPL-Modell 3.3 entspricht vollständig dem im Lehrbuch *Logistik-Entscheidungen* vorgestellten CMPL-Modell für asymmetrische, kapazitierte Tourenprobleme mit Kundenzeitfenstern, sodass an dieser Stelle auf eine Erläuterung verzichtet und auf das Lehrbuch verwiesen wird.[6]

Im letzten Schritt ist das Modell zu lösen und es erscheint die in Abb. 3.88 dargestellte Lösung.

Die ermittelte Lösung besteht aus drei Touren mit einer gesamten Distanz von 380 Kilometern (Zelle F32). Die maximale Tourlänge von zwölf Stunden wird eingehalten, da die späteste Rückkehrzeit 720 Minuten beträgt. Die Aktivitäten des Variablenvektors y (Zellbereich D37:F44) verweisen darauf, dass jeder Kunde in genau einer Tour enthalten ist und dass jede Tour im Depot startet. Wie an den Werten des Vektors z in den Zellen C37:C44 im Verhältnis zu den korrespondierenden Unter- und Obergrenzen ersichtlich ist, werden alle Zeitfenster eingehalten. Weiterhin ist festzustellen, dass die Kapazitäten der Fahrzeuge in allen Touren eingehalten werden, da die Aktivitäten der Kapazitätsrestriktionen in den Zellen D45:I45 nicht die in der Zelle F2 gegebene Kapazität von 750 kg überschreiten.

Aus den Werten der Matrix der Positionsvariablen in den Zellen G37:I44 lassen sich nun die einzelnen Routen ableiten, wobei in jeder Route das Depot die Position null besitzt und sich aus den Werten der anderen Knoten die Reihenfolge der Knoten in den Touren ableiten lässt. Dabei ist zu beachten, dass nicht alle Knoten direkt miteinander verbunden sind. In diesem Fall ist der tatsächliche Weg zwischen zwei Knoten über den kürzesten Weg zu wählen. In Abb. 3.89 sind die Routen nochmals grafisch dargestellt.

---

6 Vgl. Steglich et al. (2016), S. 364 ff.

CMPL-Modell 3.3: CMPL-Modell für Fallstudie 3.14

```
1    %data  : Nodes set, Routes set, c[Nodes, Nodes], b[Nodes], Cap, q , zt[Nodes,Nodes],
             zMin[Nodes], zMax[Nodes], zs[Nodes] , Tmax
2
3    parameters:
4      m := len(Routes);
5      n := len(Nodes);
6      M := 100000;
7
8    variables:
9      x[Nodes,Nodes, Routes] : binary;
10     y[Nodes, Routes] : binary;
11     u[Nodes, Routes] : real [0..];
12     {i in Nodes: z[i]: real[zMin[i]..zMax[i]];}
13     zDep : real[0..Tmax];
14
15   objectives:
16     distances: sum{i in Nodes,j in Nodes,i<>j,k in Routes: c[i,j]*x[i,j,k]} ->min;
17
18   constraints:
19     routeCapa {k in Routes: sum{i in Nodes,i<>q: b[i]*y[i,k]}<=Cap;}
20     sum{k in Routes: y[q,k] } = m;
21     {i in Nodes, i<>q: sum{k in Routes: y[i,k] } = 1;}
22
23     { k in Routes, i in Nodes:
24       sum{ j in Nodes, i<>j: x[i,j,k] }Dass = y[i,k];
25       sum{ j in Nodes, i<>j: x[j,i,k] } = y[i,k];
26     }
27
28     z[q]=0;
29     {i in Nodes, j in Nodes, i<>j, j<>q, k in Routes:
30       u[i,k] - u[j,k] + n * x[i,j,k] <= n -1;
31       z[i] + zs[i] + zt[i,j] - M + M*x[i,j,k] <= z[j];
32     }
33
34     {i in  Nodes, i<>q, k in Routes:  z[i] + zs[i] +  zt[i,q] - M + M*x[i,q,k] <= zDep; }
```

	A	B	C	D	E	F	G	H	I
31	**Lösung**								
32		Gesamtdistanz				380			
33		Max. Rückkehrzeit zum Depot				720			
34									
35			**An-**	**Tourzuordnung**			**Tourreihenfolge**		
36			**kunft**	**1**	**2**	**3**	**1**	**2**	**3**
37		DEP	0	**1**	**1**	**1**	0	0	0
38		K1	620	**1**	0	0	**3**	0	0
39		K2	130	**1**	0	0	**2**	0	0
40		K3	240	0	**1**	0	0	**3**	0
41		K4	30	**1**	0	0	**1**	0	0
42		K5	180	0	0	**1**	0	0	**1**
43		K6	160	0	**1**	0	0	**2**	0
44		K7	105	0	**1**	0	0	**1**	0
45		**Mengen**		480	670	450			

Abb. 3.88: Lösung für Fallstudie 3.14

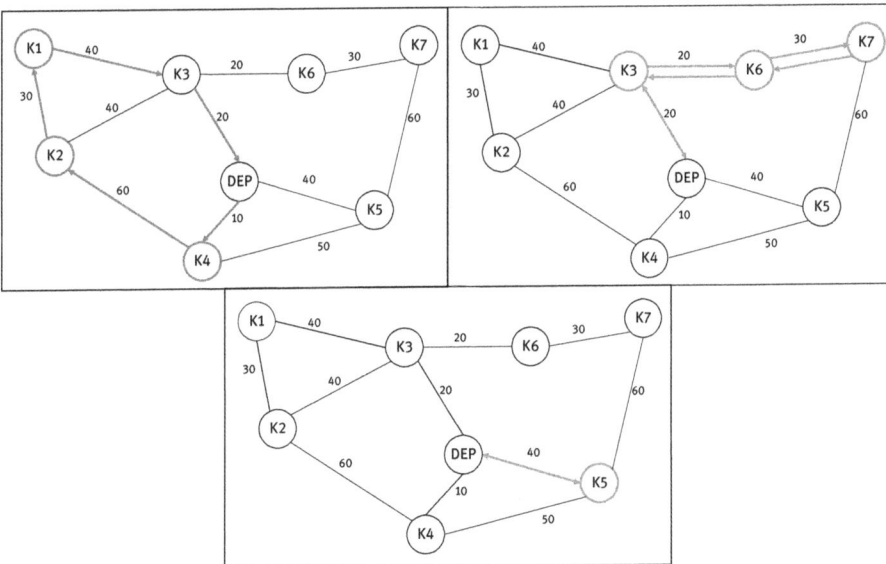

Abb. 3.89: Grafische Darstellung der Lösung für Fallstudie 3.14

4 Planung von Standorten für Logistikknoten

4.1 Median- und Zentrenprobleme

Fallstudie 4.1

a) Lösung als diskretes Median-Problem mit einem Standort
(Beispieldatei: standorte.xlsx → autoteile-median-zentrum)

Grundsätzlich kann dieses Problem als ein diskretes Median-Problem mit einem Standort interpretiert werden. Im dazugehörigen ungerichteten Netzwerk existiert eine Menge von Knoten für die potenziellen Standorte, wobei die potenziellen Standorte vollständig mit den zusätzlich vorhandenen Abhol- und Lieferknoten verbunden sind.

Zur Lösung dieses Problems bietet es sich an, ein Excel-Arbeitsblatt zur Berechnung aller relevanten Daten anzulegen, das in Abb. 4.1 auszugsweise dargestellt ist.[1]

Da als Distanzmaß die auf ganze Kilometer gerundete Euklidische Distanz mit einem Umwegfaktor von 1,15 bestimmt wurde, befindet sich der Umwegfaktor in Zelle D2, während im Zellbereich E8:Z15 die Distanzmatrix zwischen den im Zellbereich B8:D15 mit Namen und Koordinaten angegebenen potenziellen Standorten und den im Zellbereich E5:Z7 eingegebenen Abhol- und Lieferknoten berechnet wird. Dabei wird für jede Kombination aus potenziellen Standorten und den Abhol- bzw. Lieferknoten die Euklidische Distanz auf der Basis der X,Y-Koordinaten berechnet, mit dem Umwegfaktor in Zelle D2 multipliziert und auf eine ganze Zahl gerundet. So lautet die Formel in Zelle E8 =RUNDEN(WURZEL(($C8-E$6)^2+($D8-E$7)^2)*$D$2;0).

Zeile 17 enthält die Abhol- und Liefermengen der von dem zu findenden Standort zu bedienenden Knoten. Diese Knoten können unabhängig davon, ob sie Abhol- oder Lieferknoten sind, identisch behandelt werden, da sie entweder beliefert oder abholend bedient werden und die Distanzen in beide Richtungen identisch sind.

Im Zellbereich E21:Z28 werden als Basis der weiteren Berechnungen die Transportleistungen als Produkt der Distanzen und der zu transportierenden Mengen berechnet und im Zellbereich AB21:AB28 jeweils für die potenziellen Standorte summiert. Der über die Menge der potenziellen Standorte zu bestimmende Median dieses Netzwerks ergibt sich aus dem Minimum der Transportleistungen der potenziellen Standorte. Im Zellbereich AC21:AC28 wurde die Rangfolge der Transportleistungen

---

1 Aus Platzgründen wurden die Spalten I bis U ausgeblendet.

nach aufsteigenden Werten mittels der Excel-Funktion RANG.GLEICH und im Zellbereich AD21:AD28 die prozentuale Verteilung der Transportleistungen im Vergleich zu ihrem Minimum berechnet.

			LINZ	GRAZ	MLADA BOLESLAV	CESKE BUDEJOVICE	POZNAN	KOLOBRZEG	BRATISLAVA	STUTTGART	ROTTERDAM			
Umwegfaktor	1,15													
Distanzen in Kilometern														
Ort	X		710	810	740	720	860	760	920	340	20			
		Y	170	40	410	250	640	830	170	220	580			
KLADNO	690	370	231	404	74	142	367	535	351	438	807			
PLZEN	640	330	201	387	147	130	437	591	371	367	769			
LEIPZIG	560	500	417	602	231	341	381	444	562	410	628			
HALLE	530	520	453	639	273	380	404	444	603	408	591			
BITTERFELD	550	530	453	638	258	377	378	421	594	431	612			
KASSEL	360	500	553	740	449	504	597	596	748	323	402			
NUERNBERG	470	290	309	485	340	291	603	705	536	170	616			
WUERZBURG	390	330	411	587	413	390	647	715	637	139	514			
Liefer- bzw. Abholmenge			100	80	220	150	150	25	180	600	350			

Transportleistung	LINZ	GRAZ	MLADA BOLESLAV	CESKE BUDEJOVICE	POZNAN	KOLOBRZEG	BRATISLAVA	STUTTGART	ROTTERDAM	L	Rang	Prozendual zum Optimum
KLADNO	23.100	32.320	16.280	21.300	55.050	13.375	63.180	262.800	282.450	1.009.990	3	103,2%
PLZEN	20.100	30.960	32.340	19.500	65.550	14.775	66.780	220.200	269.150	978.865	1	100,0%
LEIPZIG	41.700	48.160	50.820	51.150	57.150	11.100	101.160	246.000	219.800	1.082.935	5	110,6%
HALLE	45.300	51.120	60.060	57.000	60.600	11.100	108.540	244.800	206.850	1.114.460	6	113,9%
BITTERFELD	45.300	51.040	56.760	56.550	56.700	10.525	106.920	258.600	214.200	1.122.315	7	114,7%
KASSEL	55.300	59.200	98.780	75.600	89.550	14.900	134.640	193.800	140.700	1.211.870	8	123,8%
NUERNBERG	30.900	38.800	74.800	43.650	90.450	17.625	96.480	102.000	215.600	984.225	2	100,5%
WUERZBURG	41.100	46.960	90.860	58.500	97.050	17.875	114.660	83.400	179.900	1.046.540	4	106,9%

Abb. 4.1: Excel-Arbeitsblatt für Fallstudie 4.1a)

Es ist ersichtlich, das Plzen als optimaler Standort mit der minimalen Transportleistung auszuwählen ist, wobei Nürnberg mit einer Differenz von lediglich 0,5 Prozentpunkten als gleichwertig angesehen werden kann.

b) Lösung als diskretes Zentrum-Problem mit einem Standort
(Beispieldatei: standorte.xlsx → autoteile-median-zentrum)

Zur Lösung dieses diskreten Zentrum-Problems mit einem Standort kann das bisherige Excel-Arbeitsblatt weiterverwendet und erweitert werden. Wie ausschnittsweise in Abb. 4.2 dargestellt[2], werden in den Zellen AF21:AF28 für alle potenziellen Standorte die Radien als Maxima der Transportleistungen berechnet. So lautet die Formel in Zelle AF21 =MAX(E21:Z21). Das über die Menge der potenziellen Standorte zu bestimmende Zentrum dieses Netzes ergibt sich aus dem Minimum der Radien der einzelnen potenziellen Standorte. Dazu wurde im Zellbereich AG21:AG28 die Rangfolge der Radien nach aufsteigenden Werten wiederum mittels der Excel-Funktion RANG.GLEICH bestimmt. Gemäß dieses Kriteriums stellt Würzburg den optimalen Standort dar, da die maximale Transportleistung (Zelle AF28) von 179.000 Tonnenkilometern nach Rotterdam das Minimum aller Radien darstellt.

	A	B	C	D	E	F	G	H	V	W	X	Y	Z	AA	AF	AG	AH
19		Transportleistung															
20		Ort			LINZ	GRAZ	MLADA BOLESLAV	CESKE BUDEJOVICE	POZNAN	KOLOBRZEG	BRATISLAVA	STUTTGART	ROTTERDAM		R	Rang	Prozendual zum Optimum
21		KLADNO			23.100	32.320	16.280	21.300	55.050	13.375	63.180	262.800	282.450		282.450	8	157,0%
22		PLZEN			20.100	30.960	32.340	19.500	65.550	14.775	66.780	220.200	269.150		269.150	7	149,6%
23		LEIPZIG			41.700	48.160	50.820	51.150	57.150	11.100	101.160	246.000	219.800		246.000	5	136,7%
24		HALLE			45.300	51.120	60.060	57.000	60.600	11.100	108.540	244.800	206.850		244.800	4	136,1%
25		BITTERFELD			45.300	51.040	56.760	56.550	56.700	10.525	106.920	258.600	214.200		258.600	6	143,7%
26		KASSEL			55.300	59.200	98.780	75.600	89.550	14.900	134.640	193.800	140.700		193.800	2	107,7%
27		NUERNBERG			30.900	38.800	74.800	43.650	90.450	17.625	96.480	102.000	215.600		215.600	3	119,8%
28		WUERZBURG			41.100	46.960	90.860	58.500	97.050	17.875	114.660	83.400	179.900		179.900	1	100,0%

Abb. 4.2: Ausschnitt des Excel-Arbeitsblatts für Fallstudie 4.1b)

c) Lösung als diskretes Median-Problem mit einem Standort auf Kostenbasis
(Beispieldatei: standorte.xlsx → kosten)

Auch zur Lösung dieses diskreten Median-Problems mit einem Standort auf Kostenbasis bietet es sich an, ein Excel-Arbeitsblatt für die Daten und Lösungselemente dieses Problems anzulegen.

Wie in Abb. 4.3 ausschnittweise zu sehen[3], ist wiederum mit der Distanzmatrix (C4:X11) zu starten, wobei diese gemeinsam mit den Abhol- und Liefermengen (C13:X13) aus dem Arbeitsblatt für die Teilaufgaben a) und b) übernommen werden kann. Zusätzlich wurden in den Zellen Z4:Z11 die Kostensätze der je 100 Kilogramm anfallenden variablen Kosten für Lagerhaltung, Umschlag und Disposition der potenziellen Standorte sowie im Zellbereich D19:J24 die Transportkostensätze aus der Aufgabenstellung übernommen.

---

2 Zusätzlich zu den Spalten I bis U wurden die Spalten AB bis AE ausgeblendet.
3 Es wurden aus Platzgründen die Spalten K bis V ausgeblendet.

Für die weiteren Berechnungen wurden hinsichtlich der Transportkostensätze Klassen für die Distanzen (C19:C24) sowie Gewichtsklassen (D18:I18) eingeführt. Anschließend wurde im Zellbereich (C28:X35) für jede der Kombinationen aus potenziellen Standorten und Abhol- bzw. Lieferknoten eine Einordnung in die distanzabhängigen Klassen vorgenommen.

Distanzen in Kilometern

Ort	LINZ	GRAZ	MLADA BOLESLAV	CESKE BUDEJOVICE	BRNO	GOERLITZ	COTTBUS	TORGAU	STUTTGART	ROTTERDAM	Kostensätze der potentiellen Standorte
KLADNO	231	404	74	142	231	150	219	211	438	807	9,8
PLZEN	201	387	147	130	271	217	271	235	367	769	9,6
LEIPZIG	417	602	231	341	437	207	165	58	410	628	10,5
HALLE	453	639	273	380	479	244	190	81	408	591	9,5
BITTERFELD	453	638	258	377	467	223	165	58	431	612	9,3
KASSEL	553	740	449	504	639	437	386	278	323	402	15
NUERNBERG	309	485	340	291	460	386	401	314	170	616	10
WUERZBURG	411	587	413	390	555	443	435	334	139	514	10,5

| Mengen | 100 | 80 | 220 | 150 | 220 | 20 | 30 | 20 | 600 | 350 | |

Transportkostensätze in Euro je 100 Kilogramm

Distanzen		Gewichtsstufen						Ganz-ladung
		1	25	50	75	100	150	
	Klasse	1	2	3	4	5	6	en
100	1	18,5	13,2	11,4	8,8	8	7,2	5,1
200	2	30,5	21,8	19	13,6	12,6	11,6	8,3
300	3	39,2	28	24	18,6	16,8	15,4	11
500	4	44,8	32	26,2	20,8	18,6	17,4	12,4
750	5	52,6	37,6	31,2	24,4	21,6	19,6	14
>750	6	61,9	44,2	35,8	28,4	25,6	23,6	16,9

Distanzklassen

Ort	LINZ	GRAZ	MLADA BOLESLAV	CESKE BUDEJOVICE	BRNO	GOERLITZ	COTTBUS	TORGAU	STUTTGART	ROTTERDAM
KLADNO	3	4	1	2	3	2	3	3	4	6
PLZEN	3	4	2	2	3	3	3	3	4	6
LEIPZIG	4	5	3	4	4	3	2	1	4	5
HALLE	4	5	3	4	4	3	2	1	4	5
BITTERFELD	4	5	3	4	4	3	2	1	4	5
KASSEL	5	5	4	5	5	4	4	3	4	4
NUERNBERG	4	4	4	3	4	4	4	4	2	5
WUERZBURG	4	5	4	4	5	4	4	4	2	5

| Mengenklassen | 5 | 4 | 6 | 6 | 6 | 1 | 2 | 1 | | |

Abb. 4.3: Ausschnitt des Excel-Arbeitsblatts für Fallstudie 4.1c)

Da z.B. die Distanz zwischen dem potenziellen Standort Kladno und Linz 231 Kilometer beträgt, besitzt die dazugehörige Distanzklasse den Wert drei. Die dazugehörige Formel in Zelle C28 lautet =WENN(C4<=$B$19;1;WENN(C4<=$B$20;2;WENN(C4<=$B$21;3;WENN(C4<=$B$22;4;WENN(C4<=$B$23;5;6))))).

Analog wurde im Zellbereich C37:J37 für die zu beliefernden Knoten in Abhängigkeit ihrer Bedarfe eine Einordnung in die Mengenklassen vorgenommen. Da der Knoten Linz einen Bedarf von 100 Kilogramm hat, ist er in die Mengenklasse 5 (ab 100 Kilogramm) einzuordnen. Die entsprechende Formel in Zelle C37 lautet =WENN(C$13>=$I$17;6;WENN(C$13>=$H$17;5;WENN(C$13>=$G$17;4;WENN(C$13>=$F$17;3;WENN(C$13>=$E$17;2;1))))).

Mit diesen Klasseneinordnungen lassen sich im folgenden Schritt die Transportkostensätze und gemeinsam mit den Kostensätzen der potenziellen Standorte die gesamten Kostensätze in Euro je Tonne für die Bedarfsknoten im Zellbereich C41:V48 und für die Abholknoten im Zellbereich W41:X48 berechnen (Abb. 4.4). Die Transportkostensätze für die Bedarfsknoten werden gemäß den distanz- und mengenabhängigen Klassen mittels der Excel-Funktion INDEX aus der Transportkostensatzmatrix (D19:I24) bestimmt, mit den Kostensätzen der potenziellen Standorte (Z4:Z11) addiert und diese Summe mit dem Wert zehn multipliziert. So lautet die Formel in Zelle C41 =(INDEX($D$19:$I$24;C28;C$37)+$Z4)*10.

Analog wird für die Abholknoten vorgegangen, wobei die Transportkostensätze lediglich distanzabhängig sind. Beispielsweise wird in Zelle W41 die Formel =(INDEX($J$19:$J$24;W28)+$Z4)*10 verwendet.

Diese Kostensätze werden zur Berechnung der gesamten Kosten pro potenziellem Standort mit den Abhol- bzw. Bedarfsmengen (C13:X13) multipliziert. Das erfolgt im Zellbereich Z41:Z48 auf der Basis der Excel-Funktion SUMMENPRODUKT. Beispielsweise werden die gesamten Kosten für den potenziellen Standort Kladno in Zelle Z41 mit der Excel-Funktion =SUMMENPRODUKT(C41:X41;$C$13:$X$13) berechnet.

	Ort	LINZ	GRAZ	MLADA BOLESLAV	CESKE BUDEJOVICE	BRNO	GOERLITZ	COTTBUS	TORGAU	STUTTGART	ROTTERDAM	Gesamtkosten in Euro	Rang	Prozendual zum Optimum
39	Kostensätze in Euro je Tonne													
41	KLADNO	266	306	170	214	252	403	378	490	222	267	697.570	2	100,1%
42	PLZEN	264	304	212	212	250	488	376	488	220	265	700.220	3	100,5%
43	LEIPZIG	291	349	259	279	279	497	323	290	229	245	730.970	6	104,9%
44	HALLE	281	339	249	269	269	487	313	280	219	235	706.770	5	101,4%
45	BITTERFELD	279	337	247	267	267	485	311	278	217	233	701.450	4	100,7%
46	KASSEL	366	394	324	346	346	598	470	542	274	274	885.160	8	127,0%
47	NUERNBERG	286	308	274	254	274	548	420	548	183	240	696.800	1	100,0%
48	WUERZBURG	291	349	279	279	301	553	425	553	188	245	734.620	7	105,4%

Abb. 4.4: Ausschnitt des Excel-Arbeitsblatts für Fallstudie 4.1c)

Im letzten Schritt ist der Standort mit den minimalen Gesamtkosten zu ermitteln. Wie in der Rangfolge im Zellbereich AA41:AA48 ersichtlich, handelt es sich um den Standort Nürnberg. Allerdings übersteigen die Kosten der Standorte Kladno, Plzen und Bitterfeld das Minimum nur marginal um 0,1 bis 0,7 Prozentpunkte. Es ist daher zu prüfen, ob die Wahl eines dieser Orte als Lagerstandort hinsichtlich anderer, hier nicht betrachteter Faktoren vorteilhaft sein könnte. Für Nürnberg spricht allerdings die günstige Verkehrsanbindung (Autobahn, Flughafen) sowie die gut ausgebaute Infrastruktur für Logistikdienstleister im Nürnberger Hafengelände.

In Abb. 4.5 ist nochmals die Lage aller optimalen Standorte gemäß der gewählten drei Kriterien grafisch dargestellt.

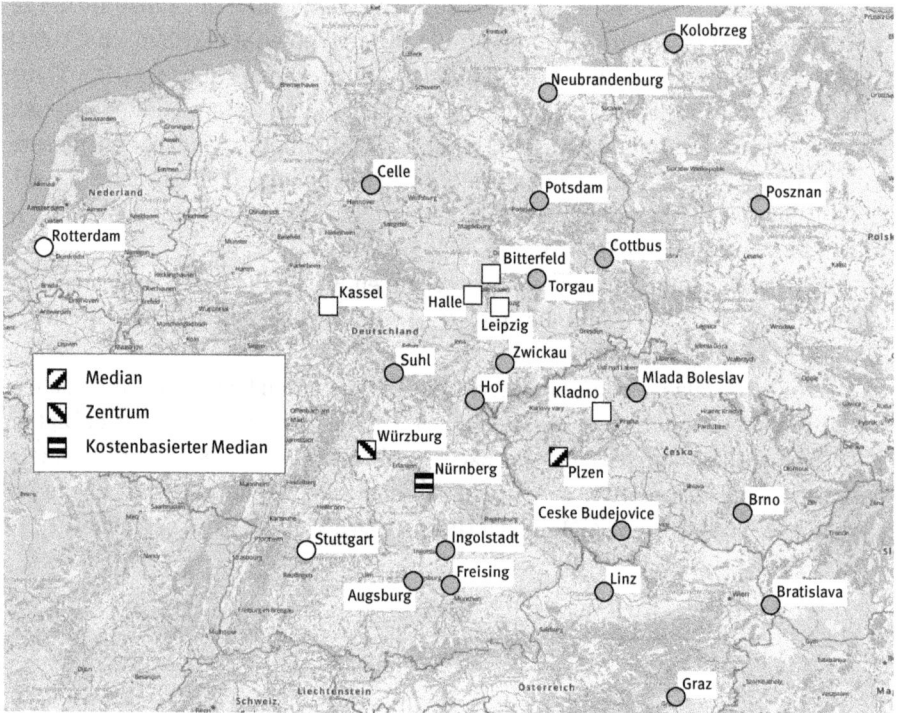

Abb. 4.5: Zusammenfassende grafische Darstellung aller Lösungen für Fallstudie 4.1 [4]

Offensichtlich liegt der gemäß des Medians bestimmte Standort Plzen stärker in dem Bereich des gesamten Netzwerks, in dem die Mehrheit der abzuholenden bzw. zu lie-

---

4 Quelle: OpenStreetmap (www.openstreetmap.org), eigene Bearbeitung.

fernden Mengen anfallen, während das Zentrum Würzburg als Minimum der maximalen Transportleistungen der potenziellen Standorte in Richtung Rotterdam gezogen wurde. Der kostenbasiert bestimmte Standort Nürnberg stellt den kostenminimalen Median des Netzwerks dar.

Fallstudie 4.2

a) Mathematisches Modell für das erste Szenario

In diesem Szenario sind die von allen Kunden insgesamt zu fahrenden Distanzen zu minimieren. Letztlich handelt es sich um ein diskretes 2-Medianproblem auf der Basis der Personenbeförderungsleistungen. Es wird von einem stark zusammenhängenden gerichteten Netzwerk ausgegangen, wobei das eigentlich ungerichtete Netzwerk in ein gerichtetes Netzwerk transformiert wird. Da jeder Knoten eines der beiden Einkaufszentren beherbergen könnte, ist es notwendig, eine Matrix der kürzesten Distanzen über alle Netzwerkknoten zu bestimmen (Tab. 4.1).

Tab. 4.1: Distanzmatrix für Fallstudie 4.2 in Kilometern

	K1	K2	K3	K4	K5	K6
K1	0	24	10	15	22	30
K2	24	0	14	36	26	18
K3	10	14	0	22	12	20
K4	15	36	22	0	10	18
K5	22	26	12	10	0	8
K6	30	18	20	18	8	0

Mit diesen Distanzdaten lässt sich das folgende binäre lineare Optimierungsmodell formulieren. Dazu werden gemäß (4.6) die binäre Variablen y_i für die Wahl eines Knotens $i = 1,2,...,6$ als Standort eines Einkaufszentrums eingeführt. Weiterhin werden für die Zuordnungen der Kundenorte zu den zu bestimmenden beiden Einkaufszentren die binären Variablen x_{ij}; $i,j = 1,2,...,6$ gemäß (4.5) verwendet. Da das erste Szenario als 2-Medianproblem zu lösen ist, besteht die Zielfunktion gemäß Ausdruck (4.1) aus der über alle $i \times j$ Kombinationen der Knoten zu bestimmenden Summe der Produkte der Distanzen, der Anzahl der in den Orten lebenden Menschen und den Zuordnungsvariablen. Gemäß den Bedingungen (4.2) wird ein Kundenort genau einem Einkaufszentrum zugeordnet, während die Ausdrücke (4.3) sicherstellen, dass eine Zuordnung der Kundenorte nur zu einem aktiven Einkaufszentrum ($y_i = 1$) erfolgt.

$0 \cdot 5.000 \cdot x_{11} + 24 \cdot 10.000 \cdot x_{12} + 10 \cdot 8.000 \cdot x_{13} +$
$15 \cdot 12.000 \cdot x_{14} + 22 \cdot 20.000 \cdot x_{15} + 30 \cdot 15.000 \cdot x_{16} +$
$24 \cdot 5.000 \cdot x_{21} + 0 \cdot 10.000 \cdot x_{22} + 14 \cdot 8.000 \cdot x_{23} +$
$36 \cdot 12.000 \cdot x_{24} + 26 \cdot 20.000 \cdot x_{25} + 18 \cdot 15.000 \cdot x_{26}$
$10 \cdot 5.000 \cdot x_{31} + 14 \cdot 10.000 \cdot x_{32} + 0 \cdot 8.000 \cdot x_{33} +$
$22 \cdot 12.000 \cdot x_{34} + 12 \cdot 20.000 \cdot x_{35} + 20 \cdot 15.000 \cdot x_{36}$
$15 \cdot 5.000 \cdot x_{41} + 36 \cdot 10.000 \cdot x_{42} + 22 \cdot 8.000 \cdot x_{43} +$
$0 \cdot 12.000 \cdot x_{44} + 10 \cdot 20.000 \cdot x_{45} + 18 \cdot 15.000 \cdot x_{46}$
$22 \cdot 5.000 \cdot x_{51} + 26 \cdot 10.000 \cdot x_{52} + 12 \cdot 8.000 \cdot x_{53} +$
$10 \cdot 12.000 \cdot x_{54} + 0 \cdot 20.000 \cdot x_{55} + 8 \cdot 15.000 \cdot x_{56}$
$30 \cdot 5.000 \cdot x_{61} + 18 \cdot 10.000 \cdot x_{62} + 20 \cdot 8.000 \cdot x_{63} +$
$18 \cdot 12.000 \cdot x_{64} + 8 \cdot 20.000 \cdot x_{65} + 0 \cdot 15.000 \cdot x_{66} \rightarrow \min!$ (4.1)

u.d.N.

$x_{11} + x_{21} + x_{31} + x_{41} + x_{51} + x_{61} = 1$
$x_{12} + x_{22} + x_{32} + x_{42} + x_{52} + x_{62} = 1$
$x_{13} + x_{23} + x_{33} + x_{43} + x_{53} + x_{63} = 1$
$x_{14} + x_{24} + x_{34} + x_{44} + x_{54} + x_{64} = 1$ (4.2)
$x_{15} + x_{25} + x_{35} + x_{45} + x_{55} + x_{65} = 1$
$x_{16} + x_{26} + x_{36} + x_{46} + x_{56} + x_{66} = 1$

$x_{11} + x_{12} + x_{13} + x_{14} + x_{15} + x_{16} \leq 5 \cdot y_1$
$x_{21} + x_{22} + x_{23} + x_{24} + x_{25} + x_{26} \leq 5 \cdot y$
$x_{31} + x_{32} + x_{33} + x_{34} + x_{35} + x_{36} \leq 5 \cdot y$
$x_{41} + x_{42} + x_{43} + x_{44} + x_{45} + x_{46} \leq 5 \cdot y$ (4.3)
$x_{51} + x_{52} + x_{53} + x_{54} + x_{55} + x_{56} \leq 5 \cdot y$
$x_{61} + x_{62} + x_{63} + x_{64} + x_{65} + x_{66} \leq 5 \cdot y$

$y_1 + y_2 + y_3 + y_4 + y_5 + y_6 = 2$ (4.4)

$x_{ij} \in \{0,1\} \qquad ; i = 1,2,\ldots,6, j = 1,2,\ldots,6$ (4.5)
$y_i \in \{0,1\} \qquad ; i = 1,2,\ldots,6$ (4.6)

Schließlich definiert Bedingung (4.4), dass exakt zwei Einkaufszentren einzurichten sind. Da jeder dieser beiden Standorte mindestens einen Kundenort zu bedienen hat, kann ein Standort, wie auf der rechten Seite dieser Bedingungen zu sehen, maximal fünf Kundenorte zugeordnet bekommen.

b) Lösung des ersten Szenarios mit SolverStudio/Cmpl
(Beispieldatei: standorte.xlsx → p-median)

Zur Lösung dieses Problems mit SolverStudio/Cmpl ist ein Excel-Arbeitsblatt für die Indexmengen, Parameter und Lösungselemente des betrachteten Problems (Abb. 4.6) anzulegen.

Dazu sind in Zelle E3 die maximale Anzahl zu errichtender Einkaufszentren und in den Zellen C6:H11 die Matrix der kürzesten Entfernungen einzugeben. Die Anzahl der in den einzelnen Orten lebenden Menschen ist in den Zellen C12:H12 gegeben. Die Zellen B6:B11 enthalten die Bezeichnungen der einzelnen Knoten.

	A	B	C	D	E	F	G	H	I
1									
2		**Parameter:**							
3		Anzahl Einkaufszentren			2				
4									
5			K1	K2	K3	K4	K5	K6	
6		K1	0	24	10	15	22	30	
7		K2	24	0	14	36	26	18	
8		K3	10	14	0	22	12	20	
9		K4	15	36	22	0	10	18	
10		K5	22	26	12	10	0	8	
11		K6	30	18	20	18	8	0	
12		Nachfrage	5.000	1.000	8.000	12.000	20.000	15.000	
13									
14		**Lösung:**							
15		x	K1	K2	K3	K4	K5	K6	y
16		K1							
17		K2							
18		K3							
19		K4							
20		K5							
21		K6							
22									
23		Personentransportleistung							

Abb. 4.6: Excel-Arbeitsblatt für Fallstudie 4.2b)

Damit diese Indexmenge und die Parameter im CMPL-Modell verwendet werden können, sind für sie im SolverStudio-Dateneditor entsprechende Namen und Zellbereiche
zu spezifizieren (Abb. 4.7). Für die Knotenbezeichnungen werden im SolverStudio-
Dateneditor die Indexmenge *Nodes*, der Parametervektor *b* für die Anzahl der in einem Ort lebenden Menschen, *d* für die Distanzmatrix sowie *p* für die maximale Anzahl der zu errichtenden Standorte eingeführt.

Der Zellbereich C16:H21 dient der Aufnahme der Lösungen der Zuordnungsvariablen. Dazu wird im SolverStudio-Dateneditor die über die Indexmenge *Nodes* definierte Matrix *x* eingeführt. Der Vektor der Lösungen der Standortvariablen *y* soll, wie
im SolverStudio/Dateneditor festgelegt, in die Zellen I16:I21 nach der Optimierung
durch SolverStudio automatisch eingetragen werden. In die Zelle E23 wird mittels des
im SolverStudio-Dateneditor spezifizierten Schlüsselwortes *model.objValue* die gesamte Personenbeförderungsleistung als Zielfunktionswert nach Abschluss der Optimierung automatisch eingetragen.

Name:	Cell Range:	Index Range(s):
<Add New Data Item>		
b	C12:H12	Nodes
d	C6:H11	Nodes, Nodes
model.objValue	E23	
Nodes	B6:B11	
p	E3	
x	C16:H21	Nodes, Nodes
y	I16:I21	Nodes

Abb. 4.7: SolverStudio-Dateneditor für Fallstudie 4.2b)

Die so definierten Indexmengen, Parameter und die Lösungselemente werden im
CMPL-Modell 4.1 verwendet. Da dieses identisch zu dem im Lehrbuch *Logistik-Entscheidungen* eingeführten CMPL-Modell für diskrete *p-Medianprobleme* ist, wird auf
eine Erläuterung verzichtet und auf die Ausführung im Lehrbuch verwiesen.[5]

Nach dem Lösen dieses Problems mit SolverStudio/Cmpl erhält man einen Zielfunktionswert von 304.000 Personenkilometern (E23). Als Mediane, d. h. als optimale Standorte für die beiden Einkaufszentren, werden die Knoten K3 und K5 ermittelt. Dem am Knoten K3 gelegene Einkaufszentrum sind die Kundenorte K1 bis K3
zugeordnet, während das Einkaufszentrum am Knoten K5 die Kundenorte K4, K5 und
K6 bedienen soll. Diese Lösung ist nochmals in Abb. 4.9 grafisch dargestellt.

---

5 Vgl. Steglich et al. (2016), S. 383 ff.

CMPL-Modell 4.1: CMPL-Modell für Fallstudie 4.2b)

```
1    %data : Nodes set, d[Nodes,Nodes], b[Nodes], p
2
3    parameters:
4        M:=len(Nodes)-p+1;
5
6    variables:
7        x[Nodes,Nodes] : binary;
8        y[Nodes] : binary;
9
10   objectives:
11       sum{i in Nodes, j in Nodes: d[i,j]*b[j]*x[i,j]}->min;
12
13   constraints:
14       {i in Nodes:
15           sum{j in Nodes: x[j,i]} = 1;
16           sum{j in Nodes: x[i,j]} <= M * y[i];
17       }
18       sum{i in Nodes: y[i]} <= p;
```

	A	B	C	D	E	F	G	H	I
14	Lösung:								
15		**x**	K1	K2	K3	K4	K5	K6	**y**
16		K1	0	0	0	0	0	0	0
17		K2	0	0	0	0	0	0	0
18		K3	1	1	1	0	0	0	1
19		K4	0	0	0	0	0	0	0
20		K5	0	0	0	1	1	1	1
21		K6	0	0	0	0	0	0	0
22									
23		Personentransportleistung		304.000					

Abb. 4.8: Lösung für Fallstudie 4.2b)

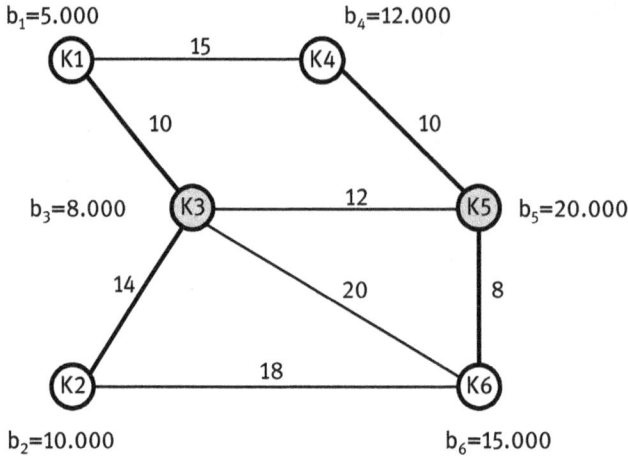

Abb. 4.9: Grafische Darstellung der Lösung für Fallstudie 4.2b)

c) Mathematisches Modell für das zweite Szenario

Das Zielkriterium des zweiten Szenarios besteht in der Minimierung der maximalen Entfernungen zum jeweiligen Einkaufsmarkt. Es handelt sich damit um ein diskretes 2-Zentrenproblem in einem stark zusammenhängenden gerichteten Netzwerk. Wie in Teilaufgabe a) ist das originale ungerichtete Netzwerk in ein gerichtetes Netzwerk zu transformieren und die Matrix der kürzesten Distanzen zu bestimmen (Tab. 4.1).

Neben den binären Zuordnungsvariablen $x_{ij}; i, j = 1, 2, \dots, 6$ und den binären Standortvariablen $y_i; i = 1, 2, \dots, 6$ (Ausdrücke (4.12) und (4.13)) wird eine stetige Variable R, die den zu minimierenden maximalen Radius ausdrückt, zur Formulierung des Modells verwendet (4.14).

Dieses Modell unterscheidet sich vom Modell des p-Zentren-Problems lediglich durch die Zielfunktion (4.7) und die dazugehörigen Nebenbedingungen (4.8). Mit der Zielfunktion (4.7) soll der in den dazugehörigen Nebenbedingungen (4.8) spezifizierte maximale Radius R als klassischer Minimax-Ansatz minimiert werden. Alle anderen Nebenbedingungen (4.9) bis (4.11) sind identisch zum p-Median-Problem.

$R \rightarrow \min!$ (4.7)

u.d.N.

$$0x_{11} + 24x_{12} + 10x_{13} + 15x_{14} + 22x_{15} + 30x_{16} \leq R$$
$$24x_{21} + 0x_{22} + 14x_{23} + 36x_{24} + 26x_{25} + 18x_{26} \leq R$$
$$10x_{31} + 14x_{32} + 0x_{33} + 22x_{34} + 12x_{35} + 20x_{36} \leq R$$
$$15x_{41} + 36x_{42} + 22x_{43} + 0x_{44} + 10x_{45} + 18x_{46} \leq R$$ (4.8)
$$22x_{51} + 26x_{52} + 12x_{53} + 10x_{54} + 0x_{55} + 8x_{56} \leq R$$
$$30x_{61} + 18x_{62} + 20x_{63} + 18x_{64} + 8x_{65} + 0x_{66} \leq R$$

$$x_{11} + x_{21} + x_{31} + x_{41} + x_{51} + x_{61} = 1$$
$$x_{12} + x_{22} + x_{32} + x_{42} + x_{52} + x_{62} = 1$$
$$x_{13} + x_{23} + x_{33} + x_{43} + x_{53} + x_{63} = 1$$
$$x_{14} + x_{24} + x_{34} + x_{44} + x_{54} + x_{64} = 1$$ (4.9)
$$x_{15} + x_{25} + x_{35} + x_{45} + x_{55} + x_{65} = 1$$
$$x_{16} + x_{26} + x_{36} + x_{46} + x_{56} + x_{66} = 1$$

$$x_{11} + x_{12} + x_{13} + x_{14} + x_{15} + x_{16} \leq 5 \cdot y_1$$
$$x_{21} + x_{22} + x_{23} + x_{24} + x_{25} + x_{26} \leq 5 \cdot y$$
$$x_{31} + x_{32} + x_{33} + x_{34} + x_{35} + x_{36} \leq 5 \cdot y$$
$$x_{41} + x_{42} + x_{43} + x_{44} + x_{45} + x_{46} \leq 5 \cdot y$$ (4.10)
$$x_{51} + x_{52} + x_{53} + x_{54} + x_{55} + x_{56} \leq 5 \cdot y$$
$$x_{61} + x_{62} + x_{63} + x_{64} + x_{65} + x_{66} \leq 5 \cdot y$$

$$y_1 + y_2 + y_3 + y_4 + y_5 + y_6 = 2$$ (4.11)

$$x_{ij} \in \{0,1\} \qquad ; i = 1,2,\ldots,6, j = 1,2,\ldots,6$$ (4.12)
$$y_i \in \{0,1\} \qquad ; i = 1,2,\ldots,6$$ (4.13)
$$R \geq 0$$ (4.14)

d) Lösung des ersten Szenarios mit SolverStudio/Cmpl
(Beispieldatei: standorte.xlsx → p-zentren)

Zur Lösung dieses Problems mit SolverStudio/Cmpl kann eine Kopie des Excel-Arbeitsblatts für Teilaufgabe b) angelegt und fast unverändert verwendet werden. Einzig die Nachfragen in Form der Anzahl der in den einzelnen Orten lebenden Menschen sind auf den Wert eins zu setzen (Abb. 4.10), da zur Berechnung der Radien nicht die maximalen Personenkilometer, sondern die maximale Distanz zum jeweiligen Einkaufszentrum minimiert wird. Weiterhin können alle Definitionen der Indexmengen, Parameter und Lösungselemente im SolverStudio/Dateneditor unverändert in die weiteren Rechnungen eingehen.

	A	B	C	D	E	F	G	H	I
1									
2	**Parameter:**								
3		Anzahl Einkaufszentren	2						
4									
5			K1	K2	K3	K4	K5	K6	
6		K1	0	24	10	15	22	30	
7		K2	24	0	14	36	26	18	
8		K3	10	14	0	22	12	20	
9		K4	15	36	22	0	10	18	
10		K5	22	26	12	10	0	8	
11		K6	30	18	20	18	8	0	
12		Nachfrage	1	1	1	1	1	1	
13									
14	**Lösung:**								
15		**x**	K1	K2	K3	K4	K5	K6	**y**
16		K1							
17		K2							
18		K3							
19		K4							
20		K5							
21		K6							
22									
23		max. Distanz							

Abb. 4.10: Excel-Arbeitsblatt für Fallstudie 4.2d)

Die so spezifizierten Indexmengen und Parameter gehen in das CMPL-Modell 4.2 ein. Da dieses CMPL-Modell identisch zu dem im Lehrbuch *Logistik-Entscheidungen* diskutierten CMPL-Modell für diskrete *p-Zentrenprobleme* ist, wird keine Erläuterung vorgenommen und auf die Ausführung im Lehrbuch verwiesen.[6]

---

6 Vgl. Steglich et al. (2016), S. 391 ff.

CMPL-Modell 4.2: CMPL-Modell für Fallstudie 4.2d)

```
1    %data : Nodes set, d[Nodes,Nodes], b[Nodes], p
2
3    parameters:
4      M:=len(Nodes)-p+1;
5
6    variables:
7      x[Nodes,Nodes] : binary;
8      y[Nodes] : binary;
9      R : real[0..];
10
11   objectives:
12     R ->min;
13
14   constraints:
15     {j in Nodes: sum{i in Nodes: d[i,j]*b[j]*x[i,j] } <=R; }
16
17     {i in Nodes:
18         sum{j in Nodes: x[j,i]} = 1;
19         sum{j in Nodes: x[i,j]} <= M * y[i];
20     }
21     sum{i in Nodes: y[i]} <= p;
```

Anhand der in Abb. 4.11 dargestellten Lösung für dieses 2-Zentrenproblem ist ersichtlich, dass wiederum die Knoten K3 und K5 als optimale Standorte anzusehen sind. Mit diesen Zentren sind die Einkaufszentren mit einer maximalen Entfernung von 14 Kilometern erreichbar (Zelle E23). Wie bei Teilaufgabe a) werden dem am Knoten K3 gelegenen Einkaufszentrum die Kundenorte K1 bis K3 dem Einkaufszentrum am Knoten K5 die Kundenorte K4, K5 und K6 zugeordnet.

	x	K1	K2	K3	K4	K5	K6	y
14	**Lösung:**							
16	K1	0	0	0	0	0	0	0
17	K2	0	0	0	0	0	0	0
18	K3	1	1	1	0	0	0	1
19	K4	0	0	0	0	0	0	0
20	K5	0	0	0	1	1	1	1
21	K6	0	0	0	0	0	0	0
22								
23	max. Distanz			14				

Abb. 4.11: Lösung für Fallstudie 4.2d)

Fallstudie 4.3

a) Analyse der Ist-Situation
(Beispieldatei: drogeriemaerkte.clp)

Bei dieser Fallstudie handelt es sich um ein kontinuierliches Medianproblem, dass mit LogisticsLab/CLP gelöst werden kann. Zur Berechnung der für die Ist-Situation notwendigen Transportleistungen ist allerdings nicht ein optimaler Standort gesucht, sondern die Berechnungen werden mit einem fixierten Standort (Führt/Ronhof) durchgeführt. Alle für diese Teilaufgabe eingegebenen Daten können für die weiteren Szenarien weiterverwendet werden.

In einem ersten Schritt ist in LogisticsLab/CLP ein neues Problem mit 34 Bedarfsknoten (*Destinations*) für die 30 Filialorte und die zusätzlichen vier potenziellen Lagerstandorte zu generieren (Abb. 4.12).

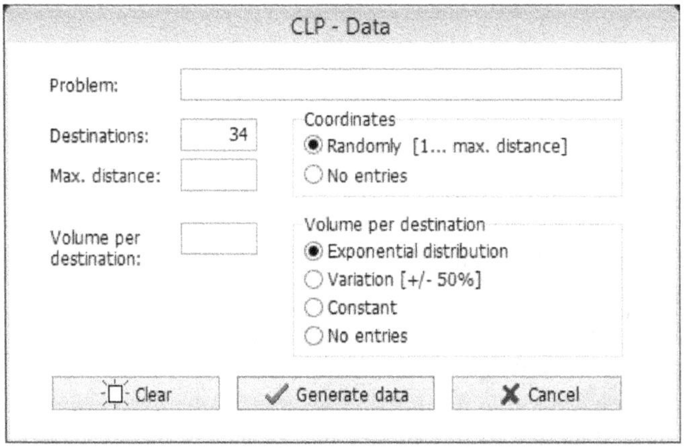

Abb. 4.12: Anlegen des Problems für Fallstudie 4.3 in LogisticsLab/CLP

Nach dem Anlegen des Problems sind im Datenbereich *Destinations* für die Filialorte und die vier potenziellen Standorte die Bezeichnungen (*Name*), die Koordinaten (*X-Pos.* und *Y-Pos.*), die Bedarfe (*Demand*) und die Frachtkostenkoeffizienten als Kostensätze (Cost factor) gemäß der Aufgabenstellung einzugeben (Abb. 4.13). Das frachtpflichtige Gewicht (*Weigthed vol.*) berechnet sich automatisch.

Weiterhin sind im Datenbereich *Sources* die Daten des bisherigen Lagerstandorts in Führt/Ronhof einzugeben. Da der Standort nicht verändert, sondern fixiert werden soll, ist in der Spalte *Fixed* ein *Y* einzutragen (Abb. 4.14).

Nr	Fixed	Name	X-Pos.	Y-Pos.	Demand	Cost factor	Weighted vol.	Source	∧
1		Amberg	191,00	90,00	25,0	0,80	20,0		
2		Ansbach	98,00	72,00	35,0	0,80	28,0		
3		BadMergen	39,00	93,00	35,0	0,80	28,0		
4		Bamberg	120,00	140,00	70,0	0,80	56,0		
5		Bayreuth	170,00	146,00	85,0	0,80	68,0		
6		Cham	252,00	70,00	10,0	1,00	10,0		
7		Coburg	125,00	182,00	30,0	0,80	24,0		
8		Eichstätt	145,00	27,00	15,0	1,00	15,0		
9		Erlangen	130,00	105,00	90,0	0,80	72,0		
10		Fürth	128,00	93,00	55,0	0,80	44,0		
11		Höchstadt	112,00	119,00	15,0	1,00	15,0		
12		Hof	192,00	190,00	40,0	0,80	32,0		
13		Ingolstadt	162,00	15,00	20,0	1,00	20,0		
14		Kelheim	195,00	33,00	5,0	1,20	6,0		
15		Kitzingen	66,00	120,00	20,0	1,00	20,0		
16		Kronach	150,00	179,00	10,0	1,00	10,0		
17		Kulmbach	160,00	165,00	50,0	0,80	40,0		
18		Lichtenfel	131,00	169,00	5,0	1,20	6,0		∨

Destinations: 34   Edit mode: (Problem | Destinations | Sources)

Abb. 4.13: Eingabe der Daten der Orte für Fallstudie 4.3 in LogisticsLab/CLP

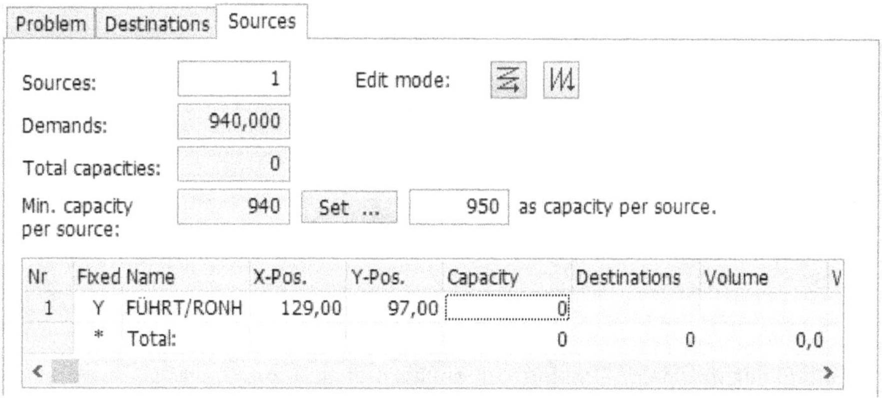

Sources: 1   Edit mode:

Demands: 940,000

Total capacities: 0

Min. capacity per source: 940   Set ...   950 as capacity per source.

Nr	Fixed	Name	X-Pos.	Y-Pos.	Capacity	Destinations	Volume	V
1	Y	FÜHRT/RONH	129,00	97,00	0			
*		Total:			0	0	0,0	

Abb. 4.14: Eingabe der Daten des fixierten Standorts für Fallstudie 4.3a) in LogisticsLab/CLP

Anschließend ist im Datenbereich *Problem* als Zielfunfunktion (*Objective function*) die Option Median (*Median*) und, da sich das Koordinatensystem auf eine ebene Fläche bezieht, als Metrik für die Distanzberechnung die euklidische Distanz

(*Distances → Euclidian*) zu wählen (Abb. 4.15). Nun kann dieses Median-Problem mit nur einem Standort gelöst werden, indem entweder das Menü *Optimisation → Start Optimisation* oder die Schaltfläche *Optimise* in der Symbolleiste gewählt wird.

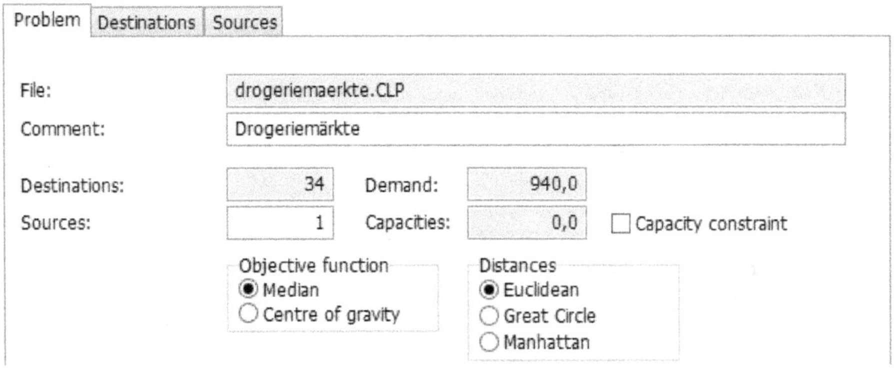

Abb. 4.15: Problemeinstellungen für Fallstudie 4.3a) in LogisticsLab/CLP

Nach Abschluss der Rechnungen können der Zielfunktionswert und weitere Lösungs-daten im unteren Bereich des Datenbereichs *Problem* eingesehen werden (Abb. 4.16). In der jetzigen Situation mit einem einzigen Lagerstandort in Führt/Ronhof ist eine wöchentliche Transportleistung von 44.923,80 Tonnenkilometer notwendig (*Transport performance*). Die gesamte zu fahrende Distanz beträgt 2.135 Kilometer (*Transport distance*), wobei insgesamt 940 Tonnen transportiert werden (*Transport volume*).

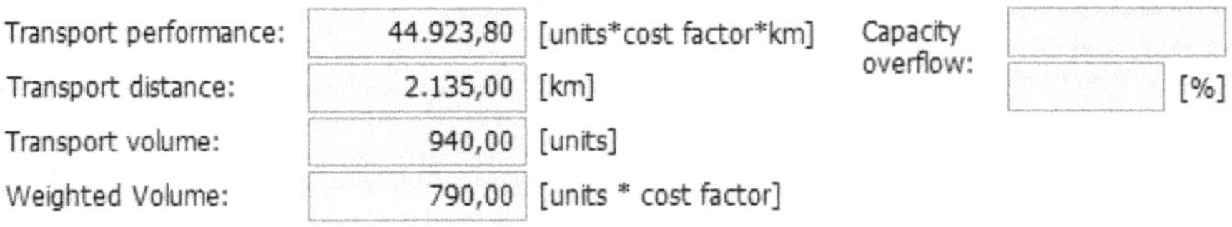

Abb. 4.16: Lösungskennzahlen für Fallstudie 4.3a) in LogisticsLab/CLP

b) Bestimmung optimaler Standorte für ein bis drei Standorte
(Beispieldatei: drogeriemaerkte.clp)

Die Lösung dieser drei Szenarien entspricht einem unkapazitierten kontinuierlichen p-Medianproblem, für das LogisticsLab/CLP als geeignete Lösungssoftware zur Ver-fügung steht. Zur Bestimmung der optimalen Standorte für diese drei Szenarien kann die bisherige Problemdatei weiterverwendet werden, wobei im Datenbereich *Sources* der bisher fixierte Standort Führt/Ronhof zu löschen ist. Weiterhin ist für die drei

Szenarien im Datenbereich *Problem* jeweils die Anzahl der zu bestimmenden Lagerstandorte im Feld *Sources* einzugeben (Abb. 4.15) und das Problem zu lösen. Nach Abschluss der jeweiligen Rechnungen kann im Bereich *Network* die grafische Darstellung der Lösung und in den Datenbereichen *Problem*, *Destinations* und *Sources* die numerische Lösung eingesehen werden.

Da im Abschluss an jede Rechnung analysiert werden soll, welchen Einfluss eine Verschiebung der gefundenen Standorte zur jeweils nächstgelegenen Ortschaft auf die notwendigen Transportleistungen hat, ist für jedes Szenario im Datenbereich *Sources* diese Verschiebung mittels der Schaltfläche *Move* vorzunehmen (Abb. 4.17). Im Anschluss sind die automatisch angepassten Kennzahlen erneut im Datenbereich *Problem* abzulesen.

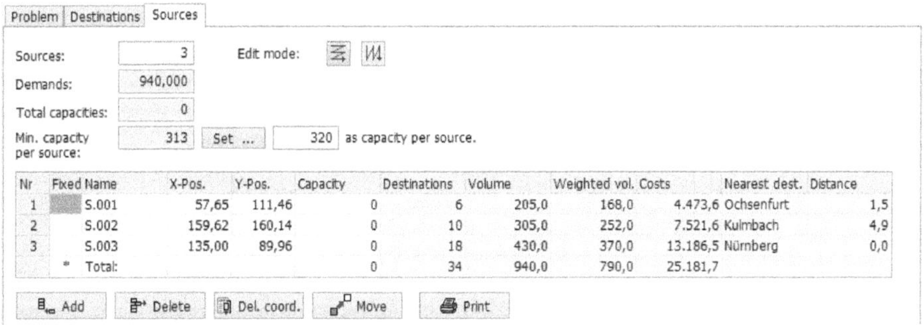
Problem
Destinations
Sources
Sources: 3
Edit mode:
Demands: 940,000
Total capacities: 0
Min. capacity per source: 313
Set ...
320 as capacity per source.
Nr | Fixed | Name | X-Pos. | Y-Pos. | Capacity | Destinations | Volume | Weighted vol. | Costs | Nearest dest. | Distance
1 | | S.001 | 57,65 | 111,46 | 0 | 6 | 205,0 | 168,0 | 4.473,6 | Ochsenfurt | 1,5
2 | | S.002 | 159,62 | 160,14 | 0 | 10 | 305,0 | 252,0 | 7.521,6 | Kulmbach | 4,9
3 | | S.003 | 135,00 | 89,96 | 0 | 18 | 430,0 | 370,0 | 13.186,5 | Nürnberg | 0,0
* Total: 0 | 34 | 940,0 | 790,0 | 25.181,7
Add
Delete
Del. coord.
Move
Print

Abb. 4.17: Verschiebung der Standorte für Fallstudie 4.3b) in LogisticsLab/CLP

Die Ergebnisse dieser Rechnungen sind in Abb. 4.18 grafisch dargestellt sowie in Tab. 4.2 mit den originalen Lösungen und in Tab. 4.3 für die Standorte, die auf den nächstgelegenen Ort verschoben wurden, numerisch gegeben.

Im ersten Szenario war nach Freigabe des bisherigen Standorts Fürth/Ronhof die optimale Lagerposition als Median zu ermitteln. Wie in Tab. 4.2 zu sehen, liegt der optimale Standort in Erlangen, wobei die zur Belieferung der 30 Filialorte notwendige Transportleistung 44.106,4 Tonnenkilometer beträgt. Das entspricht einer Verringerung um 1,8 % gegenüber dem Ist-Szenario. Diese sehr geringen Einsparungen lassen eine Verlegung des Standorts nach Erlangen als wenig sinnvoll erscheinen.[7]

Die beiden folgenden Szenarien untersuchen, welche Einsparpotenziale bei der Errichtung von zwei oder drei Auslieferungslagern möglich wären.

---

7 Für dieses und alle weiteren Szenarien ist zu beachten, dass aus der Anzahl der mit den Standorten verknüpften Bedarfsorte, die im Datenbereich *Sources* mit dem Wert 34 angegeben ist, die vier Orte herauszurechnen sind, die als Lagerstandorte infrage kommen, aber keine Filialen besitzen.

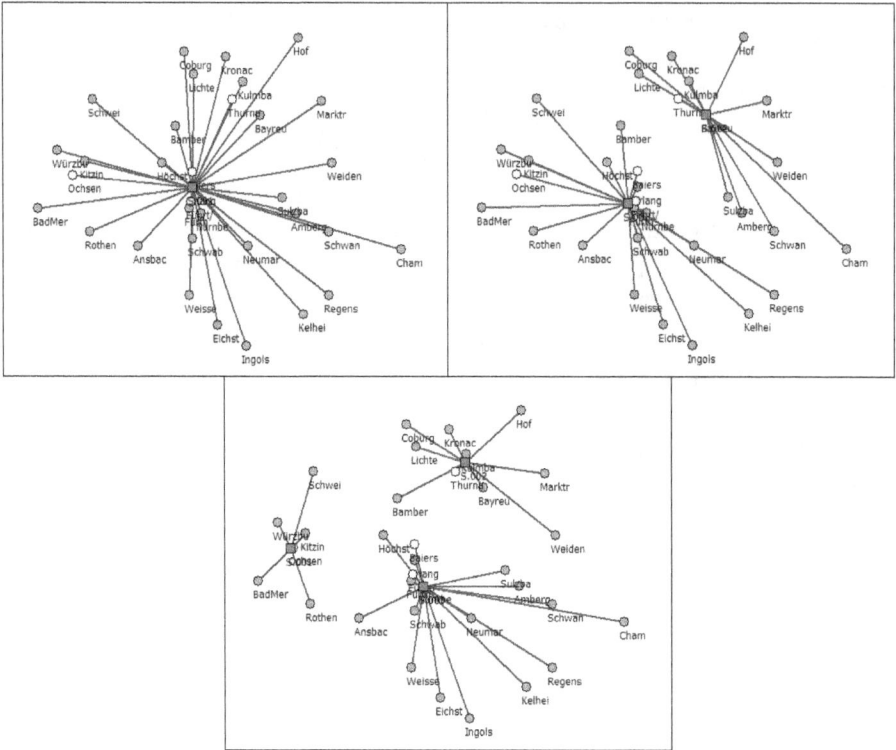

Abb. 4.18: Grafische Darstellungen der Lösungen für Fallstudie 4.3b) in LogisticsLab/CLP

Tab. 4.2: Lösungen für Fallstudie 4.3b)

Szena-rio	Anzahl Lager	Trans-portleis-tungen [tkm]	Einspa-rungen [%]	Koordinaten [km] X	Y	Anzahl Filialen	Menge [t]	Nächstgelegener Ort Name	Distanz [km]
Ist	1	44.923,8	0,0%	129,00	97,00	30	940	Führt/Ron.	0,00
1 Lager	1	44.106,4	1,8%	130,00	105,00	30	940	Erlangen	0,00
2 Lager	2	33.838,5	24,7%	124,31	95,56	18	660	Führt	4,50
				170,03	146,04	12	280	Bayreuth	0,00
3 Lager	3	25.181,7	43,9%	57,65	111,46	5	205	Ochsenf.	1,50
				159,62	160,14	9	305	Kulmbach	4,90
				135,00	89,96	16	430	Nürnberg	0,00

Tab. 4.3: Lösungen für Fallstudie 4.3b) nach Verschiebung zum nächstgelegenen Ort

Szenario	Anzahl Lager	Transport- leistungen [tkm]	Einsparun- gen [%]	Koordinaten [km]		Anzahl Filialen	Menge [t]
				X	Y		
Ist	1	44.923,8	0,0%	129,00	97,00	30	940
1 Lager	1	44.106,4	1,8%	130,00	105,00	30	940
2 Lager	2	33.939,5	24,5%	128,00	93,00	18	660
				170,00	146,00	12	280
3 Lager	3	25.248,0	43,8%	59,00	112,00	5	205
				160,00	165,00	9	305
				135,00	90,00	16	430

Nach Auswertung der in Tab. 4.2 und Tab. 4.3 angegebenen Ergebnisse der Berechnungen ist das Szenario mit drei Lagern in der Nähe von Kulmbach, Nürnberg und
Ochsenfurt zu favorisieren, da dieses zu den geringsten notwendigen Transportleistungen von 25.181,7 Tonnenkilometern und letztlich gegenüber dem Ist-Szenario zu
einer Einsparung von ca. 44 % führt. Da die notwendigen Transportleistungen nach
einer Verschiebung der originalen Standorte auf die drei genannten Orte lediglich um
66,3 Tonnenkilometer auf 25.248,0 Tonnenkilometer steigen, ist die Errichtung der
drei Lagerstandorte direkt in den Ortschaften Kulmbach, Nürnberg und Ochsenfurt
anzustreben.

Allerdings sind in diesem Szenario die einzelnen Auslieferungslager sehr unter-
schiedlich belastet. Insbesondere würde Nürnberg mit wöchentlichen 430 Tonnen
mehr als die doppelte Menge des Lagers Ochsenfurt umschlagen müssen. Eine Einbeziehung von Lagerkapazitäten in die Bestimmung optimaler Lagerstandorte erscheint
daher sehr sinnvoll.

c) Bestimmung optimaler Standorte unter Beachtung der Kapazitäten
(Beispieldatei: drogeriemaerkte.clp)

Bei der Lösung dieses Szenarios handelt es sich um ein kapazitiertes kontinuierliches
3-Medianproblem. Die Anzahl von drei zu bestimmenden Lagern ergibt sich aus der
Annahme, dass ein Lager maximal 350 Tonnen wöchentlich bewältigen kann. Bei einer gesamten wöchentlichen Liefermenge von 940 Tonnen sind somit insgesamt drei
Lager notwendig.

Es wird wiederum die ursprüngliche Problemdatei verwendet und der fixe Lager-
ort Führt/Ronhof gelöscht. Weiterhin ist im Datenbereich *Sources* im Feld *Sources* der
Wert drei für die Anzahl zu bestimmender Standorte und anschließend im Feld *Set* …

as capacity per source der Wert von 350 Tonnen einzugeben und mittels der Schaltfläche *Set ...* den drei Standorten zuzuweisen (Abb. 4.19).

Bevor mit der Bestimmung der drei Lagerstandorte mit den bisherigen Problemeinstellungen gestartet wird, ist im Datenbereich *Problem* zusätzlich die Option *Capacity constraint* zu wählen (Abb. 4.20).

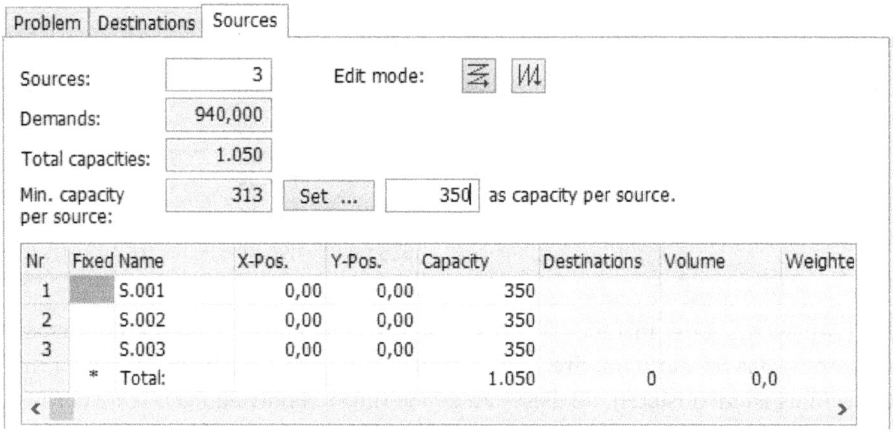

Nr	Fixed Name	X-Pos.	Y-Pos.	Capacity	Destinations	Volume	Weighte
1	S.001	0,00	0,00	350			
2	S.002	0,00	0,00	350			
3	S.003	0,00	0,00	350			
*	Total:			1.050		0	0,0

Sources: 3 Edit mode:

Demands: 940,000

Total capacities: 1.050

Min. capacity per source: 313 Set ... 350 as capacity per source.

Abb. 4.19: Eingabe der Kapazitäten der Standorte für Fallstudie 4.3c) in LogisticsLab/CLP

File: drogeriemaerkte.CLP

Comment: Drogeriemärkte

Destinations: 34 Demand: 940,0

Sources: 3 Capacities: 1.050,0 ☑ Capacity constraint

Objective function
● Mediane
○ Centre of gravity

Distances
● Euclidean
○ Great Circle
○ Manhattan

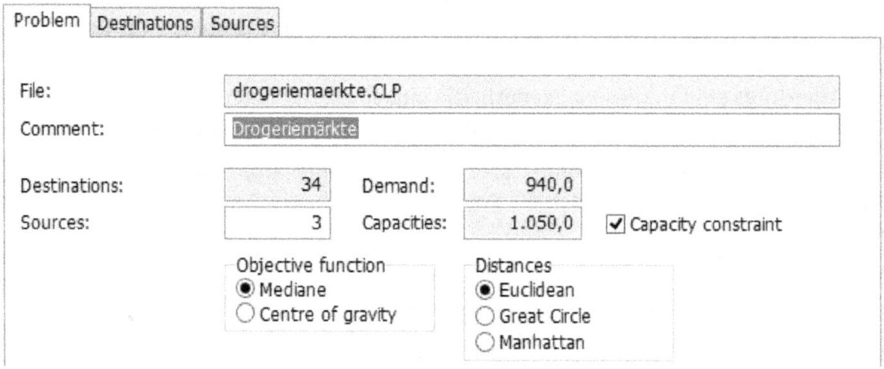

Abb. 4.20: Problemeinstellungen für Fallstudie 4.3c) in LogisticsLab/CLP

Nach Abschluss der Rechnungen ergibt sich die in Abb. 4.21 grafisch dargestellte Lösung, deren Kennzahlen in Tab. 4.4 abgebildet wurden.

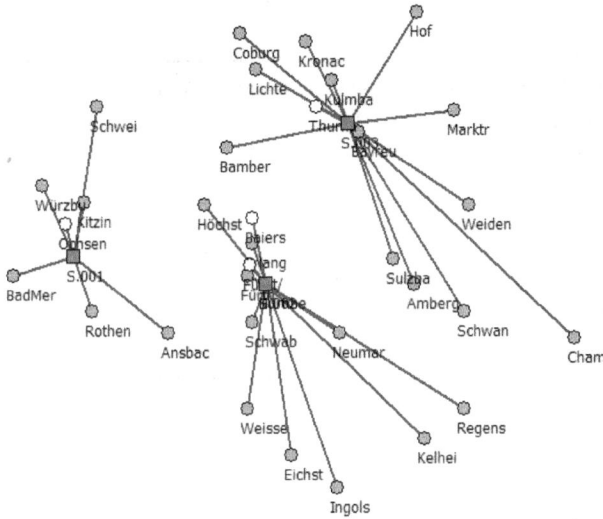

Abb. 4.21: Grafische Darstellung der Lösung für Fallstudie 4.3c) in LogisticsLab/CLP

Unter Beachtung der Kapazitäten von 350 Tonnen pro Lager und Woche führen die Standorte in der Nähe von Ochsenfurt, Kulmbach und Nürnberg zu einer minimal notwendigen Transportleistung von 25.911,3 Tonnenkilometern. Da nach einer Verschiebung der originalen Standorte auf die genannten Orte die Transportleistungen lediglich um 157,3 Tonnenkilometer auf wöchentlich notwendige 26.068,6 Tonnenkilometer steigen würden, empfiehlt es sich, die neuen Lagerstandorte direkt in den genannten Orten zu errichten. Die Kapazitätsgrenze von 350 Tonnen pro Woche wird von allen drei Standorten eingehalten, wobei für Ochsenfurt eine Restkapazität von wöchentlich 110 Tonnen besteht.

Gegenüber der Lösung des unkapazitierten 3-Medianproblems in Teilaufgabe b) steigen die notwendigen Transportleistungen um 820,6 Tonnenkilometer bzw. 3,3 %, was aufgrund der realistischeren Annahmen hinsichtlich der Kapazitäten ein akzeptabler Wert ist.

Tab. 4.4: Lösung für Fallstudie 4.3c)

| Transportleistungen [tkm] | Einsparungen [%] | Koordinaten [km] | | Anzahl Filialen | Menge [t] | Nächstgelegener Ort | | Transportleist. nach Verschiebung | |
		X	Y			Name	Distanz [km]	[tkm]	Einsparungen [%]
25.911,3	42,3%	62,00	100,00	6	240	Ochsenf.	12,40	26.068,6	42,0%
		135,00	90,00	11	350	Nürnberg	0,00		
		166,00	149,00	13	350	Bayreuth	5,00		

4.2 Überdeckungsprobleme

Fallstudie 4.4

a) Mathematisches Modell für das erste Szenario

Bei diesem Problem handelt es sich um ein Set-Covering-Location-Problem, bei dem eine Menge von Bedarfsknoten durch die kostenminimale Menge von Standorten zu bedienen ist. Mit der in der Aufgabenstellung gegebenen Überdeckungsmatrix und den Betriebskosten der einzelnen potenziellen Standorte lässt sich das folgende binäre lineare Optimierungsmodell formulieren:

$$3.000 \cdot x_1 + 1.200 \cdot x_2 + 1.000 \cdot x_3 + 1.800 \cdot x_4 \rightarrow \min! \tag{4.15}$$

$u.d.N.$

$$x_1 + x_2 \geq 1$$
$$x_1 + x_3 \geq 1$$
$$x_1 + x_4 \geq 1 \tag{4.16}$$
$$x_2 + x_3 \geq 1$$
$$x_2 + x_4 \geq 1$$

$$x_j \in \{0,1\} \qquad ; \; j = 1,2,\ldots,4 \tag{4.17}$$

Dabei wird die Entscheidung, ob ein potenzieller Standort j tatsächlich als Einkaufszentrum eingerichtet werden soll, gemäß Ausdruck (4.17) durch eine binäre Variable $x_j \in \{0,1\}$; $j = 1,2,..,4$ abgebildet. Ist der Wert dieser Variable gleich eins, wird das Einkaufszentrum eingerichtet. Mit der Zielfunktion (4.15) ist die Menge der zu errichtenden Einkaufszentren auszuwählen, die die gesamten Betriebskosten minimiert.

Dabei sind die Nebenbedingungen (4.16) einzuhalten, mit denen sichergestellt wird, dass jeder Ort in Abhängigkeit der Erreichbarkeit von mindestens einem Einkaufszentrum bedient wird.

b) Lösung des ersten Szenarios mit SolverStudio/Cmpl
(Beispieldatei: standorte.xlsx → set-covering)

Der erste Schritt zur Lösung dieses Problems besteht im Anlegen eines Excel-Arbeitsblatts, in dem die Indexmengen und die Parameter des Problems eingegeben und die Datenbereiche für die Lösungselemente vorgesehen werden (Abb. 4.22). In diesem Blatt sind die Indexmengen für die potenziellen Standorte (Zellbereich C3:F3) und für die Bedarfsorte (B4:B8) enthalten, für die im SolverStudio-Dateneditor die Bezeichnungen *Sources* und *Destination* definiert wurden (Abb. 4.23). Im Zellbereich C4:F8 befindet sich die Überdeckungsmatrix, für die im SolverStudio/Dateneditor die Parametermatrix a definiert wurde. Als zusätzlicher Parameter wurde der Vektor der Standortkosten im Zellbereich C9:F9 eingeführt und mittels des SolverStudio-Dateneditors als Vektor F bereitgestellt.

Da die Lösungen der Standortvariablen nach der Optimierung automatisch durch SolverStudio/Cmpl in die Zellen C13:F13 eingetragen werden sollen, wurde im Dateneditor für diesen Zellbereich der Name x vergeben, der im dazugehörigen CMPL-Modell als Name dieser Variablen verwendet wird. Als zusätzliches Lösungselement wird der optimale Zielfunktionswert in Zelle C21 erwartet, wozu im SolverStudio-Dateneditor das Schlüsselwort *model.objValue* für diese Zelle spezifiziert wurde. In den Zellen C14:F14 werden die Kosten der einzurichtenden Standorte über die Produkte der Lösungen der Standortvariablen und der Standortkosten berechnet. In den Zellen C15:F19 werden die Zuordnungen der Kundengebiete zu den Einkaufszentren in Abhängigkeit der Lösungen der Standortvariablen und der Überdeckungsmatrix mittels einer einfachen WENN-Klausel abgeleitet. So lautet die Excel-Formel in Zelle C15 =WENN(C$13=1;C4;0).

Die definierten Indexmengen, Parameter und die Lösungselemente werden im CMPL-Modell 4.3 verwendet. Im ersten Schritt werden die Indexmengen und Parameter in der ersten Zeile eingelesen. Für die eigentliche Standortentscheidung wird in der vierten Zeile der Variablenvektor x[] spezifiziert. Zur Bestimmung der Zielfunktion werden in Zeile 7 die Standortvariablen mit den korrespondierenden Standortkosten multipliziert (F[j]*x[j]) und die Summe dieser Produkte als gesamte Standortkosten minimiert. Abschließend wird in der Sektion constraints in den Zeilen 10 bis 12 für alle Bedarfsorte definiert, dass sie von mindestens einen Standort bedient werden.

	A	B	C	D	E	F
1	**Parameter:**					
2		**Überdeckungen**				
3			S1	S2	S3	S4
4		K1	1	1	0	0
5		K2	1	0	1	0
6		K3	1	0	0	1
7		K4	0	1	1	0
8		K5	0	1	0	1
9		Kosten	3.000	1.200	1.000	1.800
10						
11	**Lösung:**					
12			S1	S2	S3	S4
13		x				
14		Kosten	0	0	0	0
15		K1	0	0	0	0
16		K2	0	0	0	0
17		K3	0	0	0	0
18		K4	0	0	0	0
19		K5	0	0	0	0
20						
21		Kosten	0			

Abb. 4.22: Excel-Arbeitsblatt für Fallstudie 4.4b)

Name:	Cell Range:	Index Range(s):
<Add New Data Item>		
a	C4:F8	Destinations, Sources
Destinations	B4:B8	
F	C9:F9	Sources
model.objValue	C21	
Sources	C3:F3	
x	C13:F13	Sources

Abb. 4.23: SolverStudio-Dateneditor für Fallstudie 4.4b)

CMPL-Modell 4.3: CMPL-Modell für Fallstudie 4.4b)

```
1      %data : Sources set, Destinations set, a[Destinations,Sources], F[Sources]
2
3      variables:
4        x[Sources] : binary;
5
6      objectives:
7        sum{ j in Sources: F[j]*x[j]}->min;
8
9      constraints:
10       {i in Destinations:
11         sum{j in Sources: a[i,j]*x[j]} >= 1;
12       }
```

Löst man dieses Problem mit SolverStudio/Cmpl, erhält man die in Abb. 4.24 dargestellte Lösung.

A	B	C	D	E	F
11 **Lösung:**					
12		S1	S2	S3	S4
13	x	0	1	1	1
14	Kosten	0	1.200	1.000	1.800
15	K1	0	1	0	0
16	K2	0	0	1	0
17	K3	0	0	0	1
18	K4	0	1	1	0
19	K5	0	1	0	1
20					
21	Kosten	4.000			

Abb. 4.24: Lösung mittels SolverStudio/Cmpl für Fallstudie 4.4b)

Offensichtlich können alle Bedarfsorte durch die optimalen Standorte S2, S3 und S4
bedient werden, wobei die eigentlichen Zuordnungen dem Zellbereich C15:F19 entnommen werden können. Diese Standortwahl führt zu minimalen Betriebskosten von
4.000 Euro (Zelle C21).

c) Mathematisches Modell für das zweite Szenario

Bei diesem Problem handelt es sich um ein Maximal-Covering-Location-Problem, bei
dem die Anzahl der zu errichtenden Standorte begrenzt ist und nicht alle Bedarfsorte
in vollem Maße bedient werden können. In diesem Fall sind die Standorte so zu be-

stimmen, dass eine maximale Bedarfsmenge gedeckt werden kann. Mit der gegebenen Überdeckungsmatrix und den Bedarfen der Kundengebiete lässt sich das folgende binäre lineare Optimierungsmodell formulieren:

$$10 \cdot y_1 + 20 \cdot y_2 + 15 \cdot y_3 + 35 \cdot y_4 + 14 \cdot y_5 \rightarrow \min! \tag{4.18}$$

u.d.N.

$$\begin{aligned} x_1 + x_2 &\geq y_1 \\ x_1 + x_3 &\geq y_2 \\ x_1 + x_4 &\geq y_3 \\ x_2 + x_3 &\geq y_4 \\ x_2 + x_4 &\geq y_5 \end{aligned} \tag{4.19}$$

$$x_1 + x_2 + x_3 + x_4 \leq 2 \tag{4.20}$$

$$x_j \in \{0,1\} \qquad ; j = 1,2,\ldots,4 \tag{4.21}$$

$$y_j \in \{0,1\} \qquad ; i = 1,2,\ldots,5 \tag{4.22}$$

Dabei wird wiederum die Entscheidung, ob ein potenzieller Standort *j* tatsächlich errichtet werden soll, gemäß Ausdruck (4.21) durch eine binäre Variable $x_j \in \{0,1\}$; $j = 1,2,\ldots,4$ abgebildet. Zusätzlich sind gemäß (4.22) die binären Variablen $y_i \in \{0,1\}$; $i = 1,2,\ldots,5$ einzuführen, die abbilden, ob ein Bedarfsort *i* durch einen der Standorte bedient wird. Gemäß der zu maximierenden Zielfunktion (4.18) sind die Nachfragen der Kundengebiete maximal zu befriedigen. Mit den Bedingungen (4.19) wird definiert, dass die Bedienungsvariable y_i nur dann den Wert eins annehmen kann, wenn der Bedarfsknoten *i* durch einen der aktiven Standorte überdeckt wird. Mit der Bedingung (4.20) wird die Anzahl der zu errichtenden Einkaufszentren auf maximal zwei Standorte begrenzt.

d) Lösung des zweiten Szenarios mit SolverStudio/Cmpl
(Beispieldatei: standorte.xlsx → maximal-covering)

Auch für dieses Problem ist in Excel ein Arbeitsblatt anzulegen, in dem die Indexmengen und die Parameter des Problems eingegeben sowie die Datenbereiche für die Lösungselemente vorgesehen werden (Abb. 4.25). Dieses Arbeitsblatt verwendet neben der bisherigen Überdeckungsmatrix auch die identischen Indexmengen für die potenziellen Standorte und die Kundengebiete inklusive der identischen Bezeichnungen im SolverStudio-Dateneditor (Abb. 4.26). Als neue Parameter wurden die maximale Anzahl von Standorten in Zelle E2 und die Bedarfe der Kunden in den Zellen G6:G10 eingegeben, für die im SolverStudio-Dateneditor der Parameter *p* für die maximale Anzahl der Standorte und der über die Indexmenge *Destinations* definierte Parametervektor *b* für die Bedarfe eingeführt wurden. Da für die maximale Anzahl der Standorte eine Zeile in das Datenblatt eingefügt wurde, sind für die bisher schon verwendeten Indexmengen und Parameter die Zellbezüge anzupassen.

	A	B	C	D	E	F	G	H
1	**Parameter:**							
2		Anzahl Standorte			2			
3								
4		**Überdeckungen**						
5			S1	S2	S3	S4	Bedarf	
6		K1	1	1	0	0	10	
7		K2	1	0	1	0	20	
8		K3	1	0	0	1	15	
9		K4	0	1	1	0	35	
10		K5	0	1	0	1	14	
11								
12	**Lösung:**							
13			S1	S2	S3	S4	y	Mengen
14		x						
15		K1	0	0	0	0		0
16		K2	0	0	0	0		0
17		K3	0	0	0	0		0
18		K4	0	0	0	0		0
19		K5	0	0	0	0		0
20								
21		Gedeckter Bedarf		94				

Abb. 4.25: Excel-Arbeitsblatt für Fallstudie 4.4d)

Neben dem Bereich für die Lösungen der Standortvariablen in C14:F14 ist der Zellbereich G15:G19 für die Lösungen der Bedienungsvariablen der einzelnen Kundengebiete vorzusehen, für den im SolverStudio-Dateneditor der über die Indexmenge *Destinations* definierte Vektor y für das CMPL-Modell bereitgestellt wird. Auf der Basis der Lösung für diese Variablen werden in den Zellen H15:H19 die Liefermengen berechnet, indem die Bedarfe der Kundengebiete mit den Lösungen der Bedienungsvariablen multipliziert werden. Die gesamte mit zwei Standorten lieferbare Menge wird als Zielfunktionswert nach der Optimierung durch SolverStudio/Cmpl in die Zelle D21 mittels des im SolverStudio-Dateneditor für diese Zelle spezifizierten Schlüsselworts *model.objValue* geschrieben. In den Zellen C15:F19 werden wie beim Set-Covering-Location-Problem die eigentlichen Überdeckungen der optimalen Standorte angezeigt.

Name:	Cell Range:	Index Range(s):
<Add New Data Item>		
a	C6:F10	Destinations, Sources
b	G6:G10	Destinations
Destinations	B6:B10	
model.objValue	D21	
p	E2	
Sources	C5:F5	
x	C14:F14	Sources
y	G15:G19	Destinations

Abb. 4.26: SolverStudio-Dateneditor für Fallstudie 4.4d)

Die definierten Indexmengen, Parameter und die Lösungselemente werden im CMPL-Modell 4.4 in der ersten Zeile eingelesen. In der vierten Zeile wird der Vektor der Standortvariablen x[] für alle Elemente der Indexmenge Sources und zusätzlich in der fünften Zeile der Vektor der Bedienungsvariablen y[] für alle Elemente der Indexmenge Destinations definiert. In der achten Zeile wird die Zielfunktion als zu maximierende Bedarfsdeckung in Abhängigkeit der Bedarfe b[i] der Kunden und der Bedienungsvariablen y[i] eingeführt.

CMPL-Modell 4.4: CMPL-Modell für Fallstudie 4.4d)

```
1    %data : Sources set, Destinations set, a[Destinations,Sources], b[Destinations], p
2
3    variables:
4       x[Sources] : binary;
5       y[Destinations] : binary;
6
7    objectives:
8       sum{ i in Destinations: b[i]*y[i]} ->max;
9
10   constraints:
11      {i in Destinations:
12         sum{j in Sources: a[i,j]*x[j]} >= y[i];
13      }
14
15      sum{j in Sources: x[j]} <= p;
```

In der Sektion **constraints** wird in den Zeilen 11 bis 13 für alle Bedarfsorte als Elemente der Indexmenge Destinations sichergestellt, dass sie von mindestens einem Standort bedient werden. Weiterhin wird mit der Nebenbedingung in Zeile 15 festgelegt, dass die Anzahl der ausgewählten Standorte die maximale Anzahl p nicht überschreitet.

Nach der Optimierung erhält man die in Abb. 4.27 dargestellte Lösung. Es sind die beiden Standorte S1 und S2 einzurichten. Mit diesen können alle Kundengebiete vollständig beliefert werden, was einerseits an den Lösungen der Bedienungs-variablen in G15:G19 und anderseits an dem der gesamten Bedarfsmenge entspre-chenden Zielfunktionswert von 94 Tonnen in Zelle D21 ersichtlich ist.

		S1	S2	S3	S4	y	Mengen
12	**Lösung:**						
14	x	1	1	0	0		
15	K1	1	1	0	0	1	10
16	K2	1	0	0	0	1	20
17	K3	1	0	0	0	1	15
18	K4	0	1	0	0	1	35
19	K5	0	1	0	0	1	14
21	Gedeckter Bedarf		94				

Abb. 4.27: Lösung mittels SolverStudio/Cmpl für Fallstudie 4.4d)

Im Vergleich zur Lösung des Set-Covering-Locations-Problems für Teilaufgabe a) ist zu beachten, dass die geringere Anzahl von zwei Standorten darauf zurückzuführen ist, dass in dieser Lösung der kostenintensive Standort S1 als Einkaufszentrum einbe-zogen wird. Da dieser Standort die Kundengebiete K1–K3 überdecken kann, wird nur noch der zweite Standort S2 für die Abdeckung der restlichen Kundengebiete benö-tigt.

Fallstudie 4.5

a) Lösung als Set-Covering-Location-Problem
(Beispieldatei: med-netz.tsp, standorte.xlsx → med-set-covering)

Da eine minimale Anzahl von medizinischen Stationen und deren optimale Positio-nen bestimmt werden sollen, mit denen eine maximale Distanz von 100 Kilometer zwischen den medizinische Stationen und den Siedlungsgebieten bzw. Ortschaften eingehalten wird, kann dieses Problem als Set-Covering-Location-Problem angese-hen und gelöst werden. Allerdings wurde keine Überdeckungsmatrix in der Aufga-benstellung gegeben, sodass diese mittels der vorgegebenen Maximaldistanz von 100 Kilometern und einer noch zu bestimmenden Distanzmatrix zu generieren ist. Die Distanzmatrix ist anhand der die Wege und Straßen der Region abbildenden Kanten des Netzwerks auf der Basis der kürzesten Wege zu berechnen. Zur Berechnung der Distanzmatrix bietet es sich an, LogisticsLab/TSP zu verwenden.

Dazu ist in LogisticsLab/TSP ein neues Problem mit 30 Knoten anzulegen, die Daten der Siedlungsgebiete und der Ortschaften im Datenbereich *Nodes* (Abb. 4.28) einzugeben und alle 40 Kanten im Datenbereich *Arcs* (Abb. 4.29) zu definieren.

Problem	Nodes	Arcs	Distances	Solution

Nodes: 30   Edit mode:

Nr	Active	ID	Name	X-Pos	Y-Pos
1	Y	P1	P1	114,00	158,00
2	Y	P2	P2	141,00	217,00
3	Y	P3	P3	187,00	222,00
4	Y	P4	P4	165,00	158,00
5	Y	P5	P5	137,00	114,00
6	Y	P6	P6	202,00	182,00
7	Y	P7	P7	269,00	206,00
8	Y	P8	P8	280,00	145,00
9	Y	P9	P9	203,00	129,00
10	Y	SG01	SG01	113,00	236,00
11	Y	SG02	SG02	302,00	125,00
12	Y	SG03	SG03	325,00	172,00

Abb. 4.28: Eingabe der Knoten für Fallstudie 4.5 in LogisticsLab/TSP

Mit diesen Daten ist dann die Distanzmatrix mittels des Menüs *Optimisation → Calculate Distance Matrix* oder über die Schaltfläche *Calculate Distance Matrix* zu berechnen, wobei im erscheinenden Dialog *Generating distance matrix by using ... Distances defined for the arcs* als Methode zur Berechnung der Distanzen zu wählen ist. Die berechnete Distanzmatrix erscheint dann im Datenbereich *Distances* (Abb. 4.30) und kann über das Menü *File → Save Distance Matrix as ...* oder über die Schaltfläche *Save Distance Matrix as ...* exportiert werden.

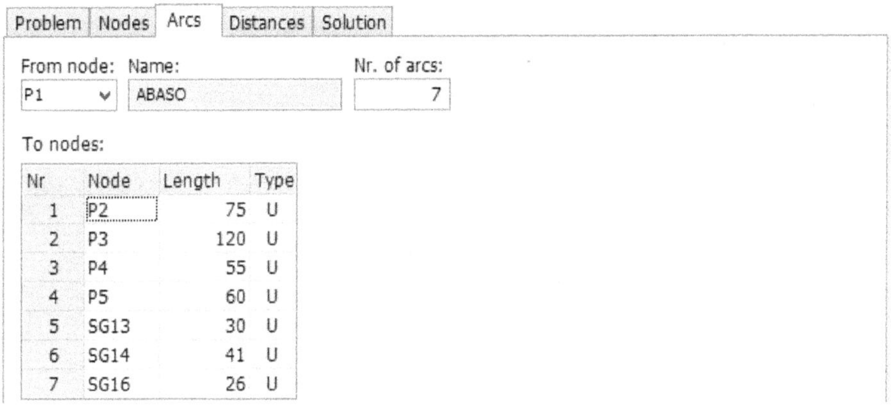

Abb. 4.29: Eingabe der Kanten für Fallstudie 4.5 in LogisticsLab/TSP

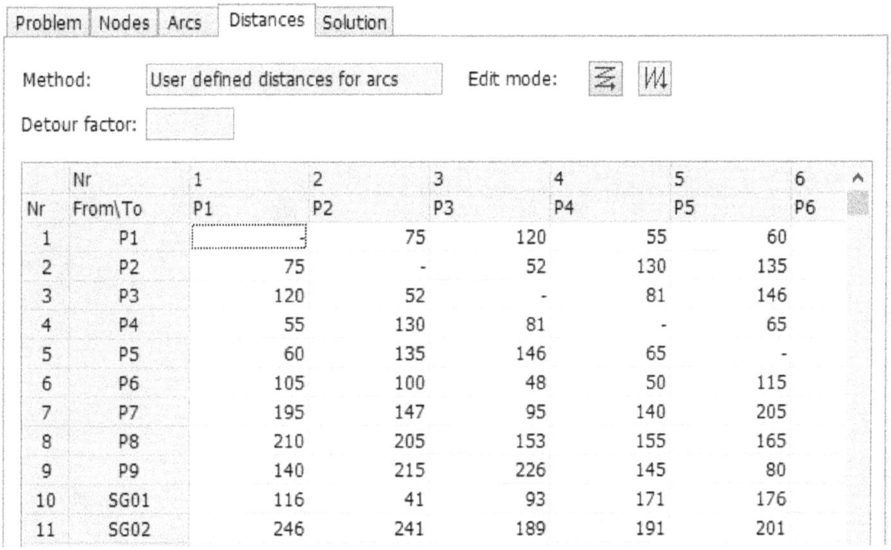

Abb. 4.30: Berechnete Distanzmatrix für Fallstudie 4.5 in LogisticsLab/TSP

Die so exportierte Distanzmatrix kann in Excel als CSV-Datei eingelesen, in die Zwischenablage kopiert und anschließend in das für dieses Problem anzulegende Excel-Arbeitsblatt eingefügt werden. Dieses in Abb. 4.31 auszugsweise dargestellte Arbeitsblatt ist für alle Indexmengen, Parameter und Lösungsbereiche anzulegen.[8]

---

8 Aus Platzgründen wurden in allen drei Matrixbereichen die Zeilen für die Ortschaften P5–P9 und die Siedlungsgebiete SG01–SG20 ausgeblendet.

	A	B	C	D	E	F	G	H	I	J	K
1											
2		**Parameter:**									
3		Max. Distanz		100							
4											
5		**Distanzen**									
6			P1	P2	P3	P4	P5	P6	P7	P8	P9
7		P1	0	75	120	55	60	105	195	210	140
8		P2	75	0	52	130	135	100	147	205	215
9		P3	120	52	0	81	146	48	95	153	226
10		P4	55	130	81	0	65	50	140	155	145
36		SG21	194	269	280	199	134	244	207	139	54
37											
38											
39		**Überdeckungen**									
40			P1	P2	P3	P4	P5	P6	P7	P8	P9
41		P1	1	1	0	1	1	0	0	0	0
42		P2	1	1	1	0	0	1	0	0	0
43		P3	0	1	1	1	0	1	1	0	0
44		P4	1	0	1	1	1	1	0	0	0
70		SG21	0	0	0	0	0	0	0	0	1
71											
72		**Lösung:**									
73			P1	P2	P3	P4	P5	P6	P7	P8	P9
74		x									
75		P1	0	0	0	0	0	0	0	0	0
76		P2	0	0	0	0	0	0	0	0	0
77		P3	0	0	0	0	0	0	0	0	0
78		P4	0	0	0	0	0	0	0	0	0
104		SG21	0	0	0	0	0	0	0	0	0
105											
106		Anzahl Stationen		0							

Abb. 4.31: Excel-Arbeitsblatt für Fallstudie 4.5a)

Die importierte Distanzmatrix befindet sich inklusive der Bezeichnungen für die ab-
zudeckenden Siedlungsgebiete und Ortschaften sowie für die potenziellen Standorte
im Zellbereich B6:K36. Die Bezeichnungen der Bedarfsorte in B7:B36 führen im SolverStudio-Dateneditor zur Definition der Indexmenge *Destinations* und die Bezeichnungen der potenziellen Standorte in C6:K6 zur Spezifikation der Indexmenge
Sources (Abb. 4.32).

Unter Einbeziehung der in Zelle D3 eingegebenen maximalen Distanz eines Siedlungsgebietes bzw. einer Ortschaft zur nächstgelegenen medizinischen Station und
der Distanzmatrix wird die Überdeckungsmatrix im Zellbereich B40:K70 berechnet.

Diese erhält für eine Kombination aus Bedarfsort und potenziellem Standort mittels einer Excel-WENN-Klausel entweder den Wert eins, wenn die dazugehörige Distanz kleiner oder gleich der maximal erlaubten Distanz ist, oder den Wert null. Für die Überdeckungsmatrix wird im SolverStudio-Dateneditor die Parametermatrix *a* eingeführt.

Name:	Cell Range:	Index Range(s):
<Add New Data Item>		
a	C41:K70	Destinations, Sources
Destinations	B7:B36	
model.objValue	D106	
Sources	C6:K6	
x	C74:K74	Sources

Abb. 4.32: SolverStudio-Dateneditor für Fallstudie 4.5 a)

Für die Aufnahme der Lösungen der Standortvariablen wurde der Zellbereich C74:K74 vorgesehen und dazu im SolverStudio-Dateneditor der Name *x* vergeben. Die minimale Anzahl zu errichtender medizinischer Standorte wird über das im Solver-Studio/Dateneditor spezifizierte Schlüsselwort *model. objValue* in Zelle D106 erwartet. In den Zellen C75:K104 werden die Zuordnungen der Siedlungsgebiete und Ortschaften zu den einzelnen zu errichtenden medizinischen Zentren in Abhängigkeit der Lösungen der Standortvariablen und der Überdeckungsmatrix mittels einer einfachen WENN-Klausel abgeleitet.

Das in Fallstudie 4.4b) eingeführte CMPL-Modell 4.3 kann leicht angepasst auch für diese Fallstudie im CMPL-Modell 4.5 verwendet werden.

CMPL-Modell 4.5: CMPL-Modell für Fallstudie 4.5a)

```
1    %data : Sources set, Destinations set, a[Destinations,Sources]
2
3    variables:
4      x[Sources] : binary;
5
6    objectives:
7      sum{ j in Sources: x[j]}->min;
8
9    constraints:
10     {i in Destinations:
11       sum{j in Sources: a[i,j]*x[j]} >= 1;
12     }
```

Dazu ist lediglich in den Zeilen 1 und 7 der Eintrag für den Vektor der Standortkosten F[] zu entfernen, da dieses Problem ohne Einbeziehung von Standortkosten zu lösen ist.

In der in Abb. 4.33 dargestellten Lösung ist ersichtlich, dass minimal sechs medizinische Stationen notwendig sind (Zelle D106), wenn von jedem Siedlungsgebiet bzw. jeder Ortschaft die nächstgelegene medizinische Station auf den vorhandenen Wegen und Straßen nach maximal 100 Kilometern erreicht werden soll.

	A	B	C	D	E	F	G	H	I	J	K
72	**Lösung:**										
73			P1	P2	P3	P4	P5	P6	P7	P8	P9
74		x	1	0	1	0	1	0	1	1	1
75		P1	1	0	0	0	1	0	0	0	0
76		P2	1	0	1	0	0	0	0	0	0
77		P3	0	0	1	0	0	0	1	0	0
78		P4	1	0	1	0	1	0	0	0	0
79		P5	1	0	0	0	1	0	0	0	1
80		P6	0	0	1	0	0	0	1	0	0
81		P7	0	0	1	0	0	0	1	1	0
82		P8	0	0	0	0	0	0	1	1	1
83		P9	0	0	0	0	1	0	0	1	1
84		SG01	0	0	1	0	0	0	0	0	0
85		SG02	0	0	0	0	0	0	0	1	0
86		SG03	0	0	0	0	0	0	0	1	0
87		SG04	0	0	1	0	0	0	1	1	0
88		SG05	0	0	0	0	0	0	1	1	0
89		SG06	0	0	0	0	0	0	1	0	0
90		SG07	0	0	1	0	0	0	0	0	0
91		SG08	0	0	1	0	0	0	0	0	0
92		SG09	1	0	1	0	0	0	0	0	0
93		SG10	1	0	1	0	0	0	0	0	0
94		SG11	0	0	1	0	0	0	0	0	0
95		SG12	1	0	1	0	0	0	0	0	0
96		SG13	1	0	0	0	1	0	0	0	0
97		SG14	1	0	0	0	0	0	0	0	0
98		SG15	1	0	0	0	1	0	0	0	0
99		SG16	1	0	0	0	1	0	0	0	0
100		SG17	0	0	0	0	1	0	0	0	0
101		SG18	1	0	0	0	1	0	0	0	0
102		SG19	0	0	0	0	0	0	0	0	1
103		SG20	0	0	0	0	0	0	0	0	1
104		SG21	0	0	0	0	0	0	0	0	1
105											
106		Anzahl Stationen	6								

Abb. 4.33: Lösung mittels SolverStudio/Cmpl für Fallstudie 4.5a)

Dabei stehen innerhalb dieser Maximaldistanz mehrere medizinische Stationen für eine hohe Anzahl von Siedlungsgebieten bzw. Ortschaften zur Verfügung, wie an den aus der Lösung der Standortvariablen abgeleiteten tatsächlichen Überdeckungen im Zellbereich C75:K104 ersichtlich ist.

Damit ist festzuhalten, dass mit einer Anzahl von vier medizinischen Standorten und einer geforderten Erreichbarkeitsdistanz von 100 Kilometern nicht alle Siedlungsgebiete bzw. Ortschaften medizinisch betreut werden können.

b) Lösung als Maximal-Covering-Location-Problem
(Beispieldatei: standorte.xlsx → med-max-covering)

Dieses Problem ist als Maximal-Covering-Location-Problem abbildbar, da für die vorgegebene Anzahl von vier medizinischen Stationen die optimalen Standorte so zu bestimmen sind, dass eine maximale Anzahl von Krankenfällen bearbeitet werden kann.

Das für die Aufnahme der Indexmengen, Parameter und Lösungsbereiche notwendige Arbeitsblatt kann aus dem bisher für Teilaufgabe a) verwendeten Arbeitsblatt abgeleitet werden (Abb. 4.34).[9] Dabei ist die Vorgehensweise zur Bestimmung der Überdeckungsmatrix identisch. Einzig die Zellbereiche sind um eine Zeile verschoben, da als zusätzlicher Parameter in Zelle D4 die Anzahl der zu errichtenden medizinischen Stationen eingeführt wurde. Diese Anzahl führt im SolverStudio-Dateneditor zur Definition des Parameters p (Abb. 4.35). Weiterhin wurde bei der Spezifikation der Indexmengen *Nodes* und *Destinations* sowie der Parametermatrix a analog zum Set-Covering-Location-Modell in Teilaufgabe a) vorgegangen. Da die Anzahl der Krankenfälle je Siedlungsgebiet bzw. Ortschaft in die Bestimmung der optimalen Standorte einzubeziehen ist, wurden diese im Zellbereich L8:L37 eingegeben und zusätzlich im SolverStudio-Dateneditor der Parametervektor b eingeführt. Als Lösungselemente wurden im Zellbereich C75:K75 die Lösungen der Standortvariablen bzw. in L76:L105 der Bereich für die Lösungen der Bedienungsvariablen vorgesehen und im SolverStudio-Dateneditor wiederum die Vektoren x und y definiert. Auf der Basis der Lösung dieser Variablen werden in den Zellen C76:K105 die tatsächlichen Überdeckungen und im Zellbereich M76:M105 die mit den zu bestimmenden Standorten der vier medizinischen Stationen tatsächlich abdeckbaren Krankenfälle berechnet. Die gesamte Anzahl der bedienbaren Krankenfälle wird als Zielfunktionswert nach der Optimierung durch SolverStudio/Cmpl in die Zelle D107 mittels des Schlüsselworts *model.objValue* eingetragen und in Zelle F107 prozentual dargestellt.

---

9 Aus Platzgründen wurden in allen drei Matrixbereichen die Zeilen für die Ortschaften P5–P9 und die Siedlungsgebiete SG01–SG20 ausgeblendet.

Das dazugehörige CMPL-Modell 4.6 ist identisch zu dem in Fallstudie 4.4d) diskutierten Ansatz, sodass an dieser Stelle auf die dort vorgenommen Erläuterungen verwiesen wird.

	A	B	C	D	E	F	G	H	I	J	K	L	M
1													
2		**Parameter:**											
3		Max. Distanz		100									
4		Anzahl Standorte		4									
5													
6		**Distanzen**											
7				P1	P2	P3	P4	P5	P6	P7	P8	P9	Kranken-fälle
8		P1	0	75	120	55	60	105	195	210	140	67	
9		P2	75	0	52	130	135	100	147	205	215	58	
10		P3	120	52	0	81	146	48	95	153	226	142	
11		P4	55	130	81	0	65	50	140	155	145	42	
37		SG21	194	269	280	199	134	244	207	139	54	199	
38													
39													
40		**Überdeckungen**											
41			P1	P2	P3	P4	P5	P6	P7	P8	P9		
42		P1	1	1	0	1	1	0	0	0	0		
43		P2	1	1	1	0	0	1	0	0	0		
44		P3	0	1	1	1	0	1	1	0	0		
45		P4	1	0	1	1	1	1	0	0	0		
71		SG21	0	0	0	0	0	0	0	0	1		
72													
73		**Lösung:**											
74			P1	P2	P3	P4	P5	P6	P7	P8	P9	y	Mengen
75		x											
76		P1	0	0	0	0	0	0	0	0	0		0
77		P2	0	0	0	0	0	0	0	0	0		0
78		P3	0	0	0	0	0	0	0	0	0		0
79		P4	0	0	0	0	0	0	0	0	0		0
105		SG21	0	0	0	0	0	0	0	0	0		0
106													
107		Gedeckter Bedarf		0		0%							

Abb. 4.34: Excel-Arbeitsblatt für Fallstudie 4.5b)

Name:	Cell Range:	Index Range(s):
<Add New Data Item>		
a	C42:K71	Destinations, Sources
b	L8:L37	Destinations
Destinations	B8:B37	
model.objValue	D107	
p	D4	
Sources	C7:K7	
x	C75:K75	Sources
y	L76:L105	Destinations

Abb. 4.35: SolverStudio-Dateneditor für Fallstudie 4.5 b)

CMPL-Modell 4.6: CMPL-Modell für Fallstudie 4.5b)

```
1    %data : Sources set, Destinations set, a[Destinations,Sources], b[Destinations], p
2
3    variables:
4      x[Sources] : binary;
5      y[Destinations] : binary;
6
7    objectives:
8      sum{ i in Destinations: b[i]*y[i]} ->max;
9
10   constraints:
11     {i in Destinations:
12       sum{j in Sources: a[i,j]*x[j]} >= y[i];
13     }
14
15     sum{j in Sources: x[j]} <= p;
```

Nach Abschluss der Optimierung erhält man die in Abb. 4.36 dargestellte Lösung. Anhand des Zielfunktionswertes in Zelle D107 ist ersichtlich, dass mit vier medizinischen Standorten innerhalb eines Einzugsgebietes von 100 Kilometern insgesamt 2.846 Krankenfälle abdeckt werden können, was ca. 95 % aller erwarteten Krankenfälle entspricht. Die Siedlungsgebiete SG02, SG03 und SG14 können unter diesen Bedingungen nicht betreut werden. Die optimalen Standorte sind P3, P5, P7 und P9. Die eigentlichen Zuordnungen der Siedlungsgebiete und Ortschaften zu den vier zu errichtenden medizinischen Stationen können dem Zellbereich C76:K105 entnommen werden.

		P1	P2	P3	P4	P5	P6	P7	P8	P9	y	Mengen
73	**Lösung:**											
74		P1	P2	P3	P4	P5	P6	P7	P8	P9	y	Mengen
75	x	0	0	1	0	1	0	1	0	1		
76	P1	0	0	0	0	1	0	0	0	0	1	67
77	P2	0	0	1	0	0	0	0	0	0	1	58
78	P3	0	0	1	0	0	0	1	0	0	1	142
79	P4	0	0	1	0	1	0	0	0	0	1	42
80	P5	0	0	0	0	1	0	0	0	1	1	150
81	P6	0	0	1	0	0	0	1	0	0	1	133
82	P7	0	0	1	0	0	0	1	0	0	1	175
83	P8	0	0	0	0	0	0	1	0	1	1	50
84	P9	0	0	0	0	1	0	0	0	1	1	92
85	SG01	0	0	1	0	0	0	0	0	0	1	34
86	SG02	0	0	0	0	0	0	0	0	0	0	0
87	SG03	0	0	0	0	0	0	0	0	0	0	0
88	SG04	0	0	1	0	0	0	1	0	0	1	105
89	SG05	0	0	0	0	0	0	1	0	0	1	31
90	SG06	0	0	0	0	0	0	1	0	0	1	168
91	SG07	0	0	1	0	0	0	0	0	0	1	43
92	SG08	0	0	1	0	0	0	0	0	0	1	168
93	SG09	0	0	1	0	0	0	0	0	0	1	71
94	SG10	0	0	1	0	0	0	0	0	0	1	195
95	SG11	0	0	1	0	0	0	0	0	0	1	94
96	SG12	0	0	1	0	0	0	0	0	0	1	131
97	SG13	0	0	0	0	1	0	0	0	0	1	53
98	SG14	0	0	0	0	0	0	0	0	0	0	0
99	SG15	0	0	0	0	1	0	0	0	0	1	117
100	SG16	0	0	0	0	1	0	0	0	0	1	180
101	SG17	0	0	0	0	1	0	0	0	0	1	137
102	SG18	0	0	0	0	1	0	0	0	0	1	66
103	SG19	0	0	0	0	0	0	0	0	1	1	11
104	SG20	0	0	0	0	0	0	0	0	1	1	134
105	SG21	0	0	0	0	0	0	0	0	1	1	199
106												
107	Gedeckter Bedarf		2.846	95%								

Abb. 4.36: Lösung mittels SolverStudio/Cmpl für Fallstudie 4.5b)

c) Variation der Parameter und Analyse ihrer Wirkungen auf die Lösungen
(Beispieldatei: standorte.xlsx → med-set-covering, med-max-covering)

Offensichtlich können die beiden Zielvorgaben von einer Maximaldistanz von 100 Kilometern und maximal vier medizinischen Stationen nicht simultan erreicht werden. Daher ist es sinnvoll zu untersuchen, inwieweit man sich diesen beiden Zielvorgaben durch eine Variation der Maximaldistanz und der maximalen Anzahl der medizinischen Stationen annähern kann.

In einem ersten Schritt kann das Set-Covering-Location-Problem solange mit jeweils um fünf Kilometer gesteigerten Maximaldistanzen gerechnet werden, bis die Zielvorgabe von vier medizinischen Stationen erreicht wird. Dazu ist einzig in dem für die Teilaufgabe a) verwendeten Arbeitsblatt in Zelle D3 die maximale Distanz eines Siedlungsgebietes bzw. einer Ortschaft zur nächstgelegenen medizinischen Station zu ändern, das Problem neu zu optimieren und der Zielfunktionswert in Zelle D106 abzulesen.

Wie an den in Tab. 4.5 zusammengefassten Ergebnissen ersichtlich ist, sind vier medizinische Stationen ausreichend, um alle Siedlungsgebiete und Ortschaften innerhalb einer maximalen Distanz von 110 Kilometern zu betreuen.

Tab. 4.5: Lösungen für das Set-Covering-Location-Problem für Fallstudie 4.5c)

Distanzen	Anzahl med. Stationen
100	6
105	5
110	4

Hinsichtlich des Maximal-Covering-Location-Problems stellt sich die Frage, inwieweit mit einer Erhöhung der Anzahl der medizinischen Stationen die Anzahl betreuter Krankenfälle innerhalb einer definierten Maximaldistanz verbessert werden kann. Dieser Ansatz kann zusätzlich mit einer Erhöhung der Maximaldistanz kombiniert werden. Die Ergebnisse sind in Tab. 4.6 angegeben. Bei einer Anzahl von fünf Stationen und einer Maximaldistanz von 100 Kilometern können 2.966 Krankenfälle und damit 99 % aller erwarteten Krankenfälle betreut werden. Nicht verwunderlich ist, dass mit sechs Stationen 100 % der Siedlungsgebiete und Ortschaften und damit alle erwarteten Krankenfälle abgedeckt werden können.

Tab. 4.6: Lösungen für das Maximal-Covering-Location-Problem für Fallstudie 4.5c)

Distanzen	4 med. Stationen		5 med. Stationen		6 med. Stationen	
	Kranken-fälle	%	Kranken-fälle	%	Kranken-fälle	%
100	2.846	95%	2.966	99%	2.987	100%
105	2.903	97%	2.987	100%	2.987	100%
110	2.987	100%	2.987	100%	2.987	100%

Lässt man allerdings bei vier medizinischen Stationen die Maximaldistanz in Schritten von fünf Kilometern ansteigen, sieht man, dass bei einer Distanz von 105 Kilometern bereits 2.903 Krankenfälle und damit 97 % aller Krankenfälle betreut werden können, während bei einer Maximaldistanz von 110 Kilometern wiederum alle Siedlungsgebiete und Ortschaften vollständig unterstützt und damit 100 % der erwarteten Krankenfälle abgedeckt werden können. Dieser Sachverhalt trifft zusätzlich für alle weiteren der in Tab. 4.6 enthaltenen Kombinationen zu.

Alle diese Lösungsvarianten sind von den Entscheidungsträgern zu betrachten, um letztlich einen Kompromiss zwischen beiden Zielvorgaben zu finden. So erscheint eine Erhöhung des Einzugsgebietes einer medizinischen Station um zehn Prozent auf 110 Kilometer als praktikabler Ansatz, da dieser nicht mit der kostenintensiven Erhöhung der Anzahl der medizinischen Stationen einhergeht.

4.3 Warehouse-Location-Probleme

Fallstudie 4.6

a) Mathematisches Modell für das unkapazitierte Warehouse-Location-Problem

Da im ersten Schritt die möglicherweise begrenzten Kapazitäten einiger Recyclingwerke aufgrund der Umweltschutzauflagen der Länder Bayern und Hessen nicht betrachtet werden sollen und weiterhin die normalen Kapazitäten der Recyclingwerke de facto unbeschränkt sind, kann das betrachtete Problem als einstufiges unkapazitiertes Warehouse-Location-Problem wie folgt formuliert werden.

Dabei werden für die Abbildung der Standortentscheidung für die Recyclingwerke gemäß Ausdruck (4.28) die binären Variablen y_i; $i \in (S1, S2, ..., S5)$ eingeführt. Die Zuordnung der einzelnen Kundengebiete mit ihren Sammelstellen $j \in (K1, K2, ..., K9)$ zu den Standorten $i \in (S1, S2, ..., S5)$ erfolgt über die im Ausdruck (4.27) definierten binären Variablen x_{ij}.

Mit der Zielfunktion sind gemäß Ausdruck (4.23) die gesamten zwischen den Sammelpunkten und den Recyclingwerken anfallenden Transportkosten und gemäß (4.24) die sprungfixen Standortkosten der zu errichtenden Recyclingwerke simultan zu minimieren. Mit den Ausdrücken (4.25) wird für jeden Sammelpunkt die Abholung der wöchentlich anfallenden Mengen sichergestellt. Da die Zuordnungsvariablen x_{ij} binären Charakters sind, wird zugleich definiert, dass ein Sammelpunkt immer exakt einem Recyclingwerk zugeordnet ist. Anhand der Ausdrücke (4.26) werden die Zuordnungsvariablen mit den korrespondierenden Standortvariablen verbunden und so sichergestellt, dass ein Sammelpunkt j nur dann einem Recyclingwerk i zugeordnet wird, wenn dieses tatsächlich errichtet wird, d. h. die korrespondierende Standortvariable y_i; $i \in (S1, S2, ..., S5)$ den Wert eins besitzt.

$$1.300 \cdot x_{S1K1} + 7.100 \cdot x_{S1K2} + 6.900 \cdot x_{S1K3} + \ldots + 7.400 x_{S1K9} +$$
$$11.900 \cdot x_{S2K1} + 1.600 \cdot x_{S2K2} + 600 \cdot x_{S2K3} + \ldots + 8.800 x_{S2K9} +$$
$$7.400 \cdot x_{S3K1} + 3.900 \cdot x_{S3K2} + 900 \cdot x_{S3K3} + \ldots + 8.200 x_{S3K9} + \qquad (4.23)$$
$$2.900 \cdot x_{S4K1} + 5.700 \cdot x_{S4K2} + 500 \cdot x_{S4K3} + \ldots + 6.700 x_{S4K9} +$$
$$4.900 \cdot x_{S5K1} + 3.500 \cdot x_{S5K2} + 4.600 \cdot x_{S5K3} + \ldots + 1.200 x_{S5K9} +$$

$$7.200 \cdot y_{S1} + 7.000 \cdot y_{S2} + 9.000 \cdot y_{S3} + 8.500 \cdot y_{S4} + 7.000 \cdot y_{S5} \rightarrow \min! \qquad (4.24)$$

u.d.N.

$$x_{S1K1} + x_{S2K1} + x_{S3K1} + x_{S4K1} + x_{S5K1} = 1$$
$$x_{S1K2} + x_{S2K2} + x_{S3K2} + x_{S4K2} + x_{S5K2} = 1$$
$$x_{S1K3} + x_{S2K3} + x_{S3K3} + x_{S4K3} + x_{S5K3} = 1$$
$$x_{S1K4} + x_{S2K4} + x_{S3K4} + x_{S4K4} + x_{S5K4} = 1$$
$$x_{S1K5} + x_{S2K5} + x_{S3K5} + x_{S4K5} + x_{S5K5} = 1 \qquad (4.25)$$
$$x_{S1K6} + x_{S2K6} + x_{S3K6} + x_{S4K6} + x_{S5K6} = 1$$
$$x_{S1K7} + x_{S2K7} + x_{S3K7} + x_{S4K7} + x_{S5K7} = 1$$
$$x_{S1K8} + x_{S2K8} + x_{S3K8} + x_{S4K8} + x_{S5K8} = 1$$
$$x_{S1K9} + x_{S2K9} + x_{S3K9} + x_{S4K9} + x_{S5K9} = 1$$

$$x_{S1K1} + x_{S1K2} + x_{S1K3} + x_{S1K4} + x_{S1K5} + \ldots + x_{S1K9} \leq 5 \cdot y_{S1}$$
$$x_{S2K1} + x_{S2K2} + x_{S2K3} + x_{S2K4} + x_{S2K5} + \ldots + x_{S2K9} \leq 5 \cdot y_{S2}$$
$$x_{S3K1} + x_{S3K2} + x_{S3K3} + x_{S3K4} + x_{S3K5} + \ldots + x_{S3K9} \leq 5 \cdot y_{S3} \qquad (4.26)$$
$$x_{S4K1} + x_{S4K2} + x_{S4K3} + x_{S4K4} + x_{S4K5} + \ldots + x_{S4K9} \leq 5 \cdot y_{S4}$$
$$x_{S5K1} + x_{S5K2} + x_{S5K3} + x_{S5K4} + x_{S5K5} + \ldots + x_{S5K9} \leq 5 \cdot y_{S5}$$

$$x_{ij} \in \{0,1\} \; ; (i,j) \in \{S1K1, S1K2, \ldots, S5K9\} \qquad (4.27)$$
$$y_i \in \{0,1\} \; ; i \in \{S1, S2, \ldots, S5\} \qquad (4.28)$$

b) Lösung des ersten Szenarios mit LogisticsLab/WLP
(Beispieldatei: recycling.wlp)

Der erste Schritt zur Lösung dieses unkapazitierten Warehouse-Location-Problems besteht in LogisticsLab/WLP darin, ein neues Problem mit fünf potenziellen Standorten (*Nr. of potential sources*) und den neun Sammelpunkten (*Nr. of destinations*) anzulegen (Abb. 4.37).

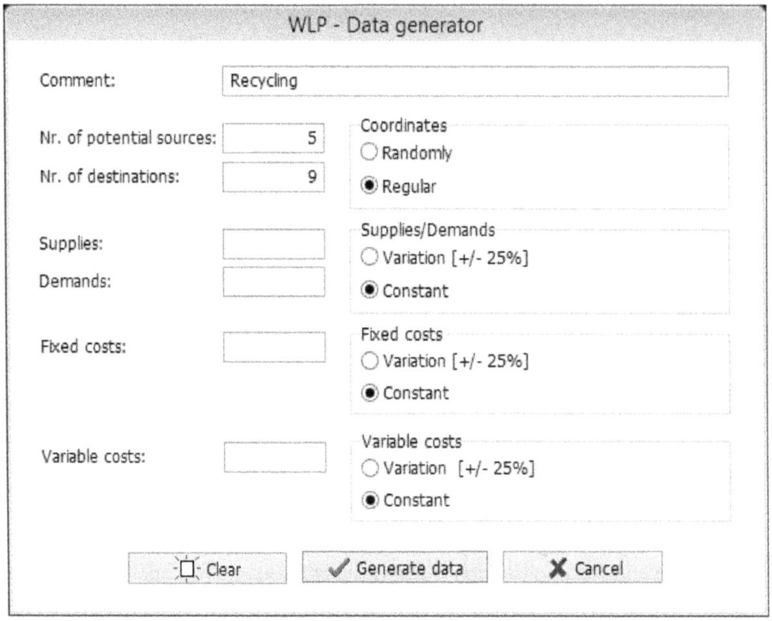

Abb. 4.37: Anlegen des Problems für Fallstudie 4.6b) in LogisticsLab/WLP

Im folgenden Schritt sind die Daten der Recyclingwerke im Datenbereich *Sources* (Abb. 4.38) bzw. die der Sammelpunkte im Datenbereich *Destinations* (Abb. 4.39) und anschließend die Recycling- und Transportkosten im Datenbereich *Variable costs* einzugeben (Abb. 4.40).

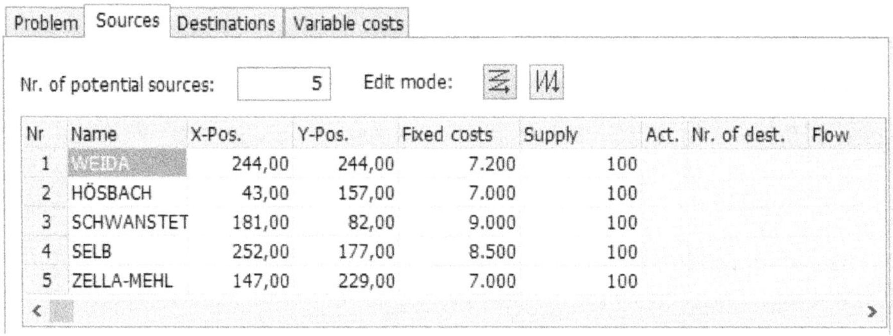

Abb. 4.38: Eingabe der Daten der Recyclingwerke für Fallstudie 4.6b) in LogisticsLab/WLP

Es ist zu beachten, dass in diesem Szenario die Kapazitäten aller potenziellen Recyclingwerke unbetroffen von den möglichen Umweltschutzauflagen einheitlich auf 100 Tonnen pro Woche zu setzen sind (Spalte *Supply* im Datenbereich *Sources*).

Nr	Name	X-Pos.	Y-Pos.	Demand	Source	Costs
1	GERA	245,00	256,00	10		
2	ASCHAFFENB	39,00	154,00	6		
3	NÜRNBERG	175,00	91,00	10		
4	ANSBACH	141,00	79,00	8		
5	AMBERG	234,00	97,00	12		
6	HOF	237,00	195,00	13		
7	BAMBERG	163,00	145,00	9		
8	WÜRZBURG	95,00	134,00	13		
9	SUHL	149,00	225,00	15		

Desitinations: 9   Edit mode:

Abb. 4.39: Eingabe der Daten der Sammelpunkte für Fallstudie 4.6b) in LogisticsLab/WLP

Nr	from\to	1 GERA	2 ASCHAFFENB	3 NÜRNBERG	4 ANSBACH	5 AMBERG	6 HOF
1	WEIDA	1.300	7.100	6.900	7.200	8.400	
2	HÖSBACH	11.900	1.600	600	4.600	10.100	
3	SCHWANSTET	7.400	3.900	900	1.500	2.900	
4	SELB	2.900	5.700	500	5.300	5.500	
5	ZELLA-MEHL	4.900	3.500	4.600	5.900	8.900	

Abb. 4.40: Eingabe der Recycling- und Transportkosten für Fallstudie 4.6b) in LogisticsLab/WLP

Nach Eingabe aller benötigten Daten kann das Problem gelöst werden, indem im Datenbereich *Problem* als Algorithmus *heuristic, uncapacitated* oder *MIP, uncapacitated* zu wählen ist (Abb. 4.41) und anschließend entweder das Menü *Optimisation → Start Optimisation* oder die Schaltfläche *Optimise* in der Symbolleiste gewählt wird.

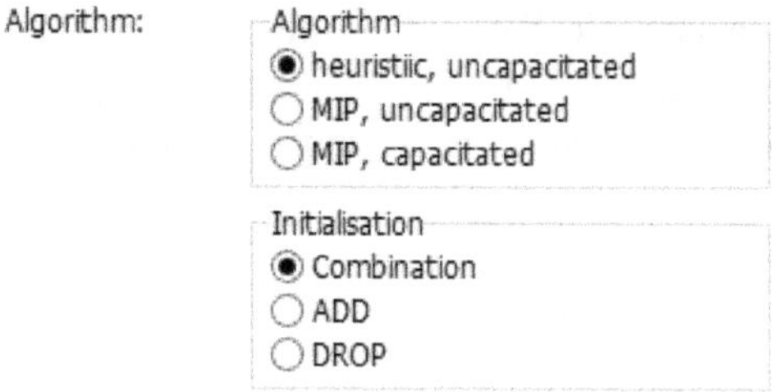

Algorithm:

Algorithm
- ⦿ heuristiic, uncapacitated
- ○ MIP, uncapacitated
- ○ MIP, capacitated

Initialisation
- ⦿ Combination
- ○ ADD
- ○ DROP

Abb. 4.41: Wahl des Algorithmus für Fallstudie 4.6b) in LogisticsLab/WLP

Nach Abschluss der Optimierung kann im unteren Bereich des Datenbereichs *Problem* der Zielfunktionswert und die Anzahl zu errichtender Standorte eingesehen werden (Abb. 4.42).

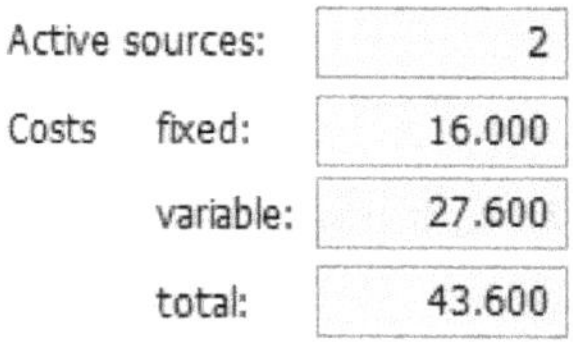

Active sources:		2
Costs fixed:		16.000
variable:		27.600
total:		43.600

Abb. 4.42: Lösungswerte im Datenbereich Problem für Fallstudie 4.6 in LogisticsLab/WLP

Die optimale Lösung dieses Problems enthält zwei Standorte (*Active sources*). Der Zielfunktionswert beträgt 43.600 Euro (27.600 Euro variable Kosten und 16.000 Euro fixe Kosten). In den Datenbereichen *Sources* und *Destinations* können die Lösungsdetails für die Recyclingwerke (Abb. 4.43) und die der Sammelpunkte (Abb. 4.44) eingesehen werden.

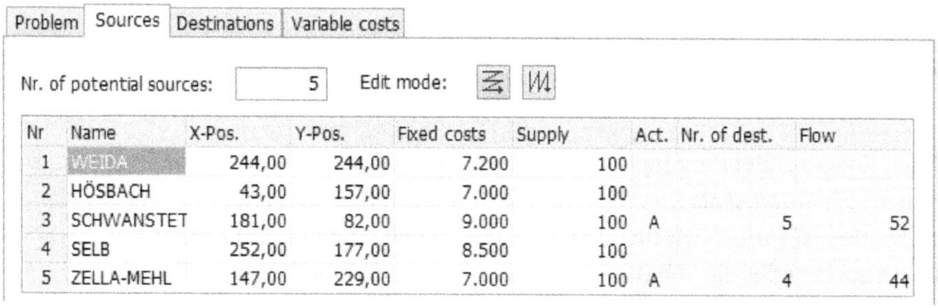

Problem | Sources | Destinations | Variable costs

Nr. of potential sources: 5   Edit mode: ⧩ ⩇

Nr	Name	X-Pos.	Y-Pos.	Fixed costs	Supply	Act.	Nr. of dest.	Flow
1	WEIDA	244,00	244,00	7.200	100			
2	HÖSBACH	43,00	157,00	7.000	100			
3	SCHWANSTET	181,00	82,00	9.000	100	A	5	52
4	SELB	252,00	177,00	8.500	100			
5	ZELLA-MEHL	147,00	229,00	7.000	100	A	4	44

Abb. 4.43: Lösung für die Recyclingwerke für Fallstudie 4.6b) in LogisticsLab/WLP

Es sind zwei Recyclingwerke in Schwanstetten und Zella-Mehlis zu errichten. Die Zuordnungen der Sammelpunkte zu den beiden Recyclingwerken sind im Datenbereich *Destinations* in der Spalte *Source* und zusätzlich in der grafischen Darstellung der Lösung im Bereich *Network* (Abb. 4.45) ersichtlich.

Nr	Name	X-Pos.	Y-Pos.	Demand	Source	Costs
1	GERA	245,00	256,00	10	ZELLA-MEHL	4.900
2	ASCHAFFENB	39,00	154,00	6	ZELLA-MEHL	3.500
3	NÜRNBERG	175,00	91,00	10	SCHWANSTET	900
4	ANSBACH	141,00	79,00	8	SCHWANSTET	1.500
5	AMBERG	234,00	97,00	12	SCHWANSTET	2.900
6	HOF	237,00	195,00	13	ZELLA-MEHL	5.800
7	BAMBERG	163,00	145,00	9	SCHWANSTET	2.000
8	WÜRZBURG	95,00	134,00	13	SCHWANSTET	4.900
9	SUHL	149,00	225,00	15	ZELLA-MEHL	1.200

Destinations: 9 — Edit mode:

Problem | Sources | Destinations | Variable costs

Abb. 4.44: Lösung für die Sammelpunkte für Fallstudie 4.6b) in LogisticsLab/WLP

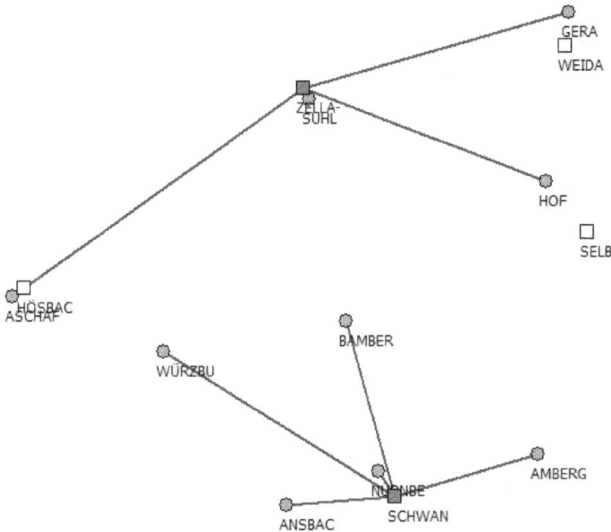

Abb. 4.45: Grafische Darstellung der Lösung für Fallstudie 4.6b) in LogisticsLab/WLP

Betrachtet man im Datenbereich *Sources* die Mengenflüsse beider Recyclingwerke in der Spalte *Flow*, erkennt man, dass die dazu notwendige Kapazität des Werks

Schwanstetten von mindestens 52 Tonnen gegen die ggf. vom Land Bayern aus Gründen des Umweltschutzes beschränkte Kapazität von 25 Tonnen pro Woche verstoßen würde.

c) Mathematisches Modell für das kapazitierte Warehouse-Location-Problem

Das veränderte Problem kann als einstufiges kapazitiertes Warehouse-Location-Problem, das letztlich eine Erweiterung des bisher betrachteten unkapazitierten Problems darstellt, modelliert und gelöst werden. Dazu sind zusätzlich zu den bisherigen Modelldefinitionen die Standortkapazitäten aller potenziellen Recyclingwerke sowie die wöchentlich anfallenden Mengen der Sammelpunkte einzubeziehen. Wie in den folgenden Modellformulierungen zu sehen, unterscheidet sich dieses Modell lediglich in den Kapazitätsrestriktionen (4.32), die die Bedingungen (4.26) im Modell für Teilaufgabe a) ersetzen. Die neuen Bedingungen stellen für alle Recyclingwerke sicher, dass die von den zugeordneten Sammelpunkten abzuholenden Mengen die Kapazitäten des jeweiligen Standorts nicht überschreiten.

$$
\begin{aligned}
& 1.300 \cdot x_{S1K1} + 7.100 \cdot x_{S1K2} + 6.900 \cdot x_{S1K3} + \ldots + 7.400 x_{S1K9} + \\
& 11.900 \cdot x_{S2K1} + 1.600 \cdot x_{S2K2} + 600 \cdot x_{S2K3} + \ldots + 8.800 x_{S2K9} + \\
& 7.400 \cdot x_{S3K1} + 3.900 \cdot x_{S3K2} + 900 \cdot x_{S3K3} + \ldots + 8.200 x_{S3K9} + \\
& 2.900 \cdot x_{S4K1} + 5.700 \cdot x_{S4K2} + 500 \cdot x_{S4K3} + \ldots + 6.700 x_{S4K9} + \\
& 4.900 \cdot x_{S5K1} + 3.500 \cdot x_{S5K2} + 4.600 \cdot x_{S5K3} + \ldots + 1.200 x_{S5K9} +
\end{aligned}
\tag{4.29}
$$

$$
7.200 \cdot y_{S1} + 7.000 \cdot y_{S2} + 9.000 \cdot y_{S3} + 8.500 \cdot y_{S4} + 7.000 \cdot y_{S5} \rightarrow \min! \tag{4.30}
$$

u.d.N.

$$
\begin{aligned}
& x_{S1K1} + x_{S2K1} + x_{S3K1} + x_{S4K1} + x_{S5K1} = 1 \\
& x_{S1K2} + x_{S2K2} + x_{S3K2} + x_{S4K2} + x_{S5K2} = 1 \\
& x_{S1K3} + x_{S2K3} + x_{S3K3} + x_{S4K3} + x_{S5K3} = 1 \\
& x_{S1K4} + x_{S2K4} + x_{S3K4} + x_{S4K4} + x_{S5K4} = 1 \\
& x_{S1K5} + x_{S2K5} + x_{S3K5} + x_{S4K5} + x_{S5K5} = 1 \\
& x_{S1K6} + x_{S2K6} + x_{S3K6} + x_{S4K6} + x_{S5K6} = 1 \\
& x_{S1K7} + x_{S2K7} + x_{S3K7} + x_{S4K7} + x_{S5K7} = 1 \\
& x_{S1K8} + x_{S2K8} + x_{S3K8} + x_{S4K8} + x_{S5K8} = 1 \\
& x_{S1K9} + x_{S2K9} + x_{S3K9} + x_{S4K9} + x_{S5K9} = 1
\end{aligned}
\tag{4.31}
$$

$$10 \cdot x_{S1K1} + 6 \cdot x_{S1K2} + 10 \cdot x_{S1K3} + 8 \cdot x_{S1K4} + \ldots + 15 \cdot x_{S1K9} \leq 100 \cdot y_{S1}$$
$$10 \cdot x_{S2K1} + 6 \cdot x_{S2K2} + 10 \cdot x_{S2K3} + 8 \cdot x_{S2K4} + \ldots + 15 \cdot x_{S2K9} \leq 25 \cdot y_{S2}$$
$$10 \cdot x_{S3K1} + 6 \cdot x_{S3K2} + 10 \cdot x_{S3K3} + 8 \cdot x_{S3K4} + \ldots + 15 \cdot x_{S3K9} \leq 25 \cdot y_{S3} \qquad (4.32)$$
$$10 \cdot x_{S4K1} + 6 \cdot x_{S4K2} + 10 \cdot x_{S4K3} + 8 \cdot x_{S4K4} + \ldots + 15 \cdot x_{S4K9} \leq 25 \cdot y_{S4}$$
$$10 \cdot x_{S5K1} + 6 \cdot x_{S5K2} + 10 \cdot x_{S5K3} + 8 \cdot x_{S5K4} + \ldots + 15 \cdot x_{S5K9} \leq 100 \cdot y_{S5}$$

$$x_{ij} \in \{0,1\} \; ; (i,j) \in \{S1K1, S1K2, \ldots, S5K9\} \qquad (4.33)$$
$$y_i \in \{0,1\} \; ; i \in \{S1, S2, \ldots, S5\} \qquad (4.34)$$

d) Lösung des zweiten Szenarios mit LogisticsLab/WLP
(Beispieldatei: recycling-cap.wlp)

Da dieses Szenario lediglich eine Erweiterung des ersten Szenarios darstellt, kann die bisherige WLP-Datei unter einem neuen Namen gespeichert und um die aus den Umweltschutzauflagen der Länder Bayern und Hessen resultierenden Kapazitäts-obergrenzen ergänzt werden. Diese Änderungen betreffen die potenziellen Standorte Hösbach, Schwanstetten und Selb, für die im Datenbereich Sources in der Spalte *Supply* die Kapazitätsobergrenzen auf 25 Tonnen zu setzen sind (Abb. 4.46).

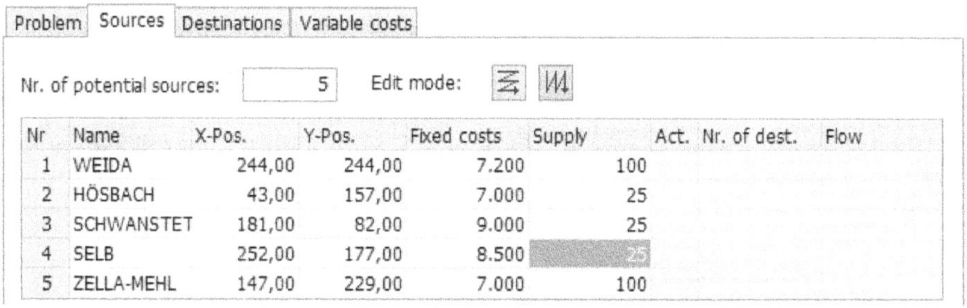

Nr	Name	X-Pos.	Y-Pos.	Fixed costs	Supply	Act. Nr. of dest.	Flow
1	WEIDA	244,00	244,00	7.200	100		
2	HÖSBACH	43,00	157,00	7.000	25		
3	SCHWANSTET	181,00	82,00	9.000	25		
4	SELB	252,00	177,00	8.500	25		
5	ZELLA-MEHL	147,00	229,00	7.000	100		

Nr. of potential sources: 5 — Edit mode:

Abb. 4.46: Eingabe der Daten der Recyclingwerke für Fallstudie 4.6d) in LogisticsLab/WLP

Da dieses Problem als kapazitiertes Problem gelöst werden soll, ist im Datenbereich *Problem* als Algorithmus *MIP, capacitated* zu wählen und anschließend das Problem zu optimieren.

Algorithm:

```
┌ Algorithm ────────────────────┐
│ ○ heuristiic, uncapacitated    │
│ ○ MIP, uncapacitated           │
│ ● MIP, capacitated             │
└────────────────────────────────┘
```

Abb. 4.47: Wahl des Algorithmus für Fallstudie 4.6d) in LogisticsLab/WLP

Wie im Datenbereich *Problem* (Abb. 4.48) zu sehen, sind wiederum zwei Standorte (*Active sources*) einzurichten. Allerdings steigen gegenüber dem ersten Szenario die gesamten wöchentlichen Kosten um 5.800 Euro auf 49.800 Euro. Dabei entfallen 33.400 Euro auf die variablen Recycling- und Transportkosten und 16.000 Euro auf die fixen Standortkosten.

Active sources:		2
Costs	fixed:	16.000
	variable:	33.400
	total:	49.400

Abb. 4.48: Lösungswerte im Datenbereich Problem für Fallstudie 4.6 in LogisticsLab/WLP

Es sind wiederum zwei Recyclingwerke in Schwanstetten und Zella-Mehlis zu errichten, wobei die Hauptlast der Entsorgung von wöchentlich 76 Tonnen vom Werk Zella-Mehlis zu übernehmen ist, da Schwanstetten aufgrund der Umweltauflagen lediglich 20 Tonnen Elektronikschrott bei einer Restkapazität von fünf Tonnen wöchentlich zu verarbeiten hat (Abb. 4.49).

| Problem | Sources | Destinations | Variable costs |

Nr. of potential sources: 5 Edit mode: ≷ ⋀⋀

Nr	Name	X-Pos.	Y-Pos.	Fixed costs	Supply	Act.	Nr. of dest.	Flow
1	WEIDA	244,00	244,00	7.200	100			
2	HÖSBACH	43,00	157,00	7.000	25			
3	SCHWANSTET	181,00	82,00	9.000	25	A	2	20
4	SELB	252,00	177,00	8.500	25			
5	ZELLA-MEHL	147,00	229,00	7.000	100	A	7	76

Abb. 4.49: Lösung für die Recyclingwerke für Fallstudie 4.6d) in LogisticsLab/WLP

Betrachtet man die Zuordnungen der Sammelstellen zu den beiden Recyclingwerken im Datenbereich *Destinations* (Abb. 4.50) bzw. in der grafischen Darstellung der Lösung im Bereich *Network* (Abb. 4.51), erkennt man, dass diese im Sinne der gesamten Kosten optimale Lösung den Intentionen der Umweltschutzauflagen im Land Bayern entgegenlaufen könnte, da sie teilweise sehr große Fahrtstrecken erzwingt. So wird der Sammelpunkt Nürnberg aufgrund der beschränkten Kapazitäten in Schwanstetten dem weit entfernten Recyclingwerk Zella-Mehlis zugeordnet.

Problem | Sources | Destinations | Variable costs

Desitinations: 9   Edit mode:

Nr	Name	X-Pos.	Y-Pos.	Demand	Source	Costs
1	GERA	245,00	256,00	10	ZELLA-MEHL	4.900
2	ASCHAFFENB	39,00	154,00	6	ZELLA-MEHL	3.500
3	NÜRNBERG	175,00	91,00	10	ZELLA-MEHL	4.600
4	ANSBACH	141,00	79,00	8	SCHWANSTET	1.500
5	AMBERG	234,00	97,00	12	SCHWANSTET	2.900
6	HOF	237,00	195,00	13	ZELLA-MEHL	5.800
7	BAMBERG	163,00	145,00	9	ZELLA-MEHL	3.200
8	WÜRZBURG	95,00	134,00	13	ZELLA-MEHL	5.800
9	SUHL	149,00	225,00	15	ZELLA-MEHL	1.200

Abb. 4.50: Lösung für die Sammelpunkte für Fallstudie 4.6b) in LogisticsLab/WLP

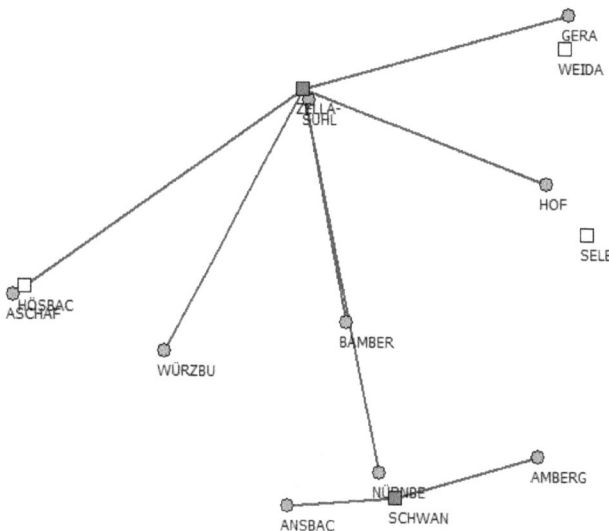

Abb. 4.51: Grafische Darstellung der Lösung für Fallstudie 4.6b) in LogisticsLab/WLP

Es stellt sich die Frage, welche Auswirkungen eine Erhöhung der Kapazität des Recyclingwerks Schwanstetten um fünf Tonnen, was gemeinsam mit der Restkapazität von fünf Tonnen dem wöchentlichen Anfall von Elektronikschrott am nahegelegenen Sammelpunkt in Nürnberg entspricht, auf die Zuordnungen und die gesamten Kosten hat.

Dazu ist im Datenbereich *Sources* die Kapazität des Standortes Schwanstetten auf 30 Tonnen zu erhöhen und das Problem wiederum als kapazitiertes Warehouse-Location-Problem zu lösen. Auch in diesem angepassten Fall sind zwei Recyclingwerke in Schwanstetten und Zella-Mehlis zu errichten. Die Gesamtkosten betragen nun 45.700 Euro, wobei die variablen Recycling- und Transportkosten bei unveränderten fixen Betriebskosten von 33.400 Euro um 3.700 Euro auf 29.700 Euro gesenkt werden könnten (Abb. 4.52). Diese Kostenreduktion ergibt sich aus der neuen Zuordnung des Sammelpunktes Nürnberg zum Recyclingwerk Schwanstetten, was zu einer erheblichen Reduktion der zu fahrenden Distanzen und damit der Transportkosten führt (Abb. 4.54 und Abb. 4.55). Offensichtlich könnte man mit einer leichten Erhöhung der Kapazitäten von 25 auf 30 Tonnen für den potenziellen Standort Schwanstetten sowohl umweltverträglichere kürzere Distanzen als auch eine verbesserte Kostensituation hervorrufen.

Active sources:		2
Costs	fixed:	16.000
	variable:	29.700
	total:	45.700

Abb. 4.52: Angepasste Lösungswerte im Datenbereich Problem für Fallstudie 4.6

	Problem	Sources	Destinations	Variable costs					

Nr. of potential sources: 5   Edit mode:

Nr	Name	X-Pos.	Y-Pos.	Fixed costs	Supply	Act.	Nr. of dest.	Flow
1	WEIDA	244,00	244,00	7.200	100			
2	HÖSBACH	43,00	157,00	7.000	25			
3	SCHWANSTET	181,00	82,00	9.000	30	A	3	30
4	SELB	252,00	177,00	8.500	25			
5	ZELLA-MEHL	147,00	229,00	7.000	100	A	6	66

Abb. 4.53: Angepasste Lösung für die Recyclingwerke für Fallstudie 4.6d) in LogisticsLab/WLP

Problem	Sources	Destinations	Variable costs				

Desitinations: 9   Edit mode:

Nr	Name	X-Pos.	Y-Pos.	Demand	Source	Costs
1	GERA	245,00	256,00	10	ZELLA-MEHL	4.900
2	ASCHAFFENB	39,00	154,00	6	ZELLA-MEHL	3.500
3	NÜRNBERG	175,00	91,00	10	SCHWANSTET	900
4	ANSBACH	141,00	79,00	8	SCHWANSTET	1.500
5	AMBERG	234,00	97,00	12	SCHWANSTET	2.900
6	HOF	237,00	195,00	13	ZELLA-MEHL	5.800
7	BAMBERG	163,00	145,00	9	ZELLA-MEHL	3.200
8	WÜRZBURG	95,00	134,00	13	ZELLA-MEHL	5.800
9	SUHL	149,00	225,00	15	ZELLA-MEHL	1.200

Abb. 4.54: Lösung für die Sammelpunkte für Fallstudie 4.6b) in LogisticsLab/WLP

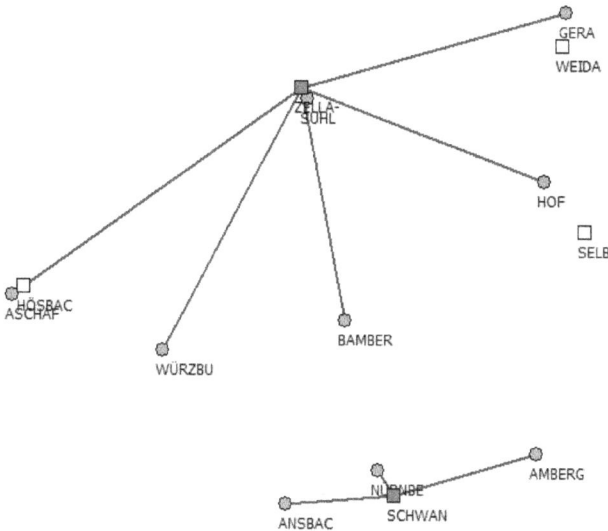

Abb. 4.55: Grafische Darstellung der angepassten Lösung für Fallstudie 4.6b) in LogisticsLab/WLP

Fallstudie 4.7

(Beispieldateien: einzelhandel.tsp, standorte.xlsx → einzelhandel-kosten, einzel-handel.wlp)

Für die Bestimmung optimaler Standorte sind für jede Kombination zwischen den Lagestandorten und den Filialen die Transportkosten der gesamten Liefermenge zu bestimmen. Dazu sind in einem ersten Schritt die Distanzen zwischen den Lagern und

den Filialen zu berechnen. Anschließend ist für jede dieser Kombination der distanzabhängige Transportkostensatz zu ermitteln und dieser mit der wöchentlich zu transportierenden Menge zu multiplizieren. Da eine solche Berechnung in Logisti-
csLab/WLP nur mit einem einheitlichen Kostensatz durchgeführt werden kann, sind
diese Berechnungen extern z. B. in LogisticsLab/TSP und Excel durchzuführen.

So bietet es sich an, die Distanzmatrix in LogisticsLab/TSP zu berechnen. Dazu
ist ein neues Problem mit elf Knoten (drei Lager plus acht Filialen) anzulegen und im
Datenbereich *Nodes* die in der Aufgabenstellung gegebenen geografischen Koordinaten einzugeben (Abb. 4.56).

Problem	Nodes	Arcs	Distances	Solution

Nodes: 11   Edit mode: ⧖ ⋔

Nr	Active	ID	Name	X-Pos	Y-Pos
1	Y	COTTB	COTTBUS	14,33	51,77
2	Y	DRESD	DRESDEN	13,73	51,05
3	Y	HALLE	HALLE	11,97	51,48
4	Y	DESSA	DESSAU	12,23	51,83
5	Y	BERNB	BERNBURG	11,75	51,80
6	Y	FRANK	FRANKENBER	13,03	50,92
7	Y	LEIPZ	LEIPZIG	12,37	51,33
8	Y	MERSE	MERSEBURG	12,00	51,35
9	Y	PLAUE	PLAUEN	12,13	50,50
10	Y	SENFT	SENFTENBER	14,00	51,52
11	Y	ZWICK	ZWICKAU	12,50	50,72

Abb. 4.56: Eingabe der Daten der Knoten für Fallstudie 4.7 in LogisticsLab/TSP

Mit diesen Daten ist die Distanzmatrix mittels des Menüs *Optimisation* → *Calculate
Distance Matrix* oder über die Schaltfläche *Calculate Distance Matrix* zu berechnen.
Im Dialog zur Berechnung der Distanzmatrix ist *Generating distance matrix by using
… Great Circle Distance* als Methode zur Berechnung der Distanzen zu wählen, da
Luftlinienentfernungen auf der Basis geografischer Koordinaten zu berechnen sind.
Als Umwegfaktor (*Detour factor*) ist der Wert 1,2 einzugeben. Die Distanzmatrix er-
scheint dann im Datenbereich *Distances* (Abb. 4.57) und kann über das Menü *File* →
Save Distance Matrix as … oder über die Schaltfläche *Save Distance Matrix as …* ex-
portiert werden.

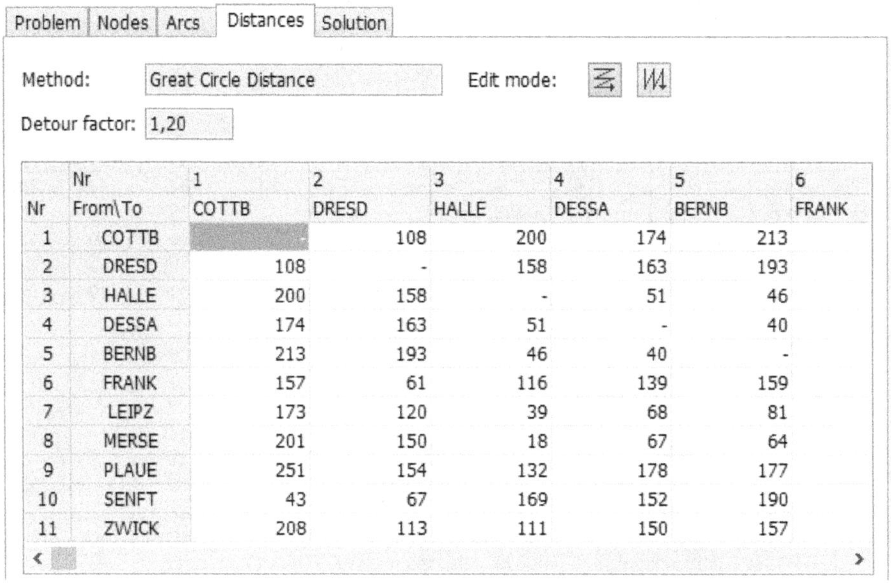

	Nr	1	2	3	4	5	6
Nr	From\To	COTTB	DRESD	HALLE	DESSA	BERNB	FRANK
1	COTTB	-	108	200	174	213	
2	DRESD	108	-	158	163	193	
3	HALLE	200	158	-	51	46	
4	DESSA	174	163	51	-	40	
5	BERNB	213	193	46	40	-	
6	FRANK	157	61	116	139	159	
7	LEIPZ	173	120	39	68	81	
8	MERSE	201	150	18	67	64	
9	PLAUE	251	154	132	178	177	
10	SENFT	43	67	169	152	190	
11	ZWICK	208	113	111	150	157	

Abb. 4.57: Berechnete Distanzmatrix für Fallstudie 4.7 in LogisticsLab/TSP

Die exportierte Distanzmatrix kann in Excel als CSV-Datei eingelesen werden und die für die Aufgabenstellung relevanten Bereiche können in das für dieses Problem anzulegende Excel-Arbeitsblatt eingefügt werden. Das ist in dem in Abb. 4.58 dargestellten Excel-Arbeitsblatt im Zellbereich C4:J6 geschehen. Da in LogisticsLab/WLP Mengenangaben generell in Form ganzer Zahlen zu erfolgen haben, wurden die Liefermengen als weitere Basis der Berechnung der Transportkosten von Tonnen in Kilogramm umgerechnet und in die Zellen C8:J8 eingetragen. Im Zellbereich C12:C14 wurden die drei in Euro je Kilogramm umgerechneten distanzabhängigen Frachtkostensätze eingetragen. Die Distanzen, die Mengen und die distanzabhängigen Frachtkostensätze dienen der Berechnung der Transportkosten im Zellbereich C18:J20. Dabei ist, wie schon erwähnt, für jede Kombination aus Lager und Filiale der relevante distanzabhängige Transportkostensatz zu ermitteln und mit der wöchentlich zu transportierenden Menge zu multiplizieren. So lautet die Formel zur Berechnung der Transportkosten zwischen dem Lager Cottbus und der Filiale in Dessau in Zelle C18 =WENN(C4<= $B$12;$C$12;WENN(C4<=$B$13;$C$13;$C$14))*C$8.

Im folgenden Schritt ist in LogisticsLab/WLP ein neues Problem mit drei potenziellen Standorten (*Sources*) und acht Filialen (*Destinations*) anzulegen. Anschließend sind die in der Aufgabenstellung gegebenen Daten der Regionallager im Datenbereich *Sources* (Abb. 4.59) und die der Filialen im Datenbereich *Destinations* (Abb. 4.60) einzugeben.

	A	B	C	D	E	F	G	H	I	J
2		**Distanzen in Kilometern**								
3		Ort	Dessau	Bernburg	Frankenberg	Leipzig	Merseburg	Plauen	Senftenberg	Zwickau
4		Cottbus	174	213	157	173	201	251	43	208
5		Dresden	163	193	61	120	150	154	67	113
6		Halle	51	46	116	39	18	132	169	111
7										
8		**Mengen in Kilogramm**	8.600	23.000	6.890	26.000	13.000	13.500	16.230	8.500
9										
10		**Transportkostensätze in Euro je Kilogramm**								
11		Distanzen	Kostens.							
12		100	0,26							
13		200	0,35							
14		>200	0,41							
15										
16		**Transportkosten in Euro**								
17		Ort	Dessau	Bernburg	Frankenberg	Leipzig	Merseburg	Plauen	Senftenberg	Zwickau
18		Cottbus	3.010,00	9.430,00	2.411,50	9.100,00	5.330,00	5.535,00	4.219,80	3.485,00
19		Dresden	3.010,00	8.050,00	1.791,40	9.100,00	4.550,00	4.725,00	4.219,80	2.975,00
20		Halle	2.236,00	5.980,00	2.411,50	6.760,00	3.380,00	4.725,00	5.680,50	2.975,00

Abb. 4.58: Excel-Arbeitsblatt zur Berechnung der Transportkosten für Fallstudie 4.7

Dabei ist zu beachten, dass die Kapazitäten der Regionallager (Spalte *Supply* im Datenbereich *Sources*) und die Bedarfe der Filialen (Spalte *Demand* im Datenbereich *Destinations*) in Kilogramm umzurechnen sind, da LogisticsLab/WLP nur ganzzahlige Werte für diese Größen akzeptiert.

Problem	Sources	Destinations	Variable costs					
Nr. of potential sources:		3	Edit mode:					
Nr	Name	X-Pos.	Y-Pos.	Fixed costs	Supply	Act. Nr. of dest.	Flow
1	COTTBUS	14,33	51,77	27.500	75000		
2	DRESDEN	13,73	51,05	25.000	75000		
3	HALLE	11,97	51,48	27.500	75000		

Abb. 4.59: Eingabe der Daten der Regionallager für Fallstudie 4.7 in LogisticsLab/WLP

| Problem | Sources | Destinations | Variable costs |

Desitinations: 8   Edit mode: ⩛ 𝑀

Nr	Name	X-Pos.	Y-Pos.	Demand	Source	Costs
1	DESSAU	12,23	51,83	8.600		
2	BERNBURG	11,75	51,80	23.000		
3	FRANKENBER	13,03	50,92	6.890		
4	LEIPZIG	12,37	51,33	26.000		
5	MERSEBURG	12,00	51,35	13.000		
6	PLAUEN	12,13	50,50	13.500		
7	SENFTENBER	14,00	51,52	16.230		
8	ZWICKAU	12,50	50,72	8.500		

Abb. 4.60: Eingabe der Daten der Filialen für Fallstudie 4.7 in LogisticsLab/WLP

Anschließend sind die im Excel-Arbeitsblatt berechneten Transportkosten im Datenbereich *Variable costs* zu übernehmen (Abb. 4.61).

| Problem | Sources | Destinations | Variable costs |

Edit mode: ⩛ 𝑀

	Nr	1	2	3	4	5	6
Nr	from\to	DESSAU	BERNBURG	FRANKENBER	LEIPZIG	MERSEBURG	PLAUEI
1	COTTBUS	3.010	9.430	2.411	9.100	5.330	
2	DRESDEN	3.010	8.050	1.791	9.100	4.550	
3	HALLE	2.236	5.980	2.411	6.760	3.380	

Abb. 4.61: Eingabe der Transportkosten für Fallstudie 4.7 in LogisticsLab/WLP

Nachdem alle benötigten Daten vorliegen, ist im Datenbereich *Problem* als Algorithmus *MIP, capacitated* zu wählen und anschließend das Problem zu optimieren.

Wie in Abb. 4.62 und Abb. 4.63 zu sehen, enthält die optimale Lösung zwei Standorte in Dresden und Halle, was zu gesamten Kosten von 84.566 Euro führt, die sich aus 32.066 Euro variablen Transportkosten und 52.500 Euro fixen Betriebskosten zusammensetzen.

Dabei ergibt sich aus den Zuordnungen im Problembereich *Destinations* und aus der grafischen Darstellung der Lösung (Abb. 4.64 und Abb. 4.65), dass die Filialen in Bernburg, Dessau, Leipzig und Merseburg vom Regionallager in Halle und alle anderen Filialen von Lager Dresden beliefert werden. Das Regionallager in Cottbus ist zu schließen.

Active sources:	2
Costs fixed:	52.500
variable:	32.066
total:	84.566

Abb. 4.62: Lösungswerte im Datenbereich Problem für Fallstudie 4.7 in LogisticsLab/WLP

Problem | Sources | Destinations | Variable costs

Nr. of potential sources: 3   Edit mode: ⤳ ⋀

Nr	Name	X-Pos.	Y-Pos.	Fixed costs	Supply	Act.	Nr. of dest.	Flow
1	COTTBUS	14,33	51,77	27500	75000			
2	DRESDEN	13,73	51,05	25000	75000	A	4	45120
3	HALLE	11,97	51,48	27500	75000	A	4	70600

Abb. 4.63: Lösung für die Recyclingwerke für Fallstudie 4.7) in LogisticsLab/WLP

Problem | Sources | Destinations | Variable costs

Desitinations: 8   Edit mode: ⤳ ⋀

Nr	Name	X-Pos.	Y-Pos.	Demand	Source	Costs
1	DESSAU	12,23	51,83	8.600	HALLE	2.236
2	BERNBURG	11,75	51,80	23.000	HALLE	5.980
3	FRANKENBER	13,03	50,92	6.890	DRESDEN	1.791
4	LEIPZIG	12,37	51,33	26.000	HALLE	6.760
5	MERSEBURG	12,00	51,35	13.000	HALLE	3.380
6	PLAUEN	12,13	50,50	13.500	DRESDEN	4.725
7	SENFTENBER	14,00	51,52	16.230	DRESDEN	4.219
8	ZWICKAU	12,50	50,72	8.500	DRESDEN	2.975

Abb. 4.64: Lösung für die Sammelpunkte für Fallstudie 4.7 in LogisticsLab/WLP

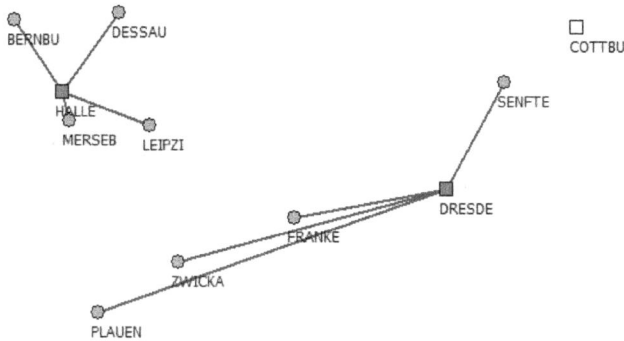

Abb. 4.65: Grafische Darstellung der Lösung für Fallstudie 4.7 in LogisticsLab/WLP

Fallstudie 4.8

a) Mathematisches Modell

Dieses mehrstufige kapazitierte Standortproblem ist als Fixed-Charge-Minimum-Cost-Flow-Problem zu modellieren. Dabei wird von einem gerichteten Graphen ausgegangen, dessen Knotenmenge $N = \{P1, P2, P3, W1, ..., D4\}$ die Werke, Umladeknoten und die Vertriebszentren umfasst. Da in einen solchem Modell nur Kanten-, aber keine Knotenbewertungen vorgenommen werden können, muss zur Abbildung der Kapazitäten der drei Umladeknoten, eine Knotensplittung dieser Knoten $(W1, W1a, W2, W2a, W3, W3a)$ vorgenommen werden.

In diesem Modell sind zwei Entscheidungen simultan zu lösen. Einerseits ist festzulegen, welche Umladeknoten tatsächlich als Standort genutzt werden und andererseits, welche Mengen von welchen Werken an welche Umladeknoten und von dort an welche Vertriebszentren geliefert werden. Die Mengenentscheidungen werden über die nichtnegativen kontinuierlichen Flussvariablen x_{ij}; $(i,j) \in \{P1W1, P1W2, ..., W3aD4\}$ abgebildet, die gemäß Ausdruck (4.41) aufgrund des verwendeten Fuhrparks eine Obergrenze von 500 Stück besitzen. Für die Standortentscheidung hinsichtlich der drei Umladeknoten sind gemäß Ausdruck (4.43) für die drei aus der Knotenaufspaltung resultierenden Kanten die binären Kantennutzungsvariablen y_{ij}; $(ij) \in \{W1W1a, W2W2a, W3W3a\}$ einzuführen.

In der Zielfunktion wird die Summe der Flusskosten, die sich gemäß (4.35) aus den mit den Stücktransportkosten zu multiplizierenden Flussmengen x_{ij} ergeben, und der sprungfixen Kosten, die gemäß (4.36) anhand der mit den Betriebskosten der Umladeknoten zu multiplizierenden Kantennutzungsvariablen y_{ij} zu berechnen sind, minimiert.

$$50x_{P1W1} + 60x_{P1W2} + 60x_{P1W3}$$
$$+40x_{P2W1} + 50x_{P2W2} + 30x_{P2W3}$$
$$+70x_{P3W1} + 30x_{P3W2} + 10X_{P3W3}$$
$$+20x_{W1aD1} + 10x_{W1aD2} + 30x_{W1aD3} + 40x_{W1aD4}$$
$$+70x_{W2aD1} + 30x_{W2aD2} + 30x_{W2aD3} + 50x_{W2aD4}$$
$$+90x_{W3aD1} + 40x_{W3aD2} + 30x_{W3aD3} + 10x_{W3aD4}$$
(4.35)

$$+40.000y_{W1W1a} + 42.500y_{W2W2a} + 47.500y_{W3W3a} \rightarrow \min!$$ (4.36)

u.d.N.

$$x_{P1W1} + x_{P1W2} + x_{P1W3} = 400$$
$$x_{P2W1} + x_{P2W2} + x_{P2W3} = 500$$
$$x_{P3W1} + x_{P3W2} + x_{P3W3} = 600$$
(4.37)

$$x_{W1W1a} - x_{P1W1} - x_{P2W1} - x_{P3W1} = 0$$
$$x_{W2W2a} - x_{P1W2} - x_{P2W2} - x_{P3W2} = 0$$
$$x_{W3W3a} - x_{P1W3} - x_{P2W3} - x_{P3W3} = 0$$
(4.38)

$$x_{W1aD1} + x_{W1aD2} + x_{W1aD3} + x_{W1aD4} - x_{W1W1a} = 0$$
$$x_{W2aD1} + x_{W2aD2} + x_{W2aD3} + x_{W2aD4} - x_{W2W2a} = 0$$
$$x_{W3aD1} + x_{W3aD2} + x_{W3aD3} + x_{W3aD4} - x_{W3W3a} = 0$$
(4.39)

$$-(x_{W1aD1} + x_{W2aD1} + x_{W3aD1}) = -350$$
$$-(x_{W1aD2} + x_{W2aD2} + x_{W3aD2}) = -450$$
$$-(x_{W1aD3} + x_{W2aD3} + x_{W3aD3}) = -500$$
$$-(x_{W1aD4} + x_{W2aD4} + x_{W3aD4}) = -200$$
(4.40)

$$0 \leq x_{ij} \leq 500 \qquad ; (i,j) \in \{P1W1, P1W2, P1W3,$$
$$P2W1, P2W2, P2W3,$$
$$P3W1, P3W2, P3W3,$$
$$W1aD1, W1aD2, W1aD3, W1aD4,$$
$$W2aD1, W2aD2, W2aD3, W2aD4,$$
$$W3aD1, W3aD2, W3aD3, W3aD4\}$$
(4.41)

$$0 \le x_{W1W1a} \le 800 \cdot y_{W1W1a}$$
$$0 \le x_{W2W2a} \le 750 \cdot y_{W2W2a} \tag{4.42}$$
$$0 \le x_{W3W3a} \le 800 \cdot y_{W3W3a}$$

$$y_{ij} \in \{0,1\} \qquad\qquad ;(i,j) \in \{W1W1a, W2W2a, W3W3a\} \tag{4.43}$$

Für jeden im Netz befindlichen Knoten ist eine Flusserhaltungsbedingung einzuführen. So wird gemäß (4.37) sichergestellt, dass die drei Werke ihre kompletten Mengen ausliefern. Gemäß (4.38) und (4.39) hat die in einem Umladeknoten eingehende Menge den Knoten auch wieder vollständig zu verlassen. Für die Vertriebszentren wird mit (4.40) festgelegt, dass die Bedarfe dieser Knoten vollständig befriedigt werden.

Für alle originalen Kanten wird mit (4.41) definiert, dass die auf einer Kante zu transportierende Menge die mit den einzusetzenden Fahrzeugen maximal transportierbare Menge von 500 Stück nicht überschreitet.

Die aus der Knotensplittung hervorgegangenen Kanten $W1W1a$, $W2W2a$ und $W3W3a$ dienen zur Abbildung der Kapazitäten der Umladeknoten. Daher dürfen gemäß (4.42) die dazugehörigen Flussmengen die in der Aufgabenstellung gegebenen Kapazitäten nicht überschreiten. Zugleich muss eine Kantennutzungsvariable y_{ij} den Wert eins annehmen, wenn die korrespondierende Flussmenge x_{ij} positiv ist. In diesem Fall gilt der Umladeknoten als errichtet und die dazugehörigen sprungfixen Kosten werden in der Zielfunktion wirksam.

b) Lösung des ersten Szenarios mit SolverStudio/CMPL
(Beispieldatei: standorte.xlsx → wlp-mehrstufig)

Zur Lösung dieses mehrstufigen Warehouse-Location-Problems ist ein Excel-Arbeitsblatt für die Indexmengen bzw. die Parameter und die Lösungselemente des Problems in Form einer Knoten- und Kantenliste anzulegen.

In der in Abb. 4.66 dargestellten Knotenliste (A2:D15) sind in den Zellen A3:A15 die Namen der Knoten enthalten, die mittels des SolverStudio-Dateneditors (Abb. 4.67) als Indexmenge *Nodes* für das CMPL-Modell bereitgestellt werden. Die potenziellen Standorte der drei Umladeknoten (W1–W3) wurden aufgespalten, um die Kapazitäten auf den künstlichen Kanten zwischen diesen Knoten abzubilden. So wurde der Knoten W1 in den Knoten W1 und den Knoten W1a aufgespalten. Die dazugehörige Kante Z1 → Z1a ist in der Kantenliste im Zellbereich F12:P12 zu sehen.

	Knoten				Kanten										
		Netto-fluss	An-gebot	Nach-frage		Von	Nach	Min. Kap.	Max. Kap.	Kosten-satz	Fix-kosten	Fluss	Standort	var. Kosten	Fix-kosten	Gesamt
3	P1	0	400	0		P1	W1	0	500	50	0			0	0	0
4	P2	0	500	0		P1	W2	0	500	60	0			0	0	0
5	P3	0	600	0		P1	W3	0	500	70	0			0	0	0
6	W1	0	0	0		P2	W1	0	500	40	0			0	0	0
7	W2	0	0	0		P2	W2	0	500	50	0			0	0	0
8	W3	0	0	0		P2	W3	0	340	30	0			0	0	0
9	W1a	0	0	0		P3	W1	0	340	70	0			0	0	0
10	W2a	0	0	0		P3	W2	0	340	30	0			0	0	0
11	W3a	0	0	0		P3	W3	0	340	10	0			0	0	0
12	D1	0	0	350		W1	W1a	0	800	0	40.000			0	0	0
13	D2	0	0	450		W2	W2a	0	750	0	42.500			0	0	0
14	D3	0	0	500		W3	W3a	0	800	0	47.500			0	0	0
15	D4	0	0	200		W1a	D1	0	600	20	0			0	0	0
16						W1a	D2	0	600	10	0			0	0	0
17						W1a	D3	0	600	30	0			0	0	0
18						W1a	D4	0	450	40	0			0	0	0
19						W2a	D1	0	450	70	0			0	0	0
20						W2a	D2	0	450	30	0			0	0	0
21						W2a	D3	0	450	30	0			0	0	0
22						W2a	D4	0	600	50	0			0	0	0
23						W3a	D1	0	600	90	0			0	0	0
24						W3a	D2	0	600	40	0			0	0	0
25						W3a	D3	0	600	20	0			0	0	0
26						W3a	D4	0	600	10	0			0	0	0
27													Gesamt	0	0	0

Abb. 4.66: Excel-Arbeitsblatt für Fallstudie 4.8

Name:	Cell Range:	Index Range(s):
<Add New Data Item>		
a	C3:C15	Nodes
Arcs	F3:G26	
b	D3:D15	Nodes
c	J3:J26	Arcs
F	K12:K14	uArcs
maxCap	I3:I26	Arcs
minCap	H3:H26	Arcs
Nodes	A3:A15	
uArcs	F12:G14	
x	L3:L26	Arcs
y	M12:M14	uArcs

Abb. 4.67: Ausschnitt aus dem SolverStudio-Dateneditor für Fallstudie 4.8

Die Knotenliste enthält weiterhin die Angebote in den Zellen C3:C15 und die Nachfragen im Bereich D3:D15, für die im SolverStudio-Dateneditor die Parametervektoren a und b eingeführt werden. Für die Deklaration dieser Parametervektoren wurde die Indexmenge *Nodes* verwendet. Die drei Werke $P1$–$P3$ besitzen dabei nur Angebote, die Distributionszentren $D1$–$D4$ nur Nachfragen, während für die Umladeknoten $W1$, $W1a, W2, W2a, W3$ und $W3a$ keine Angebote bzw. Nachfragen existieren.

Der Zellbereich B3:B15 soll nach Abschluss der Optimierung automatisch die Nettoflüsse auf der Basis der Flussmengen der Kanten und der Excel-Funktion SUMME-WENN aufnehmen. Die Flussmengen der Kanten werden durch SolverStudio/Cmpl in der Kantenliste im Zellbereich L3:L26 automatisch eingetragen. Der dazugehörige Name im SolverStudio-Dateneditor lautet x und entspricht dem Variablenfeld x[] im CMPL-Modell.

In der Kantenliste (F2:P27) sind im Zellbereich F3:G26 die Bezeichnungen der Kanten enthalten, für die im SolverStudio-Dateneditors die Indexmenge $Arcs$ definiert wird. In den Zellen H3:I26 befinden sich die unteren und oberen Kapazitätsschranken der Kanten. Die untere Grenze ist für alle Kanten mit null angegeben, während für alle originalen Kanten eine Obergrenze von 500 Stück existiert. Die Kapazitätsobergrenzen der aus der Knotenaufspaltung der Umladeknoten entstandenen Kanten in den Zeilen 12 bis 14 besitzen den Wert der Kapazität des jeweiligen Knotens. Für die Kapazitätsgrenzen wurden im SolverStudio-Dateneditor auf der Basis der Indexmenge $Arcs$ die beiden Parameterfelder $minCap$ (H3:H26) und $maxCap$ (I3:I26) definiert.

Weiterhin sind im Zellbereich J2:J26 die variablen Transportkosten gegeben, wobei die Kostensätze der künstlichen Kanten in den Zellen J12:J14 den Wert null besitzen. Für die variablen Transportkosten wurde im SolverStudio-Dateneditor das Parameterfeld c eingeführt. Für die auf der Knotenaufspaltung basierenden Kanten, deren Bezeichnungen in F12:G14 mittels des SolverStudio-Dateneditor als Indexmenge $uArcs$ für das CMPL-Modell bereitgestellt werden, existieren Fixkosten, die in den Zellen K12:K14 eingegeben wurden. Diese wurden im SolverStudio-Dateneditor mit dem Namen F deklariert.

Wie schon erwähnt, dienen die Zellen L3:L26 der Aufnahme der Aktivitäten der Flussmengen. Dazu wurde im SolverStudio-Dateneditor für diesen Zellbereich die Matrix x auf der Basis der Indexmenge $Arcs$ deklariert, deren Elemente im CMPL-Modell als Variablenmatrix x[i,j] für die Flussvariablen verwendet werden. Für die Standortvariablen wurde der Zellbereich M12:M14 für die künstlichen Kanten mit dem Namen y verbunden.

Alle weiteren Spalten in der Kantenliste dienen der Berechnung der gesamten variablen und fixen Kosten, die aus den zu bestimmenden Variablenwerten und den dazugehörigen variablen und fixen Kostensätzen abzuleiten sind.

Die Indexmengen und Parameter werden in der ersten Zeile im dazugehörigen CMPL-Modell 4.7 eingelesen. Da dieses Modell vollständig dem im Lehrbuch *Logistik-Entscheidungen* vorgestellten CMPL-Modell für mehrstufige Warehouse-Location-Probleme entspricht, wird an dieser Stelle auf eine Erläuterung verzichtet und auf das Lehrbuch verwiesen.[10]

---

10 Vgl. Steglich et al. (2016), S. 453 f.

CMPL-Modell 4.7: CMPL-Modell für Fallstudie 4.8

```
1    %data: Nodes set, a[Nodes], b[Nodes], Arcs set[2], c[Arcs], minCap[Arcs], maxCap[Arcs],
     sArcs set[2], F[sArcs]

2

3    variables:
4      { [i,j] in Arcs: x[i,j]:  real[minCap[i,j]..maxCap[i, j]];  }
5      y[sArcs] : binary;

6

7    objectives:
8      sum{ [i,j] in Arcs: c[i,j]*x[i,j]} +  sum{ [i,j] in sArcs: F[i,j]*y[i,j]}->min;

9

10   constraints:
11     { i in Nodes :
12         sum{ j in Arcs *> [i,*] : x[i,j] } - sum{ j in Arcs *> [*,i] : x[j,i] } = a[i]  - b[i];
13     }

14

15     { [i,j] in sArcs : x[i,j] <= maxCap[i,j] * y[i,j];}
```

Löst man dieses Problem mittels des Excel-Menübands *Daten → SolverStudio → Solve Model*, erhält man die in Abb. 4.68 angegebene Lösung.

Anhand der Knotenliste ist ersichtlich, dass alle Restriktionen eingehalten wurden, da die Nettoflüsse der Werke *P*1– *P*3 den gegebenen Kapazitäten entsprechen. Weiterhin sind die Nettoflüsse der Umladeknoten *W*1, *W*1*a*, *W*2, *W*2*a*, *W*3 und *W*3*a* gleich null, während die Beträge der negativen Nettoflüsse der Empfängerknoten *D*1– *D*4 identisch zu den Nachfragen sind.

Die Standortentscheidung ist mittels der Aktivitäten der Standortvariablen *y* im Zellbereich M12:M14 ableitbar. Es sind die beiden Umladeknoten *W*1 und *W*3 einzurichten. Anhand der Flussmengen im Zellbereich L3:L26 können die Distributionswege zwischen den Werken, den Umladeknoten und den Distributionszentren bestimmt werden, die nochmals in Abb. 4.69 grafisch dargestellt wurden. Es ist ersichtlich, dass die beiden Umladeknoten W1 und W3 von allen drei Werken beliefert werden, während Lieferungen an die Vertriebszentren D1 und D2 vom Umladeknoten W1 sowie die Lieferungen an die Vertriebszentren D3 und D4 vom Umladeknoten W3 erfolgen. Dieses neue Distributionsnetz führt zu optimalen gesamten Kosten von 169.600 Euro, wobei 82.100 Euro auf die variablen Transportkosten und 87.500 Euro auf die Betriebskosten der ausgewählten Umladeknoten entfallen (Zellen N27:P27).

	Knoten	Netto-fluss	An-gebot	Nach-frage		Kanten Von	Nach	Min. Kap.	Max. Kap.	Kosten-satz	Fix-kosten	Fluss	Standort	var. Kosten	Fix-kosten	Gesamt
3	P1	400	400	0		P1	W1	0	500	50	0	380		19.000	0	19.000
4	P2	500	500	0		P1	W2	0	500	60	0	0		0	0	0
5	P3	600	600	0		P1	W3	0	500	70	0	20		1.400	0	1.400
6	W1	0	0	0		P2	W1	0	500	40	0	160		6.400	0	6.400
7	W2	0	0	0		P2	W2	0	500	50	0	0		0	0	0
8	W3	0	0	0		P2	W3	0	340	30	0	340		10.200	0	10.200
9	W1a	0	0	0		P3	W1	0	340	70	0	260		18.200	0	18.200
10	W2a	0	0	0		P3	W2	0	340	30	0	0		0	0	0
11	W3a	0	0	0		P3	W3	0	340	10	0	340		3.400	0	3.400
12	D1	-350	0	350		W1	W1a	0	800	0	40.000	800	1	0	40.000	40.000
13	D2	-450	0	450		W2	W2a	0	750	0	42.500	0	0	0	0	0
14	D3	-500	0	500		W3	W3a	0	800	0	47.500	700	1	0	47.500	47.500
15	D4	-200	0	200		W1a	D1	0	600	20	0	350		7.000	0	7.000
16						W1a	D2	0	600	10	0	450		4.500	0	4.500
17						W1a	D3	0	600	30	0	0		0	0	0
18						W1a	D4	0	450	40	0	0		0	0	0
19						W2a	D1	0	450	70	0	0		0	0	0
20						W2a	D2	0	450	30	0	0		0	0	0
21						W2a	D3	0	450	30	0	0		0	0	0
22						W2a	D4	0	600	50	0	0		0	0	0
23						W3a	D1	0	600	90	0	0		0	0	0
24						W3a	D2	0	600	40	0	0		0	0	0
25						W3a	D3	0	600	20	0	500		10.000	0	10.000
26						W3a	D4	0	600	10	0	200		2.000	0	2.000
27													Gesamt	82.100	87.500	169.600

Abb. 4.68: Lösung für Fallstudie 4.8

Werke   Umladeknoten   Vertriebszentren

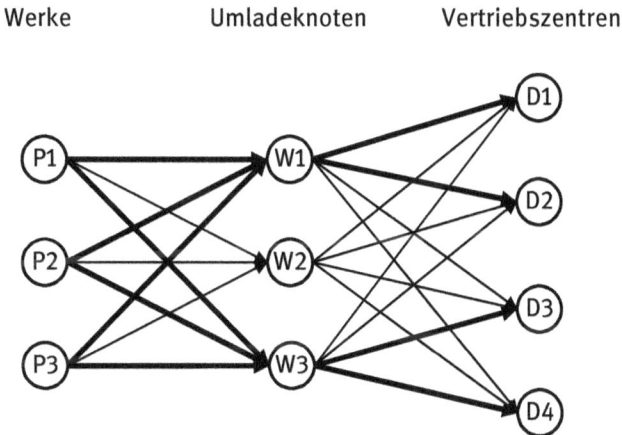

Abb. 4.69: Grafische Darstellung der Lösung für Fallstudie 4.8

Sachverzeichnis

www.ingramcontent.com/pod-product-compliance
Lightning Source LLC
Chambersburg PA
CBHW081040220326
41598CB00038B/6945